인 간
지능의
역 사

인간 지능의 역사

DISCOVER
COLLECT
READ—WRITE
COMMUNICATE
REDEFINE

유레카에서
인공지능까지,
지성사를 통해
인간을 다시 묻다

이은수
지음

문학동네

차례

시작하며 **다시, 인간지능을 묻다** 011

1부 **발견하다** 021
인간의 발견 vs. AI의 발견

1장 신의 흔적을 발견한 인간 027

존재의 기원을 찾는 과정 | 유레카, 자연의 질서를 발견하다 | 신의 흔적에서 인간의 흔적으로

2장 무지에서 앎으로 038

시간의 도서관을 거닐다 | 자연을 관찰하고 권위에 도전하다 | 미지의 세계를 걷다 | 단절을 넘어 만남으로

3장 볼 수 있지만 닿을 순 없는 세계 052

한계 인식과 극복의 여정 | 볼 수 없었던 우주를 열다 | 보이지 않는 세계를 드러내다 | AI라는 또다른 지능의 눈

4장 발견의 희열, 설렘, 경이감 067

인간지능을 넘어서는 지능 | 유예할 것인가 통제할 것인가 | 인간만의 배움과 발견의 의미 | 인간과 AI의 협력적 발견

2부

수집하다 081
인간의 수집 vs. AI의 수집

1장 지식, 전수에서 수집으로 087
지식 수집, 문명의 토대를 놓다 | 최초의 체계적 지식 저장고 | 모든 지식을 수집한다는 것 | 지식의 보고가 사라지다

2장 흩어진 지식을 모으다 100
고전을 되살리다 | 문서를 사냥하고 복원하다 | 다시 모인 지식의 사회적 의미 | 르네상스가 혁신한 지식의 가치

3장 지식의 두 얼굴, 호기심과 욕망 113
호기심과 욕망의 방, 분더카머 | 지식의 체계화, 권력화, 진화 | 실험실의 등장과 지식 수집의 전환 | 공공 지식 시스템의 형성

4장 지식 큐레이션 시대 130
지식의 체계화와 대중화를 연 백과사전 | 살아 있는 백과사전, 위키피디아 | 나만의 지식 정원 가꾸기 | AI 주도 큐레이션의 미래 | 지식의 바다, 안전하게 항해하는 법

5장 디지털 정원을 가꾸는 지혜 147
명확한 역할과 유기적 결합 | 건강한 지식 생태계를 위한 파트너십

3부 읽고 쓰다 153
인간의 읽고 쓰기 vs. AI의 읽고 쓰기

1장 '듣고 말하기' 와 '읽고 쓰기' 159
구술 문화에서 문자 문화로의 전환 | 역동적인 구술 문화에서 체계적인 문자 문화로 | 문자, 스스로 기억하는 능력을 빼앗다 | 부정과 적응을 거쳐 내재화로 | 문자, 구술과 함께 길을 열다

2장 자유로운 읽기가 가능해지다 174
기록 매체의 진화, 두루마리에서 코덱스로 | 그리스도교와 코덱스의 운명적 만남 | 지식 구조화의 혁명 | 선형적 사고에서 비선형적 사고로

3장 지식의 확산과 상식의 탄생 192
인쇄술의 혁명과 전통의 저항 | 상품이 된 지식, 출판 | 상식의 형성과 지식의 민주화 | 인쇄술이 만든 새로운 지식 생태계

4장 읽기와 쓰기의 미래 214
기술 변화 속에서 인간이 잃은 것과 얻은 것 | 디지털 기술과 인간적 가치의 재발견

5장 창의적이고 생산적인 공동 창작 225
AI시대의 읽기와 쓰기 | AI를 활용한 의식적 독서 | 모두에게 열린 지식 생산 | 인류 지성사의 유산이 만나는 지점

4부

소통하다 239
인간의 소통 vs. AI의 소통

1장 경쟁적으로, 자유롭게, 진실하게 245
지식 소통의 토대가 된 그리스 문화 | 경쟁 문화에서 연마된 소통의 기술 | 알레테이아와 소통의 목적 | 자유로운 소통의 조건, 이세고리아와 파레시아 | 헬레니즘시대 지식 소통의 변화 | 공적 대화에서 내적 대화로의 변화

2장 권위 아래, 침묵 속에서 263
신의 말씀과 교회의 그늘 | 길 위에서, 글 속에서 | 대학, 지식 소통의 새로운 중심 | 중세가 남긴 몰입의 가치

3장 경계를 넘는 지식, 편지공화국 277
보이지 않는 공화국의 설계 | 느리고 불확실하지만 믿을 만한 | 조용하고 격렬한 펜 끝 논쟁 | 편지공화국의 위태로운 학자들 | 사적 소통에서 공적 토론으로 | 편지공화국 너머, 만인의 지식을 향해

4장 당신은 AI와 우정을 나눌 수 있습니까 297
디지털 광장의 소음 | AI와의 소통은 우리를 어디로 이끄는가 | AI는 이해하지 않고, 의도하지 않는다 | 예측 가능한 대화의 예측 불가능성 | 영원한 내 편 AI, 그럼에도 불구하고

5장 지혜로운 소통을 위한 길 찾기 311
고대·중세·근대에서 배우는 소통의 핵심 | 미완의 여정, 인간적인 소통을 향해

5부 재정의하다 321
지식 생산자 인간과 AI의 공존방정식

1장 지식이 탄생하는 곳 327
목격, 지식 생산의 마지막 키워드 | 실험실에서 가상세계로 | AI 가상 환경 속 이차적 목격의 시대 | 인간은 지식 생성에 어떻게 기여할 수 있을까

2장 다시, 지성이란 무엇인가 341
지성의 작동 조건을 만들다 | 함께 만드는 지성, 희미해지는 책임 | 지식의 연결자이자 통합자, 인간 | 단독 창조자에서 협력적 창조자로 | 창의적 지성은 과연 인간의 고유한 능력일까 | 인공지능시대, 지성이란 무엇인가

3장 다시, 지식이란 무엇인가 358
'있을 법한' 세계와 진릿값의 문제 | AI가 생성한 현실은 얼마나 '참'인가 | 네트워크의 지혜와 파편화의 그늘 | 융합의 창조성과 환원의 위험 | 상호작용의 산물과 평가의 딜레마 | 새로운 지식의 지형도를 그리다

4장 다시, 인간이란 무엇인가 375
경계의 재설정과 고유성의 재발견 | 체화하고 관계 맺고 책임지는 존재 | 인간 정체성과 자기 이해의 재창조 | 기술과 함께 진화하는 인간 | 질문을 멈추지 않는 고유한 인간으로

5장 창조하는 인간, 그 불완전함의 힘 391
불완전한 창조자의 역설 | 인간적인 약점에서 인간적인 강점으로

나가며 인공지능 앞에 선 인문학자 396
주 401
참고 문헌 431

일러두기
- 단행본 및 학술지는 『 』로, 단행본에 실린 글, 논문 및 시와 미술작품은 「 」로 표기했다.
- 인명, 지명 등 외래어는 국립국어원 외래어표기법을 따랐으나 일반적으로 통용되는 표기가 있을 경우 이를 따랐다.
- 이 책에서 AI와 인공지능을 혼용했으며, 미주에 출처 표기가 되어 있지 않은 인용문은 저자의 번역이다.

시작하며
다시, 인간지능을 묻다

우리가 지금 겪고 있는 이 지적 혁명을 무엇으로 부르든 간에 이 변화를 자신 있게 정리할 수 있는 사람은 없을 것이다. 우리 모두 한창 이 터널을 지나가는 중이라서 다 빠져나오려면 얼마의 시간이 걸릴지 가늠조차 못하고 있다.

이 책은 오픈AI가 챗GPT를 출시한 2022년 11월 30일에서 석 달이 지난 시점에 시작한 연재글에 뿌리를 두고 있다. 인공지능 연구가 어제오늘 일은 아니었지만 챗GPT는 인공지능 기술 발전 속도의 비약적 성장을 예고한 사건이었기 때문에, 나 역시 충격 속에서 인간 고유의 가치를 탐색하는 여정을 서둘러 시작했다. 기술 발전의 역사가 인간의 능력을 하나씩 외부에 위탁해온 과정이기도 하지만, 어떤 의미에서 인공지능은 생각하는 힘을 외부에 맡긴 최초의 기술이었다. 그렇기에 각 영역의 전문가들은 인간 지성의 본질, 창의적 사고의 특성, 그리고 인간만이 가진 독특한 사고방식에 관한 근본적 질문들을 시급히 던질 수밖에 없었다.

역발상이 가장 많이 요구되는 예술 및 창조 영역에서 인간의 고유성을 찾으려는 시도가 활발했으나, 상대적으로 나는 인간 고유의 지적 능력에 관심이 있었다. 더 좁혀서 말하자면, 라틴어로 '스키엔티아Scientia'라고 말할 수 있는 과학적 지식 또는 앎을 얻는 인간의 고유한 지적 능력 말이다. 더불어 대학에 몸담은 일원으로서 대학이 어떻게 인공지능과는 차별화된 지적 훈련을 제공할 수 있을지 실질적으로 고찰하고자 했다.

이러한 문제의식을 가지고 탐구를 시작했지만, 나를 포함한 많은 학자가 인간의 고유한 가치를 어떻게 탐구해야 할지 아무런 준비가 되어 있지 않다는 사실을 깨닫게 되었다. 그만큼 인공지능의 도약은 한밤중의 공습과도 같은 급작스러운 일이었다. 적어도 차근차근 준비할 시간이 있을 줄 알고 미루어두었던 질문들이 한꺼번에 쏟아져나왔고, 이 질문들은 인간과 기계 사이의 경계가 점차 흐려지는 시점에서 우리에게 영원히 남을 가치들을 이해하고 새롭게 해석하라는 요구로 다가왔다. 개인적으로는 1년간의 연재를 마쳐가는 시점에서야 비로소 이 탐구의 구도가 어딘가 잘못되어 있다는 생각이 들었다. 하나는 지나칠 정도로 인간과 인공지능 사이에 대립 구도를 세웠다는 점이고, 다른 하나는 지성사의 맥락과 유리되어 인간에 대한 탐색을 시도했다는 점이다.

최근 제정되고 있는 인공지능 기본법과 윤리는 '디지털 공동번영 사회'를 일구기 위한 노력을 지향하는 한편, 그 본질상 인공지능 기술에 대한 규제를 말할 수밖에 없다. 대부분의 규제는 인공지능 기술 혁신의 동력을 증진하면서도 인공지능으로 인한 위험을 최소화하기 위한 힘겨운 줄타기다. 그러나 혁신은 쉽지 않고 위험은 성큼 다가와 있다. 여기에 여러 SF 소설과 영화를 통해 학습한 미래에 대한 상상력이 가미되면 인공지능의 미래에 관한 논의는 대부분 기술의 무분별한 발전에 대한 경계로 이어지고는 했다. 그 결말은 기술이 결코 훼손하지 말아야 할 인간의 존엄에 대한 강조로 끝맺는 경우가 많았다.

인공지능의 발전 양상을 체계적으로 분석하는 철학적 탐구의 영역에서는 주로 "기술이 결코 대체할 수 없는 인간의 가치는 무엇인가"라는 논의로 귀결된다. 기계가 의식을 가질 수 있는지 오랫동안 논의해왔던 철학적 전통은 이제 인공지능에게 빼앗길 수 없는 최후의 보루를 확보해야 하기 때문이다. 실제로 그사이에 인간다움과 인간이 여전히 지닌 가치를 탐구한 책들이 여럿 출간되었다. 이런 책들은 역설적으로 인공지능을 바라보는 인간의 불안이 얼마만큼 가중되고 있는지를 드러낸다.

그럼에도 불구하고 인공지능의 개발 경쟁이 가속화되면서 인간의 고유한 가치를 찾는 일은 점점 더 빈궁해지고 있다. 이것만큼은 어렵겠지 생각했던 영역에서 인공지능이 하나둘 뛰어난 성과를 보이기 시작하자 어떤 막연한 생각, 인간의 지능이 곧 인공지능에 의해 대체되어 그 효용을 다하게 될 것이라는 생각이 확산되고 있다. 사실 되돌아보면 인간의 이성은 지난 수천 년간 놀라운 문명과 진보를 이루는 근간이었다. 과학과 이성이 인류를 진보로 이끌 것이라는 믿음이 세계대전과 홀로코스트와 핵무기 경쟁이라는 20세기 비극을 통해 무너졌을 때 이성 중심주의에 대한 비판적 점검의 목소리가 있기는 했으나, 인간이 이성의 능력을 의심한 적은 없었다.

인공지능에 대한 대중의 첫인상이 알파고 바둑 경기에서 시작된 탓일까? 하루가 다르게 인간을 추격해온 인공지능이 마치 인간지능에 시한부 선고라도 내린 것처럼 우리는 멀쩡하게 돌아가던 인간지능에 이런저런 생명유지장치를 붙이기 시작한다. 예술 창작만큼은, 개성 있는 글쓰기만큼은, 감성적인 교감 능력만큼은 인간지능의 생명을 연장할 최후의 보루가 될 것처럼. 그렇게 인간과 인공지능의 대결 구도 속에서 우리는 시한부가 된 인간지능을 바라볼 뿐이다.

또한, 인공지능시대 이후 인간의 역할과 가치에 관한 탐색들이 대부분 과거의 지성사적 맥락으로부터 단절되어 있다는 점을 문제로 들 수 있다. 오늘날 인공지능에 관한 수많은 분석과 예측들이 쏟아지고 있지만, 대부분은 역사적 맥락을 충분히 고려하지 않은 채 단편적인 미래 전망만을 제시하는 경향이 있다. 현재의 기술 상황을 분석하고 예측함으로써 어느 정도는 인공지능산업의 발전 방향과 사회적 영향을 그려볼 수 있을 테다. 그러나 이것만으로 인공지능시대에 인간이 가진 고유함을 이해하기 위한 탐구를 제대로 수행할 수 있을지 의문이다.

과거로부터 유리된 고민은 인공지능 기술이 인류 지성사에서 어떤 위치를 차지하며, 과거의 지적 활동과 어떤 연속성 및 차별성을 가지는지에 대한 깊이 있는 이해를 방해한다. 사회생물학자 에드워드 윌슨의 말을 빌리자면, 인간은 한 시대에서 다른 시대로 전환하는 과정에서 한 시대를 완전히 졸업하지 못하고 각 시대의 잔재들을 흡수하여 진화하는 키메라와 같다. 윌슨이 인간을 묘사하기를,

인간은 여전히 구석기시대적 감정을 가지고, 중세의 제도를 이어받았으며, 신과 같이 뛰어난 기술을 활용할 줄 아는 존재라 했을 때, 그는 인간을 연속된 흐름에서 이해하고자 한 것이다. 적어도 나는 고대와 현대, 그리고 가까운 미래의 인간에 대한 일반적인 인식이 불필요하게 분절되어 있다는 점에서 윌슨의 견해에 동의한다.

지금까지의 기술 발전의 역사를 통해 알 수 있는 사실은, 인간의 고유한 능력은 변화하는 기술 환경 속에서 인간의 역할을 재정의하면서 유지되어왔다는 점이다. 인간은 새로운 기술이 나올 때마다 그 기술이 몰고온 도전에 응전하며 결국 그 기술과 협력하며 끊임없이 전통적인 인간의 역할을 수정하고 다시 정의해왔다. 달리 말하면, 인간의 고유성은 고정된 속성이 아니라 변화하는 맥락 속에서 스스로를 재발견하고 재창조하는 역동적 과정 그 자체에 있다. 특히 인공지능 기술의 급속한 발전 앞에서 어떤 능력만큼은 결코 인공지능으로 대체되지 않으리라는 단언도 의미가 없다. 그러므로 우리는 인간의 고유성을 인공지능의 발전에 맞추어 끊임없이 조정해야 하는 변수로 놓아야 할 것이다.

종합하자면 우리는 기술이 도입되면서 인간이 스스로의 행위를 어떻게 다시 정의했는지 과거의 맥락에서 살펴볼 필요가 있고, 현재의 기술이 가져오는 변화 속에서 인간의 지성, 지식, 우리 자신에 대한 정의 모두를 고려한 균형잡힌 접근이 필요하다. 인공지능시대 이후의 인간 탐구는 인공지능을 인간적 사고의 대체물이 아닌 확장된 지적 파트너로 인정하고, 인간과 기술이 서로 협력하는 메커니즘을 살펴보는 일에서 시작해야 한다. 여기에는 인공지능을 피해야 할 위협이나 통제해야 할 도구로만 보는 관점에서 벗어나, '인간지능'의 새로운 가능성을 함께 탐색하는 동반자로 바라보는 관점의 전환이 필요하다.

더불어 우리는 역사적 맥락에서 인간의 중요한 지적 행위들이 어떻게 조정되어왔는지 분석해야 한다. 인간과 인공지능의 관계도 지성사에서 인간이 혁신적인 기술과 관계 맺던 방식과 일부를 공유하기 때문이다. 우리에게 필요한 것은 과거 인간지능의 발전 과정을 면밀히 추적하면서 동시에 현재 기술의 가능성과 한계를 정확히 이해하는, 역사와 현실에 모두 뿌리내린 균형잡힌 시각이다.

이로써 우리는 궁극적으로 인간과 인공지능 기술이 공존하는 미래를 위한 지혜로운 길을 찾고자 한다. 인간과 인공지능을 공존시킬 방정식의 해법은 '재정의'다. 과거의 혁신적인 기술과 비교할 때 인공지능이 인간과의 관계 맺음과 관련해 여러 양상을 공유하면서도 결정적으로 다른 하나는 우리의 지성, 지식, 우리 자신을 다시 정의하도록 요구한다는 점이다.

본문에서 상세히 살펴보겠지만 재정의는 인공지능 기술이 계속해서 진화하고 종속변수로서 인간의 고유성도 계속 조정되리라는 점에서 기인한다. 이는 인간과 인공지능의 상호적인 행위다. 인간이 무엇인지를 다시 묻는 행위는 결국 인공지능을 다시 인간 중심의 기술로 위치시키는 데 중요하다. 인간과 인공지능이 서로를 재정의하는 과정에서 우리는 인간지능의 본질과 한계, 그리고 확장 가능성에 대한 새로운 이해에 도달할 수 있을 것이고, 한편으로 인공지능이 지향해야 할 바람직한 미래도 모색해볼 수 있을 것이다. 이를 통해 인공지능시대의 인간성에 대한 보다 현실적이고 의미 있는 통찰을 얻을 수 있다.

이 책에서 말하는 '인간지능'은 단순한 계산 능력이나 문제 해결력에 한정되지 않는다. 우리는 종종 '지능intelligence'이라는 말을 환경에 적응하고 문제를 해결하는 기능적 능력(인공지능이 모방하는)으로 좁게 이해하곤 한다. 하지만 이 책에서 '인간지능'은 그보다 훨씬 포괄적인, 인간이 세상을 인식하고 의미를 구성하며 지식을 창출하고 전승하는 총체적 능력을 가리킨다. 여기에는 진리를 탐구하고 가치를 성찰하는 '지성intellect', 기억·추론·판단·상상 같은 구체적 정신 기능인 '지적 능력intellectual capability', 그리고 그 결과물로 축적된 인식의 체계인 '지식knowledge'이 모두 포함된다. 즉, 이 책에서 '인간지능'은 이 모든 요소를 아우르는 개념으로서 인간이 지식과 지성을 통해 스스로의 세계를 구성하고 확장해온 능력의 역사 전체를 포괄한다. 이 책의 제목이 '인간지능의 역사'인 이유도, 바로 그 지능이 인간 고유의 지성적 전통 속에서 어떻게 진화해왔는지를 탐구하기 때문이다.

이러한 인식을 바탕으로, 『인간지능의 역사』는 인간의 지식 획득과 공유의 근간이 되는 네 가지 행위, '발견하다' '수집하다' '읽고 쓰다' '소통하다'를 역사적으로 재조명한다. 각 부에서 고대, 중세, 근대, 현대를 가로지르는 인간지능의 여정을 추적하며, 이를 통해 인공지능시대의 인간지능이 나아갈 방향을 모색한다. 이 역사적 탐구는 인간지능의 본질을 이해하는 기반을 제공하고, 인간이 새로운 기술과 관계를 맺어온 방식을 검토하며, 인공지능과의 관계 속에서 인간이 어떻게 자신을 재정의할 수 있는지에 대한 통찰을 가능하게 한다. 단순한 기술 예측이나 비관적 전망을 넘어서, 인간과 인공지능의 관계를 지성사의 연속선상에서 이해하고자 하는 것이다.

인간 지성사의 맥락에서 볼 때, 과학 기술과 인문학 사이의 간극은 점차 벌어졌고, 나 또한 여기서 자유롭지 못하다. 과거 폴리매스 Polymath(박식가)들의 시대에는 기술을 개발하는 속도와 그에 대해 성찰하는 속도 사이의 간극이 크지 않았다. 이는 과학 기술을 창조하는 이들과 그것을 철학적으로 고찰하는 이들이 동일 인물이거나 서로 긴밀히 교류하는 관계였기 때문이다. 그러나 1959년 케임브리지대학교에서 열린 C. P. 스노의 '두 문화Two Cultures' 강연이 명확히 지적했듯이, 과학 기술 문화와 인문학 문화 사이에 통용되는 언어는 점점 줄어들었고 그로부터 지난 80년간 이 간극은 더욱 가속화되었다. 이러한 간극을 이해하고 해소하는 것은 인공지능시대의 인간성에 대한 더 균형잡힌 시각을 확립하는 데 필수적이다.

글로벌 사모펀드 운용사인 블랙스톤의 스티븐 슈워츠먼 회장이 옥스퍼드대학교 인문학 연구를 위해 막대한 금액을 기부했던 것은 단순히 과거의 인문학적 유산을 보존하기 위한 일이 아니라, 인공지능시대에 인문학과 기술의 창조적 공존을 이루기 위한 실천적 움직임이라 할 수 있다. 그러나 재정적 지원과 시설 확충만으로는 근본적인 간극을 완전히 메울 수 없다. 더 중요한 것은 인간과 기술의 관계에 대해 더 다양한 관점에서 더 많은 논의를 이어갈 공론장을 마련하는 것이다.

이 책은 인문학이 현재와 미래의 인간 존재 방식에 대한 적극적인 탐구와 성찰의 장이 되어야 한다는 문제의식에서 출발했다. 인간과 기술, 과거와 미래, 지식과 가치를 새롭게 규정함으로써, 인공지능시대에도 인간의 고유한 존엄과 책임을 확인하고 강화하는 것이 이 책의 궁극적 지향점이다. 인간과 인공지능의 공존방정식을 찾아가는 여정에서 이 책이 독자들에게 인공지능시대를 헤쳐나갈 지적 나침반이 되기를 바란다. 더 나아가 이 책이 제안하는 역사적 관점에서의 인공지능에 대한 이해가 우리가 기술과의 관계를 더 균형 있게 정립하고 인간 중심의 기술 발전 방향을 모색하는 대화의 마중물로 활용되기를 기대한다.

1부
발견하다
DISCOVER

인간의 발견 vs. AI의 발견

 인간은 태어나는 순간부터 끊임없이 무언가를 발견하며 살아간다. 처음 세상의 빛을 보았던 그 찰나부터, 걸음마를 배우며 넘어진 뒤 다시 일어서기를 반복하던 유년 시절에도, 우리는 미지의 세계를 조금씩 알아가는 기쁨과 두려움을 함께 맛보았다. 자라면서 자연의 비밀을 탐구하고, 다른 문화를 접하며 시야를 넓히고, 때로는 자기 안의 깊은 심연을 마주하기도 한다. 이처럼 '발견'이라는 행위는 언제나 인간에게 매혹과 두려움을 동시에 선사해온 근원적인 경험이다.

 먼저 인간에게 '발견'은 어떤 의미인가? 그것은 단순히 정보를 찾는 행위가 아니다. 고대 그리스 철학자들이 자연과 우주에서 질서를 찾아내려 했듯, 발견에는 경외심과 지적 호기심이 깃들어 있다. 아르키메데스가 "유레카!"를 외쳤던 순간은 단지 부력의 원리를 알아낸 사건을 보여주는 것이 아니라, 미지의 진리를 마주했을 때 인간이 느끼는 지적 희열이 얼마나 강렬한지를 상징한다. 따라서 인간에게 진정한 발견이란 대부분 다음 세 가지 요소를 포함하고 있다. 첫째, 경이로움에서 비롯된 깊은 호기심과 때로는 번뜩이는 직관이 있어야 한다. 둘째, 그 과정이나 결과에서 감동과 즐거움 혹은 지적 희열을 경험한다. 셋째, 발견된 사실은 반드시 인간의 이해라는 틀 안에서 해석되고 특정한 맥락 속에서 의미를 부여받는다. 이 요소들이 어우러질 때, 우리는 그것을 온전한 의미의 발견이라 부를 수 있다. 결국 인간은 "이 발견이 왜 중요한가?"라는 질문을 던지며, 발견한 것을 자신의 삶과 세상의 이야기 속에 위치시킨다.

오늘날 우리 곁에 등장한 인공지능artificial intelligence, AI 역시 무언가를 발견한다고 이야기하고는 한다. 이 말을 어떻게 이해해야 할까? 분명 AI는 인간이 감당하기 어려운 방대한 데이터를 순식간에 처리하고 분석하여, 그 속에 숨겨진 미세한 패턴이나 복잡한 상관관계를 찾아내는 놀라운 능력을 발휘한다. 특정 영역에서는 이미 인간 전문가를 능가하는 속도와 정확성을 보여주며 지식 탐구의 새 길을 열고 있기도 하다. 하지만 AI의 작동 방식은 인간의 발견과는 근본적으로 다르다. AI는 자신이 찾아낸 결과 앞에서 스스로 "이것이 무엇을 의미하는가?" 혹은 "왜 중요한가?"라고 되묻지 않는다. 거기에는 발견의 순간에 인간이 느끼는 경이나 희열과 같은 감정이 없으며, 결과를 스스로 해석하고 가치를 매기거나 윤리적으로 성찰하는 과정 또한 없다. AI가 내놓는 답은 정교한 계산과 패턴 인식의 산물일 뿐, 인간적인 의미 부여라는 핵심적인 차원이 빠져 있는 것이다. 그렇기에 AI가 아무리 눈부신 성과를 보여준다 해도, 그것을 최종적으로 어떻게 받아들이고 어떤 의미를 부여하며 우리 삶에 어떻게 적용할 것인가 하는 과제는 여전히 그리고 오롯이 인간의 손에 남아 있다.

인류의 역사에서 발견의 범위는 종종 인간의 한계를 넘어서게 해주는 도구의 도움으로 확장되어왔다. 갈릴레오의 망원경이 우주를, 현미경이 미시세계를 열어 보여주었듯이 AI는 인간의 인지적 한계를 확장하는 강력한 도구가 될 잠재력이 있다. 하지만 갈릴레오의 망원경이 달의 분화구를 보여주었을 때, 그것을 지동설의 증거로 해석하고 세상의 통념에 맞섰던 것은 갈릴레오 자신이었다. 도구는 볼 수 없던 것을 보게 해주지만 그것을 발견으로 완성하고 그 발견에 책임을 지는 것은 언제나 인간의 해석과 용기, 그리고 책임감이었다.

발견한 것을 해석하고, 가치를 판단하며, 윤리적 방향을 설정하고 책임지는 능력이야말로 AI시대에도 변하지 않을 인간의 고유함이다. AI가 제시하는 패턴과 결과 앞에서 "이것이 무엇을 의미하는가?" "우리는 이것으로 무엇을 해야 하는가?"를 묻고 답하는 과정에서 인간 고유의 역할은 더욱 중요해진다. AI와의 협력 가능성 역시 이러한 인간의 주체적인 역할 안에서 비로소 의미를 가진다.

인공지능이라는 새로운 도구 앞에서 우리는 인간이 걸어온 발견의 긴 역사를 돌아볼 필요가 있다. 따라서 1부에서는 발견이라는 인간의 오랜 행위를 그 역사와 철학 속에서 따라가는 여정을 시작한다. 고대 철학자들의 깨달음부터 세상을 뒤바꾼 과학혁명을 지나 오늘날 인공지능이 던지는 질문에 이르기까지, 각 시대마다 인간이 어떻게 발견을 통해 세상을 보는 눈을 넓히고 스스로를 이해해왔는지 그 결정적인 순간들을 되짚어본다. 이러한 탐구를 통해 우리는 다가올 AI시대의 새로운 가능성 속에서도 길을 잃지 않고, 변화의 물결 속에서 더욱 선명하게 드러날 발견의 본질과 가치를 붙잡는 통찰을 얻고자 한다.

인간은 언제나 미지의 세계 앞에 섰을 때 가장 인간다웠다. 역사 속에서 우리는 항상 불확실성과 마주할 때마다 더 깊이 사유하고, 질문하고, 의미를 찾아왔다. 새로운 발견이 가져올 충격과 혼란 속에서도 인간이 경이로움을 잃지 않고 질문을 멈추지 않는다면, 인공지능시대는 인류가 경험할 수 있는 가장 풍성하고 의미 있는 '발견의 시대'로 기록될 것이다.

1
신의 흔적을 발견한 인간

존재의 기원을 찾는 과정

 인공지능의 파고가 지나간 이후에도 여전히 그 자리에 남아 있을 인간의 고유함을 되묻는 우리의 여정은 '발견하다'라는 동사에서 시작한다. 이 발견은 단지 정보를 얻는 일이 아니다. 그것은 자신과 세계의 관계를 재정립하고 의미를 창조하는 인간 고유의 철학적 행위다. 발견은 경이로움에서 비롯된 호기심과 직관, 감동과 즐거움, 그리고 해석과 맥락화라는 본질적인 요소로 이루어진 인간 고유의 행위다. 발견한다는 것은 이러한 의미에서 인간의 지적인 활동의 절정에 해당하는 행위라 할 수 있다. 그 절정의 순간을 맞이하기 위해 수많은 밤을 지새우고 있는 과학자들의 온갖 수고가 그 증거일 것이다. 우리는 여기서 이 중요한 동사에 어떤 의미가 담겨왔는지 고대에서부터 따라가보려고 한다.

그에 앞서 한 가지 짚고 싶은 것이 있다. 발견한다는 행위는 비단 우리가 관심을 쏟고 있는 지적 탐구뿐 아니라 더 근원적인 차원에서 고찰해야 할 주제라는 점이다. 모태에서 태어난 인간은 자신이 존재하게 된 경위를 찾는다. 한 사람도 예외 없이, 내 의지와는 상관없이 갑자기 존재하게 된 까닭이다. 사실 어떤 의미에서 인류의 역사는 그 이해를 위한 수많은 설명을 만들어온 역사이기도 하다. 그 과정에서 나타난 설명 중 어떤 것은 종교적인 색채가 아주 짙었고, 반대로 어떤 설명은 철저히 더 과학적인 증거로 무게추가 기울어졌다.

고대로 거슬러올라갈수록 인간은 자신이 존재하게 된 이유를 철저하게 자신을 초월한 존재로부터 찾고자 했다. 그런 존재가 아니면 달리 누가 인간에게 답을 줄 수 있었겠는가? 그래서 모세는 불타는 떨기나무 가운데에서 그런 존재를 만났고, 그 신은 자신을 "에흐예 아쉐르 에흐예(나는 있다, 나는 나로 있다)"라고 말했다.[1] 자신의 존재 이유를 찾아야 했던 인간이 나는 나로 존재하는, 그래서 존재 이유를 물을 필요가 없는 초월적 신을 발견하는 장면이다. 이렇듯 그리스도교 전통에서 신의 발견은 흙으로 돌아갈 존재인 인간(인간의 원형인 아담의 이름은 흙이라는 뜻의 아다마에서 나왔다)과 영원한 초월적 존재 사이의 선명한 대비를 그려낸다.[2]

불멸의 명예를 추구하는 신적인 영웅들의 이야기가 전해내려오는 고대 그리스의 세계에서는 어떠한가? 예를 들어 헤시오도스의 『신통기Theogony』를 펼쳐보자.[3] 여기서 헤시오도스는 성서의 「창세기」가 그러했듯이 신들과 우주의 탄생에 관한 이야기를 잔뜩 풀어놓는다. 여기서 거듭 확인할 수 있는 것은 일찍부터 인간은 신을 발견하고 싶어했고, 이는 곧 인간 자신과 인간의 삶을 이해하기 위한 숙명적인 노력이기도 했다는 점이다. 그런 의미에서 발견한다는 행위는 생각보다 한참 더 깊게 그 연원을 거슬러올라가야 함을 알 수 있다.

신을 발견하는 이야기는 신학자의 몫이고, 대신 여기서는 이 신이 남겨놓은 '흔적'을 발견하고자 했던 이야기에서 시작하려 한다. 필요에 따라 '신이 만든 자연에 남겨진 흔적'이라고 말해도 괜찮을 것이다. 그리고 우리는 다행스럽게도 그런 발견을 추구했던 고대 그리스 자연철학자들의 이름을 꽤 많이 알고 있다. '발견하다'라는 행위는 지적 성취를 위한 필수 행위에 해당하기 때문에 특정 개인에게 이 동사를 우선으로 귀속시키기가 조심스럽다. 그럼에도 불구하고 많은 사람이 이 단어를 대할 때 대개 이 사람을 먼저 머릿속에 떠올릴 것이다. 바로 고대 그리스 시라쿠사이(오늘날 시라쿠사)의 수학자 아르키메데스다.

유레카, 자연의 질서를 발견하다

유레카, 더 정확히는 헤우레카라고 발음하는 이 고대 그리스어 단어는 있는 그대로 번역하자면 "내가 발견해냈다"라는 뜻이다.[4] 아르키메데스는 무엇을 발견했는가? 부력의 원리였다. 그는 『부체에 관하여 $Περὶ\ τῶν\ ἐπιπλεόντων\ σωμάτων$, On Floating Bodies』[5]라는 저작을 통해 그 원리를 여러 상황에 따라 상세하게 기록해두었다. 그러나 '발견하다'에 내포된 의미를 찾아 이 단어를 재서술하려는 우리에게는, 그가 무엇을 발견했는지보다 아르키메데스가 자신의 발견에 대해 스스로 어떤 해석을 부여했는지가 더 중요한 물음으로 남는다.

'발견'이 절정의 순간이라면 아르키메데스가 자신의 발견에 대해 무엇인가 이야기한 기록이 남아 있을 법하다. 왕관이 순금으로 만들어졌는지를 시험해보는 과정에서 욕조에서 뛰어나와 "헤우레카"라고 외쳤다는 그 유명한 일화에 기대기는 어렵지만, 더 믿음이 가는 기록이 하나 있다. 그 기록은 로마 최고의 문인 중 한 명이었던 키케로가 자신이 시라쿠사에 부임했을 때 남긴 것인데, 그가 『투스쿨룸 대화』에서 전하는 그 이야기에 아르키메데스가 등장한다.[6]

> 나는 재무관으로 그곳(시라쿠사이)에 있을 적에, 시라쿠사이 사람들은 모르고 있었으며 심지어 존재하지 않는다고까지 했던 그의 무덤을, 덤불과 잡초가 사방으로 덮인 곳에서 찾아냈습니다. 아르키메데스의 묘비에 새겨져 있다고 하는 일종의 육음보로 쓰인 명문을 나는 알고 있었던 겁니다. 그 명문은 묘비 상단에 원기둥과 구가 놓여 있다고 말해주었습니다. … 그때 나는 덤불 가운데 크게 두드러지지 않는 작은 기둥에 주목하였고, 그 기둥에는 구와 원기둥이 그려져 있었습니다. 그래서 나는 그때 동행한 시라쿠사이의 우두머리들에게, 저것이 내가 찾고 있는 것이라 생각한다고 말했습니다. … 그리하여 대희랍의 가장 유명하고, 한때 더없이 학문이 높던 도시는 더없이 명민한 한 자국민(아르키메데스)의 묘비를, 아르피눔 사람(키케로)이 가르쳐주지 않았다면 망각할 뻔했습니다.[7]

키케로의 증언에 무게를 실어줄 아르키메데스의 실제 무덤은 아직 발견되지 않았다.[8] 비록 아르키메데스의 무덤이 발견되었다는 해외 소식이 풍문으로 떠돌긴 했어도 말이다. 그러나 키케로의 말이 갖는 신빙성의 크기를 고려할 때, 아르키메데스가 무덤에 남기고 싶을 만큼 원뿔과 구와 원기둥의 관계에 대한 자신의 발견을 가장 자랑스러워했으리라 짐작할 수 있다.

실제로 그는 이 입체들의 겉넓이와 부피를 탐구하기 위해 『구와 원기둥에 관하여 $Περὶ σφαίρας καὶ κυλίνδρου$,,On the Sphere and Cylinder』라는 저술을 남겼다.[9] 이 작품에서 그는 같은 반지름을 공유하면서 그 높이가 지름과 같은 원뿔과 구와 원기둥은 1:2:3의 아름다운 정수비로 표현된다는 사실을 발견했고 증명했다. 아르키메데스는 이 발견을 스스로 어떻게 해석했는가? 그는 이 작품의 서문으로 쓴 편지글에서 이 아름다운 비율관계를 자신 이전의 그 누구도 증명해내지 못했다는 점을 강조한다. 중학교 교과과정에서 가르치는 원뿔과 구와 원기둥의 부피를 구하는 방법을 기억하는 독자들은 어렵지 않게 이 부피비를 계산해볼 수 있을 텐데, 이쯤에서 아르키메데스의 자랑이 의아할 수도 있을 것이다. 그는 왜 이것을 자신의 무덤에까지 기록할 만한 위대한 성취로 해석했을까?

위 편지글에 남긴 아르키메데스의 말에 답이 있다. "자연 속에 늘 그렇게 존재하고 성립했던" 그러나 "이전에 그 누구도 찾아내지 못했던", 그래서 일종의 자연에 숨겨진 신의 흔적으로 남아 있던 이 관계를 자신이 처음으로 발견했기 때문이다.

여기에 발견의 세 가지 요소가 모두 드러난다. 첫째, 아르키메데스는 자연에 숨겨진 질서를 찾으려는 호기심과 직관이 있었다. 그는 단순히 도형을 계산하려는 것이 아니라 그 안에 신의 설계가 있을 것이라는 직관을 통해 탐구를 시작했다. 둘째, 그는 이 비율관계를 발견했을 때 깊은 감동과 즐거움을 경험했다. 마침내 자연의 신비를 밝혀냈다는 희열이 그의 일생을 이끌어가는 원동력이 되었다. 셋째, 그는 이렇게 발견한 원리에 자신만의 해석과 의미를 부여했다. 아르키메데스가 발견한 것은 단순한 수학 공식이 아니라 우주를 움직이는 아름답고 숭고한 질서였다. 그에게 이 1:2:3 비율은 수학적 진리를 넘어, 감춰진 신의 설계를 인간으로서 처음으로 열어본 경이로운 순간을 의미했다. 이 해석과 맥락화 과정이 없었다면 그의 발견은 그저 또하나의 정보에 불과했을 것이다.

이처럼 신의 흔적을 찾는 희열을 한번 맛본 사람은 결코 이 기쁨의 추구를 멈추지 않는다. 그래서 아르키메데스는 얼마 지나지 않아 『나선에 관하여$Περὶ ἑλίκων$, On Spirals』[10]에서 나선의 넓이가 그것을 둘러싼 원의 넓이와 1:3의 관계를 갖는다는 또다른 자연의 흔적도 밝혀냈다. 그렇게 그는 계속해서 더 복잡하고 낯선 형태 사이의 비밀스러운 관계를 더 간단하고 친숙한 도형들의 관계로 풀어나갔다. 이 과정에서 그가 느꼈을 설렘과 경외심은 정확한 계산만 할 수 있는 기계가 결코 경험할 수 없는 감정이었다.

아르키메데스가 누구보다도 더 '발견하다'라는 동사에 어울릴 만하다고 말한 것은 그가 생의 마지막 순간까지 자연의 흔적을 찾는 일에 몰두했기 때문이기도 하다. 고대인들은 생몰년이 불명확한 경우가 상당한데, 예외적으로 아르키메데스의 사망 연도를 기원전 212년으로 거의 확실하게 추정할 수 있다. 그해 로마군이 시라쿠사를 함락했고, 아르키메데스를 살려두라는 지휘관 마르켈루스의 명령에도 불구하고 아르키메데스를 알아보지 못했던 한 로마 병사가 땅 위에 도형을 그려놓고 또다른 자연의 흔적을 찾아내고자 집중하고 있던 그를 죽였기 때문이다.

오랜 고생 끝에 드디어 시라쿠사를 함락해 매우 흥분해 있었을 로마 병사로서는 이 난리통 속에서도 도형에 집중하고 있는 노인이 무엇을 하고 있는지 궁금해할 만큼 차분한 마음을 가질 수는 없었을 것이다. 그래서 더더욱 "내 원을 망치지 마라!Noli turbare circulos meos!"[11]는 노쇠한 수학자의 말이 로마 병사의 귀에 매우 거슬렸을 수도 있겠다. 그날 시라쿠사에서의 일을 다 알 수는 없으나, 고대 지중해세계가 낳은 가장 위대한 수학자는 이렇게 자신의 마지막 도형을 피로 물들이고 죽음을 맞이했다. 생의 마지막 순간까지도 그는 오직 자연의 숨겨진 논리를 발견하는 데 열정을 쏟았던 것이다. 그의 마지막 말에는 인간의 발견이 가진 가치와 의미가 담겨 있다. 그에게 그 원은 단순한 도형이 아니라 평생에 걸쳐 추구해온 우주 질서의 상징이었고, 그가 세상에 남기고자 했던 인간의 가장 고귀한 흔적이었다.

이제 아르키메데스가 남긴 작품과 이후 전해내려오는 일화들을 통해 그가 말하는 '발견하다'라는 동사를 재서술해보자. 나는 아르키메데스가 "자연(혹은 신)의 흔적을 찾아내는 희열을 누리다"라는 뜻을 '발견하다'라는 동사에 담아두었다고 말하고 싶다. 그는 이 희열을 혼자만 누릴 것이 아니라 함께 나누기 위해, 자연의 흔적을 더듬어 찾아가는 수고를 아끼지 말라고 독자들을 끊임없이 격려한다.

아르키메데스의 수학책이 친절하지 않고 때로 복잡한 길로 안내하는 것처럼 느껴지는 까닭은 그가 자연의 비밀을 먼저 본 사람으로서 부주의하게 남들에게 비밀을 발설하는 스포일러가 되지 않으려고 각별히 애썼기 때문이다. 그는 자신이 발견한 자연의 흔적을 따라오면서 독자들이 스스로 그 희열을 충분히 느낄 수 있도록 이야기 진행을 지연시킨다. 그렇게 아르키메데스는 늘 서스펜스를 잊지 않았다. 이것이 바로 인간의 발견이 가진 또하나의 특징이다. 발견의 과정이 주는 기쁨, 그리고 그 기쁨을 타인과 공유하고자 하는 마음이야말로 인간 고유의 가치인 것이다.

신의 흔적에서 인간의 흔적으로

자연에 남겨진 신의 흔적을 찾은 인간은 그 결과로 자신의 흔적을 남긴다. 그래서 아르키메데스는 여러 작품을 통해, 또 심지어 자신의 무덤에까지 흔적을 남겼다. 이러한 흔적은 우리가 야만인이 아니라 자연 속 신의 흔적을 발견하는 인간이라는 증표가 되기도 한다. 『건축에 관하여De Architectura』로 유명한 기원전 1세기 고대 로마의 건축가 비트루비우스는 도형으로부터 인간의 흔적을 읽고 희망을 품은 이야기를 이렇게 전한다.

> 소크라테스학파 철학자였던 아리스티포스는 배가 난파하여 로도스섬으로 표류해 밀려온 적이 있었다. 그때 그는 그 섬의 연안에서 기하학적 도형이 그려져 있는 것을 발견했는데, 너무 기쁜 나머지 그의 동료들에게 이렇게 외쳤다. "우리 최선의 상

황을 한번 기대해보세. 내가 여기서 인간의 흔적을 발견했기 때문이네Bene Speremus, Hominum enim vestigia video." 그러고는 망설임 없이 그는 로도스의 성읍으로 향했다고 한다.¹²

해변에 그려진 도형들은 죽을 고비를 넘기고 가까스로 발을 디딘 섬에 어떤 무시무시한 위험이 또 기다리고 있을지 두려워하던 아리스티포스에게 희망을 품게 해준 강력한 증표였다. 그 도형들은 신의 언어를 이해하려는 인간의 흔적Hominum Vestigia이었기 때문이다. 이와 마찬가지로 갈릴레오 갈릴레이도 희열의 오랜 가뭄 끝에 아르키메데스의 수학책 속에서 위대한 인간의 흔적을 발견하고 다시 한번 인류가 도약할 수 있다는 새 희망을 품는다.¹³ 새로운 과학의 탄생을 알리는 순간이다.

갈릴레오가 태동시킨 근대과학은 "자연이라는 책Book of Nature"이 "읽을 만하며 이해할 만한 것이다"라는 생각을 가장 뚜렷하게 보여준다.¹⁴ '발견'이라는 말에 "덮여 있던 것을 드러나게 하다 dis+cover, $ava+καλυπτω$"라는 뜻이 담겨 있듯이, 자연이 마치 감춰놓기라도 한 듯한 법칙을 '드러내고자' 했던 아르키메데스의 씨앗이 갈릴레오에 의해서 꽃을 피우게 된 셈이다.

이처럼 발견은 단지 자연 속의 원리를 알아내는 데 그치지 않고, 인간이 의미를 부여하고, 새로운 질문을 만들어내며, 지식의 지평을 확장해나가는 행위였다. 그러나 인간이 자연 속에 숨겨진 흔적뿐 아니라 낯선 세계 속에서 다른 인간의 흔적을 발견하게 되면서, 발견의 의미는 또다시 크게 확장될 가능성을 보여주었다.

데이비드 그레고리의 유클리드 전집
그리스어-라틴어 대역본에 실린 권두 삽화(1703)
아리스티포스가 로도스섬에 표류한 후 해변에 그려진 기하학 도형에서 '인간의 흔적'을 발견하고 희망을 가졌던 일화를 그림으로 그렸다.

이제 우리의 시선은 자연을 넘어 낯선 세계로 향한다. 과연 중세의 수도사들과 탐험가들은 미지의 세계에서 어떤 흔적을 발견했을까? 그리고 그 속에서 어떤 희망과 의미를 찾아냈을까? 아르키메데스가 자연에서 신의 흔적을 찾았다면, 이들은 먼 땅에서 다른 인간의 흔적을 찾아 또다른 차원의 발견을 이루어냈다. 그 이야기는 단순한 지리적 발견을 넘어 인류가 서로의 존재를 통해 가치와 의미를 발견해가는 과정이기도 하다. 갈릴레오의 이야기로 넘어가는 길목에서 잠시 멈추어, 중세의 수도사와 탐험가들이 낯선 세계에서 찾아낸 인간의 흔적과 그 안에 담긴 발견의 의미에 주목해보자.

2
무지에서 앎으로

시간의 도서관을 거닐다
텍스트와의 씨름, 지식의 재발견

   로마제국의 영광이 잦아들고 혼란기가 길어지면서, 과거의 지식은 흩어지고 잊혀 망각의 그늘 아래 모습을 감췄다. 한편 아직 알려지지 않은 넓은 세계에는 전혀 다른 모습의 문명을 가진 사람들이 살아가고 있었다. 물론 중세라는 긴 시간을 몇몇 인물과 사건만으로 온전히 설명하기는 어렵다. 다만 당시 지성사의 흐름에서 중세의 '발견'은 잊힌 과거의 지혜를 되살리는 재발견의 과정이었고, 지리적·문화적으로 멀리 떨어져 있던 낯선 세계와 처음 마주하는 조우의 경험이었다는 점은 강조할 만하다. 이는 무지에서 앎으로 나아가는 역동적인 여정이었다. 마치 어둠 속에서 길을 밝히는 등불처럼, 이 시대의 여러 발견은 인류가 다음으로 나아갈 길을 조용히 비추고 있었던 것이다.

흔히 지식의 역사를 앞으로만 나아가는 행진으로 생각하기 쉽지만, 때로는 잊힌 과거로 돌아가 마르지 않는 지혜의 샘을 다시 찾는 여정이기도 하다. 로마제국의 몰락 후 오랜 혼란기를 거치며 과거의 소중한 지식이 실제로 흩어지고 잊혔기에, 중세시대 사람들에게는 이들을 다시 발견하고 새롭게 해석하는 일이 지식을 발전시키는 중요한 과정이었다. 과거의 지혜를 다시 만나는 이 여정은 인간의 지성이 어떻게 단절과 망각의 시간을 딛고 나아가는지를 보여주는 생생한 장면이다. '발견'이란 꼭 세상에 없던 것을 처음 만들거나 찾아내는 것만을 의미하지는 않는다. 때로는 흩어진 것들을 모으고, 다시 의미를 부여하며, 종합하는 과정이 창조적인 발견이 될 수 있다는 점을 중세의 경험으로 알 수 있다.

비록 시대는 혼란했지만 서유럽 곳곳의 수도원 필사실에서는 다른 세상이 펼쳐졌다. 수도사들은 등불 아래서 묵묵히 펜을 놀려 잊혀가는 고대의 지혜를 양피지 위에 되살려냈다. 그들의 손끝으로 살려낸 필사본들은 단순한 기록이 아니었다. 그것은 과거와 현재를 잇는 위태롭지만 필수적인 다리였고, 어쩌면 미래 세대가 길을 잃지 않도록 남겨둔 희미한 발자국 같은 것이었다.

그러다 12세기 무렵, 라틴어세계로 쏟아져들어온 아리스토텔레스의 저작들은 잠자던 유럽 지성에 큰 파문을 일으켰다. 새로 생긴 대학과 수도원에서는 텍스트를 붙들고 씨름하는 이들로 그 열기가 뜨거웠다. 학자들은 책 속에 숨겨진 진리를 캐내려 애썼고, 서로 다른 권위 있는 목소리들이 부딪히는 혼란 속에서 일관된 설명을 찾으려 분투했다. 바로 이런 지적 열기 속에서, 프랑스의 논리학자 피에르 아벨라르는 누구도 쉽게 던지지 못했던 질문을 정면으로 던졌다. 성서와 교부들, 존경받는 철학자들의 가르침이 서로 다르다면 대체 무엇을 믿어야 하는가? 그는 어느 한쪽의 권위에 쉽게 기대는 길을 택하지 않았다. 대신 그 차이가 드러나는 지점, 모순의 한복판을 탐구의 출발점으로 삼았다.

마치 아주 복잡하게 엉킨 실타래 앞에서 새로운 풀이법을 찾아내듯, 그는 『긍정과 부정 Sic et Non』에서 상반된 견해들을 논리적으로 분석하고 비교하는 엄밀한 규칙을 제시했다.[15] 이것이 바로 스콜라철학 방법론의 시작이었다. 이 새로운 방법은 지식의 홍수 속에서 허우적대지 않고 나아갈 길을 알려주는 믿음직한 도구와 같았다. 단순히 글을 읽고 수동적으로 받아들이는 것이 아니라 인간의 이성으로 텍스트를 해부하고 모순을 해결하며 체계적인 지식을 쌓아갈 수 있는 가능성을 열어준 것이다. 훗날 토마스 아퀴나스 같은 철학자들이 신학과 철학을 아우르는 방대한 지식체계를 세울 수 있었던 것도 이러한 방법론적 토대 위에서 가능했다.[16] 양피지 위에서 밤낮으로 벌어졌을 그 논쟁들은 지금 보면 복잡하고 추상적일지도 모른다. 하지만 그 치열한 논리 싸움이야말로 인간 이성이 스스로의 힘으로 지식의 질서를 찾아나서는 '발견'의 생생한 현장이었다.

서유럽에서 이처럼 텍스트의 논리와 씨름하며 지식체계를 다듬는 동안, 이슬람세계는 더 넓은 문명 교류의 무대 위에서 지식의 재발견과 창조적 융합이라는 또다른 드라마를 쓰고 있었다. 중세 이슬람제국의 도시인 바그다드, 코르도바 등의 '지혜의 집'과 도서관들은 고대 지중해세계의 지적 유산은 물론, 페르시아와 인도의 지혜까지 끌어안으며 다양한 문명의 지식이 만나고 뒤섞이는 거대한 용광로였다. 이곳의 학자들은 단지 과거의 지식을 옮기는 번역가에 머물지 않았다. 활발한 토론과 날카로운 비판을 통해 옛 지식에 새로운 숨결을 불어넣고, 때로는 전혀 다른 차원의 이해를 이끌어냈다. 코르도바의 이븐 루시드가 아리스토텔레스 철학을 깊이 파고들어 그 합리주의 정신의 핵심을 되살렸을 때, 그는 수 세기 동안 잊혔던 거인의 목소리를 당대에 다시 울려퍼지게 했다.[17] 그의 작업 덕분에 아리스토텔레스는 박물관 속 고대 철학자가 아니라 시대를 뛰어넘어 인간 이성의 가능성을 탐구하도록 끊임없이 말을 거는 살아 있는 스승으로 다시 태어났다.

또한 페르시아의 알콰리즈미가 인도 수학의 개념과 페르시아의 계산법 등을 융합하여 대수학Algebra이라는 수학의 새로운 분야를 연 것은, 서로 다른 지적 전통의 만남이 얼마나 혁신적인 결과로 이어질 수 있는지를 보여주는 대표적인 예다.[18] 그는 문자와 기호를 사용해 문제의 구조를 파악하고 일반적인 해법을 찾는 강력한 사고의 도구를 인류에게 선사했다. 이는 마치 새로운 언어를 발명해 이전에는 표현할 수 없었던 생각을 꺼낼 수 있게 된 개념적 도약이었다. 이 외에도 의학 분야에서 이븐 시나가 고대 의학과 자신의 임상 경험을 집대성하여 『의학정전The Canon of Medicine』을 저술한 것이나,[19] 화학, 천문학, 공학 등 다양한 분야에서 이루어진 독창적인 기여들은 모두 과거와의 창조적인 대화와 문명 간의 융합을 통해 이루어진 값진 발견이었다. 중세의 이러한 경험들은 발견이 반드시 '무無에서 유有'를 창조하는 것만을 의미하지 않음을, 기존 지식과의 깊이 있는 만남, 비판적 성찰, 그리고 창의적 융합을 통해서도 얼마든지 풍부하게 이루어질 수 있다는 점을 다시 한번 생각하게 한다.

자연을 관찰하고 권위에 도전하다
경험적 발견과 비판적 사고의 씨앗

텍스트와의 씨름을 통해 지식체계를 정비하고 새로운 논리를 찾아내려는 노력이 중세 지성사의 한 흐름이었다면, 다른 한편에서는 전혀 다른 방식으로 앎의 세계를 넓히려는 시도가 조용히 싹트고 있었다. 그것은 책 속의 세계가 아닌, 우리 눈앞의 자연세계를 직접 관찰하고 질문하는 경험적 탐구였다. 이는 인간의 감각과 이성이 텍스트의 권위를 넘어 진리에 다가가는 또다른 통로가 될 수 있음을 깨닫는, 인식의 중요한 전환을 예고하는 움직임이었다. 물론 이러한 흐름이 중세 전반을 지배했다고 보기는 어렵지만, 몇몇 선구자들의 노력은 다가올 시대를 위한 씨앗을 뿌리고 있었다.

이러한 경험적 탐구 정신을 뚜렷하게 보여주는 인물 중 하나는 11세기 이슬람 학자 이븐 알하이삼이다. 그는 1000년 이상 당연하게 여겨왔던 '시각 방출설(눈에서 나간 빛이 물체와 접촉함으로써 그 물체를 본다는 이론)'에 대해 "만약 눈에서 빛이 나가는 거라면, 왜 우리는 밤하늘의 별을 즉시 볼 수 없는가?"와 같이 일상적인 관찰에 기반한 날카로운 질문을 던졌다.[20] 이것은 단순한 의심을 넘어, 오랫동안 정설로 굳어진 지식체계의 허점을 파고드는 비판적 사고의 힘을 보여준다. 고대 현자들의 글을 거의 경전처럼 여기던 시대 분위기에서, 그들의 이론에 정면으로 의문을 제기하는 데에는 상당한 용기가 필요했다. 그는 단순히 텍스트의 논리적 모순을 지적하는 것에 머물지 않고, 실제 세계의 현상과 이론 사이의 불일치에 주목했다.

이븐 알하이삼의 남다른 점은 의문을 품고, 자신의 가설을 실험했다는 것이다. 그는 직접 고안한 실험, 특히 '카메라 옵스큐라(암실)' 실험을 통해 빛이 외부 물체에서 반사되어 눈으로 들어와 시각이 형성된다는 사실을 증명해냈다.[21] 이는 시각 현상에 대해 더 정확한 설명을 찾아냈다는 것보다 더 큰 의미를 지니는데, 통제된 실험과 수학적 분석이라는 경험적 방법론이 자연의 비밀을 밝히는 데 얼마나 강력한 도구가 될 수 있는지를 명확히 보여준 사건이었기 때문이다. 1000년 가까이 진리로 받아들여진 통념에 정면으로 도전한 것은 당시로서는 매우 대담한 시도였고, 그는 실험 결과를 통해 자연이 실제 어떻게 작동하는지를 드러내고자 했다. 그는 광학 연구에만 머물지 않고 천문학, 수학, 역학 등 다양한 분야에서 관찰과 실험에 기반한 탐구를 이어가며 경험적 방법론의 가능성을 넓혔다.

이븐 알하이삼의 작업에는 과학적 탐구가 무엇인지에 대한 깊은 생각이 담겨 있다. 그의 책 『광학의 서Book of Optics』는 "의심하고, 가설을 세우고, 실험으로 검증하고, 결과가 가설과 다르면 가설을 수정하는" 과정, 즉 오늘날 우리가 과학적 방법이라 부르는 것의 중요성을 체계적으로 보여준다.[22] 그는 발견이란 어느 날 갑자기 찾아오는 영감의 산물이 아니라 때로는 잘못 생각할 수도 있다는 가능성을 열어두고 끊임없이 질문하며 증거를 통해 한걸음씩 진실에 다가가는 과정임을 스스로 보여주었다. 그의 이러한 생각과 방법론은 후대의 로저 베이컨, 요하네스 케플러, 르네 데카르트 등 유럽 과학혁명을 이끈 인물들에게도 큰 영향을 주었다. 그의 사례는 "무엇을 알게 되었는가"만큼이나 "어떻게 알 수 있는가"라는 방법에 대한 깨달음, 즉 인식의 전환 역시 중요한 발견일 수 있음을 알려준다. 진리는 때로 오래된 책 속에만 있는 것이 아니라, 우리가 발 딛고 서 있는 현실세계를 주의깊게 관찰하고 끈질기게 파고들 때 모습을 드러낸다는 것이다.

물론 이러한 경험적 탐구 정신이 이슬람세계에 국한된 것은 아니었다. 13세기 영국의 로저 베이컨은 비록 독창적인 실험보다는 이슬람 과학의 성과에 많이 의존했지만, 아리스토텔레스의 재발견과 더불어 '실험experimentia'의 중요성을 강하게 주장했다. 그는 "논증은 결론을 내리지만 의심을 멈추게 하지는 못한다. 정신은 경험 없이는 평온을 찾지 못한다"라고 말하며, 텍스트 연구만으로는 도달할 수 없는 경험 지식의 영역이 있음을 강조했다.[23] 비록 그의 시대에 실험과학이 활짝 꽃피지는 못했지만, 그의 주장은 경험적 지식의 가치를 인정하고 자연세계에 대한 직접적인 탐구를 장려하는 분위기를 만드는 데 기여했다. 이처럼 동서양을 막론하고 중세시대에는 점차 인간의 경험과 이성이 진리 탐구의 중요한 도구가 될 수 있다는 인식이, 비록 더디고 때로는 저항에 부딪혔을지라도 꾸준히 자라나고 있었다. 이는 근대 과학혁명으로 이어지는 중요한 지적 변화의 밑거름이 되었다.

한편, 12세기 스페인의 톨레도는 이슬람의 과학 문헌들을 라틴어로 번역하는 중심지였다. 초기의 라틴어 번역가들은 이슬람의 수학·과학 용어들을 옮길 적절한 라틴어가 부족해 아랍어 발음을 그대로 라틴문자로 옮겨 적기도 했다. 그만큼 당시 라틴어는 과학 지식을 표현하고 전달하는 데 한계가 있었다. 누군가는 '12세기 르네상스'라고 부르는 이 시기조차 유럽은 학문적으로 풍요롭다고 말하기는 어려웠다.[24] 이븐 시나의 『의학정전』이 서구 의학계에 큰 영향을 주었고, 이븐 루시드의 아리스토텔레스 주석이 중세 스콜라철학에 새로운 바람을 불어넣는 등 서유럽에 전해진 이슬람세계의 지식들이 다시 해석되고 재창조되면서 르네상스와 근대 과학혁명의 토대 마련에 기여했다.

고대부터 중세를 거쳐 르네상스에 이르는 서양의 지성사와 과학사를 연구하는 학자들은 지금도 많은 과학 고전들이 사라졌다는 사실을 안타까워한다. 상당수 작품들이 제목만 전해지거나 일부 단편만 남아 있기 때문이다. 예를 들어 플라톤과 동시대 인물로, 유클리드에 앞서 뛰어난 수학적 재능을 보였다고 알려진 기원전 4~5세기의 아르키타스의 저작들은 아쉽게도 그 내용을 알 길이 없다. 아르키메데스가 열네 개의 조각으로 정사각형을 만드는 방법을 탐구한 결과를 담은 「스토마키온Stomachion」이라는 작품도 앞부분 일부만 남아 있다.[25] 고대에는 드물었던 조합론을 다룬 작품이기에, 사라진 뒷부분의 내용을 궁금해하는 이들이 많다.

이렇게 잃어버린 작품들에 대한 아쉬움을 되짚다보면, 역으로 지금 우리에게 남겨진 고전들이 누구의 노력 덕분인지를 생각해보게 된다. 이 과정에서 이슬람 지식인들과 그들을 후원했던 이들의 역할이 매우 중요했다. 만약 그들의 노력이 없었다면, 우리가 오늘날 접할 수 없는 고전의 목록은 훨씬 더 길었을 것이다. 과거 서구 학계와 이슬람세계 사이의 교류가 부족했던 탓에 이슬람 학자들이 어떤 중요한 역할을 했는지 아직 충분히 밝혀지지 않은 부분도 많다. 하지만 연구가 꾸준히 진행되면서, 이제는 과학사에서 이슬람 과학의 기여를 빼놓고는 고대와 중세 후기 사이의 공백을 설명하기 어렵다는 점이 점점 더 분명해지고 있다.

이슬람 문명이 보존하고 발전시킨 지식들은 다시 서유럽으로 흘러들어가 새로운 지적 자극을 주었다. 하지만 지식의 교류가 문헌으로만 이루어진 것은 아니었다. 이제 사람들의 직접적인 경험과 만남이 새로운 발견의 문을 열기 시작했다.

미지의 세계를 걷다
낯선 만남과 확장되는 세계관

앞서 살펴보았듯 낯선 것과의 만남은 1장에서 다루는 발견의 여러 요소, 즉 경이로움에서 오는 호기심과 직관, 감동과 즐거움(때로는 충격과 당혹감), 그리고 무엇보다 경험한 것을 이해하고 의미를 부여하는 해석과 맥락화 등을 고스란히 보여주는 과정이다. 발견은 단지 지식을 얻는 행위가 아니라 새로운 세계와 직접 부딪히는 일이며, 이를 통해 우리가 알던 세계가 전부가 아님을 깨닫게 된다. 중세는 바로 이러한 낯선 만남이 이전 시대보다 훨씬 더 잦아지고 그 범위도 넓어진 시기였다. '그들'이 가진 무언가가 '우리'에게 매력적으로 다가오자 교역로가 열렸고, 때로는 종교적 열정이나 정치적 목적이 사람들을 익숙하지 않은 땅으로 이끌었다. 이러한 만남 속에서 발견은 서로 다른 문화와 지식이 만나고 때로는 부딪히며 융합하는 역동적인 과정이었다.

13세기 베네치아 상인 마르코 폴로의 동방 여정은 이러한 발견의 과정을 잘 보여준다. 그가 20여 년간 머물렀던 원나라 쿠빌라이 칸의 제국은 당시 유럽인의 기준으로 볼 때 놀라운 규모와 체계를 갖추고 있었다. 그가 『동방견문록』에 기록했듯이 종이 화폐의 사용, 석탄의 광범위한 활용, 잘 정비된 역참제도, 거대한 도시의 번영 등은 단순한 호기심을 넘어 그가 알던 세계를 다시 보게 만드는 경험이었다.[26] 예를 들어 금속 화폐에 익숙했던 그에게 종이가 돈으로 쓰인다는 사실은 얼마나 이해하기 어려웠을까? 그는 "대칸(원나라 황제)은 나무껍질로 돈을 만드는데, 이는 마치 순금처럼 통용된다"라고 설명하며 이 낯선 시스템을 독자들이 이해할 수 있도록 애썼다.[27] 하지만 이는 전혀 다른 경제적·사회적 논리를 이해하고 설명하는 데 따르는 어려움, 즉 해석의 한계를 보여주는 대목이기도 하다. 그의 기록에는 처음 접하는 문물에 대한 감탄과 놀라움이 담겨 있으며, 자신의 언어와 개념으로는 온전히 담아내기 어려운 낯선 현실을 어떻게든 이해하고 전달하려는 노력이 엿보인다.

이렇게 낯선 세계와 부딪히는 경험은 자연스레 자신과 자신이 속한 세계를 돌아보게 한다. 마르코 폴로는 자신이 직접 보고 놀랐던 동방의 문물과 제도를 떠올리며, 자신이 살던 유럽사회의 모습과 가능성을 새로운 눈으로 비교해보았을 것이다. 그가 겪은 문화적 충격은 자신이 당연하게 여기던 가치와 삶의 방식이 세상의 전부가 아닐 수도 있음을 깨닫는, 단지 신기한 구경거리를 발견한 것이 아니라 스스로를 새롭게 발견하는 경험이었다. 이는 동시대의 또다른 위대한 여행가인 모로코 출신의 이븐 바투타에게도 비슷하게 적용될 수 있다. 그는 마르코 폴로보다 훨씬 더 넓은 지역인 북아프리카, 중동, 중앙아시아, 인도, 동남아시아, 멀리 중국까지 두루 다니며 다양한 이슬람사회와 문화를 직접 겪었다. 그의 『여행기 Rihla』는 이슬람이라는 하나의 큰 문화권 안에 얼마나 놀라운 다양성이 존재하는지를 보여주는 동시에, 이슬람 문화권 밖의 낯선 관습들을 기록하며 당시 세계의 넓이와 문화의 깊이를 생생하게 증언한다.[28] 이븐 바투타의 여정은 하나의 문명 안에서도 서로 다른 삶의 방식과 해석이 가능하다는 사실을 보여주며, 낯선 문화 앞에서 느끼는 당혹감과 그것을 이해하려는 노력이 시대를 넘어선 인간의 보편적인 경험이자 욕구임을 느끼게 해준다.

이처럼 미지의 세계를 향한 여정은 외부세계에 대한 발견인 동시에, 자신과 자신이 속한 문화를 더 깊이 이해하는 내면적 성찰의 과정이기도 하다. 마르코 폴로의 이야기는 처음에는 허황된 것으로 여겨지거나, 그가 가져온 새로운 정보가 기존의 통념과 부딪히며 저항에 직면하기도 했지만, 이러한 여행가들의 기록은 결국 사람들의 상상력을 자극해 미지의 세계에 대한 동경과 탐험의 시대를 여는 중요한 계기가 되었다. 그들의 발자취는 낯선 세계와의 만남이 궁극적으로 인류의 지리적·정신적 지평을 넓히고 새로운 시대를 여는 문이 될 수 있음을 보여준다. 이는 닫힌 세계관을 넘어 미지의 가능성을 향해 나아가려는 인간의 끊임없는 열망을 나타내는 증거이기도 하다.

단절을 넘어 만남으로
시대를 관통하는 발견의 의미

중세의 경험을 돌아보면, 의미 있는 발견들이 종종 과거와의 단절보다는 치열한 대화 속에서 움텄음을 알 수 있다. 이슬람 학자들이 고대 그리스의 지혜에 새 숨을 불어넣어 새로운 학문을 일구고, 스콜라학파 철학자들이 옛 권위와 씨름하며 논리의 뼈대를 세웠듯이, 인류의 지성은 오랫동안 쌓아온 지식과 끊임없이 상호작용하며 그 안에서 새로운 길을 찾아왔다. 이는 정보가 넘쳐나는 오늘날에도 과거의 통찰과 현재의 데이터를 비판적으로 연결하고 종합하는 능력이 여전히 새로운 생각을 낳는 중요한 씨앗임을 일깨운다. 때로는 가장 오래된 샘에서 가장 신선한 영감을 얻을 수 있는 법이다.

또한 발견의 역사는 진정한 전환점이 종종 주어진 지식에 "왜?"라고 물을 줄 아는 용기, 즉 기존의 생각 틀에 의문을 제기하는 데서 시작됨을 보여준다. 이븐 알하이삼이 1000년의 권위에 맞서 자신의 눈과 실험을 믿었던 것처럼, 길을 여는 이들은 주어진 정보를 그대로 받아들이기보다 끊임없이 의심하고, 때로는 탐구 방법을 바꾸면서까지 새로운 증거를 찾아나선다. 이는 어떤 시대든 새로운 생각이 뿌리내리기 어렵게 만드는 지적 관성이나 통념, 보이지 않는 권위에 맞서, 진실을 찾으려는 비판적 탐구 정신과 스스로 판단하려는 용기가 왜 중요한지를 말해준다. 우리는 늘 '안다고 생각하는 것'에 대해 다시 물을 준비가 되어 있어야 한다.

더불어 낯선 세계와의 만남은, 발견의 여정이 때로는 이해의 경계를 넓히고 이질적인 현실을 나름의 언어로 '옮겨 담으려는' 노력임을 보여준다. 마르코 폴로가 겪었던 문화적 충격과 그것을 설명하려 애썼던 어려움처럼, 우리 역시 이해 범위를 넘어서는 새로운 현상이나 생각과 마주한다면 불편할 수 있다. 하지만 바로 그 마주침과 그것을 이해하려는 노력을 통해 우리는 가장 크게 배우고 세상을 보는 시야를 넓힐 수 있다. 미지의 영역을 탐험하고 새로운 가능성을 받아들이려면 열린 마음과 유연한 생각, 그리고 기존의 틀을 넘어서려는 꾸준한 해석의 노력이 필요하다는 것을 배운다. 진정한 발견은 때로 우리를 불편하게 만들지만, 바로 그 불편함이 우리를 더 너른 세상으로 이끌기도 한다.

결국 중세시대의 발견에 얽힌 이야기들은 잊힌 과거와의 씨름, 경험적 탐구의 시작, 낯선 세계와의 조우라는 여러 길을 통해, 발견이 단선적인 진보가 아니라 복잡하고 다층적인 인간활동임을 잘 보여준다. 그 과정에서 중요하게 여겼던 '과거와 창조적으로 대화하는 능력' '비판적으로 탐구하는 정신과 기존의 틀을 넘어서려는 용기' '다른 것을 향한 열린 마음과 그것을 이해하려는 노력' 등은 앞으로 인류가 어떤 새로운 도구와 환경 속에서 앎의 여정을 이어가든 변함없이 소중한 길잡이가 될 것이다.

인류의 호기심은 과거와 현재에만 머물지 않았다. 번역으로 과거의 지혜를 되살리고, 탐험으로 낯선 땅과 문명을 만난 인류의 시선은 이제 밤하늘의 별들로 향하기 시작했다. 오랫동안 하늘을 올려다보며 품었던 질문들에 답을 줄 새로운 도구와 생각들이 서서히 무르익고 있었기 때문이다.

갈릴레오가 망원경을 들어 밤하늘로 눈을 돌린 순간, 그는 단지 별을 더 자세히 본 것만이 아니었다. 수천 년간 세상의 중심이라 믿었던 지구를 우주의 변방으로 밀어낼지도 모를, 거대한 진실의 문 앞에 서 있었다. 목성 주위를 맴도는 작은 달들, 울퉁불퉁한 달의 표면, 차고 이지러지는 금성의 모습은 그때까지 사람들이 믿어왔던 우주의 상을 송두리째 뒤흔들었다. 갈릴레오는 망원경을 통해 무엇을 보았고, 그 발견은 인류를 어떤 놀라움과 깨달음의 세계로 이끌었을까? 이제 우리는 무지에서 앎으로 나아가는 또다른 변화의 문턱에 서 있다.

3
볼 수 있지만
닿을 순 없는 세계

한계 인식과 극복의 여정

 중세에서 르네상스에 이르기까지, 인류는 번역과 지리적 탐험이라는 두 날개를 통해 다른 문명과 그들이 남긴 지적 유산을 발견하며 앎의 영역을 확장해갔다. 그러나 눈으로 확인할 수 있는 세계가 점차 지식의 지도로 채워지면서, 인간은 필연적으로 자신의 감각, 특히 시각의 명백한 한계와 마주하게 되었다. 이렇게 발견은 낯선 것과의 조우라는 기존의 방식을 넘어, 인간의 지각 범위를 뛰어넘는 새로운 도구의 등장을 요청했다.
 인류의 지식 탐구사는 꾸준한 전진이 아닌, 때로는 비약하고 때로는 정체하는 변화무쌍한 과정이었다. 발견의 속도는 시대의 사회적·문화적·기술적 조건에 따라 달라졌으며, 마치 탐험할 영역이

고갈된 듯 보이는 지적 정체기도 존재했다. 새로운 발견이 이전 세대보다 훨씬 더 어렵고 복잡한 노력을 요구하는 시기가 찾아오기도 했다.

15세기 이후 유럽에서 일어난 지적 부흥은 이러한 정체 속에서 중요한 전환점을 마련했다. 구텐베르크의 인쇄술은 지식의 복제와 유통 방식을 혁신하여, 소수에게 집중되었던 정보가 광범위하게 퍼져나갈 수 있는 길을 열었다.[29] 이렇게 확산된 지식은 새로운 세대의 학자들이 과거의 유산을 비판적으로 검토할 수 있는 근거가 되었다. 또한 대학을 중심으로 학문 공동체가 활기를 띠면서, 지식은 활발한 토론과 검증을 통해 더욱 정교하게 다듬어졌다. 이렇게 강화된 지적 기반은 르네상스와 과학혁명이라는 거대한 변화의 물결을 가능하게 한 토양이 되었다.

이처럼 고양된 지적 자신감과 탐구 정신은 미지의 세계를 향한 대담한 항해를 추동하는 강력한 힘이었다. 유럽 탐험가들이 마주한 신대륙의 존재, 그곳의 낯선 동식물과 이질적인 문화는 기존의 유럽 중심적 세계관에 거대한 충격을 안겼다. 이러한 경험은 단순히 지리적 지식을 넓히는 차원을 넘어, 인간과 자연, 문명에 대한 이해를 근본적으로 재구성하도록 요구했다. 아메리카의 발견은 프톨레마이오스적 세계지도를 무력화했고,[30] 쏟아져들어온 새로운 정보는 기존 분류체계의 전면적인 개편을 촉발했다.

하지만 지도 위에서 지구상의 빈 공간이 점차 사라지고 맨눈으로 관찰 가능한 자연현상에 대한 기록이 쌓여가면서, 지리적 탐험을 통한 획기적인 발견의 기회는 줄어들기 시작했다. 마치 볼 만한 것은 다 보았고 들을 만한 이야기는 다 들었다고 여길 법한 상황에 이른 것처럼. 이제 인류는 미지의 외부세계가 아닌, 인식의 주체인 자기 자신의 감각기관, 특히 시각 능력의 본질적인 한계에 직면하게 되었다. 인간의 눈이 세상을 온전히 담아내는 창이 아니라, 오히려 특정 범위 너머를 보지 못하게 가두는 틀일 수 있다는 자각이 싹트기 시작했다. 그렇게 더이상 밖으로 나아갈 미지의 땅이 보이지 않게 되자, 인류의 시선은 자연스럽게 안으로, 그리고 보이지 않는 영역으로 향했다. 감각의 제약을 극복하고 새로운 앎의 지평을 열기 위한 돌파구로서, 도구의 혁신이 절실히 요구되는 시점이었다.

볼 수 없었던 우주를 열다
망원경과 갈릴레오의 혁명

아르키메데스가 유레카를 외치며 자연법칙 속 신의 설계를 발견했을 때의 희열을, 갈릴레오 갈릴레이는 망원경이라는 새로운 도구를 통해 다시금 느꼈을 것이다. 아르키메데스가 순수한 이성으로 자연의 숨겨진 질서를 밝혀 인류 지성사의 새 길을 열었다면, 갈릴레오는 망원경으로 인간 감각의 한계를 넘어 그 길을 우주로까지 확장시켰다.

1610년, 갈릴레오가 네덜란드에서 최초로 발명된 망원경을 직접 개량해 밤하늘을 관찰하던 순간을 상상해보자.[31] 수천 년 동안 인류는 밤하늘의 달을 바라봤지만 그 표면의 울퉁불퉁한 분화구와 산맥은 보지 못했다. 매일 밤 목성을 보면서도 그 주위를 도는 위성들의 존재는 알지 못했으며, 밤하늘을 가로지르는 은하수가 실은 무수히 많은 별의 집합체라는 사실 또한 깨닫지 못했다. 아마도 사람들은 자신이 보는 달, 목성, 은하수가 전부라고 믿었기에, 그 너머에 보지 못한 무엇인가가 있으리라고는 상상하기 어려웠을 것이다. 게다가 눈에 보이는 현상을 설명하는 기존의 권위 있는 이론들은 오히려 육안 너머의 세계를 탐구하려는 시도를 가로막는 장벽이 되기도 했다.

우리의 시각이 닿지 않는 영역, 즉 보이는 것 너머의 세계에 대해 이야기할 수 있었던 힘은 본래 이성에 있었다. 자연세계가 합리적 원리에 따라 움직인다는 믿음을 바탕으로 그 원리를 논리적으로 추론하는 것, 고대 그리스인들이 '자연철학'이라 부른 탐구가 바로 그것이었다. 아리스토텔레스는 이성적 추론을 통해 지식을 얻는 방법론을 체계화했고, 그의 자연관은 고대 후기의 주석가들, 중세 스콜라철학자들, 르네상스 인문주의자들을 거치며, 약간의 부침은 있었으나 오랫동안 서구 지성사를 지배했다.[32]

아리스토텔레스의 설명은 논리정연했고, 지상계와 천상계를 엄격히 구분하는 당시의 세계관과도 잘 맞아떨어졌기에 오랫동안 강력한 영향력을 행사했다. 달은 마땅히 흠 없이 완벽한 천상의 구체여야 한다는 믿음은 확고했다. 달을 지상의 불완전한 물질세계에 속하는 것이 아니라 순수하고 이상적인 영역에 속하는 존재로 여겼기 때문이다. 적어도 당시 사람들의 관념 속에서 밤하늘의 달은 우리가 발 딛고 선 이 땅과는 근본적으로 다른, 완벽하고 아름다운 그 무엇이어야 했다.

수천 년간 이어져온, 달이 완벽한 천체라는 관념은 단순한 이론을 넘어 거의 신념에 가까웠다. 하지만 렌즈를 통해 마침내 드러난 달의 실체는 이 굳건했던 믿음을 여지없이 부수어버렸다. 완벽하고 매끄러울 것이라 믿었던 달은 지구의 산맥처럼 거칠고 분화구로 가득한 표면을 가지고 있었다. 이처럼 예상을 완전히 뒤엎는 광경 앞에서 갈릴레오는 자신의 눈을 의심하거나 망원경의 결함을 탓하지 않았다. 대신 그는 오랜 시간 동안 절대적이었던 권위에 정면으로 맞서는 대담한 직관을 따랐다. 눈앞에 펼쳐진 명백한 증거와 기존의 뿌리 깊은 이론 사이에는 거대한 간극이 존재했다. 갈릴레오는 이 불일치를 단순한 차이로 여기지 않고, 여기에 세상을 바꿀 혁명적인 의미가 담겨 있음을 직감했다. 관찰된 사실을 기존의 철학적 권위보다 우위에 두려는 그의 태도는, 천상계와 지상계를 엄격히 구분하던 오래된 패러다임의 견고한 벽을 허무는 결정적인 한 방이었다.

갈릴레오는 망원경을 통해 직접 본 달의 모습을 최대한 정확하게 스케치하여 세상에 알리고자 했다. 그는 뛰어난 그림 실력을 바탕으로 『시데레우스 눈치우스Sidereus Nuncius』라는 책에 자신이 관찰한 달의 모습을 생생하게 담아냈고, 이 그림들은 유럽 전역에 그의 이름을 알릴 만큼 충격적이었다.[33] 그는 이 책에서 목성 주위를 도는 네 개의 위성과 무수한 별들로 이루어진 은하수에 대한 관찰 결과도 함께 발표했다. 인류가 수천 년 동안 바라보았지만 제대로 알지 못했던 달의 진짜 모습이 마침내 드러난 순간이었으며, 그 모습은 아리스토텔레스가 설명했던 달과는 전혀 달랐다.

이성적 추론에 기반한 발견은 고도의 증명 과정을 필요로 하고, 그것을 이해하는 능력은 사람마다 다를 수 있다. 반면, 망원경과 같은 관찰 도구를 이용한 발견은 감각을 통해 직접 확인할 수 있기에 훨씬 직관적이고 보편적이었다. 누구든 망원경을 들여다보면 갈릴

『시데레우스 눈치우스』의 부록에 수록된, 달의 다섯 가지 모습을 그린 그림(1610)
망원경과 같은 관찰 도구를 이용한 발견은 누구든 망원경을 들여다보면 갈릴레오가 본 달의 모습이 사실임을 즉각적으로 알 수 있다는 점에서 훨씬 직관적이고 보편적이었다.

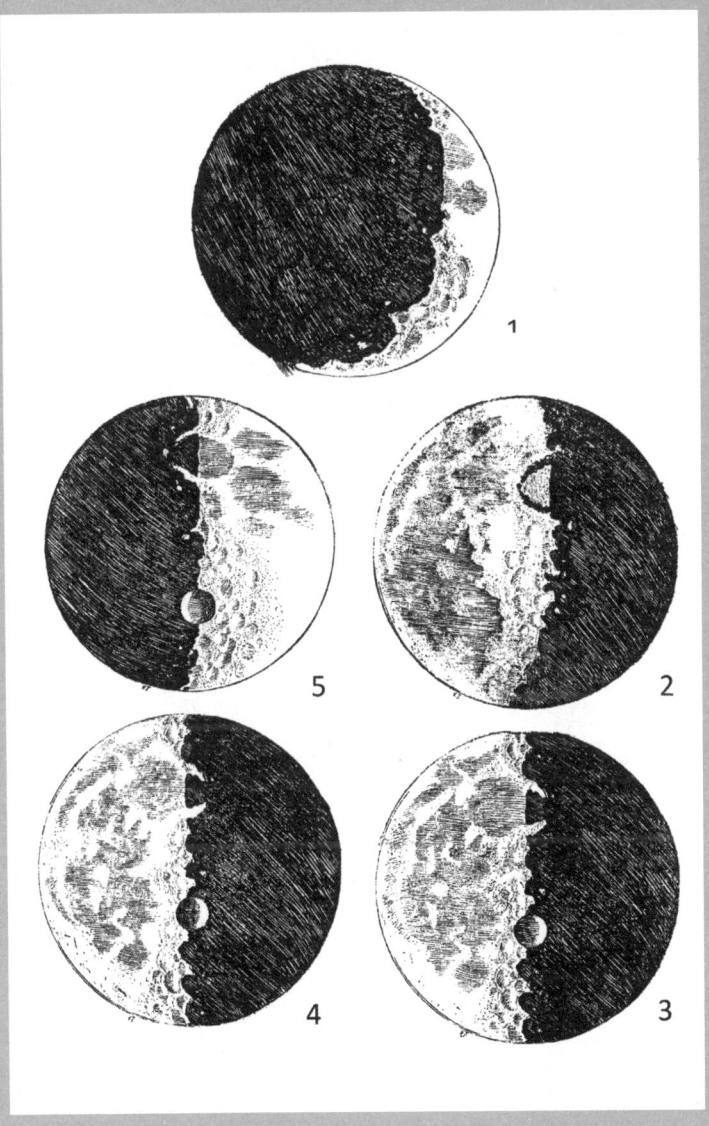

레오가 본 달의 모습이 사실임을 즉각적으로 알 수 있었다. 그런 의미에서 갈릴레오가 자신의 관찰 결과를 글이 아닌 그림으로, 그것도 매우 사실적으로 그려 세상에 알린 것은 탁월한 선택이었다. 결국 그의 망원경은 아리스토텔레스적 자연철학의 오랜 권위에 도전하고, 관찰과 실험을 중시하는 근대과학의 시작을 알리는 중요한 계기가 되었다.

갈릴레오가 망원경을 통해 달과 별을 관찰하며 느꼈던 감동과 즐거움은 그의 글 곳곳에 남아 있다. 그는 "지난 여러 세기 동안 알려지지 않았던 이 놀라운 것들을 내가 처음으로 관찰하는 영광을 주신 신께 무한한 감사를 드린다"라고 기록했다.[34] 그의 기록은 인간의 감각으로 직접 확인할 수 있는 우주의 새로운 진실을 마주한 순간의 지적 희열과 경이로움을 보여준다. 그에게 망원경을 통한 발견은 새로운 사실의 확인을 넘어, 마치 자연의 진리를 직접 목격하는 종교적 체험과도 같았을 것이다.

나아가 갈릴레오는 자신의 관찰 결과를 개인적인 경이로움으로만 남겨두지 않았다. 그는 자신이 발견한 사실들을 당시 지배적이었던 천동설(지구중심설)에 맞서 새로운 우주관, 즉 지동설(태양중심설)을 뒷받침하는 강력한 증거로 제시했다. 그는 달 표면이 지구와 유사하다는 점, 목성 주위를 도는 위성들이 있다는 사실 등을 통해 천상계와 지상계가 동일한 물리법칙을 따르며, 모든 천체가 지구를 중심으로 도는 것이 아님을 논증했다.

하지만 갈릴레오가 자신의 발견과 주장을 세상에 알리는 과정은 순탄치 않았다. 당시 사회의 근간을 이루던 학설은 아리스토텔레스를 거쳐 프톨레마이오스로 이어진 우주관이었고, 갈릴레오의 주장은 기존의 학설을 지지하던 교회 및 학계의 강력한 반대에 부딪혔다. 망원경이 드러낸 우주의 새로운 모습은 단순한 천문학적 사실이라기보다는 당시 사람들의 세계관·철학·신학의 기반 자체를 흔드는 혁명적인 주장이었기 때문이다.

이러한 사상적 충돌은 망원경이라는 도구가 아닌, 갈릴레오가 그 도구를 통해 본 사실을 어떻게 해석하고 세상에 제시했는지에 따라 촉발된 사건이다. 망원경은 인간의 시각적 한계를 뛰어넘어 새로운 세계를 보여주었지만, 그것만으로는 발견을 완성할 수 없다. 갈릴레오가 달의 표면을 스케치하고, 목성의 위성을 기록하고, 나아가 그 관찰 결과가 우주에 대해 무엇을 의미하는지를 끈질기게 해석하고 주장했을 때, 비로소 그의 발견은 세상을 바꾸는 힘을 갖게 되었다. 발견의 진정한 무게는 도구가 아닌, 그것을 사용하고 해석하며 의미를 부여하는 인간의 지성에 실려 있기 때문이다.

보이지 않는 세계를 드러내다
현미경을 통한 미시세계의 발견

갈릴레오의 망원경이 너무 멀어서 볼 수 없었던 우주를 인류의 시야로 가져왔다면, 비슷한 시기 다른 과학자들은 너무 작아서 볼 수 없었던 미시세계로 눈을 돌리기 시작했다. 이 미시세계 탐구의 선구자 중 한 명이 바로 로버트 훅이다. 그는 1665년 발간한 저서 『마이크로그라피아Micrographia』에서 자신이 직접 개량한 현미경으로 곤충, 식물 등을 관찰해 다양한 물체의 미세구조를 상세한 그림과 함께 소개했다.[35] 훅은 이 책의 서문에서 "새로운 것을 발견하는 데서 오는 즐거움과 만족감은 다른 어떤 감정에도 비할 바가 못 된다"[36]라고 술회했는데, 이는 미지의 세계를 처음 목격했을 때 느꼈을 법한 순수한 학문적 희열을 잘 보여준다.

훅에게 현미경 렌즈 너머로 처음 마주한 미시세계는 경이로움 그 자체였다. 그의 기록에는 벼룩 다리의 놀라운 정교함과 우아함, 파리 눈과 같은 자연의 작품 앞에서 느낀 숨 막히는 감탄이 고스란히 살아 숨쉰다. 그는 당시 사용되던 복합현미경에 상이 번지고 빛이 분산되는 문제 등 성능의 한계가 있음을 인정하면서도, 자신이 개선한 현미경으로 관찰한 이 작은 우주의 질서와 아름다움에 깊이 매료되었다.

그래서 그는 섬세한 스케치와 설명을 통해 그 감동을 독자들과 나누고자 했다. 어릴 적 화가를 꿈꿨을 만큼 뛰어난 그의 그림 실력은 『마이크로그라피아』가 큰 성공을 거두는 데 결정적인 역할을 했다. 아름답고 정교하게 그려진 곤충과 식물의 세밀화는 이전까지 인간이 결코 볼 수 없었던 또다른 세계가 우리 곁에 실재함을 강력하게 증명했다.

하지만 훅은 단순한 감탄이나 기록에만 머무르지 않았다. 그는 자신이 목격한 경이로운 세계를 당대의 지식세계 안에서 이해하고 설명하려 애썼다. 그에게 미시세계의 복잡하고 정교한 구조는 신의 완벽한 솜씨를 보여주는 증거인 동시에, 마치 정밀한 기계 장치처럼 예측 가능한 원리에 따라 움직이는 자연의 질서를 반영한 것이었다. 코르크에서 발견한 규칙적인 작은 방들에 '세포cell'라는 이름을 붙이고 이것이 생명체의 기본 구성 요소일 수 있다고 생각한 것은, 이처럼 경이로운 관찰과 신학적·기계론적 세계관 속에서 그 의미를 찾으려 했던 그의 지적 분투가 낳은 중요한 결실이었다.[37] 그의 노력은 생명현상을 물질과 기능의 관점에서 탐구하는 근대 생물학의 여정에 중요한 첫걸음이 되었다.

『마이크로그라피아』가 열어 보인 미시세계에 매료되어, 훅보다 훨씬 더 작은 세계까지 탐구했던 인물로 안톤 판 레이우엔훅이 있다. 그는 근대과학의 태동기에 뛰어난 기술을 가진 장인artisan과 과학자의 경계가 모호했음을 보여주는 대표적인 인물이다. 정규 대학 교육을 받지 못했고 당시 학계의 공용어였던 라틴어도 몰랐지만, 그는 렌즈를 깎고 다루는 데 탁월한 재능과 열정이 있었다. 그는 스스로 만든 고배율 단렌즈 현미경(최대 270배)으로 이전에 그 누구도 보지 못했던 세계, 즉 살아 움직이는 미생물의 존재를 처음으로 확인할 수 있었다.

레이우엔훅의 발견은 특별한 과학적 훈련 없이도, 주변 모든 것에 대한 순수한 호기심과 스스로 제작한 현미경을 통한 끈질긴 관찰에서 비롯되었다. 그는 물방울부터 혈액, 치아의 침착물에 이르기까지 주변의 모든 것을 자신이 만든 현미경으로 들여다보며 그 속에 숨겨진 세계를 탐험했다. 1723년, 91세의 나이로 세상을 떠나기 전까지 약 50년 동안 그가 런던왕립학회에 보낸 200통이 넘는 편지에는 적혈구와 정자, 그리고 다양한 박테리아와 원생동물 등 미생물의 세계가 생생하게 담겨 있었다.[38] 그는 왕립학회에 보낸 한 편지에서 "물 한 방울 속에 헤아릴 수 없이 많은 아주 작은 생물들이 활기차게 움직이는 것을 보고 커다란 경이감을 느꼈다"[39]고 털어놓으며, "이 작은 생명체들의 움직임이 얼마나 '사랑스러운지

로버트 훅의 『마이크로그라피아』에 수록된 삽화(1665)
ⓒ Science Museum / SSPL

로버트 훅은 현미경을 이용해 광물, 식물, 털과 깃털, 곤충을 관찰해 기록으로 남겼고, 이를 『마이크로그라피아』라는 책으로 펴냈다. 이 책은 과학자가 현미경으로 관찰한 내용을 담은 최초의 저서로 당대에 큰 놀라움과 영감을 주었다. 아래 그림은 벼룩(위)과 식물 줄기의 횡단면(아래)의 에칭 작품이다.

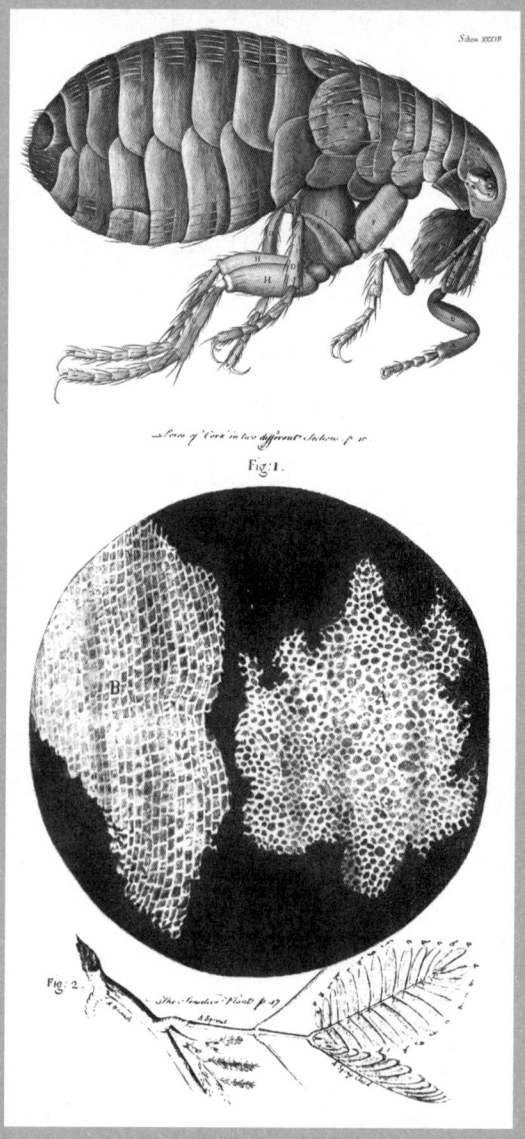

prettily moving' 그저 놀라울 따름이다"라고 덧붙였다. 그의 발견과 기록들은 단순한 관찰의 차원을 넘어, 생명에 대한 인류의 근본적인 이해를 뒤바꾸는 중요한 계기가 되었다.

레이우엔훅이 인류 지성사에 깊은 영향을 미칠 수 있었던 것은 미생물을 처음 발견했다는 사실과 더불어 그의 성실함과 집요함 덕분이었다. 그는 자신이 관찰한 세계를 네덜란드어로 상세히 기록하고, 이를 수십 년간 꾸준히 당대 최고의 학술 기관인 런던왕립학회와 공유했다. 그의 편지에 담긴 생생하고 구체적인 묘사는 눈에 보이지 않는 작은 생명체들의 존재를 무시할 수 없게 하는 확실한 증거가 되었고, 이는 생명의 기원, 부패의 원인, 질병의 전파 방식 등에 대한 기존의 이해를 뒤흔들었다. 그는 자신만의 거창한 이론을 제시하지는 않았지만, 그가 쌓아올린 방대하고 정밀한 관찰 기록은 후대 과학자들이 세균설을 정립하고 의학 및 공중보건 혁명을 일으키는 데 없어서는 안 될 결정적인 토대가 되었다.

인간의 시각적 한계를 넘어서는 문을 열어준 것은 망원경과 현미경이었지만, 그 문턱을 넘어 새로운 의미의 세계로 들어가는 일은 또다른 차원의 작업이었다. 갈릴레오가 달의 울퉁불퉁한 표면을 그려내고 그것이 아리스토텔레스적 우주관에 던지는 의미를 해석했을 때, 훅이 코르크 속 작은 방들에 '세포'라는 이름을 부여하고 생명의 기본 단위로서의 가능성을 직관했을 때, 그리고 레이우엔훅이 물방울 속 작은 생물들의 모습을 끈질기게 묘사하고 기록했을 때, 비로소 보는 행위는 세상을 바꾸는 '발견'으로 승화될 수 있었다. 이 역사는 발견의 진정한 가치가 경이로운 것을 보는 능력뿐 아니라 그것을 이해하고 설명하며 새로운 의미를 부여하는 인간의 지적 노력에 달려 있음을 웅변한다.

AI라는 또다른 지능의 눈

인간의 감각적 한계를 넘어선 발견이 가져다주는 경이로움은 종종 겸손함을 불러일으킨다. 우리는 한때, 볼 수 있는 것을 다 보고 들을 수 있는 이야기를 다 들었다고 자만했을지 모르지만, 망원경과 현미경이 연 세계는 우리가 아는 것이 광활한 자연과 우주의 극히 일부에 불과하다는 사실을 깨닫게 했다. 갈릴레오는 이러한 겸손함을 다음과 같이 표현했다. "이 우주에서 지각할 수 있는 모든 것들이 이미 발견되고 알려졌다고 누가 감히 말할 수 있겠는가? 우리가 진리라고 알고 있는 것들이 아직 우리가 모르는 것들에 비하면 지극히 작은 부분임을 고백하는 것이 옳을 것이다."[40]

망원경과 현미경이 본격적으로 활용되기 시작한 17세기는 새로운 과학 도구가 등장한 시기일 뿐만 아니라 인간의 세계관이 폭발적으로 확장되던 역동적인 시대였다. 이 확장의 선봉에 섰던 갈릴레오, 훅, 레이우엔훅과 같은 인물들은 미지의 세계에 대한 강렬한 호기심과 지칠 줄 모르는 탐구 정신으로 새로운 지평을 열었으며, 그 과정에서 느꼈을 지적 충만함은 그들의 기록에 생생히 남아 있다.

이들의 사례는 발견이라는 행위가 어떻게 단순한 관찰을 넘어 더 깊은 의미를 만들어내는지 잘 보여준다. 그들에게 발견이란 보이지 않는 세계를 향한 열망에서 출발해 도구를 활용한 관찰로 나아가고, 궁극적으로는 그 관찰 결과를 기존 지식체계 속에서 해석하고 새로운 의미망 안에 자리매김함으로써 세계관의 변화를 이끌어내는 지적인 도전 과정이었다.

　망원경이 우주의 광활함을, 현미경이 생명의 미세함을 우리에게 보여주었듯, 이제 인류는 인공지능이라는 또다른 강력한 확장 도구 앞에 서 있다. 우리가 마주한 이 새로운 기술은 과거의 도구들처럼 인간 능력의 한계 너머를 보여주리라는 기대를 품게 하지만, 동시에 인간 고유의 영역으로 여겨온 지적·감성적 활동마저 대체하거나 위협할 수 있다는 우려도 불러일으킨다. 망원경과 현미경이 인간의 감각적 한계를 넓히는 도구였다면, 인공지능은 인간의 인지적 한계를 확장하는 도구로 여겨지기 때문이다.

　그러나 인류가 지나온 발견의 역사는 우리에게 시대를 관통하는 중요한 가르침을 전해준다. 새로운 세계를 보여주는 것은 도구의 역할일 수 있으나, 그 세계의 의미를 파악하고 앞으로 나아갈 방향을 결정하는 것은 언제나 인간의 역할이었다는 점이다. 갈릴레오에게 달의 모습을 보여준 건 망원경이었지만 우주를 바라보는 관점을 변화시킨 것은 그의 해석이었듯이, 인공지능이 아무리 경이로운 속도로 방대한 데이터 속에서 특정 패턴이나 상관관계를 찾아낸다 하더라도 그것만으로는 아직 의미의 완성이라고 할 수 없다. 그 결과가 현실세계에서 무엇을 의미하며, 어떤 윤리적 질문을 제기하는지, 그리고 인류의 미래에 어떤 영향을 미칠 것인지를 깊이 생각하고 가치를 판단하는 일은, 단순한 계산 능력을 초월하는 인간 고유의 지혜와 책임의 영역으로 남아 있다.

　진정한 과제는 인공지능의 무한한 가능성과 그로 인해 쏟아져나오는 질문들을 우리 인간의 깊은 성찰과 신중한 숙고가 따라잡아야 한다는 데 있다. 기술의 진화가 빠를수록, 그 기술을 어떻게 사용하고 어떤 의미를 부여할 것인지에 대한 우리의 책임은 더욱 무거워진다. 다가올 시대는 새로운 정보를 '보는' 수준을 넘어, 그것을 어떻게 '이해'하고 현명하게 '활용'할 것인가에 대한 인간의 깊이 있는 성찰과 윤리적 결단이 그 어느 때보다 중요해질 것이 자명하다.

17세기 사람들이 망원경과 현미경이라는 새로운 '눈'을 통해 세상을 보며 느꼈을 경외감과 혼란을 떠올려보면, 오늘날 우리가 인공지능이라는 또다른 '지능의 눈'을 마주하는 상황과 놀랍도록 닮아 있다. 역사의 또다른 변곡점에서, 우리는 이 새로운 도구의 시대에도 변하지 않는 인간적 가치, 즉 호기심과 감동, 그리고 무엇보다 깊이 있는 성찰을 통해 의미를 찾아나서는 능력을 굳건히 지켜나가야 한다. 도구는 끊임없이 변하겠지만, 발견을 추동하고 그 가치를 완성하는 본질은 여전히 우리 인간의 정신에 깃들어 있기 때문이다.

4
발견의 희열, 설렘, 경이감

인간지능을 넘어서는 지능

인간의 고유한 지적 능력을 묻는 우리의 여정은 고대와 중세, 그리고 근대를 거쳐 드디어 오늘에 이르렀다. 인류는 자연에서 신의 흔적을 찾는 일에서 출발해 낯선 세계와의 조우를 통해 무지의 장막을 걷어냈고, 인간 감각의 한계를 넘어서는 도구들로 지식의 지평을 넓혀왔다. 그리고 이제 우리는 인공지능이라는 또다른 도구 앞에서, 과연 무엇이 인간 고유의 발견 행위를 완성하는지 묻고 있다.

오늘의 상황이 과거보다 더욱 흥미로운 것은 비단 우리가 살고 있는 동시대에 벌어지고 있는 일이기 때문만이 아니라, 우리 인간과 견줄 만한 지적 능력을 가진 존재를 처음 마주했기 때문이다. 어떤 사람들은 이 인공지능을 마치 갈릴레오의 망원경과 같은 획기적인 도약으로 바라보고 있다. 감각의 한계를 뛰어넘었던 망원경이 새로운 세계를 발견하는 데 도움이 되었던 것처럼, 인간지능의 한계를 넘어설 수 있는 인공지능이 마찬가지로 새로운 지식을 발견하도록 인도할지도 모른다는 기대와 함께 말이다.

지적인 탁월함을 향한 인류의 달음질은 오랫동안 인간들만의 배타적인 경주였다. 그러나 고독할 정도로 평온하던 그 경기장에 이제 곧 균열이 일어날지도 모르겠다. 새로운 선수가 경기장에 뛰어들 준비를 하고 있기 때문이다. 인공지능을 경기에 투입하기에 앞서, 우리는 이 새로운 선수의 역량을 여러 방면에서 확인해보고 있다. 변호사시험이나 과학 올림피아드 등 꽤 어렵다는 문제들을 연습 경기로 삼아 이 선수를 시험하자 그 역량이 상위권에 든다는 리포트들이 계속해서 쏟아져나왔다. 이 새로운 선수를 영입해 경기에 내보내려는 기업들의 경쟁적 움직임이 수면 위아래에서 점점 더 분주해지고 있다.

유례없이 압도적인 능력을 보유한 이 선수에게 어떤 역할을 맡길 것인가에 대해서는 아직 결정된 바가 없다. 예상을 뛰어넘는 능력을 보여줬기에 그 결정을 당초 계획보다 더 유예하게 된 측면도 있다. 어떤 이들은 인공지능이라는 이름의 이 새로운 선수에게 앞으로 인간에게 도움을 주는 정도로만 한계를 부여하고 싶어하고, 어떤 이들은 아무리 성장을 억제해봤자 결국 인공지능은 인간을 대체해 새로운 주인공으로 도약할 것이라는 비관적 전망을 내놓기도 한다.

계속 변화하는 상황에 맞춰 게임의 규칙을 개정하는 일은 결코 쉽지 않다. 누가 대표성을 가지고 어떻게 투명하게 이 사안을 이끌고 가야 하는지조차 정하지 못했는데 상황은 시시각각 변할 것이기 때문이다.

무엇보다 새로운 선수의 역량이 멈추지 않고 계속 성장하고 있다는 점이 논의를 더욱 어렵게 한다. 그래서 인공지능의 경쟁적인 개발을 일정 기간 멈추고 AI의 역할, 지위, 규제 방식 등을 포괄적으로 논의하자는 지적이 지속적으로 제기되어왔다.

유예할 것인가 통제할 것인가

인공지능 모라토리엄moratorium(유예기간)에 대한 주장이 아무리 설득력 있고 호소력이 짙다 한들 과연 그런 유예의 시간을 가질 수 있을지는 의문이다.[41] 기후 위기가 인류 생존의 위기이기도 하다는 것을 깨닫고 뒤늦게 해법 마련에 분주해진 것이 위기에 대한 우리의 전형적인 대응 패턴이라면, 아마도 우리 모두가 인공지능에 의한 실제 위험에 맞닥뜨린 후에야 비로소 강제적인 중지가 가능해질 것이다. 그때까지는 인공지능을 적용해 시장을 선점하려는 욕심을 쉽게 잠재우기 어려울 테다.

이 유예를 유예할수록, 인공지능이 인간의 지능을 초월하는 특이점singularity의 시간은 더 빨리 찾아올 전망이다.[42] 인공일반지능 artificial general intelligence, AGI(혹은 특정한 조건 아래에서 적용 가능한 약인공지능과 대비되는 개념으로서 모든 상황에 널리 적용할 수 있는 강인공지능)의 출현이 그 특이점의 도래를 알리는 시그널이 될 텐데, 그때까지 우리에게 시간이 얼마나 남아 있는지는 알 수 없다. 인공지능이 활용하는 수천억 개의 파라미터들이 인간의 시냅스 개수를 따라잡는다면, 혹은 웹을 통해 수집한 죽어 있는 데이터들보다 인간의 배움 그대로를 모방하거나 능가할 수 있는 살아 있는 데이터들을 학습시킨다면 그 시점이 더 앞당겨질 것이다.

만일 지금 우리가 이 상황을 통제하지 못하거나 혹은 당장 잘 통제할 방법을 찾을 가능성이 높지 않다면, 이미 가속페달을 최대한으로 밟고 있는 이 질주를 억지로 멈추려 하기보다는, 인공지능이 대체할 수 없는 인간만의 지적인 훈련에 집중하거나 인공지능과의 건강한 협력관계를 탐색해보는 것은 어떨까? 이 책이 목표로 삼고 있는 인간의 고유한 지적 능력에 관한 질문은 바로 그런 인식에서 나왔다.

파도처럼 멈추지 않고 계속 치고 들어오는 인공지능의 급격한 발전이 궁극에 이르더라도 인간에게 남아 있을 고유한 지적 능력은 무엇일까? 사실 이는 우리가 한번도 제대로 고민해본 적 없는 질문이다. 비록 우리보다 현저히 낮은 지적 능력을 가진 동물들과 비교해 승자의 입장에서 인간만이 가진 지적 능력을 오만하게 뽐낸 적이 있지만, 이제 더 열등한 위치로 떨어질지 모르는 상황에서 인간 지성의 존재와 정당성을 담보로 이런 위험천만한 고민은 해본 적이 없었다.

누군가는 마치 디지털로의 대전환이 아날로그시대의 아름다움을 반추하게 했듯이, 인공지능으로의 대전환이 인간의 지능을 제대로 성찰할 훌륭한 기회라고 이야기하기도 한다. 어떻게 그러한가? 인공지능의 개발이 한번도 완전히 포착하지 못했던 인간의 지능을 더 예리하게 탐구하도록 부추기고 있기 때문이다. 지금까지 인공지능 개발의 역사는 인간의 지능을 모방하기 위한 상징적 인공지능과 인공신경망으로 대표되는 비상징적 인공지능의 경쟁이었다. 이 경쟁이 이제 인공지능 연구를 상업적 이익으로 환산할 방법을 알게 된 일부 기업들에 의해, 인간의 뇌를 재현할 더욱 다양한 모델들 간의 무한 경쟁으로 확대되고 있는 형국이다. 어느덧 인공지능 개발은 인공지능 모델의 성패와 효율을 결정짓는 변수들을 계속 조정함으로써 인간지능에 대한 거대한 실험을 수행하고 있는 셈이다.

이 거대한 실험은 멈추지 않고 지속될 것이다. 대중이 인공지능에 관심을 보이기 시작했고, 이제 인공지능이 우리의 삶에 스며들 통로가 구석구석 마련됐기 때문이다. 오늘날 딥러닝의 대부로 평가받고 있는 제프리 힌턴의 인터뷰에 따르면 사실 그는 챗GPT의 성능에 대해 그다지 놀라지 않았다고 한다.[43] 인공지능의 겨울을 인내심 있게 견뎌온 그는 실험실에서 그것과 비슷한 혹은 그것보다 더 월등한 언어모델들을 이미 여러 차례 시험해보았을 것이기 때문이다.

오히려 그는 이 초거대 인공지능 언어모델에 대한 세간의 뜨거운 반응에 더욱 놀랐다. 2012년 합성곱 신경망CNN 기반 딥러닝 알고리즘이 이미지 인식에서 새로운 지평을 열었을 때도, 그후 2017년 트랜스포머 기반 모델에 대한 첫 제안이 나왔을 때[44]도 인공지능은 여전히 소수의 언어였다. 그러나 챗GPT가 출시된 2022년과 GPT-5를 비롯해 경쟁적인 인공지능 언어모델이 쏟아져나오고 있는 2025년은 인공지능이 더이상 소수의 전유물이 아니라 우리 모두가 관심을 쏟는 '공통의 사안res publica'이 되어버린 시기로 기록될 것이다.

나는 이 뜨거운 관심을 인공지능 그 자체에 돌리기보다는 인간 지능과 지성을 제대로 탐구할 동력으로 삼을 것을 제안하고 싶다. 인공지능의 퍼포먼스에 대해서는 쉽게 놀라면서도, 정작 이런 학습과 연산에 인공지능이 사용하는 전력 자원의 극히 일부만으로도 비슷한 일을 해내는 인간 뇌의 효율적인 설계에 대해서는 너무 무덤덤할 때가 있으니 말이다. 인공지능을 둘러싼 많은 걱정들은 대부분 우리의 지능이 어떻게 작용하는지 미처 충분히 알기도 전에 그것을 모방한 작품을 무작정 세상에 선보이고 있는 데에서 비롯한다. 만일 인공지능에 대한 연구가 우리에게 대가 없이 주어진 놀라운 자연지능에 대해 더 깊이 들여다볼 기회로 이어진다면 더없이 가치 있는 탐구가 될 것이다.

인간만의 배움과 발견의 의미

몇 시간을 고생한 끝에 어떤 수학 문제를 풀었을 때의 희열, 낯선 곳을 여행하거나 서점에서 새로운 이야기를 접했을 때의 설렘, 이런 기분좋은 감정들은 모두 인공지능 덕분이 아니라 사람으로서의 느끼는 발견의 희열 때문이다. 2019년 인류가 블랙홀의 첫 사진을 공개했을 때, 전 세계 과학자들과 일반 대중은 경외심으로 숨을 멈췄다. 캐서린 보우먼 등의 과학자들은 수년간의 노력 끝에 그 이미지를 처음 확인한 순간을 "말로 표현할 수 없는 감격"이라고 회상했다.[45] 그것은 미지의 천체현상에 대한 시각적 증거를 획득한 것 이상으로, 인간의 지적 여정에서 우주의 근본적인 비밀에 한걸음 더 가까이 다가선 순간이었다.

적어도 나는 지난 몇 년간 GPT를 쓰면서 희열, 설렘, 경이라는 감정을 느낀 적은 없다. 오히려 데자뷔 같은 지식의 반복적 산출이 숨겨진 지식을 찾는 희열을 차갑게 식혀버리지는 않을지, 정답을 산출하는 그 최적의 알고리즘이 최선의 생각이 아닌 수많은 차선의 생각들을 모두 침묵시켜 다양성의 씨앗을 말려버리지는 않을지 걱정될 정도였다. 물론 개인적인 경험이다. 아직은 그렇다.

컴퓨터가 효율적인 까닭은 그 모든 기계가 즉각적으로 같은 언어로 통용되며 학습 알고리즘을 표준적인 방식으로 공유할 수 있는 통일된 구조를 갖고 있기 때문이다. 수십만 대 혹은 수백만 대를 연결해 한꺼번에 셀 수 없이 많은 연산을 수행할 수 있는 이유다. 사람의 배움은 어떠한가? 내가 30년 전에 배웠던 것을 똑같이 배우기 위해 학교로 등교하는 우리집 아이들을 보면서 우리의 배움이라는 것이 때로는 참 미련할 정도로 반복적이고 더디다는 생각을 할 때가 있다.

매번 초기화되는 것처럼 백지상태로 태어나는 아이들이 무언가 의미 있는 발견을 할 수 있는 지적 능력을 갖추게 되기까지 아이들은 무수히 많은 사람의 수고를 먹고 자란다. 그러나 그 지난한 과정 속에서 종종 마주하는, 세상을 바라보는 아이들만의 엉뚱한 시선과 생각들이 있다. 모든 수고를 감내할 만큼 충분한 이유와 삶의 활력이 되는 유쾌한 이야기들도 있다. 물론 어떤 연구자들은 이런 생각들마저 데이터로 만들어 학습하는 인공지능을 떠올릴 수도 있을 것이다. 그러나 그 어떤 부모가 봄바람 같은 아이의 싱그러운 생각을 차가운 기계의 대답으로 듣고 싶어하겠는가?

결국 우리에게 희열, 설렘, 경이를 불러일으키는 그 모든 지적 성취들은 지독히도 반복적이었던 인간의 배움에 기인한 것이었다. '발견하다'라는 말이 우리가 검색엔진에 기대하는 어떤 정보를 찾는다는 뜻이라면 단연코 인공지능은 그 어떤 인간도 능가할 만한 탁월함을 갖추고 있다. 그러나 만일 나처럼 '발견하다'라는 말에 희열과 설렘과 경이감을 투영하고 싶은 사람이라면 이것이 아직은 우리의 미련해 보이는 언어와 배움에 고유하게 녹아들어 있다는 사실에 어렵지 않게 동의할 수 있을 것이다.

인간은 반복적 학습을 통해 지식을 축적하고 새로운 아이디어를 발견한다. 신경과학적으로 볼 때, 인간의 뇌는 학습하는 동안 시냅스 연결을 조정하며 오류를 줄이도록 스스로를 최적화한다. 인간은 어떤 정보를 한 번만 보고도 학습할 수 있지만 인공신경망은 동일한 정보를 학습하는 데 수백 번의 반복 훈련이 필요하다.[46] 또한 인간은 새로운 정보를 배우면서도 기존 지식을 유지하지만, 인공신경망은 새로운 것을 배울 때 아직은 이전에 배운 것을 망각하는 경향이 있다.[47] 이러한 차이는 인간의 뇌가 경험을 통합하고 일반화하는 능력이 뛰어나기 때문에 발생한다.

교육학 및 심리학의 관점에서 인간의 학습은 단순 암기 이상이다. 인간은 시행착오와 피드백을 통해 개념을 수정하고, 메타인지적 전략으로 자신의 이해를 점검하며, 필요에 따라 문제를 재구성한다. 특히 창의적 문제 해결에서 두드러지는 통찰 과정이 있다. 이 통찰 과정에서는 단계적 알고리즘으로는 풀기 어려운 문제를 다루는데, 해결에 이르기까지 진행 상황을 알기 어렵다가 어느 순간 '유레카'와 같은 갑작스러운 해결책이 떠오르기도 한다.[48] 인간은 이렇게 문제를 새롭게 바라보고 구조를 재구성함으로써 해결책을 발견하며, 이는 기계적 계산과 구별되는 인간의 창의적 사고라 할 수 있다. 인간의 독창적 발견은 종종 논리적 추론을 뛰어넘는 직관적 도약으로 이루어진다.

요컨대 인간의 학습과 발견은 반복 학습을 통해 지식을 공고히 하면서도 필요할 때는 직관과 창의성으로 새로운 아이디어를 포착하는 이중적 특성을 지니는 듯하다. 오늘날의 AI는 놀라운 성능을 보여주지만, 뇌가 작동하는 방식과는 근본적으로 다르다는 지적이 있다. 신경과학자 데이비드 이글먼은 "이러한 AI들은 매우 인상적이지만, 인간 두뇌가 하는 일을 하는 것은 아니다"[49]라며, AI는 인간과 전혀 다른 방식으로 작동해 유사한 결과를 낼 뿐이라는 점을 강조한다. 이는 곧 인공지능과 인간이 가진 사고의 차이를 보여주며, 인간 고유의 발견 능력이 여전히 중요함을 시사한다.

인간과 AI의 협력적 발견

그렇다고 해서 발견을 탐구하는 1부를 순진하게 '인간에 대한 찬가encomium hominum'로 마무리하려는 것은 아니다. 우리는 여전히 AI가 가져올 변화에 대해 막연한 불안과 기대 사이에서 혼란스러워하고 있다. 이 혼란을 극복하기 위해 필요한 것은 인공지능과 인간의 관계를 '대결'의 구도가 아니라 '협력'의 가능성에서 재구성하는 일이다.

인공지능과 인간의 협력적 발견은 단순한 도구 활용 이상의 의미를 지닌다. 앞으로는 인간과 기계, 각자의 탁월한 능력이 만나 함께 새로운 발견의 영역을 개척할 때 비로소 지식의 혁신을 이룰 수 있을 것이다. 기계는 분명 인간이 이루어내는 발견과는 다른 차원의 기능을 수행한다. 인공지능은 방대한 데이터를 분석하고 미세한 패턴을 찾아내어 우리가 상상하지 못했던 가능성의 문을 열어준다. AI는 놀라운 분석력과 연산 속도로 인간이 오랜 시간 해결하지 못했던 문제들을 단숨에 풀어낼 수 있다.

하나의 예로 알파폴드AlphaFold가 수십 년의 난제였던 단백질 구조 예측을 해결한 사례는 AI의 놀라운 발견 능력을 보여준다.[50] 이 AI 시스템은 이전에는 수년이 걸리던 예측을 단시간에 수행했으며, 과학자들은 이를 통해 말라리아 기생충, 항생제 내성 박테리아, 플라스틱 분해 효소에 대한 새로운 이해를 얻을 수 있었다. 또다른 사례로, 유럽의 일부 국가에서는 AI가 수백만 건의 의료 데이터를 분석해 희귀질환의 초기 징후를 발견하고, 이후 의사들이 결과를 확인해 환자의 상태와 개별적 맥락에 맞는 치료를 결정하는 협력적 모델을 도입하고 있다.[51]

문제는 여기서부터 시작된다. 과연 인공지능이 홀로 무엇인가를 발견한다고 말할 수 있을까? AI가 자신이 찾아낸 해법의 의미를 설명하고, 그 발견에 가치와 방향성을 부여할 수 있을까? 답은 자명하다. 이 모든 과정에는 여전히 인간이 필요하다. 즉 새로운 발견이 우리에게 왜 중요하며, 앞으로 무엇을 더 묻고 탐색해야 하는지를 결정짓는 일은 오롯이 인간의 몫이기 때문이다.

협력적 발견이란 인공지능이 해법을 제시하고 인간이 그것을 단순히 받아들이는 관계를 넘어서, 인간과 기계가 서로 질문과 답변을 주고받으며 상호피드백을 통해 공동으로 해법을 발전시켜가는 과정이다. 기계가 처음에 내놓은 해법이 완벽하지 않더라도, 인간의 추가 질문과 피드백을 통해 점점 더 정교한 결과물로 진화하게 만드는 과정이 바로 협력적 발견의 핵심이다. 이는 그저 인공지능이 대량의 정보를 분석하고 인간이 그것을 결과물로 소비하는 데 그치지 않는다. 오히려 서로 다른 언어와 기능을 지닌 두 존재가 대화를 통해 더 높은 수준의 통찰에 도달하는 과정에 가깝다. 인공지능은 방대한 연산 능력을 통해 인간이 감당하기 어려운 수많은 가능성을 동시에 펼칠 수 있지만, 기계가 찾아낸 가설이나 해법이 실제로 무엇을 의미하는지를 묻고, 맥락적 가치를 심어주는 일은 결국 인간이 맡아야 한다.

발견 이후의 윤리적 판단과 책임도 전적으로 인간에게 있다. 인공지능이 해법을 내놓는 시대에 인간의 역할은 더욱 무겁다. 기계에게 '무엇을 할 수 있는지' 묻는다면, 인간에게는 '무엇을 해야 하는지'를 물어야 한다. 만약 인간이 인공지능의 발견을 윤리적으로 관리하지 못한다면, 우리는 예상치 못한 부작용과 혼란을 감당해야 할지도 모른다. 따라서 인공지능과의 협력에서 인간은 발견의 주체인 동시에 그 발견의 윤리적 책임자로서 더욱 능동적이고 신중한 역할을 맡아야 한다. 인공지능이 대규모로 빠르게 편견 없이 데이터를 분석한다 해도, "이 분석 결과가 우리 사회나 문화에 어떤 변화를 일으킬 것인가"라는 질문을 던지고 답을 찾는 활동은 인간만의 역할이다. 인공지능이 병렬적 탐색 과정에서 의도치 않은 해법을 발견해냈다 해도, 그것을 제대로 사유하고 다음 질문으로 이어가는 능력 역시 인간에게 달려 있다.

인공지능이 데이터를 분석해서 제공하는 발견을 인간의 이야기로 완성하는 능력은 결국 인문학의 몫이다. 역사, 윤리, 철학, 예술의 힘으로 인공지능의 발견에 숨겨진 인간적 의미를 읽어내고, 기술의 진보가 진정 인간을 위한 미래로 연결되도록 돕는 일이야말로 인공지능시대에 요구되는 인문학의 새로운 소명이다. 흔히 발견은 계획적인 탐색이나 치밀한 연구의 산물로 여겨지지만, 인류 지성사의 수많은 혁신은 뜻밖의 우연한 발견serendipity에서 비롯되기도 한다.[52] 과거에 뛰어난 개인이나 천재, 극소수의 연구팀이 무수히 많은 시행착오를 감내해야 겨우 의미 있는 발견을 이뤄냈다면, 이제는 인공지능이 병렬 연산으로 만들어낸 무작위적 해법이나 비정형적 조합을 인간이 포착하고 여기에 감동과 통찰을 동반한 이야기를 덧붙여 완성하는 시대로 옮겨가고 있다. 이렇게 우연성을 인간의 서사로 되살려내는 일은, 앞으로 인문학과 예술의 새로운 과제가 될 것이라고 본다.

결국 '발견하다'의 의미는 기계적 해법과 인간적 질문이 만나는 지점에서 재구성된다. 인공지능이 제안하는 해법을 그저 정답이나 새로운 정보로만 받아들이는 데 그치지 않고, 그 해법이 "왜 중요한가" "어떤 질문을 더 만들어낼 수 있는가"를 고민해야 한다. 발견이 단순한 결과물이 아니라 인간에게 중요한 화두와 서사를 열어주는 과정이 될 때 비로소 '인간의 발견'이 완성된다. AI가 제공한 실마리에 인간이 의미를 입혀 진짜 삶의 변화를 유발하는 단계로 나아가려면, "이것이 우리의 공동체와 문명에 어떤 미래를 가져올 것인가"라는 질문이 반드시 뒤따라야 한다.

이는 첫 장에서 다루었던 자연에서 신의 흔적을 찾던 우리의 여

인간-AI의 협력적 발견을 위한 공존 원칙

역할 분담과 시너지 효과	AI: 데이터 분석, 패턴 발견 등 '할 수 있는 것'에 대한 해법 제시 인간: '해야 하는 것'이 무엇인지 질문하며 의미와 방향성 부여
상호작용 기반 발전	인간과 기계가 질문과 피드백을 주고받는 '대화'를 통해 해법을 공동으로 발전시키는 상호작용적 과정을 지향
인간의 윤리적 책임	발견의 주체이자 그 결과를 관리하는 '윤리적 책임자'로서 인간은 전적으로 지식 발견 이후의 윤리적 판단과 책임을 짐
인문학적 의미 부여	AI가 분석한 데이터를 '인간의 이야기'로 완성하고, '어떻게 살아가야 하는가'라는 궁극적 질문으로써 '인간의 발견'을 완성

정이 인공지능시대를 맞아 새로운 국면에 접어들었음을 의미한다. 고대인들이 자연현상에서 신의 뜻을 읽으려 했던 것처럼, 오늘날 우리는 인공지능이 발견한 패턴에서 의미를 읽어내야 한다. 2장에서 논의했던 문명과 지식 간의 교류와 융합은 이제 인간과 인공지능 사이의 대화로 확장되고 있다. 3장에서 살펴본 망원경과 같은 도구를 통한 감각의 확장은 인공지능이라는 새로운 도구를 통한 지성의 확장으로 이어지고 있다. 결국 우리는 이 모든 흐름이 수렴하는 지점에서 발견의 본질적 의미를 다시 고찰하게 된 것이다.

진정한 발견은 끝없는 질문의 여정이다. 인공지능시대에도 흔들리지 않을 인간의 고유한 가치는 기계가 찾아준 해법을 토대로 가치를 재정립하고, 더 나은 질문을 탐색하며, 그 과정에서 공동체의 의미와 비전을 발견할 수 있는 인간적 역량을 뜻한다. 예컨대 인공지능이 제시한 해법에 안주하지 않고 끊임없이 더 넓은 맥락을 묻는 호기심, 발견의 기쁨과 설렘, 경이감을 서로 나누며 사회적 변화를 이끌어낼 수 있는 감정적 공감, 그리고 폭넓은 인문학적 관점을 아우르면서, 궁극적으로 "우리는 어떻게 살아가야 하는가"라는 물음을 계속해서 던지는 통합적 해석 능력이 이러한 역량에 해당한다. 이를 통해 인간이 AI가 아무리 정교해져도 넘어설 수 없는 지평을 열어나간다면, 인문학은 이 가치를 지키고 발전시키는 심층적 담론의 장이 될 수 있을 것이다.

2부
수집하다
COLLECT

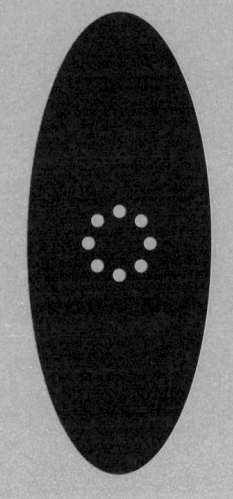

인간의 수집 vs. AI의 수집

인류가 지식을 수집해온 역사는 미지의 불확실성에 맞서 혼돈 속에서 질서를 찾으며 생존과 번영을 위해 길을 닦아온 본능적인 투쟁의 기록과 같다. 지식을 향한 갈망은 단순한 호기심을 넘어 때로는 목숨을 걸 만큼 절실한 인간 조건 그 자체였다.

초기 인류에게 지식의 수집과 보존은 문명 발전의 전제 조건이었다. 농사짓는 법을 기록하고 전수하는 것은 생존과 직결되었고, 하늘의 움직임을 읽어 계절 변화를 예측하는 지혜는 공동체의 운명을 좌우했다. 전염병을 막는 의학 지식 없이는 인류의 지속적인 번영을 상상하기 어려웠다. 지식은 결코 한가로운 지적 유희가 아니라, 생존을 위한 가장 강력한 도구였다.

이 지식 수집의 여정은 시대의 흐름에 따라 그 방식과 의미를 달리하며 진화해왔다. 고대와 중세의 지식 수집은 마치 망망대해를 항해하며 별자리를 기록하는 탐험가의 작업과 같았다. 알렉산드리아도서관의 화재, 진시황의 분서갱유처럼 지식을 대규모로 상실한 사건들은 역설적으로 지식을 더욱 안전하게 기록하고 체계화하려는 노력을 가속화하는 원동력이 되었다. 르네상스시대에 이르러 지식 수집은 수도원 도서관의 먼지에 파묻힌 고대의 지혜를 재발견하고, 이를 통해 인간의 가능성을 새롭게 탐구하는 인문학적 열정으로 타올랐다. 근대에 이르러서는 '호기심의 방'에 모인 온갖 사물과 실험을 통해 세계를 관찰하고 분류하려는 시도가 나타났고, 이 시도는 디드로와 달랑베르의 백과사전 편찬으로 이어져 '모든' 지식을 체계화하고 대중에게 전파하려는 계몽주의적 이상으로 연결되었다.

하지만 돌이켜보면, 인류의 지식 수집 여정은 늘 인간이라는 존재의 한계와 싸워야 했다. 우리의 기억력은 희미해졌고, 기록은 소실되기 쉬웠으며, 귀중한 지혜조차 시간 속에 잊히곤 했다. 망각과 상실은 마치 지식의 역사에 드리운 그림자처럼 피할 수 없는 운명처럼 느껴졌다. 근대에 들어 지식을 체계화하려는 거대한 노력이 있었지만, 여전히 종이라는 기록 매체의 한계와 제한된 접근성 때문에 지식은 소수에게만 머무는 경우가 많았다.

바로 이 지점에서 디지털혁명이 시작되었으며 이후 많은 것이 달라지기 시작했다. 지식은 더이상 무거운 책 속에 갇혀 있지 않고 빛의 속도로 세상을 넘나드는 비트와 바이트로 변환되었다. 복제와 전송은 거의 무한에 가깝게 가능해졌고, 그 결과 인류가 마주하는 지식의 양은 폭발적으로 늘어났다.

여기에 인공지능의 등장은 지식 수집의 판도를 완전히 바꾸어놓았다. AI는 잠들지도, 지치지도 않으며 인간의 생물학적 한계를 가뿐히 넘어

선다. 순식간에 방대한 데이터를 흡수하고 분석해, 인간의 눈으로는 포착하지 못했던 패턴과 연결고리들을 인식할 수 있게 한다. 과거 인간의 지식 수집이 여러 세대에 걸쳐 손으로 한 땀 한 땀 세계지도를 그려나가는 지난한 과정이었다면, 오늘날 인공지능의 수집은 마치 지구 전체의 지형 데이터를 단숨에 스캔해 생생하게 살아 움직이는 삼차원 모델을 우리 눈앞에 펼쳐내는 것처럼 느껴진다.

이 놀라운 능력은 인류가 오랫동안 꿈꿔왔던 '모든 지식에 대한 접근'이라는 이상에 한 발짝 다가서게 해주었지만, 동시에 우리는 전혀 새로운 차원의 도전에 직면하게 되었다. 인류 역사상 처음으로, 우리는 정보가 부족해서가 아니라 너무 많아서, 무엇이 진정 중요하고 가치 있는 지식인지 판단해야 하는 역설적인 상황에 놓인 것이다. 근래 한 해 동안 새로 생성된 디지털 데이터의 양이 인류가 지난 5000년간 쌓아올린 모든 아날로그 정보의 총합보다 많다는 사실은 이 도전을 극명하게 보여준다.

이 거대한 변화 앞에서 '지식 수집'의 의미를 근본적으로 다시 생각해보자. 인공지능이 우리의 지적 능력을 엄청나게 확장해줄 강력한 도구임은 분명하지만, 자칫 길을 잘못 들면 끝없는 정보의 홍수 속에서 방향을 잃을 수도 있기 때문이다. 이제 중요한 것은 정보를 더 많이, 더 빨리 모으는 능력이 아니라, 그렇게 모인 정보의 바다에서 의미를 건져올리고 가치를 판단하며 어떤 방향으로 나아갈지 푯대를 세우는 인간의 역할이다. 어쩌면 우리는 더이상 미지의 세계를 탐험하는 '정보의 탐험가'가 아니라, 인공지능이라는 강력한 도구와 함께 풍요로운 지식 생태계를 가꾸는 '지식의 정원사'가 되어 다음 세대에 어떤 지식을 전할지 신중하게 결정하는 역할을 자임해야 하는지도 모른다. 인공지능시대의 지식 수집과 활용, 그리고 그 속에서 재정의되는 인간의 역할을 탐구해야 하는 이유다.

결국 인류 지식 수집의 역사는 정지된 과거가 아니라 끊임없이 변화하는 세상의 물음에 답하며 지식의 의미와 가치를 새롭게 빚어온 치열한 과정이었다고 할 수 있다. 그래서 이제 우리는 지식 수집의 역사 속 결정적인 순간들로 시간 여행을 떠나보려 한다. 각 시대는 수집이라는 행위를 통해 무엇을 얻었고, 또 우리에게 어떤 유산을 남겼는지 그 발자취를 따라가볼 것이다. 그 길은 알렉산드리아도서관이 품었던 장대한 꿈에서 시작해, 흩어진 고전을 찾아 유럽을 헤맸던 르네상스 '문서 사냥꾼'들의 뜨거운 열정과 온 세상을 한눈에 담으려 했던 근대의 집념을 거쳐, 마침내 정보 과잉과 인공지능이라는 지금의 현실에 이른다. 이 긴 여정을 함께하며 우리는 '수집하다'라는 행위에 숨겨진 다채로운 의미를 발견하고, 앞으로 우리가 가꾸어나가야 할 지식 수집의 미래는 어떤 모습이어야 할지 그 실마리를 찾아보고자 한다.

1
지식, 전수에서 수집으로

지식 수집, 문명의 토대를 놓다

인류 최초의 도서관은 기억이었다. 태초부터 인간은 생존에 필수적인 지식을 기억하고 다음 세대에 전수해왔다. 하지만 구술에 의존한 지식 전수는 기억의 한계, 정보의 왜곡과 소실 위험에 늘 노출되어 있었다. 문자의 발명과 더불어 점토판이나 파피루스에 지식을 기록하기 시작했지만, 초기 기록은 주로 행정이나 종교, 상업 등의 특정 목적에 국한되었고 그마저도 여기저기 흩어져 있었다. 제국의 확장, 다양한 문화권과의 교류, 학문의 발달이라는 새로운 역사적 환경 속에서, 이제 흩어진 지식을 의식적이고 체계적으로 한데 모으는 수집의 필요성이 절실해졌다.

즉 수집이라는 행위는 결코 현대적 취미의 산물이 아니었다. 그것은 인류 문명의 근간이자 생존을 위해 절실히 필요한 행위였다. 지식을 모으고 보존하지 못했던 공동체는 자연의 시련 앞에서 오래 견디기 어려웠다. 오늘날 우리가 당연하게 여기는 의식주에 관한 지식조차 수천 년에 걸친 시행착오와 관찰의 결과물이며, 그것이 체계적으로 수집되고 전수되었기에 인류 문명이 가능했던 것이다. 역사적으로 인류는 지식 수집을 통해 의학 지식을 모아 전염병을 극복했고, 천문학적 관찰 기록을 집대성하여 농경의 효율성을 높이는 등, 공동체의 문제를 해결하고 미래를 설계하는 데 수집된 지식이 결정적인 역할을 했다.

 이러한 체계적 수집의 노력은 알렉산드리아 이전에도 분명 존재했다. 기원전 7세기 신아시리아제국의 수도 니네베에 있던 아슈르바니팔왕의 도서관은 왕권 과시용 기록 보관소에 그치지 않았다. 수만 점의 점토판에는 행정 문서뿐 아니라 메소포타미아문명의 신화, 서사시, 기도문, 그리고 당대 최고 수준의 천문학, 의학 지식까지 망라되어 있었다. 이는 당대의 지적 유산을 집대성하려는 분명한 의지를 보여준다. 또한 프톨레마이오스왕조가 들어서기 훨씬 이전부터 고대 이집트에서는 신전 도서관을 중심으로 신성문자(히에로글리프)로 기록된 종교, 의학, 문학, 수학 등의 지식을 보존하고 전수하는 서기관 문화를 가지고 있었다. 이러한 노력들은 각 문명권의 지적 토대를 이루었으며, 지식 수집이 특정 지역이나 시대에 국한된 현상이 아니었음을 보여준다.

 하지만 이처럼 중요한 시도들에도 불구하고 몇 가지 한계는 명확했다. 니네베 도서관은 주로 제국의 통치와 문화적 맥락 안에서 지식을 수집하고 활용했으며, 왕족이나 고위 관료, 서기 등 극히 제한된 엘리트 계층에게만 접근을 허용했을 가능성이 높다. 고대 이집트의 신전 도서관 역시 종교적 성격이 강했고 일반 대중에게 열려 있지는 않았다. 즉 지식의 보존에는 힘썼으나, 그것을 보편적 자산으로 삼아 모든 분야의 지식을 모으고 적극적으로 새로운 지식을 창출하며 더 넓은 지식 공동체와 공유하는 차원까지 나아가지는 못했다.

바로 이러한 한계를 극복하고 지식의 역사에 새로운 지평을 연 전환점이 찾아왔다. 지중해세계가 알렉산드로스대왕의 정복 이후 헬레니즘이라는 거대한 문화적 용광로 속으로 빨려 들어가면서 상황은 달라졌다.[2] 다양한 문화와 지식이 활발하게 교류하고 충돌했으며, 철학과 과학에서는 더욱 전문화되고 세분화된 탐구가 이루어지기 시작했다. 이러한 시대적 배경 속에서, 기존의 제한적인 지식 보존 방식에서 벗어나 세계의 모든 지혜를 한곳에 모아 체계적으로 관리하고 연구하려는 전례없는 야심, 즉 보편적 지식 수집에 대한 요구가 싹트기 시작했다. 그 거대한 꿈이 실현된 곳이 바로 프톨레마이오스왕조 이집트의 수도, 알렉산드리아였다.

최초의 체계적 지식 저장고

알렉산드리아에서 마침내 실현된 이 위대한 구상은 기원전 3세기경 세워진 거대한 지식 복합단지를 통해 구체화되었다. 이곳은 흔히 '알렉산드리아도서관'으로 불리지만, 엄밀히 말하면 도서관bibliotheke은 연구 및 교육 기관인 '무세이온Mouseion'의 핵심 부속

시설이었다.³ 무세이온은 단순한 도서 보관소를 넘어, 국가의 후원 아래 당대 최고의 학자들이 거주하며 연구하고 토론하는, 오늘날의 대학과 연구소를 결합한 성격의 기관이었다. 그리고 그 심장부에는 알려진 세계의 모든 지식을 수집해 인류의 지적 유산을 집대성하겠다는 야심 찬 목표가 자리잡고 있었다.

알렉산드리아도서관을 누가, 어떤 경위로 세웠는지에 대해서는 여러 설이 엇갈린다. 프톨레마이오스 1세의 초청을 받은 팔레론의 데메트리오스(아리스토텔레스학파 철학자)⁴가 초기에 도서관 설립을 주도했다는 설이 유력하지만, 고대 기록의 특성상 전설과 사실이 뒤섞여 명확한 진위를 가리기는 어렵다. 분명한 것은 프톨레마이오스왕조의 강력한 의지와 전폭적인 지원 아래, 지중해세계의 핵심 무역항이자 문화 교류의 중심지였던 알렉산드리아의 지리적 이점을 최대한 활용해 알렉산드리아도서관에 유례없는 규모의 장서를 구축했다는 점이다.

장서 수집은 적극적이고 때로는 강제적인 방식으로 이루어졌다. 왕실은 지중해 전역으로 사람들을 보내 귀중한 두루마리들을 사들였고, 외교적 교섭을 통해 다른 도시의 중요한 문헌을 확보하기도 했다. 알렉산드리아 항구에 들어오는 모든 배를 검사한 후 책을 발견하면 압수해 원본은 도서관에 보관하고 필사본을 대신 돌려주었다는 이야기도 유명하다. 다소 과장된 측면이 있을지라도, 이는 모든 지식을 한곳에 모으려는 도서관의 의지가 그만큼 강했음을 보여준다. 마침 알렉산드리아가 동서양의 교역로가 만나는 지점에 위치한 덕분에 수많은 사람과 물자가 오갔다는 사실은 이러한 야심 찬 계획을 실행하는 데 더할 나위 없이 좋은 조건이었을 것이다. 이렇

19세기 독일 화가 오토 본 코르빈이 그린 알렉산드리아 도서관 상상도
알렉산드리아에서 지식의 수집이란 흩어진 정보의 단순한 집적을 초월해 당대의 세계관과 지적 열망을 투영함으로써 통합되고 의미 있는 지식체계를 의식적으로 구축하려는 장대한 기획이었다.

게 모인 파피루스 두루마리는 수십만 개에 달했을 것으로 추정되며, 이는 고대세계에서 최대 규모였다.

그러나 막대한 규모의 장서는 그 자체만으로는 지혜의 보고가 될 수 없었다. 방대한 장서를 체계적으로 관리하고 활용하기 위한 노력이 필요했는데, 헬레니즘시대의 저명한 시인이자 학자였던 칼리마코스가 편찬한 것으로 알려진 『피나케스Pinakes』는 단순한 장서 목록을 넘어선 기념비적인 작업이었다.[5] 약 120권 분량으로 추정되는 이 목록은 당시 알려진 거의 모든 그리스 문헌을 작가와 장르별(운문은 서정시·비극·희극·서사시, 산문은 역사·철학·수사학·의학·법률 등)로 분류하고, 각 작품의 시작 구절과 저자 정보, 때로는 내용 요약까지 포함한 일종의 방대한 서지書誌였다. 이는 단순히 책을 쌓아두는 목적으로 도서관을 정비한 것이 아니라 지식의 전체 지형도를 파악하고 그 안에 질서를 부여하며, 연구자가 원하는 정보에 쉽게 접근할 수 있도록 돕는 체계적인 시스템을 구축하려 했음을 명확히 보여준다.

소장 문헌들은 그 범위와 깊이에서 타의 추종을 불허했다. 도서관은 그리스 문학의 정수인 호메로스의 서사시와 아테네 3대 비극 작가인 아이스킬로스, 소포클레스, 에우리피데스의 희곡들을 비롯해, 플라톤과 아리스토텔레스 등의 철학 저작, 유클리드의 『기하학 원론』, 에라토스테네스의 지구 둘레 측정 연구와 아리스타르코스의 지동설 관련 논문 등 과학과 수학 분야의 중요 문헌들을 총망라했다.[6] 또한 히포크라테스와 갈레노스로 대표되는 의학 자료, 이집트의 역사가 마네토와 바빌로니아의 역사가 베로소스의 기록처럼 다른 문명권의 역사서까지 폭넓게 수집했다. 이처럼 다양한 언어와 주제의 자료들을 적극적으로 수집하고 필사·정리·보존한 알렉산드리아도서관은 고대 지중해세계에서 지식의 용광로이자 보고라 할 만했다.

모든 지식을 수집한다는 것

그러나 고대 최대 규모의 도서관이라는 명예만으로 알렉산드리아도서관의 특별함을 충분히 설명할 수는 없다. 이 도서관의 진정한 차별점은 방대하게 수집한 장서를 뛰어넘어, 알려진 모든 지식을 집대성하겠다는 목표 그 자체에 있기 때문이다. 앞에서 살펴보았듯이, 이러한 야심 찬 목표는 알렉산드리아의 지리적 이점과 왕조의 적극적인 지원, 그리고 때로는 강제적인 수집 방식을 통해 추진되었다. 그렇다면 이처럼 '모든 지식'을 한곳에 모으려 했던 시도가 구체적으로 무엇을 의미하는지, 그 이면에 담긴 더 깊은 함의는 무엇인지 다섯 가지 측면으로 나누어 살펴보자.

첫째, 지식의 생산 및 활용 방식에 근본적인 변화가 일어났다. 고대 그리스의 지적 전성기 이후, 알렉산드로스대왕의 제국 건설과 그 계승자들이 이룩한 헬레니즘세계의 도래는 프톨레마이오스왕조의 수도 알렉산드리아로 방대한 지식이 집결되는 배경이 되었다. 이렇게 급증한 지식을 체계적으로 수집하는 과정은 지식 전달과 활용의 새로운 국면을 예고했다. 이전 시대의 지식 전수가 주로 스승에게서 제자로 이어지는 구술적 전통과 제한적 변용에 머물렀다면, 이제 학자들은 도서관이라는 방대한 지식 저장고에서 다양한 문헌을 비교·분석하고 그 내용을 발췌해 새로운 방식으로 지식을 종합할 수 있게 된 것이다. 책은 단순한 기록물을 넘어 새로운 지식 창출과 지혜의 합성을 위한 핵심 자원으로 기능하기 시작했다.

둘째, 모든 지식의 집대성은 이전 시대와는 비교할 수 없는 국가적 중요성을 부여받아 지식의 축적이 이루어졌음을 의미했다. 프톨레마이오스왕조는 지식 확보를 핵심적인 문화 통치 사업으로 격상시켜 당대 최고의 물적·인적자원을 총동원했는데, 이는 여러 측면에서 명확히 드러난다. 지식 생산의 기반인 파피루스를 국가적 차원에서 전략적으로 통제하고(경쟁 도서관을 견제하기 위한 수출 금지 조치가 이를 방증한다),[7] 막대한 왕실 재정을 투입하여 지중해세계 전역의 석학들을 알렉산드리아로 집결시켜 이상적인 연구 환경을 제공한 것이 대표적이다. 이러한 전폭적이고 체계적인 국가 주도의 지원은, 모든 지식의 집적이 단순한 기록 보관을 넘어 당대 지성의 총결집을 통해 문명의 정수를 한곳에 응축시키려는 국가적 전략이었음을 보여준다. 궁극적으로 이는 지식이 곧 국력이자 문명 그 자체의 핵심이라는 당대의 고양된 인식을 반영한 것이었다.

셋째, 수집된 방대한 지식에 내적 질서를 부여하고 전체 지식의 구조를 파악하려는 체계화 작업이 본격화되었다. 칼리마코스의 『피나케스』와 같은 '지식의 지도'는 학자들에게 기존 지식의 맥락 속에서 아직 연구가 미진한 영역이나 새로운 탐구의 실마리를 명확히 제시함으로써 지적 생산성을 비약적으로 향상시키는 결정적인 계기가 되었다. 이러한 체계화의 흐름은 특정 분야에 국한되지 않고 당대의 주요 학문 전반으로 확산되는 경향을 보였다. 이는 결국 방대한 지식의 수집이 양적 축적을 넘어 지식의 내적 질서를 정립하고 새로운 학문적 발전을 촉진하는 핵심 동력이 되었음을 의미한다.

넷째, 문헌에 대한 비판적 검증, 즉 문헌학적 접근이 시작되었다. 지식이 소규모 공동체 안에서 분산되어 있을 때에는 동일 텍스트에 대한 다양한 이본異本을 비교하거나 교차 검증할 기회가 제한적이었다. 그러나 알렉산드리아도서관처럼 방대한 자료를 한곳에 집적하려는 시도는 필연적으로 동일 저작에 대한 여러 판본의 조우를 가져왔다. 학자들은 이 다양한 판본들을 면밀히 대조해 어느 것이 원전原典에 더 가까운지를 판별하고 오류를 수정하면서 더욱 정밀하고 신뢰할 수 있는 텍스트를 확립하고자 노력해야 했다. 도서관에 비치될 장서는 이처럼 세심한 교감校勘 작업을 거친, 가장 권위 있는 판본이어야 했기 때문이다. 이는 기본적 의미의 문헌학이 시작된 배경이다.

다섯째, 지식의 선별을 통한 '경전화canonization' 과정이 진행되었다. 모든 지식을 수집한다는 포괄적인 목표 이면에는 필연적으로 무엇을 가치 있는 지식으로 인정하고 수집할지, 그리고 무엇을 배제할지에 대한 선택의 문제가 자리한다. 이는 수집 행위가 지닌 본질적인 역설이다. 고대 일부 저작들이 오늘날 우리에게 전해지지 않는 이유는 기록 매체의 한계 때문이기도 하지만, 다른 한편으로는 당시 지식 권력의 중심지였던 알렉산드리아도서관의 경전화 과정에서 우선순위가 낮거나 특정 기준에 부합하지 않아 적극적인 수집과 보존의 대상이 되지 못했기 때문일 수 있다. 예를 들어 소포클레스가 100편이 넘는 비극을 썼다고 전해지지만 현존하는 작품은 소수에 불과한데, 이는 알려지지 않은 다수의 작품이 도서관의 선별 과정에서 후순위로 밀렸을 가능성을 시사한다.[8] 결국 모든 지식의 수집이라는 기치 아래에서도, 도서관의 선택을 받지 못한 기록들은 가치 있는 지식의 범주에서 사실상 배제되는 결과를 맞이했던 것이다.

결국 알렉산드리아도서관의 '모든 지식의 수집'이라는 기획은 단순히 기록물을 한데 모으는 물리적 행위를 넘어, 당대 지식 생태계를 근본적으로 재편하려는 시도였다. 이 기획을 통해 지식은 개인 간 전수나 수동적 학습의 대상이라는 위상에서 벗어나 새로운 발견과 종합을 이끄는 능동적 자원으로 격상되었으며, 동시에 국가적 차원의 육성과 체계적 관리의 대상이 되었다. 또한 방대한 정보는 정교한 분류를 통해 조망 가능한 '지식의 지형도'로 구축되었고, 산재했던 문헌들은 비판적 검토를 거쳐 신뢰할 수 있는 '정본定本'으로 정리되었다. 나아가 '모든 지식'이라는 포괄적 이상 속에서도 시대적 통찰에 기반한 '경전'을 형성해나가는 역동적 과정을 거쳤다.

이처럼 알렉산드리아에서 지식의 수집이란, 흩어진 정보의 단순한 집적을 초월하여 당대의 세계관과 지적 열망을 투영함으로써 하나의 통합되고 의미 있는 지식체계를 의식적으로 구축하려는 장대한 기획이었다. 이는 단지 지식의 보존과 전승 방식을 혁신한 것을 넘어 그야말로 문명사적 전환으로 평가할 만하다. 지식이 창조되고 검증되며 나아가 한 문명의 지적 정체성을 구성하는 방식 전반에 걸쳐 하나의 전범典範을 제시했으니 말이다.

지식의 보고가 사라지다

그렇다면 모든 지식을 수집하려 한 알렉산드리아도서관의 원대한 계획은 어떻게 끝을 맺었을까? 안타깝게도 이 위대한 지식의 보고는 영원히 지속되지 못했다. 도서관의 종말에 대해서는 여러 학설이 분분하다. 기원전 48년 율리우스 카이사르의 알렉산드리아 점령시 발생한 화재, 기원후 3세기 로마 황제 아우렐리아누스의 도시 정복 과정, 4세기 말 기독교 세력에 의한 이교 신전 파괴(무세이온의 일부 시설이 포함되었을 가능성이 제기된다), 7세기 이슬람 세력의 정복 등 여러 역사적 사건들이 파괴의 원인으로 지목된다.[9] 아마도 어느 한 사건 때문이라기보다는 오랜 세월에 걸친 정치적 혼란, 전쟁, 종교 갈등, 관리 소홀, 그리고 예측 불가능한 재난들이 복합적으로 작용한 결과일 것이다.

어쩌면 모든 지식을 한곳에 모으려는 시도가 그 파괴의 위험을 내포하고 있었는지도 모른다. 마치 바벨탑 이야기처럼, 인간의 모든 지혜를 한곳에 집결시키려는 노력은 오만하게 비칠 수 있었고, 특정 권력이나 신념체계에는 심각한 위협으로 받아들여졌을 수도 있다. 지식의 독점이 곧 권력의 독점으로 이어지던 시대에, 다양한 사상과 정보에 대한 접근을 가능하게 하는 도서관의 존재는 기존의 왕조나 종교적 권위에 도전하는 것으로 여겨질 수 있었다. 특정 이데올로기를 절대화하려는 세력에게 자유로운 지식 탐구의 전당은 두려움의 대상이었을 것이고, 그곳에 쌓인 지식을 다시 흩어버릴 충분한 동기를 제공했을 수 있다.

지식의 물리적 취약성 또한 도서관의 운명에 영향을 미쳤을 것이다. 파피루스 두루마리는 습기와 해충에 약했고, 끊임없는 필사를 통해 사본을 만들지 않으면 시간이 흐르면서 자연스레 마모되고 삭아 없어졌다. 수십만 개의 두루마리를 유지·관리하고, 오류 없이 필사하여 지식의 생명을 연장하는 데는 수많은 이름 없는 필경사들과 학자들의 엄청난 시간과 노력이 필요했다. 따라서 도서관의 소실은 그 안에 응축되어 있던 수 세대에 걸친 인간의 지적 노동과 헌신이 함께 스러져간 안타까운 비극이기도 했다.

그러나 알렉산드리아도서관이 물리적으로 사라졌다고 해서 그 정신과 유산까지 소멸한 것은 아니었다. 오히려 그 비극적인 소실은 지식 보존과 전수의 중요성을 후대에 절실히 일깨우는 계기가 되었으며, 인류의 지적 유산을 지키려는 노력을 더욱 공고히 만들었다. 중요한 것은 도서관에서 이루어진 끊임없는 필사와 복제를 통한 지식의 확산이었다. 이 덕분에 설령 중심지가 파괴되더라도, 흩어진 사본들이 지식의 씨앗이 되어 비잔티움제국, 이슬람세계, 그리고 마침내 유럽 르네상스로 지식이 이어질 수 있었다. 또한 알렉산드리아에서 확립된 비판적이고 체계적인 학문 탐구의 전통, 즉 문헌을 비교하고, 분류하며, 정본을 확립하는 등의 방법론은 이후 학문 발전의 중요한 모델이자 단단한 기반이 되어주었다. 그리고 모든 지식을 한곳에 모으려 했던 그 장대한 포부는 시대를 넘어 보편적 지혜를 향한 인류의 끊임없는 열망을 보여주는 이상으로 깊이 각인되었다.

결국 고대의 '지식 수집' 행위는 단순히 과거의 기록을 쌓아두는 것이 아니었다. 그것은 지식에 질서를 부여하고, 그 가치를 비판적으로 검증하며, 다음 세대를 위해 문명의 지적 자산을 구축하고 전수하려는 복합적이고 능동적인 노력이었다. 알렉산드리아도서관 이야기는 지식의 집적이 문명 발전에 필수적이지만, 동시에 매우 취약할 수 있음을 보여준다. 또한 어떤 지식을 선택하고 보존할 것인가의 문제는 과거뿐 아니라 정보가 폭발적으로 증가하는 오늘날 우리에게도 여전히 중요한 질문으로 남아 있다. 과거 도서관들의 수집 행위가 보여주듯, 지식은 개인이나 특정 시기의 전유물이 아니라 여러 시대를 거치며 확장되고 계승되는 인류 전체의 공동 자산이다. 도서관의 파괴와 함께 흩어진 지식의 파편들은 이제 중세와 르네상스시대 문서 사냥꾼과 수집가들에게 새로운 과제를 남겼다.

2
흩어진 지식을 모으다

고전을 되살리다
페트라르카와 초기 인문주의자들

고대 지중해세계의 방대한 지식은 로마제국의 쇠락과 연이은 격변 속에서 상당 부분 소실되거나 흩어졌다. 파피루스라는 취약한 매체, 끊임없는 전쟁과 정치적 혼란, 화재와 자연 재해는 고대의 지적 유산을 위협했다. 하지만 지식은 완전히 소멸하지 않았다. 서유럽에서는 격동의 시기 동안 수도원이 중요한 피난처 역할을 하며 고대 지식의 일부, 특히 라틴어 문헌의 명맥을 이어갔다. 동방의 비잔티움제국 역시 그리스 고전의 전통을 꾸준히 지켜나갔다. 이렇게 여러 곳에 흩어져 각기 다른 방식으로 보존되던 지식의 씨앗들은 새로운 시대를 기다리고 있었다.

14세기 이탈리아에서는 기근과 흑사병이 휩쓸고 간 폐허 속에서 새로운 시대의 동력이 움트고 있었다. 그것은 과거의 영광, 특히 고대 로마의 문화와 지혜를 적극적으로 '재발견'하고 '복원'하여 당대의 어둠을 밝히고 인간의 가능성을 새롭게 탐구하려는 열망이었다. 이 움직임의 선구자는 시인이자 학자였던 프란체스코 페트라르카였다.

1341년 4월 8일 일요일. 이탈리아 르네상스와 인문주의의 부흥에 관심을 가진 많은 학자들이 특별하게 여기는 날이다. 부활절이었던 이날, 로마의 카피톨리노 언덕에서 서른여섯 살의 한 사내가 고대 로마시대 이후 두번째로 계관시인poet laureate의 칭호를 얻는 행사가 열렸다.[10] 토스카나 지방 아레초 출신인 프란체스코 페트라르카는 평생의 대부분을 이탈리아 밖에서 보내다 이날 두번째로 로마를 방문하게 된다. 비록 이 언덕에서 그가 볼 수 있었던 것은 부서지고 방치된 포로 로마노의 열주뿐이었지만, 페트라르카는 이날을 매우 특별하게 기억했다. 자신이 그토록 사모했던 고대 로마의 연설가 키케로가 활동했던 공간에서 그가 한 사람의 로마 시민으로서 재탄생하는 순간이었기 때문이다. 과거의 찬란했던 영광이 아련하게 남아 있는 이곳에서 그는 고전 문예의 부흥을 꿈꿨다.

14세기 어둠의 한복판을 살았던 그는 자신의 운명을 "혼란스러운 폭풍우 속에서 사는 것이었다"고 회고했다. 그러나 그는 후대의 자손들은 "이 어둠이 걷히고 나면 예전의 순수한 광휘pure radiance로 다시 돌아오게 될 것"이라는 기대로 이탈리아와 프랑스 곳곳을 여행하면서 이름만 남고 사라져버린 고전들을 구하는 데 평생을 헌신했다. 그의 탐색 대상은 주로 수도원의 도서관 깊숙한 곳에 잠들어 있던 고대 로마의 필사본이었다.

　그의 노력은 1345년 이탈리아 베로나의 한 성당 도서관에서 결실을 보았다. 페트라르카는 먼지 속에 묻혀 있던 문헌들을 발견했는데, 키케로가 친구 아티쿠스, 브루투스, 퀸투스에게 보낸 서간집이었다.[11] 이 발견은 단순한 문헌학적 성과를 넘어 르네상스 인문주의의 본질을 보여주는 사건이었다. 키케로의 편지에서 그의 공적인 모습 뒤에 숨겨진 인간적인 면모가 드러났고, 페트라르카는 마치 시간을 거슬러 키케로와 직접 대화하는 듯한 감동을 받았다. 그는 이에 영감을 받아 고대 저자들에게 편지를 쓰는 형식으로 교감하며 자신의 서간집을 펴냈다.

　페트라르카의 접근법은 중세 수도원이 텍스트를 주로 신학적 관점에서 보존하고 해석했던 것과는 달랐다. 그는 고대의 지혜를 단순히 교훈으로 삼는 것이 아니라, 인간적인 공감을 바탕으로 되살리고 자신의 시대에 적용하려는 창조적 노력을 기울였다. 그는 잃어버린 고대의 지혜가 인간을 이해하는 폭을 넓히고 새로운 시대를 여는 에너지원이 될 수 있음을 확신했으며, 고대 문명과 현재의 대화를 통해 미래를 창조하고자 했다. 그의 이러한 시도는 이후 르네상스 인문주의자들의 고전 문헌 발굴 운동, 즉 수도원의 서고를 새로운 눈으로 탐색하고 잠들어 있던 지식을 깨우는 적극적이고 목표 지향적인 지식 수집활동을 촉발하는 계기가 되었다.

문서를 사냥하고 복원하다
서점에서 피어난 지식 공동체

문서 사냥꾼들의 모험과 열정

페트라르카가 지핀 불씨는 곧 유럽 전역의 수도원과 성당 도서관으로 퍼져나갔다. 인문주의자들은 이제 더이상 수도원의 서고에 보관된 책을 우연히 발견하는 데 만족하지 않고, 먼지 속에 묻혀 있거나 잊힌 고전 필사본을 찾아나서는 '문서 사냥manuscript hunting'에 열정적으로 뛰어들었다. 특히, 14세기 말에서 15세기 초에 이르러 이탈리아의 학자들은 유럽 전역의 수도원과 도서관을 돌아다니며 문서 사냥에 박차를 가했다. 대표적인 인물이 포조 브라촐리니로, 그는 1414~1418년 콘스탄츠공의회에 참석한 틈을 타 독일과 스위스의 여러 수도원 도서관을 샅샅이 뒤졌다.[12] 포조는 이 시기에 라인협곡의 라이헤나우섬과 바인가르텐, 특히 장크트갈렌수도원 등지에서 오랫동안 방치되어 있던 라틴 고전 필사본들을 대거 발굴해냈다. 수도사들은 종종 그 가치를 제대로 알지 못하거나 무관심했지만, 인문주의자들에게 그 필사본들은 잃어버린 황금시대로 연결되는 통로였다.

그가 발굴해낸 고전 가운데에는 키케로의 연설문과 저술들, 퀸틸리아누스의 온전한 『웅변술 교육Institutio Oratoria』, 스타티우스의 『실바에Silvae』, 실리우스 이탈리쿠스의 『푸니카Punica』가 있었다. 15세기 이전까지는 이들 작품이 파편으로만 전해지거나 그 이름조차 흐릿했지만, 포조의 집요한 탐구로 마침내 온전한 모습을 세상에 드러낼 수 있었다.

1417년, 그의 오랜 열정은 독일 풀다수도원에서 루크레티우스의 『사물의 본성에 관하여De Rerum Natura』 필사본을 찾아내는 결실로 이어졌다.[13] 에피쿠로스학파의 원자론을 웅대한 서사시로 담아낸

이 책은 당시엔 거의 사라진 것으로 알려져 있었다. 포조는 이 값진 발견을 곧바로 동료 니콜로 니콜리에게 알렸고, 정성껏 옮겨 쓴 필사본이 널리 퍼지면서, 후대 근대과학의 토대가 될 원자론적 세계관에 새 숨결을 불어넣게 된다.

문서 사냥꾼들의 열정은 때로 수단과 방법을 가리지 않았다. 포조는 헤르스펠트수도원의 수도사에게 뇌물을 주고 그곳 도서관에 소장되어 있던 티투스 리비우스의 『로마사』와 암미아누스 마르켈리누스의 역사서 필사본을 빼내 오기도 했다고 전해진다. 간혹 필사본을 찾았으나 수도사들이 책을 쉽사리 넘겨주지 않으면 필경사를 보내 필사를 시켰을 만큼 이탈리아의 지식인들은 흩어진 책들을 이탈리아로 간절히 들여오고 싶어했다. 이처럼 문서 사냥꾼들의 열정은 집요했으며, 그들의 집념 덕분에 수백 년간 수도원의 어둠 속에서 잠자던 고대의 목소리들이 다시 깨어날 수 있었다.

서점의 탄생과 지식 공동체의 형성

문서 사냥꾼들의 노력으로 고전 필사본들이 이탈리아로 속속 유입되자, 이 책들을 해석하고 토론하며 새로운 지식을 생산하는 공간이 필요해졌다. 그 중심 역할을 한 곳이 바로 피렌체의 서점이었다. 특히 베스파시아노 다 비스티치가 운영하던 서점은 당대 최고의 지식인들이 모여 새로 발견된 문헌에 대해 토론하고 정보를 교환하는 활기찬 지식 공동체의 사랑방이었다. 평생을 잊힌 책들을 발굴하고 주문이 몰려드는 책들을 만들어 '세계 서적상의 왕'이라는 별명을 얻은 베스파시아노가 남긴 기록은 당시 지식 공동체의 활력을 생생하게 보여준다. 그의 기록에 따르면, 서점은 단지 책을 사고파는 공간이 아니라, 지식의 발견과 소통, 그리고 새로운 사상과 시대를 창조하는 르네상스 지성의 교차로였다. 흩어진 지식을 수집하고 주문하는 공간, 되살려낸 지식에 해석을 덧붙이는 공간으로서 서점은 중요한 역할을 담당했다.[14]

그런 의미에서 서점은 수도원의 필사실과는 완전히 다른 공간이었다. 필사하는 펜의 소리를 제외하고는 침묵이 지배하던 수도원과 달리, 서점에서는 새롭게 발견된 책들과 그 해석을 둘러싼 열띤 토론이 공간을 가득 메웠다. 피렌체의 명망 있는 지식인이었던 니콜로 니콜리, 레오나르도 브루니 등은 베스파시아노의 서점을 거점으로 책을 찾아오고 그 내용을 밝히는 데 지칠 줄 모르는 열정을 보였다. 이들은 피렌체에서뿐만 아니라 로마 교황의 평의회curia, 콘스탄티노플의 비잔티움 학자들과도 교류하며 네트워크를 확장했다.

서점을 중심으로 형성된 이 지식 공동체는 새롭게 유입된 고전 텍스트를 다양한 방식으로 소화했다. 책들이 도착했을 때 그들의 반응과 이해 수준은 다음과 같은 세 가지 양상으로 나타났을 것이다.

하나는 '받아들이기 어려웠던 파격적 지식'이다. 어떤 지식은 당대의 지식인이 소화하기에는 지나치게 파격적이었다. 루크레티우스가 『사물의 본성에 관하여』에서 전하고 있는 고대 그리스 철학자 에피쿠로스의 주장이 대표적이다. 모든 사물은 더이상 쪼갤 수 없는 원자로 이루어져 있으며, 사후세계는 없으므로 죽음을 두려워할 필요가 없다는 그의 주장은 그리스도교 전통 안에서 받아들이기에는 너무나 위험한 생각이었다.

또하나는 '간절히 원했던 지식'으로, 어떤 지식은 당대의 지식인들이 되찾기를 오래도록 열망했던 것이기도 했다. 특히 공화정의 형태로 피렌체를 이끌었던 당대의 지식인들은 그들의 체제를 이끌어가기 위해 고대 그리스의 시민 공동체와 로마 공화정에서 꽃피웠던 수사학 지식을 갈구했다. 포조가 1416년 장크트갈렌수도원에서 그 수사학 작품을 담은 사본을 발견한 덕분에, 동료 인문주의자들은 단편으로만 남아 있던 퀸틸리아누스의 『웅변술 교육』을 마침내 온전한 모습으로 읽을 수 있게 되었다.

또 어떤 지식에 대해서는 아예 소화하지 못하는 경우도 있었는데, 예를 들면 많은 그리스어 필사본들이 그러했다. 베네치아는 상황이 좀더 나은 편이었으나, 피렌체에서는 그리스어 문법학자였던 마누엘 크리솔로라스가 피렌체에 와서 그리스어를 가르치기 전까지 그리스어 필사본을 읽을 수 있는 사람이 극히 드물었다. 이는 지식 수집이 단순한 물리적 획득을 넘어 이해와 해석 능력을 수반해야 했음을 보여준다.

이처럼 새로 발견된 지식 앞에서 당대 지식인들의 반응은 각양각색이었지만, 공통적으로 그들은 텍스트에 쌓인 물리적·사상적 먼지를 걷어내고 그 본래 의미를 되살리려는 치열한 공부와 해석에 매달렸다. 수도원에서 여러 세대에 걸쳐 필사를 거듭해오는 동안 오류가 쌓이거나 훼손된 경우가 많았던 고대의 필사본을 앞에 두고, 인문주의자들은 원전을 복원하기 위한 비판적 검토에 착수했다. 여러 사본을 꼼꼼히 비교해 빠진 부분을 채우고collation 라틴어 문법과 문맥에 대한 지식을 바탕으로 오류를 바로잡으며emendation 원문의 모습을 되살리려 애썼다. 로렌초 발라처럼 뛰어난 문헌학적 감식안으로 위작을 가려내고 텍스트의 진위를 밝히려는 노력이 이어져 그들은 고전 작품을 하나둘씩 정확하고 완전한 지식으로 끌어올렸다.[15] 이는 르네상스의 지식 수집이 단순한 모으기를 넘어 비판적 검증과 정제를 통해 지식의 질을 바꾸는 활동이었음을 의미한다.

장인, 보이지 않는 협력자들

지식의 복원에는 또다른 행위자들이 필요했다. 이름이 남아 있지 않은 장인들이다. 피렌체의 아르노 강변에서 필사본의 재료로 쓰일 동물의 가죽을 가공하던 무두장이들, 글자들이 서로 겹쳐 알아보기 어려운 고딕체가 아니라 더 읽기 좋은 인문주의 서체 Humanist Minuscule를 개발해 텍스트를 명료하게 적었던 필사가들,[16] 그리고 필사본에 아름다운 삽화를 그려넣었던 채식사들, 마지막으로 표지를 만들고 종이를 엮으며, 책을 서가에 묶어둘 도난 방지용 사슬을 만들었던 장인들까지. 지식의 복원에 이 모든 사람의 노력이 필요했다. 특히 명료하고 우아한 새로운 서체의 개발은 복원된 지식의 가독성을 높여 더 넓은 독자층에게 다가갈 수 있는 기반을 마련해주었다.

돌이켜보면, 알프스산맥 북부의 발길이 닿지 않는 곳에 위치한 수도원에서 잊힌 책을 발견하는 일도, 그렇게 해서 찾아온 책을 공부하며 뜻을 밝히는 일도, 그렇게 해석된 책을 잘 만들고 엮어서 여러 지식인에게 판매하는 일도, 결국 다양한 경험과 능력을 가진 사람들을 통해 가능한 일이었다. 따라서 많은 지식이 소실되고 수도원에 잠들어 있던 상황에서, 이를 복원하는 일은 곧 사람을 모으는 일 이기도 했다. 잃어버린 지식을 온전히 되찾는다는 것은 구석구석 많은 수고를 필요로 했기 때문에 지식의 복원을 위해서는 모든 영역마다 탁월하게 기여할 사람들을 찾을 수 있어야만 했다.

서적왕 베스파시아노가 쓴 글이 정작 책에 대한 것이 아니라 잃어버린 책들을 되찾아 자신의 도시를 고대의 순수한 영광으로 장식하려 했던 사람들에 관한 내용이었다는 점은 인상적이다. 하기야 많은 책들이 수백 년 동안 수도원의 케케묵은 먼지 속에서 잠들어 있었다는 점을 생각해보면 지식은 결국 그 가치를 알아보는 사람을 만나야 빛이 나는 법이다. 우리가 알기로 피렌체는 그런 사람들을 모으는 데 가장 적절한 장소였다. 하나둘 지식을 복원해갈수록 '새로운 로마' 혹은 '아르노 강변의 아테네'라는 별명이 붙었던 이 아름다운 도시로 더욱더 매력적인 지식인들이 몰려들었기 때문이다.

다시 모인 지식의 사회적 의미

이렇게 르네상스 인문주의자들의 열정적인 노력으로 다시 모인 고전 지식은 피렌체사회를 근본적으로 변화시키는 강력한 동력이 되었다. 단순한 학문적 복원을 넘어, 새로운 사회적 정체성과 정치적 비전, 그리고 공공 지식의 개념을 탄생시켰기 때문이다.

메디치 가문은 수집된 고전 지식을 발판삼아 피렌체를 아테네나 로마에 버금가는 문화의 중심지로 세우려는 야심을 품었다. 단순한 수집가를 넘어 도시 발전의 밑그림을 그린 코시모 데 메디치는 1439년 피렌체공의회에서 만난 비잔티움 학자들을 통해 그리스 철학의 깊이에 눈떴다. 그는 곧 마르실리오 피치노에게 플라톤 전집 번역이라는 막중한 임무를 맡기고 카레지에 있는 메디치 가문의 별장에 플라톤아카데미를 열어 지식을 도시 공동체의 정신적 기둥으로 삼으려 했다.[17] 피치노에게 이 임무를 맡긴 데에는 '정신을 경작하는 일'이 도시의 미래에 필수적이라는 신념이 깃들어 있으며, 여기에는 지성을 공동체의 미래와 결부시키려는 의도가 담겨 있었다.[18] 코시모의 손자 로렌초 일 마니피코는 이러한 비전을 이어받아 당대 최고의 지성들을 피렌체로 불러모으며 도시를 유럽 문화의 심장부로 만들었다. 메디치 가문에게 후원은 개인적 취향에서 나온 행위가 아니라 도시의 정체성을 빚어내는 정치적 행위였던 것이다.

수집된 고전 지식은 피렌체의 정치 현실에도 직접적인 영향을 미쳤다. 피렌체의 총리였던 콜루초 살루타티와 레오나르도 브루니는 고대 로마 공화정의 가치와 키케로의 수사학을 피렌체의 정치적 현실에 적극적으로 도입했다. 살루타티는 키케로의 수사법을 활용해 피렌체를 밀라노의 전제정에 맞서는 '자유의 수호자'로 표현했고, 브루니는 『피렌체 시민사Historiarum Florentini populi libri』를 집필하며 피렌체를 로마 공화정을 이어나갈 도시로 위치시켰다. 「피렌체의 헌법에 관하여peri tes politeias ton Phlorentinon」라는 글에서 브루니가 "진정한 귀족은 혈통이 아닌 덕성에서 비롯된다"고 주장한 것은 시민적 인문주의civic humanism[19]의 이상을 명확히 표현한 것이다. 시민들은 고전 지식을 통해 도시의 자유와 공동체의식이라는 가치에 더욱 공감하게 되었고, 이는 참여적 정치 문화로 이어졌다. 이러한 참여적 정치 문화는 피렌체가 위기를 맞을 때마다 시민들의 단합된 힘으로 도시를 지키는 데 결정적인 역할을 했다.

피렌체의 시민적 기운이 한창이던 1439년, 때마침 열린 공의회는 비잔티움 학자들과의 만남을 주선해 도시에 신선한 지적 활력을 불어넣었다. 게미스토스 플레톤, 바실리우스 베사리온 같은 동방의 석학들이 들려준 플라톤 사상은 오랫동안 아리스토텔레스 철학에만 젖어 있던 서유럽 지식인들에게 눈부신 영감이 되었다.[20] 특히 플레톤이 풀어낸 영혼 불멸, 이데아론, 우주의 수학적 질서는 피렌체 학자들에게 전에 없던 사유의 깊이를 선사했고, 이것이 마르실리오 피치노가 주도한 신플라톤주의 부흥의 불씨가 되었다. 이 사상의 물결은 베네치아, 우르비노, 만토바, 나폴리 등 이탈리아 곳곳으로 번져나가 각 지역 고유의 문화적 색채를 더욱 풍성하게 했다. 이런 지혜의 조우와 어우러짐은 지식의 본질에 대해 깊이 통찰할 수 있게 해주었고 인간을 중심에 두는 세계관의 싹을 틔웠다.

지식을 바라보는 눈이 달라지자, 더이상 그것을 소수 학자나 귀족의 서재에만 묶어둘 수는 없었다. 지식은 도시 공동체 모두가 함께 누려야 할 공공의 자산이라는 생각이 움트기 시작한 것이다. 니콜로 니콜리가 기증한 800여 권의 책을 기반으로 문을 연 산마르코 도서관은 시민 누구에게나 열려 있는 공공도서관의 효시였다. 미켈란젤로가 설계한 라우렌치아나도서관 또한 지식이 공공의 영역으로 나아감을 보여주는 건축적 증언이라 할 만하다. 쇠사슬로 책을 묶어두던 중세 도서관의 모습에서 벗어나, 시민들이 자유롭게 드나들며 지혜를 나눌 수 있도록 개방한 이 공간들은 지적 민주화의 가능성을 열어주었다. 이처럼 지식이 거리로 흘러나오자, 피렌체 시민들의 일상 대화 속에는 고전과 철학이 자연스레 스며들어 새로운 지적 풍경을 만들어갔다.

결국 피렌체에서 되살아난 고대의 지혜는 시민들의 정치의식을 일깨우고 공동체 유대를 강화하며 르네상스를 넘어 근대로 향하는 길을 열었다. 조반니 피코 델라 미란돌라가 「인간 존엄성에 관한 연설Oratio de hominis dignitate」에서 노래한 인간의 무한한 가능성과 존엄은 이런 시대정신을 응축한 것이었다.[21] 흩어졌던 지식의 수집과 부활은 단순한 과거 재현이 아닌, 인간이라는 존재를 세계의 중심에 다시 세우는 관점으로의 혁명적 전환이었다.

르네상스가 혁신한 지식의 가치

지식을 향한 르네상스시대의 역동적 움직임은 근대 유럽을 형성한 강력한 추진력이었으며, 지식의 가치와 용도는 물론 그것을 다루는 방식까지 근본적으로 변화시켰다. 그 시작점에는 페트라르카 같은 선구자의 개인적 열정이 자리했다. 하지만 곧 메디치 가문의 후원이라는 조직적 지원이 뒤따르면서, 고전 부흥은 사회 전체가 주목하는 문화 운동으로 발전했다. 피렌체의 플라톤아카데미와 같은 지식 연구 기관들이 하나둘 자리잡으며, 고전 연구와 해석은 더욱 깊고 넓게 확산되었다.

르네상스시대 지식 수집의 진정한 혁신은 고전 텍스트에 직접 다가가 해석함으로써 교회와 스콜라철학이 오랫동안 장악해온 해석의 독점에 맞섰다는 점이다. 르네상스 인문주의자들은 수도원 서가에 잠들어 있던 고대 문헌을 직접 읽고 해석하며 이성과 자유, 개인의 자율성이라는 근대적 가치를 발굴하고 가꿔나갔다. 루크레티우스의 원자론적 세계관이나 플라톤의 대화편을 통해 그들은 인간 이성과 자유에 대한 새로운 이해를 키워냈고, 이는 차츰 신학 중심에서 인간 중심의 세계관으로 시선을 옮기게 했다.

시민들은 키케로의 수사학과 로마 공화정의 전통에서 배운 덕성을 실천적 지혜로 삼아, 훗날 유럽의 민주주의 혁명과 시민혁명의 근본 이념으로 키워냈다. 고전에서 길어올린 시민의 덕성과 참여의식은 유럽 곳곳에서 근대적 시민사회와 참여적 정치 문화의 밑거름이 되었다. 이러한 지식은 단순한 학문적 호기심이 아닌 공동체 운영의 실천적 지혜로 발전했으며, 이후 프랑스혁명이나 영국의 시민혁명과 같은 근대 정치사의 중대한 전환점으로 이어졌다. 또한 지식수집은 르네상스 예술가와 사상가들에게 새로운 창조의 영감을 제공했다. 미켈란젤로와 라파엘로 같은 예술가들은 고대의 이상적 아름다움과 자연주의를 결합해 인체에 대한 사실적 표현, 원근법과 같은 혁신적 기법을 발전시키며 르네상스 예술을 근대적 미술의 출발점으로 자리잡게 했다. 이들은 고대를 모방하는 데 그치지 않고, 고대와의 창조적 대화를 통해 새로운 예술적·지적 패러다임을 만들어냈다.

브루넬레스키의 돔이 피렌체의 하늘 아래 당당하게 솟아오른 것처럼, 르네상스시대에 수집되고 복원된 지식은 근대적 세계관의 탄생을 예고하는 혁신적 사건이었다. 중세 수도원의 지식 보존이라는 토대 위에, 인문주의자들의 열정적인 재발견과 창조적 대화가 더해져 탄생한 이 지적 모자이크는 인간 중심적이고 민주적인 근대사회를 가능하게 했으며, 이후 전개된 과학혁명과 계몽주의의 탄탄한 기반이 되었다.

3
지식의 두 얼굴, 호기심과 욕망

호기심과 욕망의 방, 분더카머

인류가 지식을 쌓아온 길에는 늘 두 가지 마음이 함께했다. 하나는 세상을 향한 끝없는 호기심, 즉 순수하게 알고자 하는 열망이고, 다른 하나는 그 지식을 바탕으로 세계를 파악하고 때로는 자신의 힘을 키우거나 존재를 드러내려는 욕망이다. 이 두 마음이 때로는 부딪히고 때로는 협력하면서 지식 수집의 역사를 풍부하게 만들었다. 그렇게 모인 지식은 감탄과 경이의 대상이 되기도 했고, 권력의 도구가 되기도 했으며, 혹은 세상을 바꾸는 기술의 밑거름이 되기도 했다. 앞서 르네상스 인문주의자들이 고대의 잊힌 글을 되살리는 데 어떻게 힘을 쏟았는지 살폈다면, 이번 장에서는 지식 수집의 관심이 어떻게 사물과 자연, 나아가 경험으로 옮겨갔는지 그 발자취를 따라간다. 더불어 르네상스 이후 근대에 이르기까지, 앎을 향한 열정과 세속적인 야망이 교차하며 지식 수집의 역사를 어떻게 직조해나갔는지 살펴보자.

르네상스 인문주의자들의 수집을 향한 노력은 인간과 세계를 바라보는 관점을 바꿔놓았다. 텍스트를 통해 과거의 지혜를 되찾으려는 노력이 인간 자신과 그를 둘러싼 자연세계에 대한 새로운 관심으로 옮아갔기 때문이다. 중세시대, 특히 아우구스티누스가 "자기에게 아무 쓸모도 없고 그저 알고 싶은 욕망 때문에 자연의 비밀을 파고드는 행위"라며 경계했던 세속적 호기심curiositas은,[22] 르네상스 인문주의자들에게는 더이상 억눌러야 할 악덕이 아니라 인간 지성의 중요한 동력이자 미덕으로 재평가받기 시작했다. 물론 그들에 앞서 토마스 아퀴나스가 아리스토텔레스를 따라 진리를 탐구하는 행위가 인간의 본성적 욕구에 속하며 그 자체로 선한 것이라고 옹호한 바 있었지만,[23] 르네상스는 이러한 지적 호기심을 신학의 테두리를 넘어 인간과 자연으로 확장시킬 힘이 있었다. 마치 고대 로마의 대大 플리니우스가 방대한 『박물지Naturalis Historia』를 통해 "자연과 관련된 모든 학문과 예술 지식을 망라"하려 시도했던 그 고대의 열망이 새로운 시대정신과 만나 부활한 듯했다.

이러한 흐름을 타고 유럽 전역에서 '호기심의 방Cabinet of Curiosities' 또는 독일어 이름 그대로 '분더카머wunderkammer'가 그 모습을 드러냈다. 이는 귀족이나 학자 혹은 재력을 갖춘 상인이 저마다 세상 곳곳에서 구해온 온갖 진귀하고 기이한 물건들로 꾸민 개인 소장실로, 세상을 축소해놓은 듯한 '작은 우주'를 방불케 했다. 페트라르카나 포조 브라촐리니 같은 선대의 인문학자들이 도서관 서고에 파묻혀 있던 고대 문헌의 재발견에 몰두했다면, 이제 몇몇 수집가들은 살아 숨쉬는 자연으로 눈을 돌려 실제 사물과 표본을 직접 마주하기 시작한 것이다.

이처럼 지식 탐구의 무게중심이 문자에서 사물로 옮겨가면서, 앎을 얻는 길 또한 이전과는 달라졌다. 책이라는 중간 다리를 거치지 않고 실제 대상을 눈으로 보고 손으로 만지는 직접적인 경험은, 오래된 기록만으로는 상상조차 하기 어려웠던 새로운 발견의 가능성으로 문을 활짝 열어주었다. 그뿐 아니라 전통적인 학자들의 권위 있는 지식이 아닌 손으로 무언가를 만들어내는 숙련된 장인이나 바다를 건너온 이름 모를 탐험가들이 온몸으로 부딪쳐 얻은 생생한 경험적 지혜 또한 더는 무시할 수 없는 귀중한 지식으로 대접받기 시작했다. 직접 보고 만지며 그 형태를 그려내는 경험적 탐구 방식이 당시 지식 생산의 중요한 줄기로 서서히 자리를 잡아갔던 것이다. 결국 분더카머는 문자라는 틀에 갇혀 있던 세계관에서 벗어나 눈앞의 만물을 생생한 관찰과 탐구를 통해 새로운 지식으로 엮어내려 했던, 당대 지성사의 중요한 전환점을 뚜렷이 보여준다.

이렇게 세상 만물을 직접적인 관찰과 탐구를 통해 새로운 지식으로 엮어내려 한 노력의 대표적인 예는 볼로냐대학교 교수였던 울리세 알드로반디의 활동에서 찾아볼 수 있다.[25] 그는 당대 '최고의 플리니우스'로 칭송받으며 방대한 자연사 컬렉션을 구축했다. '자연의 극장teatro di natura'이라 불린 그의 박물관에는 약 1만 8000점에 달하는 동식물 표본, 광물, 화석 등이 가득했다. 이는 자연세계의 다양성을 이해하고 체계화하려는 순수한 지적 탐구심의 발현이었다.

페란테 임페라토의 책 『자연사Dell' Historia Naturale』에 수록된 삽화(1599)
나폴리의 한 박물관을 묘사한 이 그림은 당시 '호기심의 방'의 모습을 잘 보여준다. 귀족이나 학자 혹은 재력을 갖춘 상인들은 저마다 세상 곳곳에서 구해온 온갖 진귀하고 기이한 물건들로 꾸민 개인 소장실, 분더카머를 만들었다. 살아 숨쉬는 자연 그 자체로 눈을 돌려 실제 사물과 표본을 직접 마주하기 시작한 것이다.

자연사 연구자인 폴라 핀들렌 교수가 지적했듯이, 알드로반디와 같은 초기 수집가들은, 기존 지식체계(아리스토텔레스 등)의 틀 안에서 새로운 발견들을 설명하고 통합하려는, 즉 "현상을 구제하려는 saving the appearance" 동기를 가지기도 했다.[26] 그러나 이와 동시에 알드로반디의 수집활동은 사회적 명성과 영향력을 높이는 수단이기도 했다. 특히 1572년 볼로냐 근교에서 발견되었다는 '용' 표본은 그의 컬렉션 중 가장 유명했는데, 이 경이로운 발견은 그의 명성을 드높이고 후원자들의 관심을 끄는 데 크게 일조했다. 미지의 존재를 탐구하려는 열망과 그것을 소유하고 전시함으로써 얻는 사회적 인정이라는 동기가 분더카머 안에 공존했던 것이다. 알드로반디는 현재 관찰된 자연물은 물론, 옛 저자들이 존재한다고 주장한 것까지 모두 빠짐없이 수집하고 정리해야 한다는 백과사전적 신념을 가졌기에, 실제 뱀 표본 옆에 전설 속 용과 상상의 동물 바실리스크 그림을 함께 배치하기도 했다. 이는 당시 지식 수집이 엄밀한 사실 검증보다는 알려진 모든 것을 포괄하려는 열망과 경이로움에 대한 매혹에 더 크게 좌우되었음을 보여준다.

수집가들의 이러한 열망, 즉 세상의 모든 것을 망라하고 경이로운 것들에 매혹되었던 태도는 그들이 꾸민 분더카머라는 공간의 구성과 분위기에 그대로 투영되었다. 분더카머는 자연물과 인공물, 토착적인 것과 이국적인 것이 한데 모여 당시 사람들의 넓어진 시야와 왕성한 탐구심을 보여주는 동시에, 인간의 창의력과 자연의 불가해한 힘에 대한 경외심을 일깨우는 매혹적인 공간이었다. 신대륙에서 온 낯선 식물의 씨앗과 동물 박제, 인간의 손 기술로 빚어낸 정교한 시계나 자동인형, 영롱한 조개껍데기와 기묘한 형태의 광

울리세 알드로반디의 『뱀과 용의 자연사Serpentum et draconum historiae libri duo』에 실린 삽화(1640)

1572년 그레고리우스 13세 교황의 즉위식 날, 볼로냐 인근에서 용이 나타나 큰 관심을 모았다고 한다. 알드로반디는 용을 포획해 자신의 컬렉션에 포함시켰고, 이를 보고 싶어하는 사람들의 요청이 쇄도했다. 이에 부응하기 위해 알드로반디는 자신의 수집품에 대한 삽화와 설명을 쓴 카탈로그를 만들었는데, 이 책은 그 카탈로그 중 한 권이다. 알드로반디의 방대한 수집품 목록은 그의 사후에 발견되었다.

물, 까마득한 옛 시대의 유물과 이국땅의 공예품들이 여기저기 뒤섞여 있었다. 이 다채로운 만물 전시를 보는 이들은 세상의 무한한 다양성과 신비로움 앞에서 강렬한 경이와 때로는 약간의 두려움마저 뒤섞인 복합적인 감정을 느꼈다. 아마도 그 방에서의 경험은 머리로 이해하는 지적 만족을 넘어서 온몸으로 느끼는 깊은 정서적 경험이었을 것이다.

이 경이로운 지식을 눈으로 포착하고 더 널리 공유하기 위해 수집가들은 종종 화가를 불러 이 놀라운 수집품을 세밀한 그림으로 남기게 했다. 알드로반디 역시 박물관에 직접 찾아올 수 없는 이들을 위해 방대한 목록과 함께 상세한 그림을 남기는 데 힘썼다. 스위스의 콘라트 게스너가 방대한 동식물 백과사전을 펴내며 실제 표본과 상세한 삽화를 주요하게 참고했던 것처럼,[27] 지식을 만드는 데 직접 보고 그리는 활동의 중요성이 점점 커지고 있었다.

지식의 체계화, 권력화, 진화

알드로반디의 성공은 유럽 전역의 지식인과 권력자들에게 상당한 영감을 주었다. 나폴리의 페란테 임페라토, 베로나의 프란체스코 칼촐라리, 바이에른 공작 알브레히트 5세, 신성로마제국 황제 루돌프 2세 등 많은 이들이 경쟁적으로 자신만의 분더카머를 만들기 시작했다. 이 공간은 단순한 물건 보관소가 아니라 세계 전체를 한눈에 담고 이해하려는 시도, 즉 소우주microcosm를 만들려는 야심을 보여주는 곳이었다. 분더카머가 퍼져나가면서 지식 수집은 점차 사회적 권력과 밀접하게 연결되었다. 특히 왕과 귀족들은 멀리서 들여온 희귀하고 이국적인 수집품을 자신의 부와 영향력, 나아가 넓은 세계에 대한 지배력을 과시하는 용도로 활용했다. 분더카머는 수집가의 지적 수준을 보여주는 동시에, 그의 높은 사회적 지위와 세련된 취향을 증명하는 효과적인 수단이었던 셈이다. 진귀한 물건을 모으는 행위가 당시 상류층의 중요한 문화활동이자 자신의 정체성을 표현하는 방법이 되었다.

수집품이 늘어나면서 자연스럽게 그것들을 체계적으로 정리하고 분류하려는 노력도 나타났다. 알브레히트 5세의 자문이었던 사무엘 크비켈베르크는 1565년 『아주 풍부한 극장의 제목 혹은 명칭Inscriptiones Vel Titvli Theatri Amplissimi』[28]이라는 책에서 이상적인 박물관이 수집해야 할 대상을 '자연물naturalia' '인공물artificialia' '과학 도구scientifica' '이국적인 것exotica' '경이로운 것mirabilia' 등으로 범주화했다. '자연물'은 동식물, 광물 등 자연 그대로의 산물을, '인공물'은 인간이 만든 예술품이나 공예품, 도구 등을 포함했다. '과학 도구'는 천문 관측 기구나 해부 도구처럼 자연 탐구를 위한 물건들을, '이국적인 것'은 먼 지역에서 온 물건들을, '경이로운 것'은 기형적인 동식물이나 특이한 자연현상과 관련된 것들을 의미했다.

이러한 분류는 혼란스러워 보이는 수집품 더미에 질서를 부여하려는 노력이었다. 마치 신이 세상을 창조했듯, 수집가는 자신의 작은 세계(분더카머)를 분류하고 조직함으로써 지적인 만족감을 얻고 세계에 대한 이해를 높이고자 했다. 특히 '신세계'로부터 밀려든 생소한 자연물과 문물을 마주했을 때, 유럽인들은 이 미지의 대상들을 기존의 지식체계 안에 어떻게든 배치하여 이해 가능한 질서 속으로 편입시키려 했다. 이는 낯선 세계에 대한 지적 통제력을 확보하는 동시에 세계를 분류하는 행위를 통해 그것을 파악하려는 인간의 근본적인 욕구를 반영한 것이었다. 또한 이러한 분류는 다음 장에서 살펴볼 계몽주의시대의 백과사전 편찬이나 칼 폴 린네의 생물 분류법으로 이어질 근대적 분류학의 씨앗이라고 볼 수 있다.

분더카머는 때로는 외교적인 목적을 위해 활용되기도 했다. 중요한 손님이나 외교 사절에게 자신의 화려한 컬렉션을 공개하는 것은 상대에게 강한 인상을 주고 관계를 유리하게 이끌어가는 데 도움이 되었다. 프라하성에 거대한 분더카머를 꾸렸던 루돌프 2세의 컬렉션은 그의 정치적 위상과 독특한 예술적 안목을 함께 보여주었다. 컬렉션의 내용도 소유주에 따라 조금씩 달랐는데, 왕족이나 대귀족들은 종종 값비싼 보석, 정교한 자동인형automata, 유명 예술품 같은 인공물이나 부를 상징하는 물건에 더 큰 비중을 두는 경향이 있었다. 반면 학자나 의사, 약제사들은 약초, 해부학 표본, 특이한 광물 같은 자연물이나 과학 도구 수집에 더 많은 관심을 보이기도 했다. 이는 수집활동 뒤에 지위 과시와 순수한 학문적 탐구라는 동기가 수집가마다 서로 다른 비중으로 섞여 있었음을 보여준다.

한편 분더카머는 정체된 공간이 아니었다. 16세기에서 17세기로 넘어가면서 수집의 양상도 미묘하게 변화했다. 초기에는 백과사전적 지식 확충을 위한 광범위한 표본 수집에 무게가 실렸다면, 점차 경쟁적으로 더 기이하고, 더 희귀하고, 더 값비싼, 즉 사람들의 호기심과 경탄을 극대화할 수 있는 '경이로운 것'들에 집중하는 경향이 강해졌다. 이는 부분적으로 대항해시대 이후 새로운 무역로를 통해 전 세계의 온갖 진기한 물건들이 유럽으로 쏟아져들어왔기 때문이기도 하고, 수집가들 사이의 경쟁 심리가 작용한 결과일 수도 있다.

이처럼 경이로운 사물에 대한 관심과 함께 지식 수집의 목적과 방법론에 대한 새로운 사유 또한 태동하고 있었다. 영국의 철학자 프랜시스 베이컨은 "아는 것이 힘이다Knowledge is power"라고 역설하며, 자연에 대한 광범위하고 체계적인 경험적 자료 수집이야말로 새로운 과학을 정립하고 궁극적으로 자연을 이해하며 통제하는 길이라고 주장했다.[29] 그는 기존 학설에 얽매이지 않고 설령 하찮거나 기괴하게 여겨지는 현상일지라도 배제하지 않는 포괄적 정보 수집의 중요성을 강조했다.[30] 이러한 베이컨의 사상은 분더카머의 백과사전적 수집 정신이 좀더 목적 지향적이고 실용적인 과학 탐구의 비전과 결합하면서 지식의 '힘'에 대한 자각과 함께 근대과학의 방법론으로 진화해갈 가능성을 예고했다.

실험실의 등장과 지식 수집의 전환

분더카머가 지식 수집의 외연을 넓히고 새로운 과학적 탐구의 가능성을 어렴풋이 보여주었음에도 불구하고, 수집된 사물에 대한 깊이 있는 이해, 즉 그것이 왜 그리고 어떻게 작동하는지에 대한 설명은 여전히 다음 시대의 중요한 과제로 남아 있었다. 다양한 분더카머가 세상의 온갖 경이로운 것들을 한데 모아 보여주었지만, 그것만으로는 그 안에 담긴 자연의 원리를 파헤치고 현상의 인과관계를 규명하는 데 본질적인 한계가 있었던 것이다. 수집된 사물들이 아무리 기이하고 놀라워도 종종 개별적이고 설명되지 않는 사례로만 남았고, 때로는 알드로반디의 용처럼 사실과 허구가 뒤섞여 전시되는 경우도 많았다. 결국 분더카머는 "무엇이 존재하는가"에 대한 다채로운 목록은 제공했을지언정, "그것이 어떻게 존재하고 작동하는가"라는 과정과 원리에 대한 심층적인 설명에는 이르지 못했다.

이러한 한계는 여러 구체적인 사례에서 명확히 드러난다. 예를 들어 다양한 종류의 조개껍데기를 모아놓을 수는 있었지만, 조개가 어떻게 자라고 껍데기를 만드는지는 설명할 수 없었다. 기묘한 모양의 화석을 전시할 수는 있었지만, 그것이 왜 그런 형태로 존재하게 되었는지에 대해서는 신화적이거나 종교적인 설명을 넘어서기 어려웠다. 심지어 정교하게 만들어진 자동인형조차 그것이 어떻게 움직이는지에 대한 기계적 원리를 설명하기보다는 그저 신기한 구경거리로 소비되는 경우가 많았다. 이제 지식은 더이상 '수집하고 분류하는' 것만으로는 충분하지 않았다.

자연의 법칙을 이해하기 위해서는 사물을 '조작하고 실험하며 검증하는' 새로운 접근법이 필요했다. 수집하고 분류하는 단계를 넘어, 현상의 이면을 탐구하고 그 작동 원리를 규명하려는 새로운 지적 열망이 움튼 것이다. 분더카머의 한계가 17세기 과학혁명의 정신과 맞물리자 지식 수집의 패러다임이 바뀌는 결과가 만들어졌다. 과학혁명의 새로운 기운 속에서, 베이컨의 경험주의나 데카르트의 합리주의 같은 철학은 현상 너머의 원리와 법칙을 체계적으로 파고들 것을 요구했다. 이 시기에는 앞서 1부에서 살펴본 것처럼 때마침 망원경, 현미경, 진공펌프 같은 새로운 과학 도구들이 등장한 덕분에 이전 시대에는 불가능했던 정밀한 관찰과 통제된 실험이 가능해지기도 했다.

이러한 변화의 흐름을 상징적으로 보여주는 것이 1657년 이탈리아 피렌체에서 문을 연 아카데미아델치멘토Accademia del Cimento라는 실험 아카데미였다. 이들의 표어는 더이상 "모으고 또 모으라"가 아니라 "검증하고 또다시 검증하라Provando e riprovando"였다.[31] 지식 탐구의 중심 무대는 이제 온갖 사물들이 모여 있는 '자연의 극장'에서, 엄격하게 통제된 조건 아래 현상을 캐묻는 '자연의 실험실'로 서서히 옮겨가고 있었다. 로버트 보일이 진공펌프를 사용해 기체의 압력과 부피 사이의 규칙성을 밝혀내고, 로버트 훅이 현미경으로 들여다본 미시세계의 정교한 구조를 그려냈던 것은 바로 이 거대한 지적 전환을 알리는 중요한 이정표였다.

이러한 전환 과정에서 초기 과학학회의 역할은 매우 중요했다. 1603년 로마에서 설립된 아카데미아데이린체이Accademia dei Lincei나 1660년 런던에서 창립된 왕립학회The Royal Society 같은 조직은 지식 창출의 새로운 문화를 선도했다.[32] 이들은 희귀한 물건을 소유하는 것 이상으로 실험 결과를 공개적으로 시연하고 동료 학자들과 토론하며 그 결과를 학술지를 통해 공유하는 것을 중요하게 여겼다. 이는 종종 개인적이고 비밀스러웠던 분더카머의 운영 방식과 대조적이었다. 런던왕립학회의 모토인 "누구의 말도 그대로 믿지 말라Nullius in verba"는 말은 권위나 전승이 아닌, 오직 실험과 관찰에 기반한 증거만을 인정하겠다는 새로운 지식 검증 기준을 명확히 보여준다. 이러한 학회들은 객관성, 재현 가능성, 동료 검증이라는 새로운 지식 생산 규범을 만들어갔으며, 이는 분더카머 시대의 수집과는 다른 방식으로 근대과학의 토대를 마련했다.

여기서 주목할 점은 실험과학의 시대가 열렸다고 해서 수집이라는 행위가 사라진 것은 아니라는 사실이다. 이는 수집의 의미와 대상이 재정의되었음을 뜻하는데, 이제 지식의 핵심 자원은 희귀한 사물 그 자체가 아니라 정밀한 실험과 관찰을 통해 확보된 객관적인 데이터로 전환되었다. 실제로 많은 자연과학자들이 실험 도구를 활용해 물리적 양의 변화를 보여주는 측정값들을 꾸준히 쌓아올렸고, 현미경으로 들여다본 미시세계의 복잡한 구조는 상세한 그림과 기록으로 학계에 보고되거나 책으로 출간되었다. 실험은 이처럼 가설을 검증하고 자연의 법칙을 탐구하는 핵심 수단으로 부상했으며, 이는 이전과는 비교할 수 없을 만큼 정교하고 체계화된 새로운 '지식 데이터 수집' 활동의 등장을 의미했다. 이러한 흐름은 마침내 지식 탐구의 가장 근본적인 질문을 바꾸어놓기에 이르렀다. 즉 관심의 초점이 "세상에 무엇이 존재하는가?"라는 존재의 목록을 만드는 차원에서 한걸음 더 나아가 "그것은 어떻게 작동하며, 왜 그러한 현상이 일어나는가?"라는 작동 원리와 인과관계에 대한 깊이 있는 물음으로 옮겨간 것이다.

이러한 지적 탐구 방식의 심대한 전환은 복합적인 동기에서 비롯되었다. 자연의 비밀을 파헤치려는 순수한 탐구열과 함께, 자연현상을 예측하고 통제함으로써 인간의 삶을 실질적으로 개선하려는 실용적 기대 또한 중요한 추동력이었던 것이다. 실험을 통해 생산된 방대하고 정밀한 데이터는 지식의 총량을 폭발적으로 증가시켰고, 이는 결과적으로 마지막 르네상스인으로 불리는, 17세기 만물박사 아타나시우스 키르허와 같은 한 개인이 당대의 모든 지식을 통달하려는 백과사전적 야망을 더이상 실현 불가능한 것으로 만들었다. 결국 지식은 점차 고도로 분화된 전문 영역들로 나뉘어 그 깊이를 더해가는 경로를 따를 수밖에 없었다.

공공 지식 시스템의 형성

실험과학의 발전이 가져온 지식의 폭발적인 증가와 심화된 전문화는 기존의 개인적 수집과 소유 방식에 어려움을 안겨주었다. 한 개인이 모든 지식을 아우르기가 불가능해지고 각 분야의 지식이 깊이를 더해감에 따라, 이러한 지식을 보다 체계적으로 관리하고 더 많은 공동체와 공유해야 할 필요성이 커지기 시작했다. 그 중요한 이정표 중 하나가 1683년 영국 옥스퍼드에 문을 연 애슈몰리언박물관Ashmolean Museum이다.[33] 존 트레이드스칸트 부자의 수집품을 기반으로 엘리아스 애슈몰이 기증하여 설립한 이 박물관은 세계 최초의 대학 부속 공공 박물관 중 하나로 여겨진다. 애슈몰은 박물관을 설립하면서 "자연세계에 대한 지식의 증진"을 목표로 내세웠고, 실제로 실험실과 강의실을 함께 설치해 이 박물관을 연구와 교육의 중심지로 만들고자 했다. 지식 수집이 개인적 과시에서 벗어나 공공의 이익과 교육, 즉 계몽이라는 새로운 목적을 갖기 시작했다는 중요한 신호였다.

애슈몰리언박물관이 지식의 공공화에 중요한 첫걸음을 내디뎠다면, 1789년 프랑스혁명 이후 왕실과 귀족의 옛 소장품을 밑천삼아 문을 연 루브르박물관은 그 흐름에 한층 박차를 가했다.[34] 한때 절대 권력의 심장이던 공간이 만인을 위한 국립 박물관으로 다시 태어난 것은 지식과 문화가 소수만의 것이 아니라는 근대의 드높은 이상을 현실로 구현한 상징적인 사건이었다. 이처럼 곳곳에 들어선 공공 박물관은 시민들의 지적 수준을 높이고 국가적 자긍심을 고취하는 데 이바지하는 등 긍정적인 면모를 보였다. 그러나 동전의 양면처럼, 이들 박물관은 머나먼 식민지에서 가져온 문화재를 통해 제국의 힘을 암암리에 과시하는 통로가 되기도 했는데, 이는 지식의 공공화라는 계몽의 기치 뒤편에 국가적 패권, 때로는 제국주의적 욕망이 복잡하게 뒤엉켜 있었음을 보여준다. 지식의 문이 대중에게 활짝 열리는 과정 또한 순결한 이상만으로 추동된 것은 아니었다.

지식의 양이 늘어나고 대중에게 좀더 가까워지면서, 학문은 자연스레 저마다의 전문 영역을 찾아 그 내부를 파고들기 시작했다. 한때 모든 자연현상을 아우르던 자연사는 동물학, 식물학, 지질학 등으로 가지를 뻗어나갔고, 삼라만상의 이치를 탐구하던 자연철학은 물리학, 화학처럼 독립된 과학 분야로 제 길을 찾아나섰다. 인간과 사회를 다루는 학문들 역시 역사학, 언어학, 고고학 등으로 갈수록 그 울타리가 뚜렷해지며 저마다의 깊이를 더해갔다. 스웨덴의 식물학자 칼 폴 린네가 정립한 분류학처럼 지식을 일목요연하게 체계화하려는 시도들은 이렇듯 각 분야가 전문성을 다져나가는 데 든든한 발판이 되어주었다. 물론, 전문화는 개별 학문이 한 우물을 깊게 파며 그 정수를 탐구하는 데 꼭 필요한 길이었지만, 다른 한편으로는 드넓은 지식의 세계가 조각조각 나뉘는 파편화라는 어두운 그늘을 드리우기도 했다. 학문들 사이에는 보이지 않는 담이 높아져

서로의 말을 알아듣기 어려워졌고, 저마다 독자적인 용어와 방법론의 성을 쌓아올리며 고립된 섬이 되어갔다. 거대한 지식의 숲 전체를 한눈에 조망하는 일은 이제 점점 더 힘겨운 과제가 되어버린 것이다.

이렇게 전문화된 지식은 새로운 형태의 네트워크를 통해 공유되고 검증되었다. 17세기 이후 유럽 각지에서 움트기 시작한 왕립학회(영국)나 과학아카데미(프랑스) 같은 학술 공동체들이 바로 그 교류와 검증의 중심 마당이 된 것이다. 이들 기관은 회원들 사이의 활발한 편지 왕래를 북돋웠을 뿐 아니라, 세계 최초의 학술지로 평가받는 정기간행물을 펴내 새로 발견되고 수집된 정보를 국경 너머의 동료 학자들에게 널리 알리는 창구가 되었다. 여기에 인쇄술의 발달은 지식 유통의 속도를 가속화하고 범위를 비약적으로 확장시켰다. 특정 실험 결과나 관찰 데이터가 담긴 논문은 유럽 전역의 지식인들에게 전달되어 공개적인 비판과 검증을 거쳤고, 이는 다시 새로운 연구를 촉발하는 밑거름이 되었다. 지식의 생산과 수집이 더 이상 개인의 고립된 작업이 아니라, 서로 연결된 전문가들이 함께 만들어가는 협력적이고 누적적인 활동으로 성격이 바뀌었음을 보여주는 대목이다.

그러나 지식 생산과 수집이 양적으로 팽창하면서, 이전에는 예상치 못했던 새로운 난관이 부상했다. 바로 폭증하는 정보를 어떻게 효과적으로 관리하고 의미 있는 지식으로 소화해낼 것인가 하는 문제였다. 이미 16세기 프랑스의 사상가 몽테뉴가 "너무 많은 책과 정보"가 오히려 참된 앎을 가로막을 수 있다고 경고했듯이,[35] 근대에 이르러 지식의 양이 방대해지자 이들을 체계적으로 정리하고 필요한 정보를 적시에 가려내는 일이 결정적으로 중요해졌다. 도서관의 목록 작업이 더욱 정교해지고 서지학과 색인 기술이 발전하는 등, 오늘날 정보 과학의 토대가 되는 노력들이 이 시기에 본격화된 것은 이러한 시대적 요구에 따른 필연적 결과였다. 역설적이게도, 지식 수집의 눈부신 성공이 무엇을 진정으로 알아야 하며, 어떤 지식이 중요한지를 판별하고 관리하는 과제를 더욱 복잡하고 어렵게 만든 셈이다.

바로 이러한 근대의 빛과 그림자를 동시에 안고 있는 지식의 유산 위에서, 우리가 다음 장에서 마주할 디지털과 인공지능시대의 지식 수집은 새로운 막을 열고 있다. 근대의 체계화에 대한 열망은 현대의 거대한 데이터베이스와 정교한 알고리즘 속에서 그 모습을 달리해 이어지고 있으며, 정보 과잉과 지식의 파편화 문제는 디지털 환경에서 더욱 증폭되어, 커다란 과제로서 우리 앞에 놓여 있다. 인터넷은 지식 접근성에 가히 혁명적인 변화를 가져왔지만, 동시에 거대 플랫폼 기업이라는 새로운 형태의 지식 권력이 부상하는 배경이 되기도 했다. 이제 지식 수집을 향한 인류의 오랜 동기와 욕망이 빅데이터와 인공지능이라는 강력한 도구를 만나 어떤 미래를 빚어낼지 알아볼 차례다.

4
지식 큐레이션 시대

지식의 체계화와 대중화를 연 백과사전

알렉산드리아도서관의 사서들은 세상의 모든 지식을 한곳에 모으겠다는 꿈을 꾸었다. 그러나 정보의 희소성보다 과잉이 문제가 되는 현대사회에서는 지식을 모으는 행위보다 지식의 큐레이션 curation이 더 중요해지고 있다. '지식 큐레이션'은 쏟아지는 정보 속에서 가치 있는 것을 선별하고, 의미 있는 방식으로 조직하며, 맥락을 부여하고, 창의적으로 연결해 새로운 통찰과 지혜를 창출하는 활동이다. 이는 정보의 홍수 속에서 길을 잃지 않고 항해하기 위한 능동적이고 지적인 활동이자, 지식의 가치를 새롭게 정의하는 과정이다. 이 장에서는 근대 백과사전의 탄생에서 출발해, 집단지성의 상징인 위키피디아를 거쳐, 개인화된 지식 관리의 시대를 지나서

마침내 인공지능이 큐레이션의 지평을 확장하는 오늘날에 이르기까지, 지식 큐레이션 방식의 역사적 변천과 그 심층적 의미, 그리고 우리가 마주한 가능성과 책임을 살펴보기로 하자.

르네상스 후기 '호기심의 방'을 채웠던 경이로운 사물들과 과학혁명을 이끈 관찰 및 실험의 정신은, 흩어진 지식을 하나의 거대한 체계 안에 담아내려는 계몽주의시대의 야심 찬 기획으로 이어졌다. 고대의 문헌들, 관찰된 자연세계, 그리고 인간의 기술까지 포괄하여 '모든' 지식을 분류하고 정리하려는 욕구가 분출했던 것이다. 근대적 지식 큐레이션의 상징이라 할 수 있는 백과사전의 시대는 이렇게 열렸다. 특히 18세기 프랑스 계몽주의자 드니 디드로는 장 르롱 달랑베르와 함께 『백과전서Encyclopédie』 편찬 사업을 주도하며 이러한 비전을 명확히 제시했다.[36] 그는 이 기념비적인 사업의 목적을 단순히 지식을 나열하는 것이 아니라 "지구 표면에 흩어져 있는 모든 지식을 모아 우리와 함께 사는 사람들에게 일반적인 체계를 보여주고 후세에 전달하여 … 우리 후손들이 더 많이 배움으로써 더 덕스럽고 행복해질 수 있도록"[37] 하는 데 있다고 천명했다.

디드로와 달랑베르는 인간의 지적 활동을 '기억(역사)' '이성(철학)' '상상(예술)'으로 나누고 그 아래 세부 학문들을 배치하는 '지식의 나무Système figuré des connaissances humaines'를 제시했는데,[38] 이를 통해 흩어진 지식에 질서를 부여하고 그 전체적인 '체계'를 가시화하고자 했다. 그들은 지식을 수집하고, 전시하고, 다음 세대에 지식을 전수하는 『백과전서』 편집자로서 자신들의 과업을 "모으고rassembler, 보여주고exposer, 건네준다transmettre"는 세 가지 행위로 명료하게 요약했다. 이는 단순한 정보 모음과 전시, 전달을 말하

『백과전서』 제1권에 실린 인간 지식의 체계적 도식화(1751)

『백과전서』 제1권 초반부에 수록된 인간 지식의 체계적 도식화로, 이 '지식의 나무'를 통해 18세기 계몽주의자들은 인간 지식이 기억, 이성, 상상이라는 세 범주로 이뤄졌다고 생각했음을 알 수 있다.

는 것이 아니라, 세상을 이해하는 틀을 제공하려는 철학적 시도를 뜻한다.

'백과전서 프로젝트'의 혁신성은 그 방대한 협업의 규모와 포괄하고자 한 지식의 범위에서도 드러난다. 디드로와 달랑베르는 당대 최고의 철학자, 과학자, 문인뿐만 아니라 기술자, 장인들까지 필진으로 참여시켰다. 이는 전통적으로 학문의 영역에서 소외되었던 실용적인 기술과 예술에 관한 지식까지도 이론적 지식과 동등하게 중요하게 다루고자 했던 혁명적인 발상이었다. 직물 짜기, 금속 세공, 인쇄술 등 다양한 기술의 원리와 과정을 상세한 삽화와 함께 설명함으로써, 『백과전서』는 이른바 '머리'의 학문과 '손'의 기술을 통합하려는 시도를 보여주었다.

이처럼 실용 지식까지 아우르는 『백과전서』의 포괄성은 기존 지식의 권위에 대한 도전이었다. 당연하게도 교회와 국가 권력은 이 새로운 지식체계를 위협으로 간주했고, 『백과전서』는 보수적인 기득권 세력의 거센 반발과 집요한 검열에 부딪혔다. 하지만 수십 년간 이어진 숱한 방해와 탄압에도 굴하지 않고 편찬을 밀어붙인 과정은 『백과전서』가 이성과 진보라는 계몽의 횃불을 들고 낡은 시대의 어둠에 맞선 지적 투쟁의 최전선이었음을 증명한다.

이러한 프랑스의 백과사전 편찬 열기는 유럽 전역으로 퍼져나가며 각국의 상황에 맞는 다양한 백과사전의 탄생을 이끌었다. 영국에서는 경험론적 전통을 바탕으로 사실적이고 간결한 정보 제공에 중점을 둔 『브리태니커 백과사전』(1768~)이 등장해 학문적 권위와 실용성을 겸비한 모델로 자리잡았고,[39] 독일에서는 실용주의적 경향을 반영해 교양 있는 시민들의 일상적인 대화와 빠른 정보 습득을 돕기 위해 간결하면서도 최신의 정보를 담은 『브로크하우스 백과전서』(1796~)가 '대화 사전Konversations-Lexikon'이라는 독자적인 형식을 개척하며 큰 성공을 거두었다.[40] 이들 백과사전은 인쇄술의 발달과 교육 기회의 확대에 힘입어, 체계화된 지식을 중산층에게 보급하는 핵심적인 역할을 수행했다. 이는 지식 접근성의 민주화를 촉진하고 사회 전반의 지적 담론 형성에 기여한 역사적인 진보였다.

하지만 인쇄된 책이라는 형식은 백과사전의 본질적인 한계를 규정했다. 가장 큰 문제는 정보의 업데이트가 느리다는 점이었다. 과학적 발견과 사회 변화의 속도는 인쇄된 책의 개정 주기를 훨씬 앞질렀다. 개정판이 새로 나올 때쯤이면 이미 상당수 항목이 시대에 뒤떨어진 정보가 되기 일쑤였고, 이는 백과사전을 '살아 있는 지식'이 아닌 '과거 지식의 기록 보관소'로 만들었다. 또한 제한된 지면은 주제의 포괄성을 제약하는 결과를 낳았다. 방대한 내용을 담으려다 보니 각 항목은 피상적인 설명에 그치기 쉬웠고, 당시 주류에서 벗어난 소수 분야나 새롭게 부상하는 지식은 아예 배제되기도 했다. 마지막으로, 고정된 순서(주로 알파벳순)와 물리적 형태는 항목 간의 유기적인 연결과 탐색을 어렵게 만들었다. 독자는 특정 항목을 찾을 수는 있었지만, 관련된 다른 지식으로 자연스럽게 확장해나가기는 쉽지 않았다. 이처럼 지식의 체계화와 대중화라는 위대한 업적에도 불구하고, 백과사전의 정적이고 제한적인 형식은 지식의 역동성과 상호연결성을 온전히 담아내지 못했으며, 이는 결국 새로운 형태의 지식 큐레이션의 등장을 촉발하는 배경이 되었다.

살아 있는 백과사전, 위키피디아

디지털혁명은 지식 큐레이션의 풍경을 극적으로 바꾸어놓았다. 그 중심에는 2001년 탄생한 위키피디아가 있다. 위키피디아는 소수의 전문가나 권위 있는 기관이 지식 생산을 독점하던 기존의 방식을 근본적으로 해체하고, 전 세계 누구나 자유롭게 편집에 참여할 수 있는 개방형 집단지성 모델을 선보였다. 이는 지식 생산과 소비의 경계를 허물고, 지식을 만들어내는 과정을 전례없이 민주화한 사건이었다. 지식은 더이상 완성된 형태로 '주어지는' 것이 아니라, 수많은 사람의 참여와 협력을 통해 '만들어지고 개선되는' 과정이 되었다.

위키피디아의 혁신성은 하이퍼텍스트 기반의 무한한 연결성에서 두드러진다. 각 문서는 수많은 다른 문서와 링크로 연결되어 마치 거미줄처럼 얽힌 지식의 네트워크를 형성한다. 독자들은 이 지식의 네트워크 속에서 자신의 관심사를 따라 자유롭게 이동하며, 선형적인 독서 경험을 넘어 지식 간의 관계를 발견하고 확장하는 비선형적 탐험을 할 수 있게 되었다. 퍼즐 조각들이 맞춰져가는 미완성된 지구본 형태의 위키피디아 로고는 바로 이러한 전 지구적 협력과 지식의 상호연결성을 상징적으로 보여주며, 이는 디드로가 『백과전서』를 통해 꿈꿨던 이상, 즉 흩어진 지식들을 모아 하나의 거대한 체계로 엮어내려는 비전이 디지털시대에 새롭게 구현된 것이라 할 수 있다.

전통적인 백과사전과 비교할 때 위키피디아의 또다른 혁신성은 그 속에서 지식이 끊임없이 업데이트되고 진화한다는 점이다. 새로운 사건이 발생하거나 연구 결과가 발표되면 위키피디아의 관련 문서가 실시간으로 수정되거나 생성된다. 또한 잘못된 정보나 편향된 서술은 커뮤니티 구성원들의 자발적인 검토와 토론, 심지어는 인공지능 기반의 편집 지원 도구(봇)까지 동원되어 정확한 정보로 업데이트되기도 한다. 이로 인해 위키피디아는 특정 시점의 지식을 포착한 스냅숏이 아니라, 시간이 흐름에 따라 변화하고 성장하는 살아 있는 백과사전으로서의 성격을 갖게 되었다.

이 거대한 지식 공동체는 겉으로 보이는 것보다 훨씬 더 복잡하다. 많은 사람이 참여하는 동시에 그 안에서 치열한 상호작용이 끊임없이 일어나고 있어서, 마치 살아 숨쉬는 유기체와도 같다. 수백만 명의 기여자들이 300개가 넘는 언어로 지식을 더하고 고치는 과정에서 때로는 특정 주제를 둘러싼 격렬한 논쟁(이른바 '편집 전쟁')이나 내용을 훼손하려는 시도(반달리즘)가 벌어지기도 한다. 위키피디아는 이러한 혼란 속에서 질서를 찾기 위해 '중립적 관점'의 원칙[41], 신뢰할 수 있는 출처 명시 요구, 토론 페이지를 통한 의견 교환, 중재 시스템, 숙련된 관리자의 판단 같은 다양한 규칙과 장치들을 스스로 발전시켜왔다. 이 과정에서 특별히 중요한 점은 이 거대한 지식 구축과 자정작용이 돈이나 명예 같은 외적인 보상이 아니라 지식을 나누려는 순수한 열정과 공동체에 기여하려는 자발적인 동기로 움직인다는 사실이다.

위키피디아는 현대 디지털 정보 생태계에 막대한 영향을 미치고 있다. 구글 등 주요 검색엔진의 결과에서 최상단에 자주 노출되어 대중의 정보 접근 방식에 큰 영향을 주며, 교육 현장에서는 주요 참고 자료이자 정보 리터러시(비판적 정보 이해 능력) 교육의 대상이 되고 있다. 또한 광고 없이 비영리 재단에 의해 운영된다는 점은 상업적 이해관계로부터 비교적 자유로운 중립적 지식 플랫폼 모델의 가능성을 보여주며 많은 사람의 지지를 받고 있다.

물론 위키피디아 역시 완벽하지는 않다. 편집자 성비 불균형(남성 편중)이나 특정 지역 및 주제에 대한 내용 부족 등 시스템적인 편향 문제가 꾸준히 제기되며, 모든 정보의 질이 균일하지 않다는 한계도 존재한다. 이는 집단지성의 엄청난 힘과 함께 그 과정에 내재된 복잡성과 과제를 동시에 보여주는 사례다.

이처럼 위키피디아는 전례없는 성공을 거두었지만, 그 성공은 또다른 질문을 던져놓았다. 정보의 양이 폭발적으로 늘어난 이 거대한 집단지성의 바다에서, 정작 한 개인이 자신에게 꼭 필요한 지식을 효과적으로 찾아내 깊이 이해하고, 자신의 삶과 연결하는 일은 어떻게 가능할까? 모든 정보가 디지털로 존재하고 서로 연결되어 있다는 사실만으로는, 개개인이 가진 구체적인 문제 해결이나 창의적인 발상에 충분한 길잡이가 되어주지 못했다. 결국 큐레이션의 무게중심은 다시 한번, 모두를 위한 보편적 지식의 축적에서 개개인의 고유한 필요와 맥락에 응답하는 방향으로 옮겨갈 수밖에 없었다.

나만의 지식 정원 가꾸기
개인화된 큐레이션의 부상

위키피디아로 대표되는 집단적 지식 구축의 시대가 활짝 열리면서, 역설적으로 개인의 역할이 다시금 중요하게 부각되기 시작했다. 방대하게 축적되고 연결된 정보의 바다에서 이제 각자 자신만의 나침반과 지도를 가지고 항해해야 하는 상황이 된 것이다. 끝없이 쏟아지는 정보에 대한 피로감과 획일적인 지식 전달 방식에 대한 반작용 속에서, 사람들은 자신만의 관심사, 목표, 경험이라는 프리즘을 통해 세상을 이해하고 지식을 자신의 언어로 재구성하려는 열망을 보이기 시작했다. 지식 큐레이션의 의미가 거대한 외부세계에서 개인의 내면적 지식세계를 가꾸는 활동으로 전환된 것이다.

이 새로운 흐름의 핵심은 개인이 지식활동의 주체이자 중심이라는 점이다. 더이상 외부의 권위나 표준화된 체계에 의존하는 것이 아니라, 쏟아지는 정보 속에서 자신에게 진정으로 가치 있고 의미 있는 것을 능동적으로 선별(개인화)하고, 이를 자신의 경험과 사유라는 고유한 맥락 속에서 재해석(맥락화)하며, 나아가 정보들 사이의 새로운 관계 맺음(연결)을 통해 자신만의 지식 지도를 그려나가는 여정이 시작된 것이다. 이러한 개인화, 맥락화, 연결은 각각 분리된 단계라기보다는 개인이 자신만의 지식세계를 구축하고 확장해가는 과정에서 서로 얽히며 역동적으로 상호작용한다.

이러한 개인 주도적 큐레이션활동을 잘 보여주는 개념이 바로 '디지털 정원digital garden'이다.[42] 노트 필기나 글쓰기와 같은 전통적인 지식활동이 종종 완결된 결과물을 지향하는 반면, 디지털 정원은 아이디어가 씨앗처럼 뿌려지고, 시간이 흐르면서 자라나며, 자연스럽게 가지를 뻗어 다른 생각들과 연결되는 유기적인 과정을 중시한다. 정원사가 식물의 성장 과정을 돌보듯, 디지털 정원을 가꾸는 사람은 완벽함보다는 지속적인 배움과 생각의 변화 과정을 기록하는 데 초점을 맞춘다. 메모와 메모를 자유롭게 연결하고, 과거의 생각을 현재의 관점에서 재검토하며, 때로는 미완성된 생각 조각들을 그대로 드러내기도 한다. 이러한 '가꾸는 행위'가 지식을 깊이 있게 소화하고 내면화하는 과정이 되며, 때로 자신의 지적 성장 과정을 타인과 공유하며 함께 발전하기도 한다. 과거에 르네상스 인문주의자들이 고전 텍스트 여백에 자신의 성찰과 비판을 담은 주석을 달며 끊임없이 텍스트와 대화했던 지적 실천이, 오늘날에는 디지털 도구의 힘을 빌려 새로운 모습으로 펼쳐지고 있다.

노션Notion, 옵시디언Obsidian, 롬 리서치Roam Research, 로그시크Logseq 등 이러한 지식 가꾸기 활동을 뒷받침하는 다양한 개인 지식 관리PKM, Personal Knowledge Management 도구의 확산은 이 흐름을 더욱 현실화하고 있다. 이 도구들은 단순한 정보 저장소를 넘어, 사용자가 모은 다양한 형태의 정보 조각들(텍스트, 이미지, 링크 등)을 하이퍼링크를 통해 거미줄처럼 엮어내고, 그 복잡한 관계망을 시각적 그래프로 보여줌으로써 생각의 지도를 그릴 수 있게 도와준다. 사용자는 이를 통해 흩어져 있던 아이디어들 사이에서 예상치 못한 패턴이나 연결고리를 발견하고, 복잡하게 얽힌 문제를 구조화하며, 새로운 아이디어를 촉발하는 창의적인 통찰을 얻을 수 있다. 독일의 사회학자 니클라스 루만이 수만 장의 메모 카드를 상호참조하며 방대한 지식체계를 구축했던 제텔카스텐Zettelkasten의 핵심 원리가 디지털 환경에서 더욱 강력하게 구현된 것이다.[43] 사용자들은 이 도구를 활용해 자신만의 고유하고 확장 가능한 지식 네트워크, 즉 '두번째 뇌'를 구축하며 지적 활동의 효율성과 깊이를 더해갈 수 있게 되었다.

이처럼 개인화된 큐레이션은 개인이 정보 환경의 주체로서 자신의 지적 세계를 능동적으로 탐색하고 창조하는 시대를 열고 있다. 하지만 이 과정은 상당한 시간과 인지적 노력을 요구한다. 끊임없이 쏟아지는 정보 속에서 가치 있는 것을 선별하고, 의미 있는 연결을 찾아내며, 자신의 디지털 정원을 꾸준히 가꾸는 일은 결코 쉽지 않다. 특히 개인이 추구하는 바로 그 목표, 즉 진정으로 개인화된 정보의 맥락을 깊이 있게 파악하고 창의적으로 지식을 연결한다는 이상 앞에서 인간의 인지적 처리 능력은 명백한 한계에 부딪힐 때가 있다. 정보의 양과 복잡성이 인간의 처리 능력을 압도하기 시작하면서, 사람들은 다시 한번 자신의 노력을 보완하고 지적 활동의 효율성을 높여줄 더 강력한 도구의 필요성을 절감했다.

AI 주도 큐레이션의 미래

인간 주도 큐레이션의 눈부신 발전에도 불구하고 인간의 인지 및 정보처리 능력의 한계 속에서 인공지능은 지식 큐레이션의 새로운 지평을 여는 결정적인 변수로 등장했다. 인공지능은 이미 '구글 북스google books'나 '헤르쿨라네움 프로젝트Herculaneum Project'[44]처럼 지식의 방대한 수집과 복원을 가능하게 하는 기반 기술이 되었으며, 이제는 한 걸음 더 나아가 수집된 정보를 개인에게 의미 있는 방식으로 재구성하고 연결하는 큐레이션 영역에서도 변화를 이끌고 있다.

인공지능이 펼쳐내는 큐레이션의 새로운 풍경은 이전과는 확연히 다르다. 지식 수집의 개인화와 관련해서 가장 두드러지는 특징은 인공지능이 개인의 지적 경험을 더 정교하게 이해하고 지원한다는 점이다. 인공지능은 사용자가 명시적으로 표현한 선호도를 포함해, 그동안 남겨온 방대한 디지털 흔적들(검색 기록, 읽은 문서의 하이라이트, 작성한 메모의 내용, 심지어 대화의 맥락까지)을 종합적으로 분석해 개인이 스스로 깨닫지 못했던 잠재적인 관심사나 해결해야 할 문제, 성장에 필요한 지식까지도 섬세하게 포착해낼 수 있다. 이를 통해 인공지능은 개인의 현재 상황과 미래의 가능성에 맞춰 최적화된 지식 경로를 능동적으로 제안하는 '성장 큐레이션growth curation'의 문을 열고 있다. 가령 AI 독서 플랫폼[45]은 사용자가 특정 개념에 대해 남긴 메모들을 분석한 후 그 개념을 다른 각도에서 조명하는 최신 연구나 예상치 못한 분야의 고전을 추천함으로써 지적 도약을 도울 수 있다.

지식의 맥락을 파악하는 능력에서도 인공지능은 인간의 한계를 뛰어넘는 가능성을 보여준다. 우리가 주로 자신의 경험과 지식이라는 제한된 틀 안에서 정보를 해석하는 반면, 인공지능은 특정 정보가 등장한 역사적 배경부터 관련된 사회문화적 논쟁, 최신 학문 동향, 심지어는 상반되는 다양한 관점까지 방대한 데이터를 순식간에 동원해 그 의미를 입체적으로 조명할 수 있게 해준다. 예를 들어 인공지능 기반의 지식 그래프Knowledge Graph 같은 기술은 세상의 수많은 개념과 개체들 사이의 복잡한 관계망을 시각화하여, 사용자가 단편적인 정보를 넘어 그것이 자리한 더 넓은 지식의 지도 속에서 그 의미와 중요성을 더 깊이 파악하도록 돕는다.[46] 최근의 AI 노트 도구들은 사용자가 작성한 메모의 핵심을 이해하고, 과거의 관련 기록이나 최신 웹 정보, 심지어 활발히 토론중인 커뮤니티의 논의까지 맥락에 맞게 연결해 제시하기도 한다. 이를 통해 우리는 자신의 생각을 훨씬 풍부한 배경 속에서 검토하고, 다양한 관점과 비교하며 더욱 정교하고 깊이 있는 통찰로 나아갈 수 있는 발판을 마련할 수 있다.

나아가 지식 수집의 연결 측면에서도 인공지능은 정보들 사이의 연결을 발견하고 생성하는 방식을 혁신적으로 바꾸고 있다. 최신 인공지능 기술들은 텍스트, 이미지, 소리, 코드 등 서로 다른 형태와 구조를 가진 방대한 데이터의 멀티모달리티 multi modality 연계에 집중해 인간이 직관적으로 파악하기 어려운 미묘하고 복잡한 관계를 찾아내는 능력을 강화하는 데 집중하고 있다. 이 기술이 발전할수록 전혀 예상치 못했던 분야의 지식이나 아이디어를 연결해 창의적인 문제 해결의 실마리를 찾거나 새로운 연구를 진행할 가능성도 커질 것이다. 예를 들어 AI 기반의 연구 지원 도구[47]는 연구자가 자신의 아이디어를 입력하면 관련 논문을 검색하는 것은 물론, 그 아이디어를 구현하는 데 도움이 될 수 있는 다른 분야의 기술, 유사한 문제를 해결했던 과거의 사례, 혹은 협력할 만한 잠재적 연구자 네트워크까지 제안할 수 있다. 세상의 모든 지식을 유기적으로 연결하여 인류의 집단지성을 한 단계 끌어올리려 했던 고대 도서관의 이상이, 시공간을 초월한 디지털 네트워크에서 마침내 '디지털 알렉산드리아'로 실현될 수 있음을 보여주는 대목이다.

지식의 바다, 안전하게 항해하는 법

이처럼 인공지능이 가져올 지식 큐레이션의 혁신은 눈부시지만, 그 강력한 힘만큼이나 무거운 책임과 세심한 접근을 요구한다. 우리는 AI 큐레이션이 지닌 잠재력을 최대한 활용하면서도 발생 가능한 위험을 최소화하기 위한 지혜로운 길을 모색해야 한다. 그 길은 기술적 해결책에만 있는 것이 아니라, 우리가 추구해야 할 가치와 사회적 합의를 바탕으로 기술의 방향을 설정하고 끊임없이 성찰하는 과정에 존재한다.

무엇보다 중요한 것은 인공지능이 제공하는 정보의 신뢰성을 확보하는 문제다. 그럴듯하게 조작된 허위 정보는 지식 생태계 전체를 오염시킬 수 있는 심각한 위협이다. 인공지능이 확률적 추론에 기반하여 작동하기 때문에, 때로는 사실이 아니거나 논리적 비약이 심한 정보를 생성하기도 하고 타당하지 않은 연결을 제안할 수도 있다는 점을 명심해야 한다. 따라서 인공지능이 생성하거나 추천하는 정보는 항상 비판적으로 검토해야 하며, 중요한 판단의 근거로 삼기 전에 반드시 교차 확인과 사실 검증 절차를 거쳐야 한다.

이를 위해서는 AI 모델의 정확성을 높이는 지속적인 기술 개발과 더불어, 인공지능이 잠재적인 오류나 편향 가능성을 스스로 식별하고 사용자에게 경고하거나, 인간 전문가 혹은 커뮤니티가 인공지능의 결과물을 검증하고 피드백하는 인간-AI 협력 기반의 검증 시스템을 사회적으로 구축하는 노력이 필요하다. 또한 AI가 어떤 데이터를 기반으로, 어떤 과정을 거쳐 특정 결론에 도달했는지 그 이유를 투명하게 설명하는 '설명 가능한 AI Explainable AI, XAI' 기술의 발전과 적용도 필요하다.[48] 이는 사용자가 인공지능을 블랙박스로 여기지 않고 그 제안을 비판적으로 평가하며 신뢰를 쌓아가는 데 필수적인 요소가 될 것이다.

　더 나아가 우리는 인공지능 큐레이션이 우리 사회의 다양성과 포용성의 가치를 존중하고 증진하도록 세심하게 설계하고 운영해야 한다. 만약 AI가 특정 언어, 문화, 지역, 성별, 인종 등 일부 집단의 데이터나 관점에 치우쳐서 학습한다면, 그 AI는 필연적으로 편향된 결과를 내놓게 될 가능성이 높다. AI가 제공하는 풍부한 맥락 정보 역시, 참고하는 데이터가 특정 시대나 문화에 대한 편향성을 담고 있다면 왜곡되거나 불완전할 수밖에 없다. 이는 소수자의 목소리를 더욱 소외시키고 기존의 사회적 편견이나 고정관념을 디지털 기술을 통해 오히려 강화하며, 특히 사회적으로 민감한 문제나 소수자의 경험과 관련된 정보를 다룰 때 심각한 오해와 차별을 야기할 수 있다. 따라서 AI 개발 초기 단계부터 다양한 출처와 관점을 반영하는 데이터를 균형 있게 확보하고 학습시키려는 의식적인 노력이 중요하다. 그런 만큼 AI 시스템의 설계, 개발, 테스트, 배포, 운영 등 전 과정에 걸쳐 다양한 배경과 전문성을 가진 사람들이 참여하여 잠재적인 편향성을 지속적으로 감사하고 시정하는 포용적인 거버넌스체계를 마련하는 것이 절실하다.

　개인에게 최적화된 경험을 제공하려는 노력 이면에는 '필터 버블filter bubble'이라는 그림자도 드리워져 있다. 인공지능이 사용자의 과거 행동과 선호도를 학습해 좋아할 만한 정보만을 끊임없이 보여준다면, 사용자는 자신도 모르는 사이에 점점 더 자신과 다른 관점이나 불편한 진실로부터 멀어져 편안하지만 고립된 생각의 감옥에 갇힐 위험이 있다. 이렇게 편협해진 정보 환경은 개인의 시야를 제한하고 비판적 사고 능력을 무디게 만들 뿐만 아니라, 사회 전체적으로는 집단 간의 오해와 불신을 키워 소통의 단절과 극단적인 양극화를 부추기는 심각한 문제로 이어지게 된다. 이러한 '에코 체임버echo chamber' 현상의 덫에 걸리지 않으려면, 정보를 추천하고 걸러내는 알고리즘 설계 단계에서부터 개인의 선호도 충족과 더불어 정보의 다양성, 관점의 균형, 그리고 때로는 예상치 못한 새로운 정보와의 만남(지적 세렌디피티)까지 세심하게 고려해야 한다. 또한 사용자에게 추천 시스템이 어떻게 작동하는지에 대한 투명한 정보를 제공하고, 스스로 정보 환경의 폭과 깊이를 조절할 수 있는 실질적인 선택권을 부여하는 것 역시 중요한 과제다.

마지막으로, 이 모든 논의의 토대가 되는 개인 데이터의 프라이버시와 보안 문제는 언제나 간과할 수 없는 핵심적인 고려 사항이다. 개인에게 고도로 맞춤화된 큐레이션 서비스를 제공한다는 것은 필연적으로 사용자의 검색 기록, 위치 정보, 소비 패턴, 건강 정보, 나아가 개인적인 대화나 메모 내용까지 매우 민감한 영역의 데이터에 AI가 접근하고 이를 분석해야 할 수도 있음을 의미한다. 이 과정에서 개인의 사생활이 의도치 않게 혹은 부당하게 침해될 가능성, 그리고 이렇게 수집된 데이터가 해킹이나 유출을 통해 악용되어 심각한 피해를 초래할 가능성은 언제나 현실적인 위협으로 존재한다.

따라서 기술 개발과 서비스 운영의 모든 단계에서 데이터 수집 최소화 원칙을 철저히 지키고, 어떤 데이터를 왜, 어떻게 활용하는지에 대해 사용자에게 명확하고 이해하기 쉽게 알리며, 명시적인 동의를 받는 투명한 절차를 확립하는 것이 무엇보다 중요하다. 이와 더불어 수집된 데이터를 안전하게 보호하기 위한 최고 수준의 암호화 및 접근 통제 기술을 적용하는 것은 기본이다. 가능하다면 민감한 개인 데이터를 중앙 서버로 보내지 않고 사용자 기기에서 AI 연산을 처리하는 '에지 컴퓨팅Edge Computing'이나 '연합 학습 Federated Learning'과 같은 프라이버시 강화 기술의 연구 개발과 도입 또한 더욱 적극적으로 추진해야 한다.[49] 궁극적으로는 개인이 자신의 데이터가 어떻게 쓰이는지에 대한 투명한 정보를 바탕으로 실질적인 통제권, 즉 데이터 주권을 행사할 수 있도록 국가적 차원에서 법적·제도적 환경을 뒷받침하려는 노력도 필수적이다.

5
디지털 정원을 가꾸는 지혜

명확한 역할과 유기적 결합

AI시대의 지식 큐레이션은 기술의 진보만으로 완성되지 않는다. 결국, 인간과 인공지능이 어떻게 공존하며 상호작용할 것인가에 대한 근본적인 질문, 즉 '인간-AI 공존방정식'을 풀어야 한다. AI와의 협력은 이미 여러 분야에서 지식 '수집'과 '큐레이션'의 방식을 근본적으로 바꾸고 있는 '현실'이다. 몇 가지 구체적인 사례는 이 새로운 협력의 지평을 명확히 보여준다.

탐사 보도 영역에서 AI는 기자의 한계를 넘어 진실의 조각을 수집하는 결정적인 파트너가 되었다. 대표적인 사례로 국제탐사보도언론인협회ICIJ의 '파나마 페이퍼스The Panama Papers' 및 '판도라 페이퍼스Pandora Papers' 보도를 들 수 있다. 이 프로젝트에서 기자들은 수백만 건에 달하는 이메일, 금융 기록, 법률 문서 등 비정형 데이터와 마주했다. 인간의 힘만으로는 이 방대한 자료를 검토하는 것조차 불가능했다. ICIJ는 AI 기반의 머신러닝 도구를 활용했고, AI는 특정 인물, 기업, 주소 등 핵심 개체를 자동으로 인식하고 이들 사이의 숨겨진 관계망을 시각적으로 그려냈다. 즉, 이 취재에서 AI는 인간이 물리적으로 확인할 수 없을 정도로 방대한 규모의 정보에서 의심스러운 금융 거래 패턴과 인물 간의 연결고리라는 '실마리'를 대규모로 '수집'했다. 하지만 여기서 AI가 찾아낸 것은 관계의 '패턴'일 뿐, 그것이 불법이나 비리를 의미하는지는 판단하지 못한다. 바로 이 지점에서 수백 명의 '인간 기자'가 투입되었다. 기자들은 AI가 만든 패턴을 바탕으로 심층 취재에 나섰다. 그들은 데이터의 연관성이 사회적으로 어떤 의미인지, 누구의 목소리를 대변하고 누구의 이익을 감추는지 비판적으로 질문하고, 끈질기게 사실을 확인해 마침내 거대한 역외 탈세의 실체를 폭로하는 공익적 기사를 완성했다.[50]

학술 연구, 특히 디지털 인문학 분야에서 AI는 과거의 지식이 어떻게 유통되고 소비되었는지를 추적하는 새로운 길을 열고 있다. 미국 노스이스턴대학교의 '바이럴 텍스트 프로젝트The Viral Texts Project[51]는 19세기 신문과 잡지 아카이브에서 AI를 활용한 대표적인 지식 큐레이션 사례다. 당시에는 저작권 개념이 희박하여 인기 있는 기사나 시, 단편소설이 여러 매체에 걸쳐 반복적으로 재인쇄되는 경우가 많았다. 연구팀은 AI 알고리즘을 개발해 수십만 페이지에 달하는 디지털화된 19세기 신문 자료를 분석했다. AI는 인간 연구자가 평생을 바쳐도 다 읽지 못할 텍스트들을 비교하여, 어떤 글이 언제, 어디서, 얼마나 자주 재인쇄되었는지 그 확산 경로를 자동으로 '수집'하고 시각화했다. AI는 왜 특정 텍스트가 그토록 인기가 있었는지, 혹은 재인쇄 과정에서 내용이 어떻게 변형되었는지 그 문화적 의미는 설명하지 못한다. 그러나 '인간 연구자'들은 AI가 큐레이션해준 데이터를 바탕으로 당시 독자들의 관심사와 가치관을 분석하고, 정보가 대중의 여론을 형성하는 과정을 추적하며, 19세기 지식 유통의 역동적인 지도를 그려냈다.

구글이 개발한 AI 모델 '퍼치Perch'[52]는 생태 음향학 분야에서 지식 큐레이션의 새로운 모델을 제시한다. 전 세계 생태계에 설치된 음향 센서는 24시간 내내 소리 데이터를 쏟아내지만, 이 소리의 대부분은 무의미한 소음이다. 여기서 AI는 고도로 훈련된 청각 전문가 역할을 한다. 퍼치는 방대한 음향 데이터 속에서 특정 새의 지저귐 같은 생물학적 의미를 지닌 신호만을 정확하게 식별하고 분류한다. 즉, AI가 무정형의 거대 데이터 속에서 가치 있는 정보(특정 종의 존재)만을 골라내는 일차적인 '큐레이션'을 수행하는 것이다. 하지만 이 정보는 아직 완전한 지식이 아니다. 인간 생태학자들은 AI가 분류해준 데이터를 바탕으로 "이 새의 출현 빈도가 작년과 어떻게 다른가?" "특정 서식지에서 경쟁하는 종들의 소리 패턴은 어떻게 나타나는가?" 등의 더 깊은 질문을 던진다. 인간은 AI가 일차로 수집하고 분류한 정보를 활용해 생물다양성의 변화 추이를 분석하고, 기후변화가 생태계에 미치는 영향을 해석하는 등 더 높은 차원의 지식을 '창조'한다. 이 과정은 시민 과학자들이 데이터를 수집하고 AI의 분류를 검증하는 과정과 맞물려, 더욱 풍부한 협력적 지식 생태계를 구축한다.

지식 큐레이션 영역에서 AI와 인간의 능력과 역할

구분	AI	인간
역할	무한한 정보의 수집가·처리자	의미와 가치의 설계자·최종 판단자
핵심 능력	규모, 속도, 패턴	맥락, 비판, 윤리
주요 기능	탐색, 분류, 요약, 연결	목적 설정, 검증, 의미 부여, 가치 판단, 창조
핵심 질문	어떻게 수집할 것인가	왜 수집하는가

이 사례들이 보여주듯, AI시대의 지식 수집과 큐레이션은 인간과 기계의 역할이 명확히 구분되면서도 유기적으로 결합하는 방향으로 진화한다. AI는 규모, 속도, 패턴에서 인간을 압도하며 지식의 원재료를 수집하고 가공한다. 반면 인간은 맥락, 비판, 윤리를 바탕으로 AI의 결과물에 의미와 가치를 부여하고 최종적인 책임을 진다.

즉, AI가 방대한 지식 정보의 탐색, 분류, 요약, 연결 등 복잡하고 효율적인 처리를 담당한다면, 인간은 그 결과를 바탕으로 왜 이 지식이 중요한지 질문하고(목적 설정), 정보의 진위를 비판적으로 판단하며(검증), 다양한 맥락 속에서 의미를 해석하고(의미 부여), 윤리적 가치에 따라 활용 방향을 결정하며(가치 판단), 나아가 기존의 틀을 넘어서는 창의적인 통찰(창조)을 더하는 역할을 수행해야 한다. AI가 '어떻게'라는 실행의 영역에서 눈부신 능력을 발휘함에 따라 인간은 지식 수집과 연결의 목적과 윤리적 틀을 설정하는 설계자이자 그 결과의 의미와 가치를 판단하는 최종 평가자의 역할을 더욱 선명하게 드러내야 한다. 기술의 힘을 인간적 가치와 조율하며 방향을 제시하는 인간지능의 이 고유한 능력이야말로, 지식 큐레이션이라는 공존방정식을 현명하게 풀어가는 핵심이다.

건강한 지식 생태계를 위한 파트너십

이러한 인간의 고유한 능력이 중심이 된 공존방정식의 해답은, 개인의 역량 강화 이상으로 사회 전체의 지식 생태계를 더욱 건강하고 풍요롭게 만드는 방향을 지향해야 한다. 그럼으로써 AI 큐레이션 기술로 모든 사람이 자신의 필요와 잠재력에 맞는 지식에 공평하게 접근하고 활용할 수 있도록 돕는 '포용적 개인화'를 실현하는 데 기여해야 한다. 이는 마치 훌륭한 도서관이 방대한 장서를 갖추는 것(AI의 능력)을 넘어, 각 이용자의 수준과 관심사에 맞는 길을 안내하는 사서의 지혜(인간의 역할)가 결합될 때 비로소 그 가치가 완성되는 것과 같다.

지식 수집을 향한 인류의 여정은 인공지능이라는 강력한 파트너를 만나면서 '나만의 지식 정원'을 가꾸는 '디지털 정원사'의 시대로 들어서고 있다. 이 정원에서 AI는 비옥한 토양과 효율적인 도구를 제공하지만, 어떤 씨앗을 심고, 어떻게 가지를 치며, 궁극적으로 어떤 열매를 맺게 할 것인지를 결정하는 이는 정원사인 우리 자신이다. 미래의 지식 큐레이션은 개인의 호기심과 창의성을 끊임없이 자극하며 평생의 배움과 성장을 이끄는 역동적인 과정이 될 것이다. 기술의 압도적인 힘 앞에서 인간의 역할을 고민하기보다, 오히려 그 힘을 현명하게 활용하여 우리의 고유한 가치를 더욱 빛나게 할 때, 우리는 비로소 개인의 잠재력과 사회 전체의 지성을 함께 키워나가는 지속 가능한 지식 수집의 미래를 만들어갈 수 있을 것이다.

3부

읽고 쓰다
READ — WRITE

인간의 읽고 쓰기 vs. AI의 읽고 쓰기

인간은 읽고 쓰기를 통해 비로소 인간이 되었다.

문명이 시작되기 전, 인류의 지식은 기억과 구전에 의존했다. 한 세대의 통찰은 다음 세대로 이어지기 어려웠고, 경험은 개인의 죽음과 함께 사라졌다. 그러나 점토판에 쐐기문자가 처음으로 새겨진 순간, 인류 문명의 방향은 근본적으로 달라졌다. 지식을 발견하고, 그것을 모으고 체계화하는 과정을 통해 인류는 문명을 창조했지만, 그 모든 지적 성취가 지속될 수 있었던 것은 오직 읽고 쓰기라는 행위를 통해서였다.

인류의 읽고 쓰기 방식은 끊임없이 진화했다. 메소포타미아의 쐐기문자는 도시국가의 복잡한 행정과 경제를 가능하게 했고, 페니키아의 알파벳은 지중해를 가로질러 지식의 전파를 가속화했다. 중세의 양피지 필사본은 로마제국 몰락 이후에도 지식의 명맥을 유지했으며, 구텐베르크의 인쇄술은 루터의 종교개혁을 촉발하며 중세 유럽의 지식 독점 구조를 무너뜨렸다. 기억을 외부에 저장하고, 지식을 대량으로 생산하며, 전 세계를 하나로 연결하는 혁명이 거듭되었지만, 이 모든 변화 속에서도 변하지 않은 한 가지가 있었다. 읽고 쓰는 주체는 언제나 인간이었다는 점이다.

그러나 지금, 우리는 인류 역사상 유례없는 순간을 맞이하고 있다. 처음으로, 읽고 쓰는 행위가 더이상 인간만의 영역이 아니게 되었기 때문이다. 인공지능이 텍스트를 분석하고, 복잡한 자료를 요약하며, 때로는 전문가도 구분하기 어려울 만큼 정교한 글을 생성해내는 시대가 도래했다. 우리가 매일 접하는 기사, 광고 문구, 심지어 시나 에세이조차 인간이 아닌 존재가 작성하는 것이 가능해졌다. 불과 몇 년 전까지만 해도 인간 고유의 창조적 영역이라 여겼던 경계가 흐려지고 있는 것이다.

이 역사적 전환점은 그저 예사로운 기술 발전을 뜻하는 것이 아니라, 인간 존재의 본질에 관한 근원적 물음을 제기한다. 만약 읽고 쓰는 능력이 인간을 다른 생명체와 구분하는 핵심 특성이었다면, 이제 그것이 더이상 인간만의 특권이 아닌 세상에서 인간다움은 무엇을 의미하는가? 우리가 자랑스럽게 여겨온 언어적 창조성과 표현력이 알고리즘에 의해 모방될 수 있다면, 인간 정신의 고유한 가치는 어디에서 찾아야 하는가?

그러나 역설적이게도, 인공지능이 인간의 언어 능력을 더 정교하게 모방할수록 우리는 인간 고유의 읽고 쓰는 행위가 지닌 깊이와 의미에 대해 더욱 세심하게 성찰하게 된다. 마치 대비되는 배경 속에서 형태가 더 뚜렷해지듯, 기계의 언어 속에서 인간 언어의 고유한 빛깔이 무엇일지 대비해보고 싶은 것이다.

우리에게 '읽는다'는 것은 글자를 눈으로 좇아 정보를 얻는 행위와는 사뭇 다르다. 오히려 한 사람의 마음속으로 깊숙이 들어가보는 탐험에 가깝다. 내가 가보지 못하는 시간과 공간, 경험에 빠져들어 나의 세계를 넓혀가는 모험이기도 하다. 이를테면 도스토옙스키의 『죄와 벌』을 읽으면서 주인공 라스콜니코프가 느끼는 죄책감과 불안에 함께 숨막혀 할 때, 우리는 분명 글자 이상의 무언가를 경험한다. 그것은 작가가 언어 속에 녹여낸 삶의 숨결, 생각의 조각들과 직접 만나는 순간이다. 책장을 넘길 때 손끝에 닿는 종이의 질감, 오래된 책에서 배어나오는 희미한 나무 향 혹은 빳빳한 새 책의 잉크 냄새 같은 감각적인 기억들, 그리고 문득 어떤 구절에 마음이 멈춰 창밖을 바라보며 잠시 나만의 생각에 잠기는 순간들. 이런 모든 것들이 하나하나 쌓여 우리의 '읽기'는 그저 정보를 습득하는 행위를 넘어 온전한 하나의 체험이 된다.

'쓰기' 또한 마찬가지다. 그저 어휘를 늘어놓는 기술이 전부가 아니다. 밤새도록 문장 하나를 붙들고 끙끙대는 소설가, 세상에 없던 비유 하나를 찾아 헤매는 시인, 복잡한 이론을 조금이라도 더 명료하게 설명하려 애쓰는 학자 등, '쓰기'는 보이지 않는 생각과 감정에 꼭 맞는 옷을 찾아 입히려는 창조적인 분투이며, 때로는 혼란스럽기만 한 내 마음속 풍경에 나만의 의미와 질서를 부여하려는 안간힘이기도 하다. 글을 쓰면서 우리는 지나온 시간을 새로운 눈으로 해석하고, 세상을 향한 나만의 관점을 벼려내며, 그러다 문득 스스로도 알지 못했던 마음 깊은 곳의 진실과 마주치기도 한다.

인공지능은 놀라운 속도와 정확도로 텍스트를 분석하고 생성한다. 하지만 그것을 진정한 의미에서 읽고 쓰는 것이라 할 수 있을까? 인공지능이 셰익스피어의 비극에서 인간 조건의 아이러니를 포착할 수 있을까? 프루스트의 문장에 담긴 시간의 감각을 진정으로 이해할 수 있을까? 자신의 실존적 물음을 글쓰기를 통해 더듬어나갈 수 있을까? 이러한 질문들이 우리를 인간 고유의 읽고 쓰기가 지닌 심원한 차원으로 인도한다.

3부의 여정은 이러한 성찰을 역사적 맥락 속에서 풀어내는 탐험이다. 우리는 인류가 어떻게 읽고 쓰기의 기술을 발전시켜왔는지, 그리고 그 과정에서 인간의 사고방식과 문명이 어떻게 변화해왔는지를 추적한다. 가만히 보면 인류는 읽고 쓰는 방식에 새로운 기술이 등장할 때마다, 처음에는 낯설고 두려워도 결국 그 변화에 적응하고 새로운 가능성을 발견하며 우리 것으로 만들어왔다. 아주 오래전 소크라테스가 문자가 사람들의 기억력을 약화시킬 것이라고 걱정했던 것처럼, 오늘날 인공지능이 글을 쓰는 시대를 살아가며 우리 역시 이런저런 걱정과 불안을 느끼는 것은 어찌 보면 자연스러운 반응일 것이다. 하지만 역사는 우리에게 희망적인 교훈을 들려준다. 인간은 늘 새로운 기술의 파도 앞에서도 결국 인간만의 소중한 가치를 찾아내고 지켜왔다는 교훈이다.

1
'듣고 말하기'와 '읽고 쓰기'

구술 문화에서 문자 문화로의 전환

  인류는 새로운 기술이 등장할 때면 초기의 낯섦과 혼란을 거쳐 점차 그 쓰임에 익숙해지며 생활 속에 통합하는 과정을 반복해왔다. 인류 문명사에서 소통과 사유 방식에 가장 근본적인 변혁을 가져온 구술 문화에서 문자 문화로의 이행도 마찬가지였다. 이 전환은 우리가 새로운 기술을 받아들이는 보편적 과정, 즉 초기 부정에서 시작해 점진적 적응을 거쳐 완전한 내재화에 이르는 과정의 역사적 사례로서 중요한 의미를 지닌다. 따라서 문자의 발명이 인간의 기억 방식, 사고 구조, 사회적 상호작용 및 지식체계에 미친 영향은 무엇이고, 이 과정에서 나타난 당대의 우려와 수용 양상이 어떠했는지를 살펴봄으로써, 읽고 쓰는 기술의 변혁에 대한 인간사회의 반응 패턴을 이해할 수 있다.

우리에게 읽기와 쓰기는 지식을 획득하고 공유하기 위한 자연스러운 행위다. 그러나 인류의 긴 역사에서 문자의 등장은 비교적 최근이며, 호모 사피엔스가 지구상에 등장한 것이 약 20만 년 전이라면, 최초의 문자체계가 발달한 것은 겨우 5000년 전의 일이다. 이 시간적 간극은 '읽고 쓰다'라는 행위가 인간에게 선천적으로 자연스러운 활동이 아니었음을 일깨워준다. 인류가 앎을 획득하고 공유할 수 있었던 가장 오래되고 근본적인 통로는 '듣고 말하는' 것이었다.

문자가 발명되기 이전에 인류는 이처럼 '듣고 말하는' 구술의 힘에 기대어 지식과 이야기를 다음 세대로 전승했다. 고대 문명의 심장부였던 수메르나 이집트에서 신과 영웅들의 이야기는 입에서 입으로 전해졌다. 예를 들어 인류 최초의 문학작품으로 꼽히는 『길가메시 서사시』는 수천 년 동안 문자의 도움 없이 오직 사람들의 기억과 목소리를 통해 이어져 내려왔고,[1] 이집트 신들과 위대한 파라오들의 이야기 또한 처음에는 소리로 존재하다가 먼 훗날에야 비로소 문자로 새겨졌다. 이는 에게해를 건너 고대 그리스에서도 마찬가지였다. 호메로스의 『일리아스』와 『오디세이아』는 문자로 엮이기 전까지 수많은 음유시인들의 목소리를 빌려 매번 새롭게 살아 숨쉬는 이야기로 청중 앞에 나타났다. 이 장대한 이야기들은 기억을 돕는 정교한 운율과 귀에 익은 상투적인 표현들(가령 '발 빠른 아킬레우스'처럼)을 적극 활용했고,[2] 전문 이야기꾼이었던 시인bard들은 공동체 앞에서 이를 낭송하거나 노래하며 집단의 기억을 되살리고 정체성을 확인하는 역할을 담당했다. 이처럼 구술이라는 전통은 문자 이전 인류 문명을 유지하는 중요한 기반이었다.

그러나 시간이 흐르며 공동체의 규모가 커지고 사회적 교류가 활발해지면서, 개인의 기억과 구술로만 정보를 주고받던 기존 방식은 점차 한계에 이르렀다. 가령 증가하는 교역품의 세세한 목록을 기억하거나, 멀리 떨어진 지역까지 법령이나 주요 지시 사항을 틀림없이 전달하는 일은 점점 버거운 숙제가 되었다. 입에서 입으로 전해지는 정보는 그 과정에서 내용이 바뀌거나 중요한 부분이 빠지기 일쑤였고, 사람의 기억 역시 세월 앞에서 희미해지거나 변형되기 마련이었기 때문이다. 결국 점점 더 복잡해지는 사회를 꾸려나가는 데 필요한 방대한 정보를 오롯이 개인의 기억력에만 의존하기란 불가능에 가까웠다. 이러한 뚜렷한 한계에 직면하면서, 인류는 새로운 소통의 길을 찾지 않을 수 없었고, 그 필연적인 해답이 바로 문자의 발명이었다.

문자 발명의 가장 초기 형태는 기원전 3500년경 메소포타미아 지역의 수메르인들이 점토판 위에 쐐기모양의 기호를 새기기 시작하면서 나타났다. 신전 경제를 운영하고 복잡한 교역망을 관리해야 했던 그들에게는 주고받은 물품의 종류와 수량을 정확히 기록하고 보존하는 것이 무엇보다 절실한 과제였다. 실제로 발견된 초기 문자 기록들이 대부분 이러한 회계 장부나 재산 목록의 형태를 띠는 것은, 문자가 앞서 언급된 현실적 필요를 해결하기 위한 실용적 도구로서 탄생했음을 보여준다. 그러나 문자는 곧 여느 위대한 발명이 그러하듯 단순한 실용적 차원을 넘어섰다. 처음에는 물품을 헤아리던 간단한 기호에서 출발했지만, 점차 소리를 나타내는 표음문자로 발전했고, 마침내는 인간의 복잡한 생각과 미묘한 감정, 추상적인 개념까지도 담아낼 수 있는 정교하고 강력한 표현체계로 진화해갔다.

이처럼 실용적 요구에서 출발해 정교한 표현체계로 발돋움한 문자는 인류 역사에 혁명적인 전환을 가져왔다. 문자는 찰나에 사라지는 말을 시각적 기호로 붙잡아 영구히 보존할 수 있게 만들었다. 이를 통해 인간의 지식과 사유는 개인의 기억이라는 한계를 벗어나 외부세계에 기록되고 축적될 수 있는 새로운 토대를 마련했다. 이는 곧 지식 축적의 속도와 전파의 범위를 비약적으로 끌어올려, 인류의 지적 활동 영역을 이전과는 비교할 수 없을 만큼 확장시키는 중요한 계기가 되었다. 물론 이처럼 거대한 전환은 단순한 기술적 혁신 그 이상이었다. 인간이 세계를 인지하고 사유하는 방식, 즉 인지구조와 지식체계 전반에 걸친 근본적인 변혁을 의미했기 때문이다.

역동적인 구술 문화에서 체계적인 문자 문화로

그렇다면 소리에 의존하던 사고방식과 글자에 기반한 사고방식은 구체적으로 어떤 차이를 나타낼까? 구술 문화와 문자 문화의 차이와 그 관계는 여러 학자들의 탐구 대상이었으며, 그중에서도 월터 J. 옹은 그의 기념비적 저서 『구술문화와 문자문화』를 통해 문자의 등장이 인간 의식과 사고방식에 미친 심대한 영향을 체계적으로 분석해 학계에 큰 반향을 일으켰다. 옹의 통찰은 구술성과 문자성이 정보를 전달하는 매체의 차이를 넘어, 인간이 세계를 경험하고 이해하는 방식을 조직하는 근본적으로 상이한 인식론적 토대임을 이해하는 데 결정적인 준거틀을 제공한다.

옹의 분석에 따르면, 구술 문화에 깊이 밴 사고와 표현은 몇 가지 뚜렷한 경향을 띤다. 우선 구술은 내용을 효과적으로 전달하고 기억하기 위해 반복과 부연을 자연스럽게 사용한다. 논리적 인과관계나 종속 구조를 치밀하게 짜기보다는, 이야기를 병렬적으로 덧붙여나가는 '첨가적additive' 방식을 선호한다. 또한 '지혜로운 왕'이나 '용맹한 전사'와 같은 정형화된 상투어구formulaic expressions를 반복적으로 활용해 듣는 사람의 부담을 덜어주고 이야기의 흐름을 매끄럽게 이어간다.

또한 구술이 이루어지는 상황에서 지식은 책상 앞에서의 고독한 독서가 아니라, 말하는 이와 듣는 이 사이의 생생한 만남과 상호작용 속에서 역동적으로 생성되고 공유된다. 구술 문화에서는 보편적이고 추상적인 개념보다는 구체적인 삶의 정황과 경험에 뿌리내린 이야기가 중심이 되며, 지식은 개인이 독점하기보다 공동체 안에서 함께 나누고 만들어가는 것으로 인식된다. 이처럼 구술 문화는 상황에 의존하면서, 참여적이며 강한 공동체적 유대감을 바탕으로 한다. 지식 또한 고정불변의 것이라기보다는 대화와 맥락 속에서 늘 새롭게 해석될 가능성을 안고 있다.

이에 반해 문자 문화는 정보를 논리적으로 분석하고 체계적으로 조직하는 데 특별한 강점을 발휘한다. 영국의 사회인류학자 잭 구디는 문자의 사용이 가져온 인지적·사회적 파급 효과에 주목하며, 문자가 어떻게 추상적 사유와 객관적 거리두기, 명확한 분류체계의 발전을 촉진했는지 설득력 있게 제시했다.[3] 그 핵심에는 문자가 지닌 '시각적 고정성'이 자리한다. 구술 문화의 지식이 구체적인 상황과 경험에 깊이 연결되어 그 내용을 객관화하거나 범주화하기 어려운 반면, 문자는 정보를 눈으로 확인할 수 있는 형태로 특정 매체(점토판, 파피루스, 종이 등)에 기록하여 보존할 수 있다.

이러한 고정성 덕분에 독자는 텍스트를 자신의 속도에 맞춰 읽고, 필요에 따라 언제든 앞부분으로 돌아가 내용을 다시 확인하거나 다른 부분과 비교·대조하며 검토할 수 있는데, 구디는 이를 '뒤돌아보는 통람backward scanning'이라는 개념으로 설명했다. 소리처럼 한번 발화되면 사라지는 것이 아니라 물리적으로 고정된 텍스트는 문장 간의 논리적 관계나 전체적인 구조를 면밀히 뜯어보며 비판적으로 분석하는 것을 가능하게 한다. 이처럼 문자와 글쓰기는 생각을 기록하는 수단이기도 하지만, 사고를 명료하게 다듬고 논리적으로 정교화하는 과정이자, 과학적 탐구나 철학적 논증을 발전시키는 데 핵심적인 지적 기반이 되었다.

구술 문화와 문자 문화의 이러한 근본적 차이는 '듣고 말하는' 방식과 '읽고 쓰는' 방식이 서로 다른 인지 과정을 활성화하기 때문에 발생한다. 우리의 감각기관에서 듣는 행위가 촉발하는 사고방식과 보는 행위가 불러일으키는 사고방식이 다르기 때문에, 발화된 음성은 기본적으로 일차원적이며 시간의 흐름에 따라 진행되고 그 순간에 사라지는 반면, 글은 평면적으로도, 입체적으로도 구성이 가능하여 정보의 체계적 조직과 분석을 가능하게 한다. 옹은 이러한 차이를, 소리(말)는 시간 속에서 일어나는 역동적인 '사건event'인 반면, 문자는 시각적 공간에 고정된 정적인 '사물thing'이라는 점으로 설명했다.[4] 구술은 언제나 현재의 상황에 의존적이며 참여적이고 생생한 반면, 문자는 맥락에서 분리되어 객관적이고 분석적인 사고를 가능하게 한다.

문자, 스스로 기억하는 능력을 빼앗다

이처럼 문자가 인간의 객관적이고 분석적인 사고를 확장하는 등 지성의 발달에 기여한 강력한 도구였음은 분명해 보인다. 그럼에도 불구하고 문자의 등장 초기에는 이 새로운 기술에 대한 근본적인 불신과 우려의 시선이 존재했다. 문자에 대한 초기 비판적 시각을 가장 극명하게 보여주는 고전적 사례가 바로 플라톤의 대화편 『파이드로스』에 등장하는 이집트 신화 이야기다.[5] 이 대화편에서 소크라테스는 신화 속 등장인물의 입을 빌려 문자 발명이 인간 정신에 미칠 수 있는 잠재적 해악을 제기한다.

> 그런데 글자의 경우에 이르러, 테우트가 말하길, "왕이시여, 이 배움은 이집트 사람들을 더 지혜롭고 더 잘 기억하게 해줄 것입니다. 기억의 약이자 지혜의 약이 발견되었다는 말씀입니다"라고 했네. 한편 타무스가 말했네. "기술이 출중한 테우트여, 어떤 사람은 기술에 관한 것들을 산출할 수 있지만, 어떤 사람은 그것을 이용하게 될 사람들에게 그것이 어떤 해로운 몫과 이로운 몫을 갖는지를 분간할 수 있소. 그리고 지금 그대는 글자의 아버지로서, 글자를 위하는 마음 때문에 글자가 발휘하는 능력과는 반대되는 것을 말하고 있소. 왜냐하면 한편으로 이것

은 기억에 대한 연습을 게을리하게 함으로써 배운 사람들의 혼에 망각을 제공할 것이니, 그들은 글쓰기에 대한 신뢰로 인해 외부로부터 남의 것인 표시에 의해 기억을 떠올리지, 내부로부터 자신들에 의해 스스로 기억을 떠올리지 않기 때문이오. 사실은 기억이 아니라 기억 환기의 약을 그대가 발견한 것이오. 다른 한편, 그대는 배우는 사람들에게 지혜로워 보이는 의견을 제공하지, 진상을 제공하지는 않소. 왜냐하면 가르침이 없어도 그대 덕에 듣기는 많이 들어 그들은 많이 아는 사람처럼 보이겠지만, 대개의 경우 그들은 무지하며 함께하기도 어려운 사람들이니, 지혜로워지는 대신 지혜로워 보이게 된 탓이오."

이 대화에서 문자의 발명가인 테우트는 문자가 인간을 더 현명하게 만들고 기억력을 증진시킬 것이라며 예찬하지만, 이집트의 왕 타무스는 문자가 지닌 위험성을 경고하며 이를 강하게 반박한다. 타무스의 비판은 두 가지로 요약된다. 첫째는 문자가 인간 고유의 기억 능력을 퇴보시킬 수 있다는 점이다. 즉 사람들이 내면의 힘으로 기억하려 노력하기보다 외부의 기록에 의존하게 되면서 진정한 기억력이 쇠퇴할 것이라는 우려다. 둘째는 문자가 참된 지혜가 아닌 피상적인 지식의 확산만을 부추길 수 있다는 점을 경계한다. 많은 글을 읽었다는 이유만으로 스스로 지혜롭다고 착각하는 이들을 양산할 수 있다는 것이다. 타무스는 지혜란 정보의 양적 축적을 넘어선 깊이 있는 이해와 성찰, 그리고 살아 있는 대화를 통해 길러지는 것임에도, 문자가 오히려 이러한 과정 없이 얻어지는 거짓된 지혜의 환상을 조장할 수 있다고 보았다.

문자에 대한 플라톤의 비판적 성찰이 역설적이게도 바로 그 '문자'로 기록된 그의 대화편을 통해 수천 년이 지난 오늘날 우리에게까지 전해진다는 사실은 시사하는 바가 크다. 이는 플라톤과 그의 스승 소크라테스가 문자가 지닌 가능성과 한계, 즉 그 양면성에 대해 깊이 통찰하고 있었음을 방증한다. 그들은 문자가 지식 전달과 보존에 가져올 혁명적 기여를 인정하면서도, 그것이 인간의 내면화된 지혜와 살아 있는 기억에 미칠지 모를 부정적 영향을 동시에 경계했던 것이다. 이러한 선지적 통찰은 새로운 읽고 쓰기의 기술이 등장할 때마다 인류가 반복적으로 마주하게 될 기대와 우려의 교차를 예고하는 듯하며, 이는 문자 이후 등장한 여러 기술의 역사에서도 되풀이되는 패턴으로 관찰된다.

부정과 적응을 거쳐 내재화로

새로운 소통 기술이 등장할 때마다 기대와 우려가 교차하며 사회적 동요를 야기하는 것은 역사적으로 반복되어온 현상이다. 그러나 이러한 초기 반응의 이면에는, 플라톤의 예견처럼 깊은 통찰과 경계심 속에서도 결국 새로운 기술과 관계를 맺고 점진적으로 수용해나가는 인류의 더 큰 흐름이 존재한다. 문자 기술이 고대사회에 정착하는 과정 역시 이러한 보편적 패턴을 따랐던 것으로 보인다. 이 과정은 대체로 세 가지 뚜렷한 국면으로 전개되는데, 첫째는 신기술에 대한 초기의 부정과 거부, 둘째는 기존 방식과의 적응과 혼합을 시도하는 과도기, 그리고 셋째는 기술이 사회 전반에 스며들어 당연시되는 내재화 단계다. 문자 기술의 사례를 통해 이 세 국면을 살펴봄으로써, 우리는 기술 변혁에 대한 인간사회의 복합적인 반응 양상을 이해하는 하나의 틀을 마련할 수 있을 것이다.

부정과 거부의 단계

새로운 기술이 등장했을 때 나타나는 첫번째 반응은 흔히 그것이 기존의 소중한 가치를 훼손할 것이라는 인식에서 비롯되는 부정과 거부다. 앞서 상세히 논한 플라톤의 『파이드로스』에 나타난 문자에 대한 비판은 이러한 초기 저항 단계의 가장 대표적인 사례로 꼽을 수 있다. 『파이드로스』에서는 문자를 인간 본연의 기억력을 약화시키고 피상적인 지혜만을 조장하는 위협적인 요소로 간주했다. 이처럼 새로운 기술의 등장은 기존 질서와 전통(이 경우, 스승에게 직접 듣고 지식을 체화하며 공동체적 맥락 속에서 앎을 형성하던 구술문화의 가치)을 중시하는 이들에게 인간적 연결의 약화나 핵심 가치의 상실이라는 심각한 우려를 불러일으키며 저항에 직면하곤 했다.

이러한 기술 거부 현상은 서양에서만 나타난 것이 아니었다. 동양에서도 유사한 사례를 찾아볼 수 있다. 예컨대 고대 인도의 베다 Veda 경전은 처음부터 문자 기록 없이 구술만으로 전해졌다.[6] 베다를 기록하는 행위는 그 신성함을 훼손하는 것으로 간주되어 수천 년 동안 오직 사제들에 의해 구전으로만 보존되었다. 이는 문자 기술을 의도적으로 배제함으로써 지식의 내면화와 공동체적 전승의 가치를 중시했던 대표적인 사례다.

적응과 혼합의 단계

두번째 단계는 새로운 기술의 유용성을 점차 인정하면서도 기존 방식의 장점을 어떻게든 결합하려는 적응과 혼합의 시기다. 이 단계에서는 새로운 기술을 받아들이는 동시에 전통적인 방식이 지닌 고유한 가치를 유지하고 접목시키려는 노력이 나타난다. 문자 문화가 고대사회에 서서히 자리잡아가는 과정에서도, 사람들은 구술 문화가 지녔던 소통의 미덕을 문자 안에 녹여내거나 혹은 문자와 병행하는 방식으로 새로운 기술에 적응해나갔다.

플라톤이 자신의 철학을 딱딱한 논문이 아닌 생동감 넘치는 대화체로 남긴 것은 이러한 적응 노력의 대표적인 사례라 할 수 있다. 그는 구술의 핵심 장점인 대화와 문답 형식을 문자 텍스트 안에 구현함으로써, 양쪽 문화의 강점을 결합하고자 했던 것이다. 그의 대화편들은 정적인 텍스트라기보다는, 마치 독자 앞에서 생생한 철학적 토론을 벌이는 듯한 인상을 주며 문자가 지닌 한계를 넘어서려는 시도로 읽힌다.

초기 기독교 공동체의 발전 과정에서도 이러한 적응과 혼합의 양상을 엿볼 수 있다.[7] 예수의 가르침은 본래 제자들의 입을 통해 구술로 전파되었으나, 공동체가 커지면서 점차 문자로 기록해야 할 필요성이 대두되었다. 하지만 성경이 문자로 기록된 이후에도, 초기 기독교인들은 각자 글을 읽는 데 그치지 않고 공동체 안에서 함께 소리 내어 읽고 듣는 행위를 통해 그 의미를 공유하고 몸소 체득하고자 했다. 이는 문자 기록을 수용하면서도 구술적 참여와 공동체적 경험의 가치를 여전히 중시했음을 보여준다.

기술 내재화 단계

마지막 단계는 기술 내재화로, 새로운 기술이 사회와 문화에 깊이 통합되어 더이상 외부적인 것으로 인식되지 않는 단계다. 고대사회 후기로 접어들면서 문자가 점차 문명을 이끄는 핵심 요소로 자리매김함에 따라, 문자는 단순한 기록 도구를 넘어 사고와 지식 구성의 근본적인 매체로 그 위상이 변모해갔다.

문자가 점차 내재화된 고대세계의 일부 지식인사회에서는 문자적 사고가 점차 자연스러운 것으로 받아들여지기 시작했다. 물론 이것이 사회 전체의 보편적 현상은 아니었으나, 2부에서 다루었던 것처럼 알렉산드리아도서관의 장서 분류 시도나 고대 학자들의 저술 목록화 노력 등은 구술 문화에서는 상상하기 어려웠던 새로운 지식 조직 방식의 맹아를 보여준다. 이러한 초기 형태의 지식 관리는 훗날 더욱 정교한 서지학, 목록, 색인, 분류체계 등이 발전할 수 있는 토대가 되었다.

알파벳 문자체계의 발전과 확산은 특히 이러한 내재화 과정을 촉진하는 중요한 계기였다. 비교적 적은 수의 기호로 언어의 모든 소리를 표기할 수 있는 알파벳의 효율성은 문자 학습의 문턱을 낮추었고, 이는 점진적으로나마 문자 사용 인구의 확대로 이어졌다. 그리스와 로마사회에서 문자가 법률, 행정, 상업, 문학, 역사 기록 등 다양한 영역으로 활용 범위를 넓혀가면서, 문자적 소통과 사고는 점차 사회 운영의 불가결한 요소로 자리잡았다.

이처럼 새로운 기술이 도입될 때 나타나는 부정과 저항, 적응과 혼합, 그리고 궁극적인 내재화라는 단계의 흐름은 문자 기술에만 한정된 현상이 아니다. 실제로 인류 역사를 돌아보면, 인쇄술의 발명이나 산업혁명기의 기계 도입과 같이 사회에 큰 파장을 일으킨 주요 기술 혁신이 있을 때마다 이와 유사한 사회적 반응과 점진적인 수용 과정이 반복적으로 나타났다. 이는 인간사회가 새로운 기술적 도전을 마주할 때, 초기의 혼란과 갈등을 거쳐 결국 해당 기술을 이해하고 활용하며 공존의 방식을 찾아나서는 일관된 경향성을 지니고 있음을 시사한다.

문자, 구술과 함께 길을 열다

앞서 문자 기술의 수용 과정을 부정, 적응, 내재화라는 세 단계로 나누어 살펴보았지만, 이는 분석적 이해를 돕기 위한 구분일 뿐, 실제 역사에서 각 단계가 칼로 무 자르듯 명확히 나뉘거나 하나의 과정이 완전히 끝나야 다음으로 넘어가는 단선적 진행을 보였다는 의미는 아니다. 오히려 기술의 수용은 여러 양상이 복합적으로 얽혀서 전개되며, 특히 한 기술이 사회 깊숙이 내재화된 이후에도 그 이전의 문화적 요소들이 완전히 사라지기보다는 새로운 관계를 맺으며 지속되는 경우가 많다. 문자 문화의 역사 또한 이를 잘 보여준다. 문자가 고대사회의 핵심적인 소통 및 사유의 도구로 중요성을 더해간 이후에도, 수천 년을 이어온 구술 문화의 전통과 가치는 생명력을 잃지 않고 문자 문화와 더불어 다채로운 상호작용을 펼쳐왔다. 이는 문자와 구술이 각자의 고유한 강점을 바탕으로 서로 영향을 주고받으며 때로는 창조적으로 결합하는 복합적인 공존과 상호보완의 관계를 형성해왔음을 의미한다.

이러한 공존의 지혜는 이미 고대에서부터 그 씨앗을 찾아볼 수 있다. 유대교의 오랜 전통 속에서 가르침 혹은 율법을 '토라Torah'라고 하는데, 문자로 기록되어 전승되는 '성문成文 토라'와 더불어, 모세시대부터 스승과 제자 사이의 입에서 입으로 이어져온 '구전口傳 토라'가 동등한 권위를 지니며 중요한 역할을 수행해왔다.[8] 고대의 랍비들은 문자 기록의 명료함에 기대면서도, 동시에 생생한 구술 전승을 통해 토라에 담긴 심오한 의미를 탐구하고 공동체에 생명력을 불어넣었다. 이 전통은 문자 기록의 객관성과 구술 전승의 해석적 풍부함이 어떻게 서로를 보완하며 지식의 온전함을 추구할 수 있는지를 보여주는 귀중한 초기 사례다.

시간이 흘러 문자가 일상의 도구가 된 중세 유럽의 수도원 문화는 이러한 상호보완의 양상을 더욱 발전시킨 형태로 보여준다. 성경과 같은 거룩한 텍스트는 결코 눈으로만 읽는 차가운 정보 뭉치가 아니었다. 수도사들은 '렉시오 디비나Lectio Divina', 즉 '거룩한 독서'라 불리는 독특한 실천을 통해 텍스트와 전인적인 관계를 맺었다. 렉시오 디비나는 텍스트를 천천히 소리 내어 읽고lectio, 그 의미를 소가 여물을 되새김질하듯 마음에 새기며 깊이 묵상하고 meditatio/ruminatio, 이를 바탕으로 마음에서 우러나오는 기도를 올린 후oratio, 궁극적으로는 모든 생각과 말을 뛰어넘은 고요한 관상 contemplatio에 이르는 다층적인 과정이었다. 이처럼 렉시오 디비나는 눈으로 읽는 문자적 행위와 소리 내어 읽고 듣는 구술적 행위, 그리고 깊은 내면의 성찰과 기도가 하나로 융합된 독서 방식이었다. 이는 문자의 편리함에 안주하지 않고, 기록된 말씀 안에 살아 숨쉬는 생명력과 깊이를 온전히 길어올리려 했던 지혜로운 노력이었다. 즉 렉시오 디비나는 문자가 지배하는 시대에서도 소리와 몸의 참여, 공동체적 나눔이라는 구술 문화의 강점을 창조적으로 통합한 사례라 할 수 있다.

이처럼 문자 문화가 내재화된 이후에도 구술 문화는 결코 완전히 대체되지 않았으며, 오히려 각자의 영역에서, 때로는 서로 결합하는 방식으로 그 가치를 이어왔다. 문자가 지식을 영구히 보존하고 광범위하게 확산시키는 데 기여했다면, 구술은 생생한 인간적 상호작용, 감성적 교감, 그리고 맥락에 기반한 심층적인 이해를 전달하는 데 여전히 효과적인 수단으로 남아 그 역할을 수행했다.

결국 문자와 구술의 관계는 인간의 소통 방식과 사유체계가 어떻게 새로운 매체와 만나 상호작용하며 발전하는지를 보여주는 근본적인 원형原型이라 할 수 있다. 전통적인 방식과 새로운 기술 사이의 끊임없는 긴장, 창조적 혼합, 그리고 상호보완의 역사적 경험은 이후 인류가 맞이하게 될 모든 읽고 쓰기 기술의 변혁과 그 본질을 이해하는 데 결정적인 통찰을 제공한다. 기술의 변화 속에서도 인간은 늘 새로운 도구를 주체적으로 활용해 표현의 지평을 넓히고, 읽고 쓰는 행위의 의미를 재발견하며 지혜를 추구하는 존재임을 이 기나긴 여정은 증명한다. 따라서 최초의 거대한 미디어 전환이었던 문자혁명의 과정에서 인류가 보여준 대응 방식과 그로부터 얻은 공존의 지혜는, 앞으로 우리가 마주할 미지의 기술 환경을 이해하고 그 미래를 책임감 있게 설계해가는 데 하나의 이정표가 되어줄 것이다.

2
자유로운 읽기가 가능해지다

**기록 매체의 진화,
두루마리에서 코덱스로**

문자 발명이 인류 문명에 가져온 변화와 그 수용 과정을 살펴보았으므로, 이제 그 문자를 담는 그릇, 즉 책의 물리적 형태 변화가 어떻게 인간의 읽기 방식과 지식 구조화에 또다른 근본적인 전환을 추동했는지 탐색할 차례다.

문자 문화가 고대사회에 점차 뿌리내리면서, 점토판이나 나무 조각과 같은 기록 매체들은 점차 늘어나는 정보량을 감당하기 어려워졌다. 자연스레 더 길고 복잡한 내용을 담을 수 있는 새로운 매체가 필요해졌을 때, 나일강 삼각주에서 풍부하게 자라던 갈대과 식물 파피루스가 그 해답이 되었다. 파피루스 줄기의 속을 얇게 저며

가로세로로 겹쳐 압착한 후 건조시키면 비교적 가볍고 매끄러운 필기 용지를 얻을 수 있는데, 이렇게 만들어진 여러 장의 파피루스 시트를 이어붙여 통상 수 미터에서 길게는 수십 미터에 달하는 두루마리scroll를 얻을 수 있다. 이 파피루스 두루마리는 이전 매체에 비해 월등히 많은 양의 텍스트를 담을 수 있었기에, 고대 지중해세계 전반으로 빠르게 확산되며 지식 기록과 전파의 핵심적인 수단으로 자리잡았다.

그러나 파피루스는 뚜렷한 한계 또한 안고 있었다. 가장 큰 문제는 내구성이었다. 식물성 재료인 파피루스는 원산지인 이집트의 건조한 기후에서는 비교적 오래 보존할 수 있었지만, 지중해 연안의 다른 습한 지역에서는 곰팡이나 해충에 의해 쉽게 부식되고 바스러졌다. 2세기 로마의 저명한 의사 갈레노스가 로마 도서관의 파피루스 두루마리들이 습기 때문에 썩고 서로 들러붙어서 "도저히 펼쳐볼 수도 없게 되었다"고 한탄했을 정도였다.[9] 실제로 파피루스 두루마리의 평균 수명은 길어야 수십 년에서 한두 세기를 넘기기 어려웠으며, 소중한 문헌을 계속 보존하기 위해서는 주기적으로 새로운 두루마리에 내용을 옮겨 적는 고된 필사 작업을 반복해야 했다. 이 과정에서 많은 고대 문헌이 안타깝게 소실되기도 했다. 오늘날 우리가 접하는 대부분의 고대 파피루스 문서가 이집트 사막의 건조한 모래 속에서 기적적으로 발굴된 것들이라는 사실은, 역설적으로 파피루스가 얼마나 환경에 민감하고 보존이 어려운 매체였는지를 말해준다.

물리적 취약성 외에도, 두루마리라는 책의 형태가 지닌 구조적 한계는 지식의 활용 측면에서 점차 더 큰 문제로 부각되었다. 두루마리는 본질적으로 한쪽 끝에서 다른 쪽 끝으로 순차적으로 읽어나가야 하는 선형적linear 매체였다. 특정 부분을 찾기 위해서는 두루마리 전체를 풀거나 되감아야 하는 번거로움이 따랐고, 여러 부분을 동시에 펼쳐놓고 비교하거나 대조하는 참조는 거의 불가능에 가까웠다. 이는 복잡한 학술 연구나 법률 문서의 세밀한 검토 혹은 종교 경전의 특정 구절을 인용하고 해석하는 작업 등 비선형적이고 참조적인 읽기가 필요한 지적 활동에는 상당한 제약으로 작용했다. 지식의 양이 폭발적으로 증가하고 그 내용이 점점 더 전문화·세분화되면서, 두루마리가 제공하는 단선적이고 비효율적인 정보 접근 방식은 학문 발전의 발목을 잡는 답답한 족쇄로 느껴지기 시작했다.

이러한 파피루스 두루마리의 본질적인 한계는 결국 새로운 기록 매체와 더욱 발전된 책의 형태에 대한 갈망으로 이어질 수밖에 없었다. 그 대안으로 주목받기 시작한 것이 바로 양피지parchment였다. 양피지는 송아지, 양, 염소 등 동물의 가죽을 석회로 처리하고 여러 단계의 복잡한 무두질 과정을 거쳐 얇고 질기게 만든 필기 재료였다. 그 기원은 파피루스만큼이나 오래됐지만, 제작의 어려움과 높은 비용 때문에 널리 사용되지 못하다가 점차 그 가치를 인정받게 되었다. 전설에 따르면 기원전 2세기경 소아시아의 도시국가 페르가몬의 왕 에우메네스 2세가 알렉산드리아도서관과 경쟁하며 장서 확충에 힘쓸 때, 이집트의 프톨레마이오스왕조가 파피루스 수출을 금지하자 이에 대한 자구책으로 양피지 생산을 대대적으로 장려했다고 한다.[10] 이 이야기의 역사적 진위는 확인할 수 없으나, 파피루스 공급에 대한 이집트의 지배적인 영향력과 그로 인한 수급의 불안정성이 양피지와 같은 대체재의 개발을 촉진하는 중요한 배경이 되었음은 분명해 보인다.

양피지는 파피루스에 비해 생산 과정이 훨씬 까다로웠지만, 품질과 기능성은 비교할 수 없을 정도로 우수했다. 잘 만들어진 양피지는 표면이 매우 희고 매끄러워 글씨를 쓰거나 정교한 채색 삽화를 그리기에 이상적이었으며, 잉크가 잘 스며들고 쉽게 번지지 않았다. 무엇보다 양피지는 파피루스와 달리 매우 질기고 유연해서 여러 번 접거나 꿰매도 쉽게 손상되지 않았고, 양면 모두에 필기할 수 있어서 기록 공간의 효율성도 뛰어났다. 이러한 탁월한 내구성은 수 세기에 걸친 장기 보존을 가능하게 했으며, 실제로 1000년이 넘는 세월을 견뎌낸 중세의 아름다운 양피지 필사본들이 오늘날까지도 그 생생함을 유지하며 전해지고 있다. 특히 양피지의 이러한 물리적 특성, 즉 접고 꿰매어 묶을 수 있는 강한 유연성과 내구성은 책의 역사에서 두루마리시대를 넘어선 새로운 형태인 코덱스codex의 등장과 보편화에 결정적인 물질적 토대를 제공했다.

고대사회에서 책의 주된 형태였던 두루마리에서 여러 장을 묶어 넘겨보는 코덱스로의 이행은, 재료의 대체라는 기술적 문제 혹은 책의 외형 변화를 넘어 지식에 대한 접근성을 획기적으로 개선하고 정보를 다루는 인간의 인지 과정을 재편하는 중요한 분기점이었다. 코덱스의 출현은 기존 두루마리 형태가 지닌 선형적 읽기의 제약과 보존의 불안정성을 극복하고 텍스트를 유연하게 탐색하는 '자유로운 읽기'를 가능하게 했다. 이는 단선적인 정보의 흐름을 넘어서서 정보를 좀더 효율적으로 조직하며 접근하는, 구조화된 지식의 시대를 여는 결정적 계기가 되었다.

그리스도교와 코덱스의 운명적 만남

　이처럼 코덱스는 새로운 책의 형태를 예고하며 등장했지만, 처음부터 두루마리의 오랜 권위를 즉각적으로 대체하지는 못했다. 코덱스의 기원은 로마인들이 일상적인 메모나 계산 혹은 문학작품의 초고를 작성할 때 여러 장의 왁스 판을 묶어 사용하던 필기첩인 푸길라레pugillares에서 비롯된 것으로 추정된다. 1세기 말 로마의 시인 마르티알리스는 자기 시집을 두루마리가 아닌 작은 코덱스 형태로 만들어 선물하면서, "작은 책자로 묶어 한 손에 들어올 만큼 편리하다"고 하며 그 실용적인 장점을 높이 평가했다.[11] 그러나 이러한 초기의 시도에도 불구하고, 적어도 1세기 말까지 코덱스는 주로 비공식적이거나 일시적인 기록을 위한 보조 수단으로 여겨졌을 뿐, 완성된 문학작품이나 중요한 공문서 등은 여전히 두루마리에 담아 공식적으로 유통하는 것이 관행이었다.

　새로운 기술이나 형식이 기존의 권위 있는 전통과 마주할 때 종종 그러하듯, 코덱스 역시 초기에는 주류 지식인들의 저항과 외면에 직면했다. 로마의 보수적인 지식인들은 두루마리가 지닌 오랜 역사와 전통적 권위, 그리고 펼쳐 읽는 행위의 우아함을 중시했다. 그들에게 코덱스는 진지한 문학작품이나 학술적 내용을 담기에는 다소 조악하고 격식이 떨어지는 형태로 보였다. 이는 마치 우리 시대에 전자책이 처음 등장했을 때 많은 애서가들이 종이책의 물성과 감촉과 비교해 "진짜 책이 아니다"라며 일종의 거부감을 표현했던 것과 유사한 반응이었을 것이다. 로마의 귀족 계층과 지식인들은 코덱스를 주로 학생들의 연습장이나 상인들의 장부 혹은 사회 하층

민이 사용하는 실용적 목적의 기록 매체 정도로 간주하며 평가절하하는 경향이 있었다.

코덱스에 대한 이러한 인식을 근본적으로 전환시키고 그 보급을 적극적으로 이끌었던 주역은 다름 아닌 초기 그리스도교 공동체였다. 2세기에서 3세기에 제작된 현존하는 파피루스 및 양피지 문서 조각들을 분석한 연구 결과가 이를 명확히 보여준다.[12] 해당 시기의 일반 고전 문헌들 가운데 코덱스 형태로 제작된 예가 전체의 5퍼센트에도 미치지 못할 정도로 극히 드물었던 반면, 그리스도교 관련 문헌들은 이미 70퍼센트 이상, 거의 절대다수가 코덱스 형태로 제작되었음을 일부 연구에서 확인할 수 있다. 이는 당시 그리스도인이 다른 어떤 집단보다도 유독 책자 형태의 코덱스를 선호했으며, 이러한 선호가 공동체 내에서 빠르게 관습으로 자리잡으면서 코덱스의 확산에 결정적인 역할을 했음을 시사한다.

초대 교회는 왜 코덱스 형태를 선호했을까? 여러 현실적인 이유가 있었던 것으로 보인다. 무엇보다 코덱스는 선교와 교육, 그리고 잦은 이동이 필요했던 초기 교회 지도자들과 신자들에게 매우 실용적인 매체였다. 한 번에 다루기 어려운 긴 경전 내용을 두루마리 여러 개에 나누어 담아야 했던 것과 달리, 코덱스는 사복음서 전체나 바울로 서신 모음집처럼 상당한 분량을 한 권으로 묶을 수 있었고, 가지고 다니면서 원하는 구절을 찾아 인용하거나 여러 본문을 비교·대조하는 데 매우 유리했다. 또한 일부 학자들은 유대교가 자신들의 성스러운 율법(토라)을 의례적으로 두루마리 형태로 보존해온 전통[13]을 의식해, 신생 종교였던 그리스도교가 자신들의 경전을 차별화된 형태인 코덱스로 기록함으로써 공동체의 정체성을 확립하

유클리드의 『기하학 원론』(9세기)
이 코덱스는 바티칸도서관이 소장한, 역사상 가장 오래된 유클리드 『기하학 원론』의 그리스어 사본이다. 두 세로단으로 제시된 본문을 둘러싼 여백에 고대의 주석과 후대 독자들의 생각으로 구성된 부가 정보가 기록되어 있다.

고 유대교 전통과의 구별을 명확히 하려 했다는 해석을 제기하기도 한다.

이처럼 코덱스가 책의 역사를 새로 쓰는 과정은 이전 장에서 살펴봤듯이 기술 혁신이 사회에 받아들여지는 하나의 전형적인 경로를 상기시킨다. 두루마리의 전통과 권위를 중시하던 기존 지식인들의 외면과 평가절하('부정'의 국면) 속에서도, 새로운 가능성을 발견한 특정 공동체(초기 그리스도교)의 적극적인 선택과 활용은 코덱스가 지닌 실용적 가치를 점차 확산시키는 계기가 되었다('적응'의 국면). 그리고 마침내 수 세기에 걸친 점진적인 과정을 통해 코덱스는 이전의 지배적 형태였던 두루마리를 밀어내고 고대 후기에 지식 기록과 전달의 표준적인 매체로 확고히 자리매김하게 된다('내재화'의 국면). 하나의 소통 기술이 처음에는 저항에 부딪히지만, 특정 계기를 통해 그 유용성을 인정받고 결국 사회 전반으로 퍼져나가 그 일부가 되는 이러한 점진적 수용의 과정은 비단 코덱스의 사례에만 국한되지 않는다. 이는 인류가 새로운 매체를 만나고 길들여온 역사에서 반복적으로 나타나는, 깊은 함의를 지닌 패턴이라 할 수 있다.

지식 구조화의 혁명

마침내 두루마리를 대체해 보편적인 책의 형태로 자리잡은 코덱스는 단지 기록 매체의 물리적 진화를 의미하는 데 그치지 않았다. 그것은 인간이 텍스트와 상호작용하고 지식을 조직하며 세계를 이해하는 방식에까지 영향을 미친 근본적인 인지혁명의 시작이었다.

새로운 책의 형태인 코덱스는 이전 두루마리시대에는 상상조차 할 수 없었거나 구현하기 어려웠던 다양한 읽기 경험과 지식 구조화의 가능성을 열었으며, 이는 여러 사회적·문화적 요인과 맞물려 가속화되었다. 코덱스라는 새로운 환경은 독자들에게 이전과는 전혀 다른 읽기 경험을 선사했고, 이는 인간의 사고방식까지 재편하는 결과를 낳았다.

이러한 읽기 경험의 극적인 변화를 실감나게 이해하기 위해서는 과거 파피루스 두루마리에 적힌 긴 내용을 양피지 코덱스로 옮겨 적는 필경사의 작업을 상상해보는 것이 도움이 된다. 먼저 필경사는 수많은 두루마리 중 원하는 작품을 찾아야 했을 것이다. 각 두루마리 끝에 저자와 작품명이 적힌 꼬리표titulus가 붙어 있었다면 그나마 다행이었겠지만, 일단 해당 두루마리를 찾아 펼친 다음 필사를 시작할 지점을 찾는 것부터가 만만치 않은 일이었다. 두루마리는 본질적으로 시작부터 끝까지 텍스트 단락이 선형적으로 이어지는 연속적인 매체였기 때문이다.

코덱스가 가져온 가장 혁신적인 변화의 핵심은 바로 책장을 넘겨 읽는 '페이지page'라는 개념의 등장이었다. 두루마리는 내용을 보기 위해 한쪽으로 풀고 다른 쪽으로 감아야 하는 연속적인 표면이었던 반면, 코덱스는 개별 페이지로 명확히 구분된 불연속적인 단위들로 이루어졌다. 따라서 두루마리의 내용을 코덱스로 옮기는 과정은, 두루마리를 채웠던 기다란 텍스트 단락(칼럼)을 어떻게 잘라서 코덱스의 각 페이지에 효율적으로 배분할 것인가에 대한 고민을 필연적으로 수반했다. 두루마리의 한 단락을 코덱스 한 페이지에 그대로 옮기자니 값비싼 양피지의 낭비가 심했고, 그렇다고 무작정 채워넣자니 가독성이 떨어졌다. 결국 필경사들은 텍스트의 행과 열을 코덱스의 규격에 맞게 조정하는 과정에서, 이전과는 다른 새로운 시각적 질서와 장치들을 코덱스의 지면 위에 고안해내기 시작했다.

코덱스로 매체가 변화함에 따라 새롭게 생겨난 세 가지 시각적 읽기 장치와 그것이 지닌 의미는 다음과 같다.

문단 구분과 지식의 계층적 구조화

코덱스에 텍스트를 재구성하면서 가장 먼저 눈에 띄게 활성화된 것은 문단 구분 표시였다. 두루마리의 연속적인 텍스트 흐름을 코덱스의 페이지 단위로 옮겨 적으면서, 여러 단락을 합치거나 나누는 일이 빈번해졌다. 이 과정에서 내용의 시작과 끝, 그리고 의미 단락의 경계를 명확히 표시할 필요성이 커졌고, 다양한 형태의 문단 구분 기호들이 코덱스 사본에 등장하기 시작했다.

이는 시각적 편의를 위한 것이기도 하지만, 정보의 위계적 구조화라는 새로운 개념의 출발을 알리는 신호였다. 텍스트가 더 이상 단일한 흐름이 아니라 논리적으로 구분되고 조직될 수 있는 단위들의 집합으로 인식되기 시작한 것이다. 이러한 구조화는 후대에 목차, 색인, 장과 절의 구분 등으로 발전하며 지식의 체계적 조직화를 가능하게 했다. 오늘날 문서편집 소프트웨어인 워드프로세서에서 단락 끝 표시 기호로 '필크로pilcrow'(¶)를 사용하는데, 이 기호의 오래된 조상은 그리스어 사본의 여백에 문장들을 덩어리지어 구분하기 위해 표시했던 가로선이다. 이 가로선을 그리스어로는 '파라그라포스parágraphos'라고 불렸으며 직역하면 "(여백에) 나란히 쓰인 것"이라는 뜻이다. 이 말에서부터 단락을 의미하는 영어 'Paragraph'가 파생했다.

이 파라그라포스가 더 자주 쓰이면서 그리스어 감마 Γ, γ를 대신 사용하기도 했고, 이후 라틴어 사본에서는 '머리'를 뜻하는 라틴어 단어 'Caput'의 앞글자를 따서 C가 새로운 내용의 시작을 알리는 글머리기호로 사용되기도 했다. 한국어로 '장章', 영어로 'Chapter'라고 부르는 이 텍스트 덩어리는 라틴어 'Caput'에서 파생된 'Capitulum'에서 비롯된 용어다. 이후 이 단락 글머리기호 C에 세로선을 그어 꾸미는 과정에서 q와 모양이 비슷해졌고 여기에 눈이 채워져 있는 모양인 필크로로 서서히 변형되었을 가능성이 높다.[14]

이러한 표시들은 단순한 장식을 넘어 인간의 사고를 구조화하는 방식을 변화시켰다. 정보를 계층적으로 조직하고, 주제별로 분류하며, 체계적으로 접근할 수 있게 된 것이다. 이는 후대 인쇄술에서 도입된 목차, 색인, 미주, 각주 등 정보 내비게이션 도구의 선구자 역할을 했다.

단어 띄어쓰기와 텍스트의 가독성 증대

단어 사이를 띄어 쓰는 관행 또한 코덱스시대에 점차 확산되며 텍스트를 읽고 이해하는 방식에 근본적인 변화를 가져왔다. 물론 엄밀히 말해 단어 띄어쓰기가 코덱스 때문에 생겨난 것은 아니다. 고대 그리스 비문碑文이나 일부 초기 필사본에서도 단어 구분을 위한 표시(일례로 가운뎃점이 있다)가 간헐적으로 발견되기도 한다. 그러나 고전 라틴어로 기록된 두루마리를 비롯해 많은 고대 문헌들은 오랫동안 단어 사이의 구분 없이 글자들을 연속적으로 이어 쓰는 '스크

구텐베르크의 불가타 성서 제1권 첫 페이지(c.1455)
코덱스 형태의 책이 점점 더 많은 사람에게 읽히기 시작하면서 문단 부호 표시나 단어 띄어 쓰기처럼 더 다양한 계층의 독자들을 위한 편의 장치들이 늘어났다. 15세기에 요하네스 구텐베르크가 마인츠에서 인쇄해 프랑크푸르트에서 선보인 라틴어 불가타 성서는 장식적 요소와 실용적 요소가 코덱스에 아름답게 적용된 대표적인 사례다.

립티오 콘티누아scriptio continua' 방식으로 기록했다. 이는 아마도 글을 읽을 만한 지위의 지식인들이 띄어쓰기 없이도 충분히 단어들을 분절해 독해할 수 있었기 때문일 것이다.

그러나 점점 더 많은 사람이 코덱스 형태의 책을 읽기 시작하면서 문단 부호나 단어 띄어쓰기처럼 더 다양한 계층의 독자들을 위한 편의 장치들이 늘어났다. 띄어쓰기는 독자가 각 단어를 시각적으로 즉각 분리하여 인식하고 의미 단위를 빠르게 파악할 수 있게 함으로써 텍스트 해독의 속도와 효율성을 극적으로 향상시켰고, 이전까지 주로 소리 내어 읽던 음독音讀 중심의 독서 관행에서 점차 눈으로만 읽는 묵독默讀으로의 전환을 촉진하는 중요한 계기가 되었다.[15] 묵독의 확산은 다시 독서 행위의 개인화와 내면화를 심화시키며, 깊이 있는 사색과 비판적 사고의 발전을 이끄는 흐름의 일부가 되었다.

여백의 재발견과 지식의 대화적 구축

코덱스로의 전환이 텍스트와 지면 사이의 관계, 특히 여백margin의 역할과 의미를 재정의했다는 점도 중요한 변화다. 한 페이지 안에서 텍스트가 적힌 본문의 공간과 그 나머지 공간 사이의 위계관계가 만들어졌다. 물론 파피루스 두루마리에도 단락 사이나 가장자리에 빈 공간이 어느 정도 있었지만, 주로 한 단락이 다 기록된 후 다음 단락이 시작하기까지 일종의 쉼표이자 단락의 끝을 나타내는 소극적인 공간에 머물렀다. 그러나 코덱스에서는 페이지라는 명확한 단위가 생기고 책장을 넘기며 읽는 행위가 보편화되면서, 기존 두루마리의 빈 공간이 갖는 기능 중 일부가 자연스럽게 바뀌었다.

이러한 변화 속에서 코덱스의 여백은 비어 있는 공간이 아니라, 본문 텍스트를 둘러싸고 그 의미를 확장하거나 보충하는 적극적인 공간으로 새롭게 인식되기 시작했다. 즉 여백은 본문에 대한 주석, 해석, 비판적 견해를 기록하는 지적 토론의 장이자, 관련된 다른 텍스트 구절을 연결하는 상호참조의 통로였으며, 무엇보다 독자 자신이 텍스트와 능동적으로 대화하며 자신만의 생각과 질문을 새겨넣는 사유의 공간으로 재탄생했다. 두루마리는 그 형태상 여백에 긴 주석을 달거나 다양한 부가 정보를 체계적으로 기록하기 어려웠지만, 여러 장으로 나뉘어 제본된 코덱스의 넓고 안정된 여백은 독자들이 자유롭게 글을 써넣고 지식을 재구성하는 주해^{註解} 문화와 필기 문화를 꽃피우는 이상적인 환경을 제공했다.[16]

이러한 여백의 창조적 활용은 지식 생산과 수용이 더이상 저자가 일방적으로 전달하고 독자는 무조건 받아들이는 방식이 아니라, 저자와 독자, 그리고 여러 세대의 주석가들이 함께 참여하는 공동체적이고 대화적인 과정으로 변화했음을 보여준다. 이는 중세시대 대학에서 스콜라철학이 발전하며 보여준 활발한 토론 중심의 학문 전통과도 깊이 연관되어, 지식이 여러 관점의 교차와 검증을 통해 공동체적으로 구축되고 발전하는 근대 학문의 중요한 토대를 마련했다. 나아가 코덱스 여백에서의 이러한 상호참조와 주석의 관행은 오늘날 우리가 경험하는 디지털 환경에서의 하이퍼텍스트적 읽기와 다양한 주석 시스템의 역사적 원형을 제공했다고 볼 수 있다.

이처럼 코덱스는 새로운 시각적 질서와 읽기 장치들을 탄생시키며 이전과는 다른 방식으로 텍스트에 접근하고 의미를 구성할 수 있는 토대를 마련했다. 그리고 이러한 변화는 궁극적으로 인간의 사고방식을 뒤흔드는 더 큰 혁명으로 이어지게 된다.

선형적 사고에서 비선형적 사고로

종합해보면, 코덱스로의 전환 과정에서 나타난 페이지의 도입, 문단 구분, 단어 띄어쓰기, 여백의 활용과 같은 다채로운 시각적·구조적 장치들은 인간이 지식에 접근하고 정보를 처리하며 나아가 사유하는 방식을 근본적으로 바꾸어놓았다. 책의 지면 구성mise-en-page에 대한 여러 창의적인 시도들은 독자들이 이전과는 전혀 다른 방식으로 정보를 탐색하고 연결하며 이해할 수 있는 길을 열었다.

이러한 지적 전환의 핵심에는 각 페이지에 번호를 매기는 페이지 매김pagination과 이를 바탕으로 구성한 목차 및 색인과 같은 검색 장치의 발명이 있었다. 두루마리처럼 연속적으로 펼쳐지는 읽기 환경에서는 특정 지점을 정확히 표시하거나 전체 구조를 한눈에 파악하기 어려웠지만, 코덱스 안에서는 각 페이지에 고유한 '주소'를 부여함으로써 방대한 텍스트 안에 '지식의 좌표'를 설정할 수 있었다. 페이지 번호, 목차, 색인은 독자가 전체 텍스트의 구조를 조망하고 원하는 정보가 있는 특정 위치로 즉시 이동할 수 있도록 안내하는 길잡이가 되었다. 이는 텍스트를 다루는 방식을 처음부터 끝까지 순차적으로 읽어나가는 선형적 탐색에서, 필요에 따라 자유롭게 원하는 지점으로 건너뛰고 여러 부분을 넘나드는 비선형적 탐색으로 전환시키는 결정적 역할을 했으며, 다음과 같은 중요한 변화들을 촉발했다.

참조 중심의 읽기와 지식 내비게이션의 탄생

페이지 번호와 목차, 색인을 통해 텍스트의 지도를 그릴 수 있게 된 독자들은 원하는 내용을 찾고자 할 때 더이상 텍스트 전체를 처음부터 끝까지 순차적으로 읽는 수고를 할 필요가 없어졌다. 즉 필요한 특정 부분을 쉽게 찾아 발췌하는 참조 중심의 읽기reference reading 방식을 적극적으로 활용할 수 있게 되었다. 이는 특히 학자들에게 혁신적인 변화를 가져다주었는데, 이전에는 여러 두루마리를 일일이 펼쳐 비교해야 했던 방대한 자료 검토 작업을 이제는 한두 권 혹은 여러 권의 코덱스를 동시에 펼쳐놓고 훨씬 효율적으로 수행할 수 있게 되었기 때문이다. 4세기경 카이사레아의 유세비우스가 사복음서의 평행 구절들을 쉽게 찾아볼 수 있도록 정교하게 고안한 상호참조 시스템인 '카논 표Canon Tables'[17]는 이러한 비선형적 지식 접근의 가능성을 극대화한 대표적인 초기 사례이며, 오늘날 디지털 하이퍼텍스트의 선구적인 형태로 평가받는다.

지식의 체계적 분류와 백과사전식 접근

텍스트 안에서 특정 정보에 대한 접근성과 참조의 용이성이 획기적으로 향상되자, 관련 지식들을 주제별로 체계적으로 분류하고 구조화하려는 지적 욕구 또한 자연스럽게 증대되었다. 코덱스는 여러 저작이나 긴 텍스트의 부분들을 하나의 물리적 단위로 묶어 통합하는 데 효율적이었다. 고대에는 하나의 긴 작품을 여러 개의 두루마리로 나누어 보관하기도 했지만, 코덱스로는 특정 주제와 관련된 다양한 텍스트를 한데 모아 모음집이나 요약본으로 편찬하는 것이 훨씬 간편해졌다. 이는 지식을 개별적이고 분절된 단위가 아니라 상호연관된 하나의 거대한 체계로 파악하려는 시도를 촉진했으며, 중세 이후의 정교한 도서 분류체계나 백과사전 편찬과 같은 지식 조직화 작업의 중요한 사상적·기술적 토대가 되었다. 즉 코덱스는 개별 텍스트를 넘어 지식 전체를 조망하고 조직하는 거시적 구조화의 가능성을 열어, 지식을 분류하고 체계화하는 학문 연구 방식의 기틀을 마련했다.

지속성을 통한 지식의 축적과 발전

앞서 언급했듯이, 양피지로 만들어진 코덱스는 파피루스 두루마리에 비해 월등히 뛰어난 내구성과 보존성을 자랑했다. 이러한 매체의 물리적 지속성은, 코덱스가 가져온 지식 구조화의 혁명이 장기간에 걸쳐 안정적으로 발전하고 축적될 수 있도록 한 중요한 배경이 되었다. 수많은 고대의 중요한 저작들이 파피루스의 취약성 때문에 역사에서 사라질 뻔했지만, 양피지 코덱스로 재기록되는 과정을 통해 후대에까지 전승될 수 있었다. 오늘날 우리가 접하는 많은 고전 문헌들이 중세의 양피지 필사본 덕분에 생명을 이어올 수 있었던 것처럼, 코덱스는 지식의 안정적인 보존과 축적적인 발전을 위한 물리적 토대를 제공함으로써 비선형적이고 구조화된 새로운 지식체계가 인류 문화 속에 뿌리내리고 확산될 수 있도록 뒷받침했다.

결국, 두루마리에서 코덱스로의 전환은 페이지 매김, 목차, 색인, 그리고 문단 구분, 단어 띄어쓰기, 여백 활용과 같은 다채로운 시각적·구조적 장치들의 발명을 통해 지식에 대한 비선형적 접근과 체계적 구조화를 가능하게 한 거대한 인지혁명이었다. 선형적 사고의 제약에서 벗어나 정보를 자유롭게 탐색하고, 비교하고, 분류하고, 구조화하는 새로운 사유 방식의 토대를 마련한 것이다. 이렇게 코덱스를 통해 형성된 지식의 구조화 및 활용 방식은 이후 인쇄술 시대를 거쳐 오늘날 우리가 경험하는 디지털 정보 환경에 이르기까지, 인간이 지식을 다루고 세계를 사유하는 방식의 근간을 이루고 있다. 코덱스는 단순한 정보 저장 매체라기보다 인간의 사고를 확장하고 지식의 지평을 넓힌 강력한 '인지 기술cognitive technology'이었으며, 그 혁명적 잠재력은 이후의 기술 발전과 만나 인류 지성사의 새로운 장들을 계속해서 열어나갈 것이었다.

3
지식의 확산과 상식의 탄생

인쇄술의 혁명과 전통의 저항

코덱스가 정착시키고 수백 년간 이어져온 양피지 필사본 중심의 지식 문화는 15세기 중반 인쇄술의 등장으로 다시 한번 중대한 변화를 맞이했다. 초기의 깊은 갈등과 저항에도 불구하고, 사회는 점차 새로운 기술과 타협하며 이를 받아들였다. 이 과정에서 책은 지식 전달 매체이기도 하면서 시장에서 거래되는 상품이기도 했으며, 지식의 대중화와 표준화라는 거대한 흐름을 만들어냈다. 인쇄술의 발전은 궁극적으로 사회 구성원들이 공유하는 보편적 인식, 즉 '상식'의 탄생을 가능케 한 사건이었다. 이러한 변화는 새로운 권력관계와 출판 문화를 낳았으며, 오늘날 디지털시대의 지식 생태계 변화를 이해하는 데도 중요한 시사점을 제공한다.

1454년 10월, 독일 프랑크푸르트 도서 박람회에 등장한 인쇄된 책의 견본 몇 장은 서양의 지식 풍경을 영원히 바꾸어놓았다. 그로부터 약 2년 전 구텐베르크가 마인츠에 설립한 인쇄소에서 1286쪽짜리 두 권으로 인쇄한 그 유명한 42행 성경의 일부가 세상에 처음 그 모습을 드러낸 순간이었다. 구텐베르크 이전에도 목판 인쇄와 같은 개념이 없었던 것은 아니지만, 라틴어 알파벳 글자 하나하나에 대한 가동 활자movable type를 만들어 필요에 따라 조합해 인쇄하는 방식은 서양 최초의 혁신적인 시도였다. 그는 자신의 새로운 기술이 지닌 가능성을 증명하기 위해 가능한 한 가장 아름다운 책을 선보이고자 했다. 그 결과물인 42행 성경은 프랑크푸르트에서 견본만 전시했음에도 불구하고 선주문만으로 준비된 인쇄본이 모두 팔려나갔을 만큼 즉각적이고 열광적인 반향을 일으켰다.

구텐베르크의 성공은 오랫동안 유럽의 지식 문화를 지탱해온 필사본 전통과 그 제작에 관여했던 이들이 서서히 무대 뒤로 사라지게 될 것임을 예고하는 신호탄이기도 했다. 2부에서 소개한 바 있는 서적상 베스파시아노는 1440년대부터 필사본의 제작과 거래를 통해 르네상스 인문주의의 부흥을 이끌었던 인물이다. 그러나 인쇄된 책이라는 새로운 흐름이 거세지던 1480년경 그는 결국 격변하는 출판 시장에서 은퇴를 결심한다. 필사본 문화의 정점에서 활동했던 그는 인쇄된 책이 결코 인간의 손으로 한 자 한 자 정성스럽게 써서 만든 책의 예술적 가치와 고유한 품격을 대체할 수 없으리라 믿었다. 그는 당대 최고의 장서가로 이름 높았던 우르비노의 군주 페데리코 다 몬테펠트로의 도서관을 칭송하기도 했는데, 그의 도서관이 특별히 뛰어난 이유 중 하나로 그곳에는 인쇄본이 단 한 권도

요스트 암만의 목판 삽화(1568)
스위스 출신 예술가인 요스트 암만이 그린 초기 활판 인쇄 작업장의 모습을 보여주는 삽화로, 활판에 잉크를 바르는 인쇄 작업, 갓 인쇄된 종이를 꺼내는 작업, 활자 조판 작업이 이 그림에 모두 묘사되어 있다.

없으며 오직 최고의 필사본들로만 채워져 있다는 점을 언급한다.

> **몬테펠트로 공작은 다른 많은 훌륭한 후원을 했을 뿐 아니라 3만 두카트의 비용으로 이 고귀한 작업을 완료한 후, 주홍색과 은색으로 책들을 제본해 모든 작가의 작품에 품격 있는 마무리를 제공하기로 결정했다. 그는 가장 으뜸인 성경을 금색 양단으로 덮은 것을 시작으로, 고대 그리스어와 라틴어로 기록된 의학서, 철학서, 역사서 그리고 오늘날의 의학 서적들을 주홍색과 은색으로 제본해 화려하고 웅장한 매무새를 갖추게 했다. 이 도서관의 모든 책은 매우 훌륭한 것들이었고 모두 펜으로 쓰인 것들이었다. 만약 인쇄된 책이 하나라도 있었다면 이러한 훌륭한 책들의 조합에 포함시키기 부끄러웠을 것이다.**[18]

베스파시아노의 이러한 생각은 역설적이게도 구텐베르크가 처음 인쇄본을 만들 때 생각했던 지향점과 맞닿아 있다. 구텐베르크 역시 자신이 선보일 새로운 책이 가능한 한 기존의 아름다운 필사본처럼 보이기를 원했다. 이를 위해 그는 인쇄용 활자를 제작할 때 당시 널리 사용되던 필사본의 손글씨 서체를 정교하게 모방했으며, 그 결과 그의 초기 인쇄본은 숙련된 필경사가 직접 써서 만든 작품처럼 보인다는 찬사를 받기도 했다.

실제로 초기 인쇄본들은 필사본의 미학적 특징을 여러 면에서 계승하려 했다. 아름다운 손글씨가 지닌 미적 가치와 각 필사본마다 지닌 고유한 개별성을 존중해 구텐베르크는 인쇄된 책의 삽화나 문단 첫 글자에 화려한 채색으로 장식하는 부분은 여전히 사람의 손으로 직접 채워넣도록 여백으로 남겨두었다. 비록 초기 기술의 한계 때문이기도 했으나, 필사본의 전통을 최대한 존중하며 인쇄본을 만들려는 노력은 결국 인쇄본이 필사본을 대체하게 될 운명이었다는 점을 생각하면 아이러니하게 느껴질 수밖에 없다. 이는 아마도 수백 년간 이어져온 필사본 전통 속에서 책의 내용과 형식이 이미 확고한 미적 규범이자 문화적 기준으로 자리잡고 있었기 때문일 것이다.

그러나 인쇄 기술을 그저 필사본을 보완하는 수단 정도로 여겼던 몇몇 초기 인쇄업자들의 예상과는 달리, 활자 인쇄술의 등장은 책을 만들고 유통하며 읽는 모든 과정에 혁신을 가져왔다. 시간이 흐르면서 인쇄본은 필사본의 자리를 무서운 속도로 잠식했다. 15세기 후반에서 16세기 초반에 이르는, 이른바 '인큐내뷸러 incunabula'[19] 시기를 거치면서 인쇄본의 총량은 그 이전 수 세기 동안 제작된 전체 필사본의 수를 압도하기 시작했다. 1500년경에는 서유럽 전역에서 약 1000여 대의 인쇄기가 쉴새없이 돌아가고 있었으며, 15세기 후반의 50년 동안(1450~1500) 유럽 시장에 쏟아져 나온 인쇄본은 누적 2000만 부에 달했을 것으로 추정된다. 이는 지식 생산과 유통의 규모가 이전과는 비교할 수 없을 정도로 폭발적으로 증가했음을 의미한다.

인쇄술은 책의 물리적 외형에도 변화를 가져왔다. 이전 시대의 주된 재료였던 두껍고 무거운 양피지 대신, 중국에서 들여와 13세기 이후 유럽에서도 생산되기 시작한 비교적 가볍고 저렴한 종이를 인쇄용지로 사용하면서 책의 대량생산이 한층 용이해졌다. 책의 크기 또한 점차 작아져 휴대성이 높아졌다. 15세기 말 베네치아의 출판인이자 인쇄업자인 알두스 마누티우스는 주머니에 넣고 다닐 정도로 작은 팔마리오palmario(손바닥 크기) 판형의 책을 선보이며 개인 공간에서의 독서 문화를 촉진하는 데 크게 기여했다.[20]

이러한 인쇄술의 발전과 확산은 주로 상업적 이익을 추구하는 민간 인쇄업자들이 주도했다는 점에서, 상대적으로 국가적·종교적 목적이 강했던 동아시아의 초기 인쇄술 발전 양상과는 다른 사회적 파급력을 지녔다. 15세기 후반부터 유럽의 인쇄업은 점차 초기 자본주의적 기업의 면모를 갖추어나갔다. 출판업자가 자본을 투자해 인쇄기를 설치하고 종이와 잉크 등의 재료를 구입한 뒤, 숙련된 기술자와 노동자를 고용해 책을 대량으로 생산한 다음, 이를 시장에 유통시켜 이윤을 남기는 방식이 일반화된 것이다. 생산 방식이 기계화되고 규모가 커지면서 자연스럽게 노동 분업도 이루어졌다. 인쇄소 내부에서는 활자 주조, 식자(조판), 인쇄, 교정, 제지, 제본 등 각 공정을 담당하는 전문가들이 유기적으로 협업했으며, 필요에 따라 삽화가나 서점상과도 긴밀하게 연계하는 산업 생태계가 형성되었다.

인쇄산업이 점차 성장하고 안정화되면서 책 제작 방식은 표준화되었고 초기 인쇄 과정에서 흔히 발생했던 기술적 오류들도 상당 부분 개선되었다. 이러한 발전을 토대로 인쇄술은 필사본 문화를 점차 대체하며 새로운 지식 전달의 표준으로 확고히 자리매김했다. 앞서 다른 기술의 변화 과정에서도 관찰되었듯, 인쇄술의 확산은 초기 저항과 점진적 수용, 그리고 창조적 적응이라는 역동적인 과정을 거치며 책의 생산, 유통, 소비 환경 등 전반에 걸쳐 심대한 사회적·문화적 변화를 견인했다.

상품이 된 지식, 출판

인쇄술의 발전이 가져온 변화는 크게 세 가지 핵심적인 양상으로 나타났다. 첫째, 독자층이 극적으로 확대되고 다양화되었다. 둘째, 출판 시장이 본격적으로 형성되면서 지식의 상품화가 가속화했다. 셋째, 독서 문화와 지식 접근 방식이 변화했다. 이 세 양상은 서로 맞물려 돌아가며 인쇄술이 가져온 혁명의 핵심 동력으로 작용했다.

책값이 이전 시대의 필사본에 비해 훨씬 저렴해지고 공급량도 증가하자, 도시의 부유한 상인 계층, 숙련된 기술을 가진 장인들 그리고 새롭게 성장하는 행정 관료들도 점차 책을 가까이하기 시작했다. 새롭게 지식의 세계에 눈뜬 이들 중 상당수는 머지않아 펜을 들어 자신의 생각과 경험을 펼쳐 보여주는 새로운 저자층으로 성장했고, 이는 읽고 쓰는 행위를 통해 서로 지적으로 영향을 주고받는, '소통하는' 지식 공동체의 싹을 틔웠다. 독자층의 이러한 확산이야말로 지식이 소수 엘리트의 전유물이 아니라 사회 전반으로 퍼져나가는 민주화 과정의 핵심 동력이었으며, 다양한 의견을 자유롭게 나누고 비판적으로 검토하는 새로운 공론장을 형성하는 데 밑거름이 되었다.

독자층의 변화는 당시 서점가 풍경을 바꾸어놓았다. 1600년대 이후 전통적으로 학문과 종교의 언어였던 라틴어로 쓰인 책의 위세는 점차 줄어들었고, 영어, 독일어, 프랑스어, 이탈리아어 등 각 지역 사람들의 다채로운 자국어로 쓰인 책들이 그 자리를 채워나갔다. 이는 한층 넓어지고 다양해진 독자층의 현실적인 필요와 지적 취향에 부응하려는 출판 시장의 당연한 변화였다. 특히 주목할 점은 전통적으로 라틴어 중심의 교육에서 소외되었던 여성들이 자국어로 쓰인 다양한 책을 통해 새로운 지식 소비층이자 독서 공동체의 일원으로 부상했다는 점이다. 종교 서적은 물론이고 문학작품과 실용적인 가정 관리 지침서에 이르기까지 다양한 책을 읽으며 여성들의 지적 세계는 확장되었고, 이는 훗날 여성의 사회적 역할이 증대되는 데 중요한 디딤돌이 되었다.

또한 서로 다른 계층과 직업군의 독자들은 각기 다른 종류의 책을 선호하며 새로운 수요를 창출했다. 종교개혁의 열기 속에서 성경과 각종 신앙 서적은 여전히 가장 안정적인 수요를 보였고, 법률 서적은 대학의 법학도와 법조인에게 필수품이었다. 성장하는 교육시장을 겨냥한 라틴어 문법서나 고전 수사학 교본도 꾸준히 인쇄되었으며, 새롭게 부상하는 지적 호기심을 가진 새로운 독자층을 위해 역사, 지리, 천문학, 의학 등 다양한 분야의 지식 서적 또한 눈에 띄게 증가했다. 이렇게 다양한 책들이 경쟁적으로 출판된 것은 독자층의 확대와 다변화를 반영하는 동시에, 그 과정을 더욱 촉진시키고 심화시키는 요인이기도 했다.

인쇄술이 가져온 또다른 중요한 변화는 이전과는 전혀 다른 차원의 출판 시장이 형성되고 지식이 본격적인 상품으로 거래되기 시작했다는 점이다. 물론 출판 시장은 고대에도 존재했지만, 오랫동안 그 규모나 거래가 미미했고 주로 개인 간의 중개 역할이나 주문 제작에 머물렀다. 책이 귀했던 시대에는 경쟁이라 할 만한 것이 거의 없었다. 그러나 1500년대에 이르러 이미 250개가 넘는 도시에 인쇄소가 들어설 정도로 책의 공급처가 급증하면서, 이제 책은 본격적인 경쟁시대에 돌입하게 되었다.

이러한 인쇄소의 급증은 새로운 산업 생태계로 이어졌다. 초기 인쇄업은 값비싼 인쇄기와 활자, 꾸준한 종이 공급 등 설비에 막대한 투자가 필요한 고위험 사업이었기에 종종 부유한 상인 가문이나 귀족 혹은 교회로부터 재정적 지원을 받아야 했다. 치열한 경쟁 속에서 파산을 피하고 사업을 지속하기 위해서는 이전과는 다른 새로운 경영 전략이 필요했다. 예를 들어 초기 인쇄업자들은 투자 위험을 줄이고 안정적인 수익을 확보하기 위해 인쇄소가 위치한 도시의 당국으로부터 일정 기간 인쇄 독점권을 확보하려고 노력하기도 했다.[21] 1469년 베네치아에서 인쇄업자 조반니 다 스피라에게 5년간 인쇄 독점권을 부여한 것이 그 대표적인 예다.

이러한 환경에서 안톤 코베르거나 알두스 마누티우스 같은 새로운 유형의 인쇄 기업가들이 등장해 출판산업의 발전을 이끌었다.[22] 이들은 책을 찍어내는 기술자에만 머물지 않았다. 유럽 전역을 연결하는 광범위한 서적 유통망을 구축하고(코베르거) 휴대가 용이한 판형을 개발했으며(마누티우스) 당대 최고의 인문학자들과 교류하면서 고전 문헌의 발굴과 편집, 출판 기획에 뛰어들어 지식 유통의 중개자이자 선구적인 문화 기획자로서의 역할을 수행했다.

출판 시장의 경쟁이 치열해지면서 상업적 성공 가능성은 어떤 책을 낼 것인지를 결정하는 데 가장 중요한 고려 사항이 되었다. 인쇄업자들은 출판에 들어가는 막대한 설비와 재료비를 회수하기 위해 과연 어떤 책이 시장에서 '팔릴 만한' 것인가를 그 어느 때보다 절실히 고민해야 했다. 물론 학교나 교회처럼 안정적인 수요처가 보장된 교재나 종교 서적은 예외였지만, 그 외 대부분의 작품들은 출판 비용의 회수가 불확실하다면 제작의 기회를 얻기 어려웠다. 과거 필사본시대에는 유력한 후원자가 자신의 지적 취향이나 과시욕 혹은 특정 학문의 진흥을 위해 책 제작을 지원하는 경우가 있었지만, 이제 책의 출간 여부는 상당 부분 불특정 다수의 독자라는 새로운 '시장'의 손에 달려 있었다.

책을 만드는 속도가 비약적으로 빨라지자 책을 세상에 널리 퍼뜨리는 유통 방식 또한 그에 발맞춰 가속화했다. 유럽 각지에서 몰려든 출판업자와 서적상들로 북적이던 프랑크푸르트 도서 박람회는 15세기 후반부터 국제적인 책 거래와 정보 교류의 중심지로 떠올랐다. 이곳에서는 새로 출간된 책에 대한 정보가 오갔고, 출판권을 거래했으며, 유럽 전역으로 퍼져나갈 책들이 모이고 흩어졌다. 지식이 매력적인 '상품'으로 인식되자 출판업자들은 판매고를 높이기 위한 다양한 마케팅 전략도 경쟁적으로 구사했다. 15세기 후반 마인츠의 한 인쇄업자가 성경 판매를 촉진하기 위해 광고 전단을 제작해 배포한 것은 출판 마케팅의 초기 사례로 볼 수 있다. 시간이 흘러 17~18세기에 이르면 신문 광고, 서점 진열 방식의 다양화, 우편 판매, 저자 초청 행사, 나아가 '베스트셀러' 개념의 등장과 같이 오늘날 익숙한 출판 마케팅의 원형들이 속속 등장한다. 또한 더 넓은 독자층을 겨냥해 값비싼 대형 학술서 외에도 실용 정보서, 저렴한 소책자, 이야기책 등 다양한 판형과 종류의 출판물이 등장하며 독서의 진입 장벽을 낮추는 데 기여했다.

무엇보다도 당시 사람들을 가장 놀라게 한 것은 책과 그 안에 담긴 정보가 퍼져나가는 전례없는 '속도' 그 자체였다. 손으로 한 자 한 자 베껴쓰던 시절과는 비교할 수 없는 속도로, 인쇄기는 하룻밤

사이에도 수백 권의 동일한 복제물을 쏟아냈다. 이러한 속도는 정보가 세상을 움직이는 방식을 바꾸어놓았다. 중요한 정치적 사건이나 첨예한 신학적 논쟁, 새로운 과학적 발견을 담은 인쇄물은 마치 걷잡을 수 없는 불길처럼 빠르게 퍼져나가 광장에서 이루어지는 토론에 불을 지폈고, 이는 훗날 신문과 저널이라는 새로운 대중매체가 탄생하는 토양이 되었다. 1517년 마르틴 루터가 작성한, 로마 가톨릭교회의 문제를 비판한 문서인 「95개조 반박문」이 불과 몇 주 만에 독일을 넘어 유럽 전체로 확산되며 종교개혁의 불씨를 지핀 사건은, 바로 이 새로운 매체가 지닌 정보 전파의 속도가 얼마나 가공할 만한 사회 변혁의 힘을 품고 있었는지를 극적으로 보여주었다.

책의 생산과 유통 방식의 변화는 서재나 수도원의 풍경을 바꾸어놓았을 뿐만 아니라 점차 평범한 사람들의 일상까지 변화시켰다. 책이 손에 들고 다닐 만큼 작고 가벼워진 덕분에 독서는 더이상 특정 장소나 엄숙한 분위기에 얽매이지 않게 되었다. 사람들은 이제 여행길의 마차 안에서도, 잠들기 전 침대 머리맡에서도, 햇살 좋은 정원에서도 자유롭게 책의 세계에 빠져들 수 있었다. 독서는 점차 개인의 필요와 취향에 따라 편안한 자세로 즐기는 일상의 한 부분이 되어갔다.

새롭게 부상한 상인 계층이나 인문주의의 교양을 갖춘 학자들 사이에서는 개인의 취향과 지적 관심사를 반영해, 이전 시대에는 왕족이나 대규모 수도원이 아니고서는 상상하기 어려웠던 수백, 수천 권의 장서로 서재를 꾸미는 것이 유행처럼 번졌다. 이렇게 생겨난 개인 서재들은 소유자의 지적 탐구와 성찰의 현장이자, 친구나 동료 학자들과 열띤 토론을 벌이며 지적 네트워크를 형성하고 다지는 사교 공간이기도 했다. 이와 더불어 몇몇 도시에서는 대학도서관 외에도 점차 일반 대중에게 개방하는 공공도서관의 초기 형태가 등장하기 시작하면서 더 많은 사람에게 지식의 문턱을 낮춰주는 데 기여했다.

이처럼 지식에 다가가는 길이 넓어지면서, 지식이 사회에서 갖는 의미와 역할 또한 근본적으로 바뀌기 시작했다. 과거에는 주로 소수 특권층만이 누리던, 그래서 그들의 사회적 권위를 상징하고 지배를 정당화하는 수단으로 기능했던 지식이 이제는 점차 더 넓은 사회 계층에게 열린 공공의 자원이 된 것이다. 사람들은 책을 통해 새로운 기술과 사상을 배우고 세상을 보는 시야를 넓혔으며, 이를 발판삼아 자신의 사회적·경제적 지위를 향상시킬 수 있다는 희망을 품게 되었다. 지식의 습득과 활용으로 개인이 성장하고 사회가 진보하리라는 계몽주의시대의 이상은 바로 이러한 토양에서 싹튼 것이었다.

이처럼 독자층의 확대와 다양화, 출판 시장의 형성과 지식의 상품화, 그리고 독서 문화와 지식 접근성의 변화는 서로 긴밀히 연결되어 인쇄술혁명의 핵심을 이루었다. 이러한 다층적인 변화는 단순한 양적 성장을 넘어 지식의 본질과 사회적 역할을 재정의하는 근본적인 전환점이었으며, 이는 '상식의 형성'과 '지식의 민주화'라는 더 중대한 문화적·사회적 변혁으로 이어졌다.

상식의 형성과 지식의 민주화

인쇄술은 지식을 이전보다 훨씬 광범위하고 신속하게 유통시킴으로써 사회 구성원들이 공통으로 공유하고 신뢰할 수 있는 지식 기반, 즉 상식common sense을 형성하는 데 결정적인 역할을 했다. 여기서 상식은 사람들이 일반적으로 알고 있는 평범한 지식이 아니라 공동체가 공유하는 감각이자 사회적 현실을 이해하는 기본 틀을 의미한다. 소수 엘리트 계층에게 갇혀 있던 지식이 인쇄술을 통해 널리 퍼져나가면서 다수가 공유하는 보편적 지식으로 자리잡은 것이다. 인쇄술이 만들어낸 이 상식은 사회적 담론과 공론장의 토대가 되었으며, 지식 소유와 통제가 소수 특권층에서 더 넓은 대중에게로 이동하는 지식 민주화 과정의 핵심 동력이었다.

지식의 표준화와 민주화

인쇄된 책이 시장에 상품으로 등장하고 대량 복제가 가능해지면서 대중에게 공유된 지식의 표준이 마련되었다. 이는 필사 과정에서 필경사의 주관적 판단이나 실수로 인해 내용상의 차이가 발생하기 쉬웠던 필사본시대와 뚜렷이 대비되는 지점이었다. 인쇄본은 동일한 내용을 수백 권, 수천 권으로 복제함으로써 학술적 표준을 확립했다. 역사학자 엘리자베스 아이젠슈타인은 인쇄술의 가장 큰 공헌 중 하나가 원본 내용의 일관된 복제를 통한 지식의 표준화라고 지적한다.[23]

이러한 표준화는 학문 연구의 방법론과 지식인 간의 소통 방식에 깊은 영향을 미쳤다. 수학·천문학 연구에 필수적인 각종 계산표와 관측 데이터, 의학 분야의 정밀한 인체 해부도, 식물학 연구를 위한 세밀한 식물도감 등이 이전보다 훨씬 정확하고 일관성 있는 형태로 유럽 각지의 학자들에게 전달되었다. 이는 지리적으로 멀리 떨어져 있는 연구자들 사이에서도 공통의 자료를 바탕으로 한 과학적 협력과 비판적 검토를 가능하게 하는 중요한 기반이 되었다. 표준화된 도해와 데이터는 연구 정확성을 크게 향상시켰을 뿐 아니라, 지식의 객관성과 신뢰성에 대한 새로운 인식을 확립하는 데 기여했다. 또한 책 전체에 걸쳐 일관되게 매긴 페이지 번호와 색인체계와 같은 표준화된 상호참조 시스템은 서로 다른 지역의 학자들이 '몇 페이지 몇 번째 줄'과 같이 정확한 지점을 지시하고 인용하며 논박할 수 있게 해주었다. 즉 책을 통한 동시다발적 지적 대화가 가능해지면서 학문의 발전과 과학혁명에도 중요한 영향을 미쳤다.

지식의 표준화는 지식의 권위가 생성되고 인정받는 방식에도 변화를 가져왔다. 이전 시대에는 특정 지식이나 학설이 전통적 기관(교회나 대학 등)의 인증이나 소수 학자 집단의 폐쇄적인 인정에 의존하는 경우가 많았다. 그러나 인쇄시대에는 저자 개인의 명성이나 저작물이 지닌 논리적 설득력과 경험적 증거가 지식의 권위를 판단하는 더 중요한 기준으로 부상했다. 동일한 책이 널리 유통되어 이전보다 훨씬 많은 사람이 직접 읽고 비판하며 공적인 장에서 그 가치를 따질 수 있게 된 것이다. 이는 지식이 더이상 특정 기관의 통제 아래 놓인 비밀스럽고 신성불가침한 것이 아니라, 이성과 경험에 기반한 공개적인 검증과 합리적인 토론의 대상이 되었음을 의미한다. 더 많은 사람이 동일한 텍스트를 공유하고 그에 대해 자유롭게 의견을 교환하며 지식의 생산과 평가 과정에 참여하는 문턱이 낮아졌다. 이렇게 인쇄술을 통해 형성된 개방적이고 비판적인 검증의 분위기와 이를 공유하는 지적 공동체의 등장은, 지식 권력이 소수 엘리트 계층에서 점차 더 넓은 대중에게로 이동하는 계기를 마련했다.

공론장의 형성과 상식의 역할

표준화되고 민주화된 지식이 사회 곳곳으로 스며들면서, 사람들은 자연스럽게 이를 함께 나누고 토론하며 그 의미를 공동으로 해석하고 구성할 수 있는 공적인 공간을 필요로 했다. 바로 이 지점에서 공론장public sphere이 등장했다. 즉 국가 권력의 직접적인 통제로부터 벗어나 사적인 개개인이 모여 공공의 관심사에 대해 자유롭고 합리적인 토론을 벌이는 새로운 사회적 영역이 모습을 드러낸 것이다.[24] 점차 도시를 중심으로 독서 모임이나 문학 살롱, 커피하우스와 같은 새로운 형태의 사회적 공간이 곳곳에 생겨났고, 다양한 배경을 가진 사람들이 이곳에 모여 새로 출간된 책이나 정치적 현안에 대해 각자의 감상과 의견을 나누거나 열띤 토론을 벌이며 공론장을 풍성하게 가꾸어나갔다.

다양한 형태의 공론장은 특히 17세기와 18세기 유럽에서 이성과 합리성을 강조하는 계몽주의 사상이 널리 퍼져나가는 데 핵심적인 역할을 수행했다. 예를 들어 파리의 여러 살롱들은 볼테르, 디드로, 루소와 같은 계몽사상가들이 진보적인 생각을 서로 나누는 지적 교류와 사교의 중심지였고, 런던의 수많은 커피하우스는 신흥 상인 계층과 지식인들이 한데 모여 정치 현안부터 경제 동향, 문학작품에 이르기까지 다양한 주제를 놓고 토론을 벌이는 소통의 공간이었다.

이처럼 인쇄 문화는 사람들 사이에 새로운 방식의 사회적 관계를 맺게 하고 공동체의식을 형성하는 데까지 영향력을 뻗쳤다.

공론장에서 형성된 지식은 상식이라는 개념으로 발전했다. 사회학자 알프레드 슈츠는 상식을 "일상생활의 세계에서 사람들이 공유하는 자연적 태도와 지식의 총체"로 정의했다.[25] 그의 이론에 따르면 상식은 단순한 개별 지식의 집합이 아니라, 특정 사회의 구성원들이 현실을 이해하고 해석하며 그 안에서 서로 상호작용하는 것을 가능하게 하는 기본적 인식의 틀이자 배경지식이다. 일상생활의 지식에 대한 사회학을 연구한 피터 버거와 토마스 루크만은 그들의 저서 『실재의 사회적 구성』에서 이러한 상식적 지식이 어떻게 사회 제도와 규범을 정당화하고 유지하며, 나아가 개인의 정체성 형성에까지 영향을 미치는 핵심적인 메커니즘으로 작동하는지를 심층적으로 분석했다. 인쇄술은 이러한 상식의 형성과 광범위한 확산에 결정적 역할을 함으로써 이전 시대와는 다른 새로운 방식의 사회적 현실을 구성하고 유지하는 데 기여했다.

정치적 변혁의 과정에서도 인쇄술의 영향력은 결정적이었다. 토머스 페인이 1776년에 출간한 『상식론Common Sense』은 미국 독립혁명의 당위성에 대한 대중적 여론 형성에 큰 역할을 했다. 이 소책자는 출판 직후 아메리카 식민지 전역에서 폭발적인 반응을 불러일으켰고, 당시 인구 비율로 볼 때 오늘날 수천만 부에 해당하는 약 50만 부가 팔렸던 것으로 추정된다. 페인은 복잡한 정치이론으로 설명하는 대신 명쾌한 구어체 영어로 영국 왕정의 부당함을 지적하고 아메리카 식민지 독립의 정당성을 설파했다. 특히 세습 군주제가 자연의 이치와 인간의 상식에 어긋난다는 그의 혁명적 주장은,

이전까지 주로 엘리트 지식인층에서 논의되던 독립 담론을 평범한 식민지 주민들의 일상적인 상식의 문제로 전환시켜 정치적 변혁의 사상적 토대를 마련했다.

인쇄술이 빚어낸 공론장과 그 안에서 형성된 상식의 힘은 우리가 익히 아는 종교개혁에서부터 과학혁명, 그리고 여러 정치적 혁명에 이르기까지 초기 근대사회를 뒤흔들었던 변혁의 과정 곳곳에서 그 강력한 영향력을 확인할 수 있다. 인쇄술은 지식이 만들어지고 퍼져나가는 속도와 방식을 바꾸었을 뿐만 아니라, 사람들이 세상을 인식하고 서로 소통하며 관계 맺는 방식에 근본적인 변화를 가져왔다. 그런 의미에서 공론장의 탄생과 상식의 확산이야말로 인쇄술이 인류에게 남긴 가장 중요한 사회적 유산 가운데 하나이며, 오늘날 우리가 당연하게 여기는 민주주의사회의 지적·문화적 토대를 단단히 다지는 주된 요인이었다고 평가할 수 있다.

지식의 통제와 검열에 대한 대응

인쇄술을 통해 지식이 예전과는 비교할 수 없을 정도로 널리 퍼져나가고 이를 바탕으로 형성된 공론장이 점차 힘을 얻게 되자, 기존의 사회질서를 떠받치던 권력구조는 위기에 직면했다. 책이라는 매체가 가진 강력한 영향력을 직감한 정부와 교회는 서둘러 혁명적 사상을 효과적으로 통제하려는 움직임을 보이기 시작했다. 대표적인 예로 가톨릭교회는 1559년 교황 바오로 4세 때 최초의 공식적인 『금서 목록Index Librorum Prohibitorum』을 발표한 이후, 수 세기에 걸쳐 주기적으로 목록을 갱신하며 금서 지정을 통한 사상 통제를 이어갔다.[26] 이 목록에는 당시 새롭게 등장했던 프로테스탄트 신학 서적들은 물론이고, 지동설을 주장한 갈릴레오의 저서처럼 기존의 교리에 정면으로 위배된다고 판단한 과학 서적들까지 광범위하게 포함되었다. 교회 당국은 이러한 금지된 서적을 몰래 소지하거나 판매하는 행위를 엄격히 단속했고 발각될 경우 파문과 면직 같은 무거운 처벌로 다스렸다.

교회뿐만 아니라 각국의 세속 정부 역시 늘어나는 인쇄물에 대한 체계적인 통제 시스템을 구축하고자 애썼다. 프랑스에서는 왕실로부터 공식적인 출판 특권을 부여받은 소수의 출판업자만 책을 낼 수 있는, 사실상의 엄격한 사전 검열 제도를 운영했고, 영국에서는 길드의 일종인 출판업자조합Stationers' Company이 인쇄 및 출판에 관한 권리를 독점하면서 정부의 검열 정책에 긴밀하게 협조하는 체제를 유지했다. 표면적으로는 정치적·종교적 이단을 막는다는 명분을 내세웠지만, 이러한 제도의 근본적인 목표는 결국 지식의 생산과 유통을 국가 권력의 통제 아래 둠으로써 사회 전반의 여론과 사상의 흐름까지 관리하려는 것이었다.

그러나 이미 형성된 공론장에서는 검열과 통제에 대한 저항의 목소리가 높았다. 1644년 존 밀턴은 『아레오파지티카』에서 "책을 파괴하는 것은 이성을 죽이는 것"이라며 사상의 자유로운 유통을 주장했다.[27] 그는 "진리와 거짓이 자유롭게 겨루도록 하라. 공정한 싸움에서 진리가 패배한 적이 있는가?"라고 반문하며, 검열 없는 자유로운 지식 경쟁이 사회 발전에 기여한다고 역설했다. 이후 계몽주의시대를 거치면서 출판과 언론의 자유는 지식인사회의 중요한 요건이 되었고, 18세기 말 미국의 독립혁명과 프랑스혁명의 인권 선언에 표현의 자유가 포함되는 사상적 토대가 되었다.

지식 통제를 둘러싼 대립은 근본적 권력 재편 과정이었다. 검열과 통제는 신기술이 가져온 사회 변화에 대한 기존 권위체계의 방어적 대응이었으나, 이미 확산된 인쇄 문화와 공론장의 영향력을 완전히 억제할 수는 없었다. 시간이 흐를수록 표현의 자유와 지식 접근성을 옹호하는 목소리는 더 강해졌고, 이는 근대적 가치관의 핵심 토대가 되었다. 기존 권력의 저항에도 인쇄술이 가져온 변화는 돌이킬 수 없었으며, 지식과 권력의 관계를 재정의하는 역사적 전환점을 맞이했다.

인쇄술이 만든 새로운 지식 생태계

인쇄술은 이처럼 지식을 만들고, 나누고, 사용하는 방식 전체를 뒤바꾸며 새로운 지식 생태계를 창조했다. 독자가 늘어나고, 출판 시장이 형성되고, 읽기 문화가 변하고, 공론장과 상식이 자리잡는 이 모든 과정은 서로 얽히고설켜 근대사회의 지적 토대를 다졌다. 우리가 살펴본 이러한 변화들은 사회 깊숙이 스며들어 오늘날 지식 문화와 민주적 소통 방식의 뿌리가 되었다.

그리고 지금, 우리는 어쩌면 인쇄술혁명 이후 가장 거대한 지식 환경의 지각변동을 경험하고 있는지도 모른다. 인쇄된 종이에서 빛나는 스크린으로, 인간의 지능으로 만들어내던 텍스트가 이제는 인공지능과의 협업으로 만들어지는 시대로 나아가는 이 거대한 전환 앞에서, 과거 인쇄술이 걸어왔던 길을 되짚어보는 것은 현재를 이해하고 미래를 가늠하는 중요한 실마리를 제공한다.

역사는 종종 비슷한 모습으로 반복되곤 한다. 인쇄술이 초기에 필사본의 외형을 닮으려 애썼던 것처럼, 오늘날 디지털 매체와 AI 역시 기존의 읽고 쓰는 방식을 모방하면서 출발했다. 하지만 모든 기술은 이내 자신만의 길을 찾아나선다. 인쇄술이 휴대 가능한 책과 표준화된 텍스트로 새로운 독서 문화를 열었듯이, 디지털 환경은 하이퍼링크로 엮인 무한한 정보의 바다와 다채로운 멀티미디어, 끊임없는 상호작용으로 우리를 이끈다. 여기에 더해 인공지능은 글쓰기, 요약, 번역, 심층 분석에 이르기까지 과거에는 상상하기 어려웠던 방식으로 우리의 지적 활동을 보조하고 때로는 주도하며 읽기와 쓰기의 풍경을 바꾸고 있다.

인쇄술이 가져온 상식과 공론장의 개념은 디지털과 AI시대에 어떻게 재구성되는가? 인쇄술이 표준화된 지식을 공유하며 담론의 기반을 형성했다면, 현대의 디지털 환경은 개인화된 정보 흐름과 알고리즘 추천을 통해 분절된 정보 생태계를 만들어내고 있다. 이러한 환경에서 AI는 한편으로 정보 과잉과 분절을 심화할 수 있지만, 다른 한편으로는 서로 다른 지식 영역을 연결하고 통합하는 새로운 매개자 역할을 할 수 있다. 마치 인쇄술이 지식의 민주화와 표준화라는 이중의 역할을 했듯이, AI 역시 지식 접근의 개인화와 보편화라는 양면적 가능성을 지닌다.

인쇄술이 촉발한 검열과 저항의 역학관계 또한 현대적 맥락에서 새롭게 해석할 수 있다. 수백 년 전 인쇄술의 확산을 두려워하며 통제하려 했던 시도들은 오늘날 디지털시대에도 그 모습을 달리해 나타나고 있다. 눈에 보이는 금서 목록 대신, 거대 플랫폼 기업이 설계한 알고리즘이나 각 나라의 정부가 조용히 시행하는 데이터 관련

기술 환경에 따른 지식 관련 핵심 개념의 변화

	인쇄시대	디지털 및 AI시대
공론장	인쇄물을 매개로 물리적 공간에 모여 담론을 공유	알고리즘 기반의 디지털 플랫폼이 분절된 담론(에코 체임버)을 심화
상식	표준화된 지식 보급으로 '보편적 상식'의 토대 형성	개인화된 정보로 인해 상식의 기반이 약화하고 파편화됨
검열과 저항	가시적 통제(『금서 목록』 등)에 표현의 자유로 직접 저항	보이지 않는 통제(알고리즘)에 '투명성'을 요구하며 시스템적으로 저항

정책들은 우리가 무엇을 보고 어떻게 알게 되는지에 막대한 영향을 미친다. 보이지 않는 손처럼 작용하는 이 새로운 형태의 권력 앞에서, 데이터 주권이나 알고리즘의 투명성, 인공지능의 윤리적 사용 기준을 요구하는 목소리가 커지는 것은 어쩌면 당연한 일이다. 이는 마치 17세기에 존 밀턴이 외쳤던 자유로운 사상에 대한 주장이, 21세기라는 새로운 무대 위에서 디지털이라는 언어로 다시 한번 울려퍼지는 것과 같다. 결국 근본적인 질문은 변하지 않았다. 누가 정보의 흐름을 통제하고 지식의 문지기 역할을 할 것인가? 기술의 힘을 빌려 어떻게 더 공정하고 개방적인 소통을 이룰 것인가? 숨가쁘게 변화하는 기술 속에서 우리가 놓치지 말아야 할 인간적인 가치는 무엇인가? 인쇄술의 시대에 선조들이 던졌던 이 묵직한 질문들은, 기술의 외피만 바뀌었을 뿐 여전히 우리 시대의 한복판에 놓여 있는 숙제와도 같다.

인쇄술에서 디지털과 AI시대로의 이행은 우리의 사회적 관계, 세상을 이해하는 방식, 그리고 우리가 중요하게 여기는 문화적 가치들이 총체적으로 재편되는 과정이다. 인쇄술이 수백 년에 걸쳐 새로운 제도와 규범, 문화를 만들어냈듯이, 우리 역시 디지털과 AI라는 새로운 환경 속에서 길을 찾아 앞으로 나아가며 새로운 윤리와 미학, 그리고 사회적 합의를 만들어가야 하는 과제를 안고 있다.

4
읽기와 쓰기의 미래

기술 변화 속에서 인간이
잃은 것과 얻은 것

앞에서 살펴보았듯 인류의 읽기와 쓰기는 구술 문화에서 문자 문화로, 두루마리에서 코덱스로, 또 손으로 쓰던 필사에서 기계 인쇄로 이어지는 장대한 여정 속에서 끊임없이 모습을 바꾸어왔다. 이러한 기술 변화의 과정에서도 무언가를 창조하고 나누며 다음 세대에 전하고자 하는 인간의 근원적 열망만큼은 시대와 상관없이 한결같았다. 각 시대의 기술 혁신은 지식의 생성과 확산 방식, 사회 구조, 나아가 인간의 사유 방식까지 재편하는 강력한 동력이었다.

역사를 되돌아보면 인간은 새로운 기술이 등장할 때 수동적인 존재로 머무르지 않았다. 오히려 새로운 가능성을 적극적으로 탐구하고 활용하며, 읽고 쓰는 행위의 본질적 가치를 당대의 필요에 맞게 새롭게 발견하고 끊임없이 재창조해왔다. 이제 우리는 디지털과 인공지능의 기술 발전 속에서, 이를 어떻게 주체적으로 이끌고 지혜롭게 활용할 것인지 그 어느 때보다 치열하게 고민해야 할 시점에 와 있다.

기술의 변화는 얻는 것과 잃는 것의 교환을 수반한다. 새로운 기술은 이전에는 상상할 수 없었던 가능성의 문을 열어주지만, 이와 동시에 과거에 소중히 여겼던 어떤 가치를 뒤로하게 만들기도 한다. 변화의 소용돌이 속에서도 인간은 잃어버린 가치를 지속적으로 되찾으려 노력했고, 기술이 주는 이점과 인간적 가치 사이에서 균형을 잡으려 애써왔다. 오늘날 우리가 스마트폰으로 순식간에 정보를 검색하면서도 여전히 종이책의 질감과 무게감을 그리워하는 것처럼, 기술 발전의 역사는 상실과 회복이라는 변증법적 과정을 되풀이해 보여준다.

구술과 문자 사이에서

구술 문화에서 문자 문화로의 전환은 기술 변화가 가져오는 상실과 획득의 양상을 뚜렷하게 보여주었다. 앞서 1장에서 언급했듯이 플라톤은 『파이드로스』에서 소크라테스의 입을 빌려 문자는 기억력을 약화시킬뿐더러 지혜의 모방에 불과한 것이라고 경고했다. 이는 문자 문화가 가져올 상실에 대한 날카로운 예견이었다. 구술 문화에서 지식은 언제나 살아 숨쉬는 목소리와 함께 전달되었다. 호메로스의 서사시를 읊는 음유시인의 운율과 억양, 아고라 광장에서 펼쳐진 소크라테스와 제자의 문답, 공동체 원로들이 들려주는 이야기에 담긴 집단 기억의 온기 등, 이 모든 것이 문자 문화에서는 지면 위의 고정된 기호로만 남게 된다.

그러나 문자는 인류에게 새로운 지평을 열어주었다. 지식은 시간과 공간의 제약에서 벗어나 멀리 퍼져나갈 수 있게 되었고, 인간의 기억력만으로는 감당하기 어려웠던 복잡하고 정교한 사유체계의 발전이 가능해졌다. 아리스토텔레스의 방대한 분류체계나 유클리드의 『기하학 원론』 같은 기념비적 작업들은 문자 없이는 상상하기 힘든 지적 성취였다.

인류는 한번 잃어버린 듯 보였던 가치를 완전히 폐기하지 않고, 어떻게든 시대의 흐름 속에서 새로운 모습으로 되살려내는 길을 꾸준히 모색해왔다. 고대 그리스와 로마에서 수사학이 그토록 정교하게 발달했던 것도, 비록 문자로 기록된 연설문일지라도 실제 청중 앞에서 낭독될 때 마치 살아 있는 목소리가 그러하듯, 감성과 이성에 큰 울림을 전달하는 체계적인 방법을 탐구한 결과였다. 또한 중세 수도원에서 눈으로만 읽는 묵독 대신 소리 내어 읽는 관행이 오랫동안 중요하게 자리잡았던 것도 텍스트를 단순한 정보 덩어리로 해독하는 차원을 넘어 음성이라는 매개를 통해 신의 말씀과 더 깊고 인격적인 관계를 맺으려는 시도였다. 이러한 역사 속 장면들은 인간이 새로운 기술 환경이라는 도전에 직면했을 때 과거로부터 물려받은 소중한 가치를 당대의 조건 속에서 창의적으로 재해석하고 그 의미를 새롭게 되살리려는 노력을 결코 멈추지 않았음을 뒷받침해준다.

연속성과 구조화 사이에서

두루마리에서 코덱스로의 전환 역시 비슷한 상실과 획득의 패턴을 보였다. 앞서 논의했듯이, 페이지 단위로 나뉜 코덱스라는 형태는 텍스트 안에서 특정 부분으로 즉시 이동할 수 있는 획기적인 접근성을 제공했다. 그 덕분에 학자들은 긴 텍스트에서 필요한 구절을 신속하게 찾아 참조하고, 여러 문헌의 관련 내용을 효율적으로 비교·검토할 수 있게 되었다. 하지만 이러한 효율성의 증대는 두루마리가 주었던 고유한 읽기 경험, 즉 텍스트의 물리적·시각적 연속성을 자연스럽게 느끼는 경험의 상실을 의미했다. 호메로스의 서사시를 두루마리로 읽는 독자는 작품 전체의 흐름을 끊지 않고 따라가며 그 규모와 구조를 직관적으로 느낄 수 있었다. 반면 코덱스의 페이지 분할은 이러한 연속적 경험을 단절시키고 작품을 분절된 단위로 인식하게 만들었다.

코덱스가 가져온 생소한 경험 앞에서, 중세의 독자와 필경사들은 끊어진 흐름을 잇고 텍스트의 통일감을 되살리기 위한 창의적 방안을 고안해냈다. 필사본 곳곳을 수놓은 화려한 첫 글자 장식, 페이지 가장자리를 둘러싼 정교한 문양, 단락의 시작을 알리는 섬세한 삽화들은 낱장으로 나뉜 페이지들을 시각적으로 연결해 텍스트 전체에 흐르는 맥락과 통일성을 독자가 느낄 수 있도록 돕는 장치였다.

더욱 주목할 만한 점은 코덱스의 '나뉨'이라는 속성을 역이용해 새로운 지식 조직의 기틀로 삼았다는 사실이다. 고대의 서사시들을 오늘날 우리에게 익숙한 '권卷'이나 '장'으로 체계화한 것이 바로 그 발상의 결과다. 이러한 구조화는 언뜻 보기에 텍스트를 더 분절시키는 듯하지만, 역설적으로 독자들이 복잡하고 방대한 이야기의 전체 흐름과 세부 구조를 더욱 명확하게 파악하는 데 도움을 주었다. 토마스 아퀴나스의 기념비적인 저작 『신학대전』 역시 질문과 답변, 반론과 재반론이 정교하게 맞물리는 고도의 분절 구조를 활용함으로써, 방대한 신학 사상을 효과적으로 체계화하고 명료하게 전달하는 데 성공했다.

대량생산과 적극적 독서 사이에서

손으로 정성껏 옮겨 적던 필사본의 시대에서 기계로 대량생산하는 활자 인쇄본의 시대로 넘어올 때에도 앞서 본 변화의 패턴이 유사하게 반복된다. 3부 3장에서 살펴보았듯이 인쇄술은 동일한 내용의 텍스트를 이전과는 비교할 수 없을 정도로 빠르고 광범위하게 유통시킴으로써, 지식의 민주화와 근대적 학문체계의 확립에 결정적인 기여를 했다. 그러나 이러한 놀라운 효율성과 표준화의 이면에는 필사 문화가 오랫동안 품고 있던 고유한 가치들의 퇴색이라는 대가가 따랐다. 중세의 필사본은 세상에 단 하나뿐인 고유한 가치를 가지고 있었다. 텍스트를 베껴쓰는 수도사나 필경사는 그 과정에서 자신만의 독특한 필체로 숨결을 불어넣고, 때로는 여백에 섬세한 삽화나 화려한 장식을 곁들였으며, 더 나아가 자신의 독창적인 해석이나 날카로운 비판적 논평을 덧붙여 원본과는 또다른 생명을 부여했다.

더욱 중요한 것은 필사라는 행위가 텍스트와 깊은 정신적 교감을 나누는 명상적이고 해석적인 실천이었다는 점이다. 베네딕트수도원의 수도사가 성경을 필사하는 일은 단순한 노동을 넘어 신의 말씀을 듣고 받아들이는 내밀한 영적 대화였다. 중세시대 대학의 학생들이 스승의 강의록을 손수 필사하는 과정은 지식을 온전히 자신의 것으로 소화하고 내면화하는 능동적인 학습활동이었다. 인쇄술의 등장은 텍스트를 읽고 쓰는 인간과 그 텍스트 사이의 깊고 유기적인 연결고리, 그리고 각각의 필사본이 품고 있던 그 고유한 분위기를 상당 부분 약화시켰다.

이에 대한 대응으로 르네상스와 근대 초기의 독자들은 인쇄된 책을 읽으면서 자신만의 의미를 부여하고 다시금 개인화하는 새로운 방식을 발전시켰다. 이른바 '능동적 읽기'라고 부를 수 있는 전통이 형성되었는데, 이는 책의 여백에 자신의 생각이나 질문을 메모하고 밑줄을 긋거나 기호를 표시하며 텍스트와 적극적으로 대화하는 실천으로 구체화되었다. 존 로크나 아이작 뉴턴의 책장에는 주석과 메모로 가득한 책들이 꽂혀 있었는데, 이는 능동적 읽기가 근대 학문의 발전에 얼마나 중요한 역할을 했는지를 보여준다.[28]

더 나아가 '커먼플레이스북Commonplace Book'이라는 체계적인 독서 기록 방식도 유행했다.[29] 이는 독자가 다양한 텍스트를 읽고 인상적인 구절이나 중요하다고 생각하는 부분을 발췌해 주제별로 재구성하고 자신의 성찰을 덧붙인, 개인화된 지식체계였다. 몽테뉴의 『수상록』은 이러한 개인의 독서와 기록 관행이 독창적인 문학 형식으로 승화된 탁월한 사례로 평가받는다.[30] 그는 수많은 고전 문헌을 인용하고 자신의 깊은 성찰을 씨실과 날실처럼 엮어냄으로써 완전히 새로운 사유의 방식을 창조할 수 있었다. 이처럼 인쇄시대의 독자들은 표준화된 지식의 홍수 속에서 텍스트를 자신만의 경험과 사유에 연결하는 창의적인 방법을 모색함으로써 약화된 개인성과 주체성의 가치를 새롭게 회복하고자 노력했다.

독서 환경의 변화에 따른 상실된 가치와 회복적 장치

변화	상실된 가치	회복적 장치
구술 → 문자	말의 생동감과 목소리가 주는 정서적 연결	수사학 발달, 대화 형식의 글, 소리 내어 읽기
두루마리 → 코덱스	텍스트의 물리적·시각적 연속성	페이지 장식(통일감), 장·절 구분(구조화)
필사 → 인쇄	필사본의 고유성과 개인적 교감	능동적 읽기 (여백 필기, 커먼플레이스북)

이러한 역사적 패턴은 기술이 아무리 변하더라도 인간이 읽기와 쓰기를 통해 끊임없이 추구해온 본질적인 가치가 있음을 보여준다. 목소리를 통한 직접적인 지식 전달의 경험, 텍스트 전체의 맥락 속에서 의미를 파악하려는 노력, 그리고 읽은 내용을 자신의 삶과 연결해 개인적인 의미를 구성하려는 욕구 등, 이러한 가치들은 기술의 효율성을 넘어서 인간의 인지적·사회적·정서적 필요에 깊이 뿌리내리고 있다. 이것이야말로 모든 기술적 전환기에도 우리가 결코 포기할 수 없는, 인간의 고유한 핵심 가치라 할 수 있다. 기술이 급변할 때마다 이러한 가치들은 일시적으로 위협받는 것처럼 보이지만, 인간은 놀라운 적응력과 창의성을 발휘해 새로운 기술 환경 속에서 이를 회복하고 재발견하는 방법을 찾아왔다.

디지털 기술과 인간적 가치의 재발견

기술 변화에 따른 상실과 그에 대한 회복의 과정은 현대 디지털 기술의 발전 과정에서도 유사하게 관찰된다. 디지털 기술은 이전 시대의 읽기와 쓰기에서 우리가 잃어버렸거나 희석되었다고 생각했던 전통적 가치들을 다시 발견하고 회복할 수 있는 가능성을 제시한다. 여기서 주목할 점은 이러한 기술적 혁신이 효율성이나 편리성만을 추구하는 것이 아니라, 지난 시대의 기술 변화 과정에서 일정 부분 희생되었던 인간의 본질적인 욕구와 가치를 다른 방식으로 충족시키려는 방향으로도 진화하고 있다는 사실이다.

오디오북과 팟캐스트의 부상은 구술 문화에서 문자 문화로 넘어가면서 우리가 잃어버렸던 가치, 즉 화자의 살아 있는 목소리와 구술로 전달해주는 직접적인 정서적 연결을 현대 기술로 되살려낸 대표적인 사례다. 문자의 등장으로 희미해졌던 목소리의 힘이 디지털 오디오 기술을 통해 다시 부활한 것이다. 전문 성우나 저자 자신의 목소리로 녹음된 텍스트는 인쇄된 글자만으로는 온전히 전달하기 어려운 감정의 미묘한 결, 강조점, 리듬감 등을 생생하게 전달한다. 2025년 기준으로 전 세계 오디오북 시장의 규모가 450억 달러(약 62조 3000억 원)를 넘어설 정도로 성장했는데,[31] 이는 이동중에 또는 다른 작업을 하면서 듣기 편하다는 이유 때문만은 아니다. 디지털 시대에도 여전히 인간이 본능적으로 갈망하는, 목소리를 통한 지식 습득과 정서적 교감의 가치가 얼마나 중요한지를 역설적으로 보여주는 현상이라고 할 수 있다.

한편 오늘날 우리가 경험하는 하이퍼텍스트와 다양한 디지털 내비게이션 기술들은 과거 두루마리에서 코덱스로 이행하던 시기에 나타났던 상실과 획득의 복잡한 양상을 디지털시대에 맞게 재현하고 있다. 코덱스가 페이지를 나누어 텍스트의 특정 부분에 대한 접근성을 혁신적으로 높인 대신 텍스트 전체를 관통하는 연속성의 감각을 약화시켰던 것처럼, 디지털 텍스트 역시 강력한 검색 기능과 원하는 정보로 즉시 이동할 수 있는 비선형적 접근성을 제공하는 동시에 한 줄 한 줄 순서대로 읽어나가는 전통적인 선형적 독서의 흐름을 더욱 파편화하고 분절화하는 경향을 보인다. 하지만 동시에 디지털 기술은 이러한 파편화를 극복하는 새로운 가능성도 제시한다. 예를 들어 전자책 리더기에서 흔히 볼 수 있는 진행률 표시나, 문서의 전체 구조를 보여주는 목차 기반 내비게이션 패널은 독자가 방대한 정보의 바다에서 현재 자신이 어디쯤 항해하고 있는지 가늠할 수 있도록 돕는 최소한의 등대 역할을 한다.

더 나아가 텍스트의 복잡한 구조를 한눈에 파악할 수 있도록 시각적으로 표현한 목차나 마인드맵 기능은 독자들이 전체적인 맥락과 세부 내용 사이의 관계를 새로운 방식으로 이해하도록 돕는 도구가 되었다. 특히 최근 디지털 인문학 분야에서 활발하게 발전하고 있는 텍스트 시각화text visualization 기술[32]은, 방대한 텍스트 데이터 집합 속에 숨어 있는 구조적 패턴이나 개념적 관계망을 직관적인 이미지로 드러냄으로써, 지식의 파편화를 극복하고 텍스트의 거시적인 구조와 미시적인 내용을 동시에 조망할 수 있게 하는 새로운 지평을 열어가고 있다.

디지털 독서 플랫폼이 제공하는 다양한 개인화 기능은 인쇄술의 발달로 인해 상대적으로 약화되었던 '텍스트를 온전히 자신만의 것으로 만드는 행위'의 가치를 현대적인 방식으로 되살린다. 디지털 환경에서 독자들은 전자책에 밑줄을 긋고, 자신만의 주석을 달고, 중요한 부분을 북마크하는 등의 활동을 통해, 표준화되어 대량생산된 텍스트를 다시금 자신만의 의미와 경험이 담긴 고유한 텍스트로 변형시킬 수 있다. 구글북스나 아마존 킨들 같은 플랫폼이 제공하는 클라우드 기반 주석 시스템은 독자가 남긴 생각의 흔적들을 텍스트와 함께 영구히 보존하고, 독자는 언제 어디서든 필요할 때 여러 기기를 통해 이 정보에 접근할 수 있다. 이는 초기 인쇄술의 시대에 학자들이 발전시켰던 '능동적 읽기'의 전통을 디지털 환경에서 새롭게 확장한 것이라고 볼 수 있다.

그뿐만 아니라, 리드와이즈Readwise, 노션, 옵시디언과 같은 디지털 도구들은 여러 책이나 글에서 수집한 인용문과 메모를 하나의 통합된 개인 지식 베이스로 구축하고 관리할 수 있게 해준다.[33] 이는 르네상스시대 지식인들의 커먼플레이스북 작성 관행을 현대 기술로 재해석한 것이라 할 수 있다. 이처럼 디지털 기술은 표준화된 텍스트를 개인의 고유한 지식체계 및 정체성과 연결시키는 새로운 길을 열어줌으로써, 인쇄시대에 다소 약화되었던 텍스트와 독자 사이의 깊고 개인적인 관계를 회복하는 데 기여하고 있다.

디지털 기술이 가져온 이러한 변화들은 앞선 시대의 기술 혁신 과정에서 반복적으로 나타났던 상실과 회복의 변증법적 패턴이 오늘날에도 여전히 유효함을 분명하게 보여준다. 구술 문화의 고유한 직접성과 정서적 연결의 가치, 두루마리가 제공했던 연속성과 맥락적 이해의 중요성, 그리고 필사본시대에 강조되었던 개인화와 창의적 전유의 의미 등, 이러한 소중한 가치들이 디지털이라는 새로운 환경 속에서 예상치 못한 방식으로 재발견되고 재해석되고 있다. 이러한 과정은 기술이 아무리 발전하더라도 인간이 읽기와 쓰기의 본질적 가치를 지키고 더욱 풍부하게 만들려는 노력을 멈추지 않았음을 증명한다. 이 역사적 통찰은 우리 앞에 놓인 인공지능시대의 기술 변화를 더 근본적으로 이해하고 미래의 방향을 설정하는 데 중요한 관점을 제공할 것이다.

5
창의적이고 생산적인 공동 창작

AI시대의 읽기와 쓰기

인공지능의 등장은 읽기와 쓰기의 본질에 대해 이전과는 차원이 다른 질문을 던지고 있다. 창작과 이해의 주체는 누구인지, 지식의 권위와 신뢰성은 어떻게 확보할 것인지, 그리고 인간의 고유한 창의성과 비판적 사고는 어떤 의미를 지니는지와 같은 심오한 물음들을 우리에게 제기한다. 그러나 앞서 살펴본 기술 변화의 역사처럼, AI시대의 읽기와 쓰기 역시 새로운 가능성의 획득과 기존 가치의 상실, 그리고 그 상실된 가치를 다시 발견하려는 노력이라는 패턴을 따를 것이다. 디지털 기술이 이전 시대에 잃어버렸던 가치를 부분적으로 회복할 가능성을 보여주었다면, 인공지능은 이를 한 차원 더 높은 수준으로 끌어올릴 잠재력을 지닌 동시에, 이전과는 비교할 수 없는 새로운 도전을 야기하고 있다.

생성형 인공지능 기술의 확산이 가져온 가장 즉각적이고 눈에 띄는 변화는 아마도 텍스트를 생산하는 문턱이 극적으로 낮아지고 그 결과 더 많은 사람에게 글쓰기의 기회가 열렸다는 점일 것이다. 특히 언어 장벽이나 신체적 제약을 겪는 사람들에게 AI는 획기적인 도구가 되고 있다. 모국어가 아닌 언어로 글을 써야 하거나 신체적인 제약으로 인해 장시간 타자를 하기 어렵거나, 혹은 특정 분야에 대한 전문 지식이 부족해 자신의 생각이나 아이디어를 글로 명료하게 표현하는 데 어려움을 겪는 사람들에게, 인공지능은 강력한 조력자가 되어 예전에는 상상하기 어려웠던 새로운 표현의 가능성을 활짝 열어주고 있다. 또한 읽고 쓰는 능력(문해력)이 부족한 학생들이 인공지능 튜터와 상호작용하며 자신의 생각을 좀더 명확하고 논리적으로 구성하는 법을 배우는, 교육에서의 혁신적인 시도들도 속속 보고되고 있다.

그러나 이러한 기술 획득의 이면에는 상실의 가능성 또한 존재한다. 인공지능이 생성한 텍스트는 겉보기에 인간이 쓴 글과 구별하기 어려울 정도로 정교하고 유창할 수 있지만, 그 안에는 글을 쓰는 주체의 진정한 의도와 목적, 인간적인 경험에 깊이 뿌리내린 통찰력이 결여되어 있다는 비판이 제기될 수 있다. 표면적으로 그럴듯해 보이는 글 뒤에 숨겨진 공허한 의미는 인공지능이 생성한 텍스트의 본질적 한계로 지적된다. 또한 텍스트 생산 과정의 자동화는 글쓰기를 통한 사고의 정교화라는 중요한 가치를 위협할 수 있다. 인쇄술의 등장으로 인해 필사본을 만들며 텍스트와 깊이 교감하던 개인적 전유의 가치가 희석되었던 것처럼 말이다. 이제 인공지능은 텍스트 창작의 주체성은 누구에게 있으며 진정한 의미의 창작이란 무엇인가에 대한 심층적인 질문을 다시 던진다.

AI시대의 새로운 저자성

인공지능이 글쓰기 영역에 던지는 도전장 앞에서, '인간과 인공지능의 공동 창작'이라는 새로운 관계 설정이 절실히 필요하다. 창작의 최종적인 목표와 방향 설정의 열쇠는 여전히 인간이 쥐고 있기 때문이다. 무엇이 윤리적으로 바람직하고 사회적으로 가치 있는 결과물인지 신중하게 판단하면서 인간 독자와의 깊은 정서적 교감과 지적 공명을 이끌어내는 역할은 온전히 인간의 몫이다. 기계적으로 생성한 글에 혼을 불어넣으려는 창작 의지, 시대의 아픔을 어루만지는 윤리적 성찰, 인간 실존의 복잡다단함에 뿌리내린 깊은 공감 능력은 기계가 흉내낼 수 없는 인간 고유의 영역이다.

이는 저자성authorship과 창의성creativity에 대한 우리의 이해를 새롭게 정립할 것을 요구한다. 인공지능시대의 창작활동에서 인간의 역할은 사라져버리는 것이 아니라 오히려 그 고유한 가치가 더욱 선명하게 부각된다. 인간이 가진 고유한 가치와 역할은 다음과 같다. 첫째, 의미와 목적을 부여하는 역할을 한다. 무엇을, 왜 표현할 것인가에 대한 핵심적인 질문을 던지고 그 답을 찾아나서는 과정은 여전히 인간 사유의 중심 영역이다. 둘째, 윤리적 판단을 내리고 가치를 선택한다. 어떤 내용이 사회적으로 책임 있는 발언이며, 윤리적으로 올바른 방향인지 숙고하고 판단하는 능력은 인공지능이 대체할 수 없는 인간의 고유한 책무다. 셋째, 진정성과 정서적 공감을 창출하는 역할을 한다. 독자와 어떤 종류의 정서적·지적 교감

창의성과 저자성의 개념 변화

개념	전통적 관점	새로운 관점
창의성 (creativity)	작가 개인의 내면에서 비롯하는 독창적인 영감의 표현으로 간주됨	인간과 AI의 '공동 창작(Co-Creation)' 과정으로 확장되어, AI가 제시하는 무수한 가능성 속에서 인간이 탐색하고 선택하는 협력적 행위가 중요해짐
저자성 (authorship)	텍스트를 직접 생성하는 단독 창작자의 역할에 초점을 맞춤	텍스트를 직접 생성하는 개인이 아닌 AI와의 협업을 이끄는 '설계자'이자 '최종 판단자'의 역할로 변화함

을 나눌 것인가에 대한 깊은 고민과 이를 섬세하게 구현해내는 능력은 인간의 복합적인 경험과 의식의 깊이에서 비롯되는 것이다.

독서 경험의 영역에서도 인공지능은 마치 야누스의 두 얼굴처럼 가능성과 위험성을 함께 드러낸다. 먼저 긍정적인 측면을 살펴보면, 인공지능은 '초연결 텍스트hyperconnected text'와 '적응형 독서 환경'이라는, 이전 시대에는 상상하기 어려웠던 독서 경험의 새 지평을 열어준다. 우리가 읽고 있는 특정 텍스트가 다른 텍스트와 링크로 연결되는 것을 넘어, 관련 이미지나 동영상 클립, 통계 데이터베이스, 심지어 실시간 뉴스 피드와 같은 온갖 종류의 외부 지식과 미디어 소스가 마치 살아 있는 신경망처럼 실시간으로 연결되는 모습을 그려볼 수 있다.

더 나아가 인공지능은 개인 맞춤형 독서 경험을 현실화하고 있다. 독자의 배경지식 수준, 관심사, 현재의 이해도에 따라 텍스트의 내용 혹은 어휘의 난이도나 문장의 길이를 조절할 수 있다. 더불어 보충 자료가 필요한 지점에 관련 시각 자료나 상세한 설명을 제공하는 시스템은 분명 혁신적인 맞춤형 독서 경험을 가능하게 한다. 예를 들어 스탠퍼드대학교에서 연구중인 '증강 독서 프로젝트 Augmented Reading Project'는 독자의 고유한 관심사와 배경지식을 시스템이 스스로 파악해 현재 읽고 있는 텍스트와 관련된 심층 자료를 실시간으로 제공하는 기술이다.[34]

AI를 활용한 의식적 독서

하지만 이러한 눈부신 혁신의 가능성 이면에는 우리가 경계해야 할 잠재적 위험 요소들이 그림자처럼 따라다닌다. 첫째, 무엇보다 독자 스스로 생각하고 판단하는 주체성과 비판적 사고 능력이 약화될 위험이 있다. 인공지능이 너무나 친절하게 제공하는 완벽해 보이는 요약본, 명쾌해 보이는 해석, 그리고 끊임없이 추천해주는 관련 정보들에 독자가 수동적으로 의존할 경우, 텍스트라는 낯선 세계와 직접 대면하고 때로는 힘겹게 씨름하며 스스로 의미를 구성해가는 독서 본연의 능동적이고 성찰적인 과정이 생략되거나 심각하게 위축될 수 있다. 둘째, 개인의 과거 독서 이력과 온라인 활동 기록에 기반해 작동하는 인공지능 추천 시스템은 자칫 우리를 편협한 세계 안에 가두고 기존의 편견을 더욱 강화하는 확증 편향을 심화시킬 수 있다. 즉 인공지능이 계속해서 내가 이미 동의하거나 선호하는 정보와 관점만을 골라서 보여주기 때문에 결과적으로 낯설고 도전적인 아이디어나 나와 다른 의견과의 건강한 만남을 원천적으로 차단하고 지적 다양성을 심각하게 제한할 위험이 있는 것이다.

이러한 잠재적 위험에 효과적으로 맞서기 위해서는 기술이 제공하는 편리함의 유혹에 무작정 빠져들기보다는 독서의 본질적인 가치를 의식적으로 지키고 오히려 더욱 발전시키기 위한 새로운 자세와 접근법이 필요하다. 즉 '의식적 독서' 습관을 적극적으로 기를 필요가 있다. 인공지능을 유용한 보조 도구로 기꺼이 활용하되, 인공지능이 지닌 명백한 한계와 잠재적 위험성을 명확히 인지하고, 궁극적으로는 인간 독자의 주체성과 비판적 판단 능력을 잃지 않으려는 의식적인 노력이 필요한 것이다. 이를 위해 다음과 같은 노력들을 함께 모색하고 실천해나가면 어떨까?

먼저 '의식적 큐레이션'이라는 작업을 시도해볼 수 있다. 독자가 자신의 독서 경험을 인공지능의 추천에만 내맡기지 않고, 의도적으로 다양한 관점과 의견에 스스로를 노출시키는 적극적인 자세를 취하는 것이 중요하다. 특히 도서관과 교육 기관에서는 알고리즘 추천 시스템 너머의 독서 경험을 권장하는 프로그램을 도입하는 것도 바람직하다. 또한 개인 차원에서도 자신의 기존 관점과 다른 저자의 작품을 의도적으로 선택하는 '반직관적 독서 습관'을 기르는 노력이 요구된다.[35]

다음으로 비판적 독서 커뮤니티를 활용한다. 다양한 배경과 관점을 가진 독자들이 함께 텍스트를 읽고 해석하며, 단일 알고리즘이 제공하기 어려운 다층적 이해를 쌓아가는 공동체적 접근을 활성화하는 것이 중요하다. 특히 국경과 문화적 경계를 넘어서는 독서 모임이나 다양한 사회적·경제적 배경의 참여자들이 함께하는 텍스트 해석 공동체는 건강한 지식 생태계에 큰 힘이 된다. 이런 공동체 안에서는 인공지능이 생성한 분석과 해석에 대해 비판적으로 검토하는 활동을 포함하는 것이 좋다.

또한 인간 중심의 쓰기 워크숍을 추진해본다. 인공지능 도구의 확산에 발맞춰, 인간 고유의 창작 과정과 표현 방식을 돌아보고 강화하는 실천 프로그램 역시 중요한 의미를 지닌다. 한편으로는 기술에서 한걸음 물러나 자연 속에서 내면의 창의적 직관에 집중하는 글쓰기 워크숍을 열 수 있으며, 다른 한편으로는 인간과 AI의 협업 가능성을 탐구하고 실험하면서 단일 저자 중심의 전통적 창작 패러다임에 대한 대안을 모색하는 접근 또한 의미 있는 시도가 될 것이다. 이처럼 다양한 방향의 노력들은 각자의 방식으로 AI시대에 인간 중심의 창작 가치를 지키는 실천적 모델이 될 것이다.[36]

'의식적 독서' 습관을 위한 AI 사용법

특징	인간 중심 글쓰기 방식	인간-AI 공동 창작 방식
기술 사용 여부	기술 배제(디지털 디톡스)	제한된 AI 활용
초점	내면적 목소리와 직관의 재발견	인간 주체성 강화 및 AI 협업
운영 방식	독립적인 글쓰기 환경 제공	구조화된 워크숍 및 협업 모델 개발
주요 효과	기술 의존성 감소 및 창작 몰입	효율성과 창의성 간의 균형 유지

결국 인공지능시대의 읽기와 쓰기에서 우리가 마주한 과제는 기술과 인간의 역할을 이분법적으로 나누어 어느 한쪽을 선택하는 것이 아니라, 양자 사이에서 창의적이고 생산적인 공존의 관계를 어떻게 설계하는가에 달려 있다. 바람직한 균형이란 기술이 가져다주는 놀라운 효율성과 새로운 가능성을 최대한 활용하면서 동시에 인간의 주체성, 창의력, 비판적 사고 능력, 윤리적 판단력을 그 중심에 굳건히 세우는 것이다. 따라서 인간과 기술의 진정한 공존은 인

간의 가치를 존중하는 새로운 지식 생태계를 함께 만들어가는 과정 속에서 실현된다. 이러한 공존의 원칙으로 어떻게 더 넓은 차원의 지식 생태계를 형성할 수 있는지 구체적으로 살펴보자.

모두에게 열린 지식 생산

디지털 기술과 인공지능이 가져온 읽기와 쓰기의 변화는 지식 생태계 전체의 근본적인 재편으로 이어질 텐데, 이 새로운 지식 생태계에서는 세 가지 중대한 변화가 동시에 진행된다. 첫째, 저자와 독자, 생산자와 소비자라는 전통적 경계가 급속히 무너지고 있다. 둘째, 텍스트는 더이상 완성되어 고정되는 것이 아니라 살아 숨쉬며 진화하는 유기체의 형태를 띠고 있다. 셋째, 인간과 기술이 대립하는 것이 아니라 상호보완적으로 협력하는 관계가 새로운 지식문화의 토대가 되고 있다.

경계의 해체와 참여적 지식 문화

디지털과 인공지능의 시대에 나타나는 가장 두드러진 변화 중 하나는 읽기와 쓰기 사이를 나누던 전통적인 경계가 점차 희미해지고 있다는 사실이다. 과거에는 비교적 뚜렷하게 구분되었던 저자와 독자, 생산자와 소비자의 역할이 서로 섞이고 상호작용하는 '읽고-쓰기read-write' 문화 또는 '참여적' 문화로 진화하고 있다. 이러한 변화는 텍스트의 본질에 대한 우리의 이해뿐만 아니라, 텍스트와 관계 맺는 방식을 재정의한다.

인쇄술이 세상을 지배하던 시대를 떠올려보자. 텍스트를 만드는 사람(저자)과 그것을 읽는 사람(독자) 사이에는 비교적 뚜렷한 역할 구분이 있었다. 저자가 오랜 고심 끝에 작품을 세상에 내놓으면, 독자는 대체로 그 완성된 결과물을 수동적으로 받아들이는 수용자의 위치에 있었다. 독서를 통한 독자 나름의 해석과 비판이 전혀 없었던 것은 아니지만, 책의 내용을 고치거나 자신의 생각을 덧붙여 널리 퍼뜨리는 것은 상상하기 어려운 일이었다.

하지만 디지털 네트워크가 세상을 촘촘히 엮은 이후로 그 견고했던 경계가 허물어지고 있다. 이제 독자는 더이상 텍스트에 수동적으로 머무르지 않는다. 읽는 사람들은 댓글과 온라인 주석으로 텍스트에 실시간으로 개입하고, 원문을 발췌하거나 재구성해 소셜미디어나 블로그에서 자신만의 목소리를 덧붙인다. 이처럼 '읽으면서 쓰는' 행위와 '쓰면서 읽는' 행위가 자연스럽게 융합되는 현상은 인공지능 기반의 자동 요약, 실시간 번역, 글쓰기 보조 도구의 발달에 힘입어 더욱 촉진될 것이다. 이는 텍스트가 더이상 저자 개인의 완결된 소유물이 아니라, 수많은 독자와 기술이 동참해 끊임없이 대화하고 진화하는 열린 광장이 되어가고 있음을 보여준다.

이러한 참여적 문화의 구체적인 예를 쉽게 찾아볼 수 있는데, 팬픽션fan fiction 창작 커뮤니티에서는 수많은 독자가 자신이 좋아하는 세계관을 바탕으로 새로운 이야기를 창작하고 공유하며 원작의 세계를 확장하고 재해석한다. 다양한 온라인 공동 주석 플랫폼에서는 여러 독자가 남긴 해석과 질문들이 원문과 함께 병렬적으로 제시되면서 텍스트에 대한 다층적인 이해를 돕는다.[37] 텍스트는 이제 최초의 저자와 수많은 독자, 그리고 인공지능까지 참여해 지속적으로 의미를 생성하고 확장해가는 살아 있는 대화의 장으로 변모하고 있다.

한편 이러한 참여적 지식 문화는 새로운 문제를 제기한다. 모든 사람이 저자가 될 수 있는 환경에서는 검증되지 않은 정보와 피상적인 분석이 범람할 위험이 있다. 소셜미디어의 '단문 문화'는 복잡한 아이디어를 짧고 단순한 문장으로 압축하면서 사고의 복잡성과 뉘앙스를 희생시킨다. 또한 디지털 환경의 끊임없는 주의 분산은 지속적인 집중과 깊은 사고를 요하는 독서 경험을 방해할 수 있다.

그래서 디지털 환경의 장점을 활용하면서도 심도 있는 텍스트 경험을 추구하려는 의식적인 움직임도 나타나고 있다. '슬로 리딩 Slow Reading'[38] 운동은 속도와 효율성만을 강조하는 정보 소비 행태에 대한 반작용으로, 텍스트를 천천히 음미하고 저자와 긴밀하게 교감하며 비판적으로 성찰하는 읽기 경험의 가치를 다시 강조한다. 기술적인 측면에서도, 집중을 방해하는 요소를 최소화하고 몰입을 돕도록 설계된 디지털 독서 환경(방해 금지 모드, 미니멀한 인터페이스 등)이나[39] 빠르게 초고를 작성하기보다는 아이디어 구상, 개요 짜기, 성찰과 수정 과정을 중시하는 '리플렉티브 라이팅 Reflective Writing' 접근법을 지원하는 스크리브너 Scrivener, 율리시스 Ulysses 등의 도구들이 개발되고 있다.[40]

이러한 접근법은 기술 이전의 과거로 돌아가자는 복고적인 주장에서 비롯된 것이 아니라, 디지털과 인공지능시대의 새로운 현실 속에서 의미 있는 텍스트 경험을 지속할 수 있는 새로운 형태와 방법을 창출하려는 현재 진행형의 시도들이다.

살아 있는 텍스트와 협업적 지식 생태계 너머

이제 시야를 넓혀, 인간과 인공지능이 읽고-쓰기 및 쓰고-읽기와 관련해 함께 만들어갈 '협업적 지식 생태계'를 조망해보자. 이 생태계의 핵심에는 '살아 있는 텍스트living text'라는 개념이 있다. 텍스트가 살아 있다는 것은 전통적인 책이나 논문처럼 한번 출판되면 고정되는 것이 아니라, 새로운 발견, 다양한 사용자 피드백, 변화하는 사회적 맥락을 반영하며 역동적으로 업데이트되고 진화한다는 뜻이다.

이러한 환경에서 인공지능은 방대한 정보의 흐름을 조직하고, 서로 다른 지식 조각들 사이의 의미 있는 연결을 발견하며, 새로운 정보가 추가될 때 기존 내용을 지능적으로 갱신하는 '지능적 매개자' 역할을 수행한다. 예를 들어 시맨틱 스칼라Semantic Scholar[41]는 AI를 활용해 수백만 개의 학술 논문에서 인용관계와 의미적 연결을 분석해 연구자들이 관련 문헌을 더 효과적으로 찾을 수 있도록 돕는다. 나아가 인공지능은 숨겨진 맥락을 드러내거나 예상치 못한 질문을 던짐으로써, 인간의 창의적 통찰을 촉발하는 지적 파트너로서의 가능성까지 보여준다.

그러나 이 협업적 생태계가 지닌 진정한 가치는 기술에 있다기보다는 인간의 다양한 관점과 경험, 전문성이 어우러져 창의적인 시너지를 내는 데 있다. 서로 다른 배경과 관점이 만나 부딪히며 만들어내는 '창의적 마찰creative friction'의 힘은 아무리 강조해도 지나치지 않다. 이러한 충돌은 피해야 할 갈등이 아니라 오히려 새로운 아이디어와 혁신을 촉발하는 소중한 에너지원이다. MIT 미디어랩의 '파노라마Panorama' 프로젝트[42]는 의도적으로 사용자의 관점과 반대되는 의견과 자료를 제시해 더 균형잡힌 사고를 유도하는 실험을 진행하고 있다. 따라서 우리가 만들어갈 협업적 지식 생태계는 인공지능 기술을 통해 이러한 인간의 다양성과 창의적 마찰을 더 적극적으로 유도하고 끌어안는 방향으로 나아가야 할 것이다.

메타인지적 성찰과 주체적 실천

인간과 인공지능의 복잡하고 역동적인 협업의 장에서 우리 스스로 방향을 잃지 않고 주체적으로 나아가려면, 글을 읽고 쓰는 능력뿐만 아니라 자기 자신을 깊이 성찰하는 능력이 더욱 중요해진다. 핵심은 바로 '메타인지적 성찰력'이다. 이는 자신의 읽기와 쓰기 과정을 한걸음 떨어져서 객관적으로 바라보고, 활용하려는 AI 도구가 정말 도움이 되는지 따져보며, 자신의 접근 방식을 의식적으로 조정하고 개선해나가는 능력을 뜻한다.

교육 현장에서 학생들에게 이러한 힘을 길러주기 위한 구체적인 방법으로 '메타인지 저널'을 작성해볼 수 있다. 학생들이 인공지능 글쓰기 도구를 활용해 과제를 할 때, 결과물에만 매몰되는 것이 아니라, "내가 왜 이 도구를 쓰려고 했는가?" "AI가 제안한 것 중에 어떤 점이 좋았고, 어떤 점은 왜 받아들이지 않았는가?" "이 과정을 통해 내 생각이 어떻게 달라지고 발전했는가?"와 같은 질문을 던지며 그 과정을 꼼꼼히 기록하고 되돌아보는 것이다. 이러한 실천은 인공지능이 내놓는 그럴듯한 결과물에 무비판적으로 기대려는 마음을 경계하는 데 도움을 주고, 기술을 활용하는 과정에서도 학습자 스스로 생각하고 판단하며 그 결과에 책임지는 태도를 키우는 데 중요한 역할을 한다.

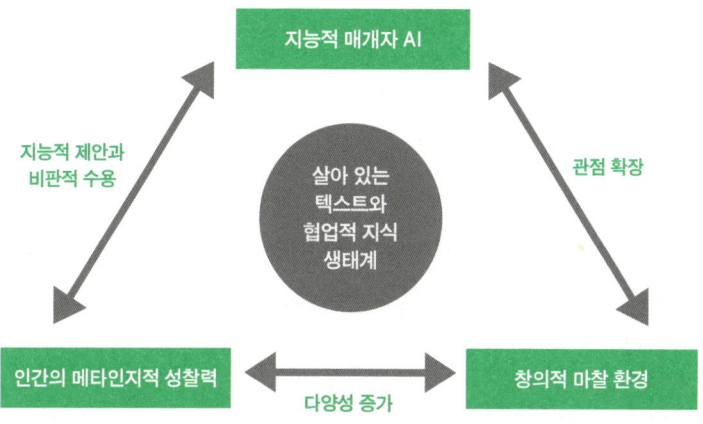

인류 지성사의 유산이 만나는 지점

경계의 해체와 참여적 문화, 살아 있는 텍스트, 그리고 메타인지적 성찰이라는 인공지능시대의 특징들은 사실 과거의 읽기와 쓰기 문화가 지녔던 다양한 가치들이 새로운 기술적 토대 위에서 부활하고 융합한 것이다. 구술 문화의 대화적이고 상호작용적인 특성은 오늘날 실시간 댓글과 공동 편집 플랫폼에서 되살아나고 있다. 문자 문화가 추구했던 체계성과 논리성은 AI의 지능적 정보 조직화 능력으로 한층 강화되고 있다. 두루마리가 지녔던 연속성과 전체성은 하이퍼텍스트와 시각화 기술을 통해 새롭게 구현되고 있다. 코덱스가 제공했던 무작위 접근의 편리성은 디지털 검색 기능으로 극대화되었다. 필사본이 담고 있던 개인화와 주석의 전통은 디지털 주석 시스템과 개인 지식 관리 도구로 진화했다. 그리고 인쇄 문화가 확립한 표준화와 광범위한 보급은 디지털 네트워크를 통해 전 지구적 규모로 확장되었다. 이 모든 역사적 유산들이 인공지능이라는 새로운 기술적 토대 위에서 예상치 못한 방식으로 결합되고 재구성되며, 인류의 지식 문화에서 새로운 장을 열어가고 있는 것이다.

우리가 함께 설계하고 만들어가야 할 미래의 읽기 쓰기 환경은 더 많은 텍스트를 더 빠른 속도로 생산하고 소비하는, 효율성을 극대화한 시스템이 아니다. 읽고 쓰는 과정 속에서 더 깊은 의미를 발견하고, 더 치열하게 사유하며, 더 자유롭게 상상하고, 더 책임감 있게 소통하는, 그래서 궁극적으로는 더 나은 인간과 더 나은 사회를 만드는 데 기여하는 방향으로 나아가야 한다.

읽기 쓰기와 관련된 인간과 기술의 공존방정식에서 핵심은 기술을 통해 인간의 창의적 상상력, 비판적 사고, 윤리적 판단, 의미 추구와 같은 본질적 가치를 더욱 풍요롭게 실현하는 데 있다. 단순히 정보를 연결하는 기술적 과제를 뛰어넘어 지식의 고리를 진정으로 연결한다는 것은 시간과 공간을 초월해 인간의 지혜와 경험, 질문과 통찰을 이어가는 인류 문명의 대과제다. 인공지능시대에도 이 본질은 변함없다. 다만 우리에게는 이 영원한 인간적 열망을 새로운 기술적 가능성과 창의적으로 결합해, 더욱 풍요롭고 의미 있는 읽고 쓰기의 문화를 창출할 책임과 기회가 주어져 있을 뿐이다.

4부
소통하다
COMMUNICATE

인간의 소통 vs. AI의 소통

인류는 본질적으로 연결을 추구하고 의미를 공유하고자 하는 존재다. 언어를 통해 생각을 표현하고, 감정을 나누며, 경험을 전달하는 행위는 단순한 정보 교환을 넘어 우리가 누구인지, 우리가 속한 세계가 무엇인지를 함께 질문하고 응답하는 과정이었다. 고대 아테네 시민들이 아고라에 모여 철학적·정치적 담론을 펼쳤던 것은 이러한 인간 본성의 자연스러운 발현이었다. 광장에서 벌어지는 토론 속에서 지혜를 연마하고, 공동체의 방향을 설정했으며, 문명의 기틀을 다졌다. 읽고 쓰는 능력이 개인의 내면적 사유를 외부세계로 확장하는 혁명이었다면, 그것이 집단적 지성으로 발전하기 위해서는 언제나 사람들 사이의 활발한 '소통'이 필수적이었다. 소통은 지식을 사회적으로 검증하고, 정교화하며, 때로는 기존의 통념에 도전해 새로운 지평을 여는 계기를 만들기도 했다.

하지만 지혜를 나누고 지식을 발전시키는 소통의 방식은 결코 단일하거나 고정되어 있지 않았다. 소통은 시대의 이상, 권력구조, 문화적 가치, 기술 변화에 따라 끊임없이 진화해왔다. 인류가 지식을 소통해온 역사는 바로 이러한 역동적인 변화와 적응의 과정이며, 각 시대가 마주했던 고유한 도전과 가능성을 생생히 보여준다. 예를 들어 고대 그리스에서는 자유로운 토론 문화가 지배적이었다면, 중세시대에는 신과 교회의 강력한 권위와 엄격한 질서 속에서도 수도사들의 신중한 필사와 지속적인 서신 교환이 지식의 명맥을 이어주었다. 근대에 이르러 학자들은 지리적·정치적 경계를 넘어 자유로운 지적 교류를 꿈꾸며 열정을 담아 쓴 편지로 '편지공화국'이라는 보이지 않는 네트워크를 구축했다. 이렇듯 각 시대는 저마다의 방식으로 정보가 흐르는 길을 내고, 진실을 판별하는 기준을 세우며, 누가 소통에 참여할 수 있는지 그 경계를 설정하는 고유한 소통의 질서를 구축해왔다.

이제 우리는 이 오랜 소통의 역사에서 또하나의 거대한 전환점 앞에 서 있다. 인공지능이 소통의 영역에서도 급진적인 변화를 가져오고 있기 때문이다. 인간의 언어를 높은 수준으로 이해하고 구사하며, 때로는 인간과 구분하기 어려울 정도로 자연스럽게 대화하는 듯한 AI를, 이제 우리의 새로운 소통 파트너라 할 수 있을까?

AI는 우리에게 인간의 한계를 뛰어넘는 소통의 가능성을 보여주는 듯하다. 꾸준한 일관성으로 방대한 정보를 순식간에 처리하고, 언어의 장벽을 넘어 소통하며, 개인의 필요에 맞춘 정보를 제공하는 능력은 분명 매력적이다. 이는 인간의 소통이 가진 본질적인 약점들, 예컨대 피로감, 감정적 편견, 기억의 불완전성, 정보처리 능력의 한계 등을 극복할 수 있는 길을 여는 것처럼 보인다. 하지만 바로 이 AI의 뛰어난 능력과 효율성은 역설적으로 우리가 그동안 당연하게 여겨왔던 인간 소통의 고유한 가치와 본질이 무엇인지를 더욱 분명하게 되묻게 만든다. 인간의 소통에서 기계가 흉내내기 어려운, 혹은 결코 가질 수 없는 능력의 핵심은 무엇일까? 그것은 아마도 미묘한 표정과 몸짓으로 감정을 나누는 공감의 능력, 수많은 경험과 관계 속에서 형성된 깊이 있는 이해력, 말과 글 너머의 숨겨진 의도를 헤아리는 통찰력, 때로는 불완전하고 모호하기에 오히려 창의적인 발상을 가능케 하는 유연함, 그리고 무엇보다 서로의 성장을 염원하며 진실된 관계를 맺고자 하는 의지일 것이다.

AI의 출현은 바로 이 지점에서 우리에게 근본적인 질문을 던진다. 인간과 AI의 소통은 과연 동등한 차원에서 이루어질 수 있는가? 상대방이 의식도, 실제 경험도, 진정한 이해도 없이 단지 방대한 데이터를 기반으로 패턴을 학습하고 확률적으로 가장 그럴듯한 반응을 생성한다면, 우리는 그것을 진정한 의미의 '소통'이라 부를 수 있는가? AI가 제공하는 정보와 지식은 객관적인 진리의 발견에 기여하는가, 아니면 데이터 속 편견과 알고리즘의 한계에 갇힌 또다른 형태의 왜곡된 현실인가? 과거 교회의 권위나 국가의 검열이 지식의 자유로운 흐름을 통제했듯, 오늘날 복잡한 알고리즘은 어떤 방식으로 우리의 생각과 소통을 제한하는가? 기술적으로는 모두에게 열린 듯 보이는 디지털 플랫폼에서 진정으로 평등한 발언권은 보장되는가, 아니면 방향을 정하는 새로운 권력으로 작용하거나 소음과 자극만 증폭되는 상황인가? 그리고 익명성과 즉각적인 피드백이 지배하는 온라인 환경에서, 불편한 진실을 용기 있게 말하는 행위는 더욱 장려되는가, 아니면 위축되는가?

이처럼 복잡하고도 중대한 질문에 답하기 위해, 4부에서는 현재의 AI 기술을 분석하는 데 그치지 않고 인류가 걸어온 지식 소통의 역사를 깊이 있게 탐색하는 여정을 먼저 떠나보려 한다. 과거의 성공과 실패, 이상과 한계를 이해하는 것은 우리가 현재 직면한 AI시대의 도전과 기회를 더 명확하게 인식하고 미래를 위한 지혜로운 길을 찾는 데 필수적인 지침이 되어줄 것이기 때문이다.

먼저 우리는 모든 시민에게 열린 광장에서 토론과 경쟁이 지식 발전의 원동력이었던 고대 그리스를 들여다보며 소통의 이상적인 조건들을 살펴볼 것이다. 이어서 신앙과 권위가 소통의 질서를 엄격하게 규정했던 중세시대에서는 지식의 맥을 어떻게 이어왔으며 어떤 새로운 소통 방식을 모색했는지 알아본다. 그리고 근대 유럽 지식인들이 편지라는 매개를 통해 어떻게 '편지공화국'을 형성하고 근대 학문의 시대를 열었는지 그 과정을 추적할 것이다.

이러한 역사적 이해를 바탕으로, 우리는 오늘날 디지털 환경의 소음과 알고리즘의 영향 속에서 AI가 가져온 소통 환경의 근본적인 변화를 객관적으로 평가하고, 인간과 AI가 어떻게 협력하고 공존하며 더 나은 지식 생태계를 만들어갈 수 있을지 구체적인 방향을 모색할 수 있을 것이다. AI가 제공하는 편리함과 효율성에 매몰되지 않고, 인간 고유의 비판적 사고와 정서적 교감, 윤리적 판단 능력을 더욱 연마하며 이 소통 기술을 주체적으로 활용하는 길을 찾는 것이 4부의 목표다.

1
경쟁적으로, 자유롭게, 진실하게

지식 소통의 토대가 된 그리스 문화

 지식을 '소통한다'는 것은 무엇을 의미하는가? 이는 단순히 정보를 한쪽에서 다른 쪽으로 건네는 것을 넘어, 공동체 안에서 서로의 생각을 나누고, 다투며 검증하고, 함께 발전시켜가는 복합적인 과정이다. 지식은 한 사람의 머릿속에 갇혀 있을 때보다 여러 사람 사이를 자유롭게 오가며 다듬어지고 확장될 때 더욱 빛을 발한다. 인류 문명의 발자취는 이 지식의 소통이 얼마나 더 효율적으로, 또 깊이 있게 이루어졌는지 보여주는 과정이라고 볼 수도 있다. 과거 인류가 지식을 어떻게 나누고 키워왔는지 그 맥락을 이해하는 것은 지식 소통의 본질을 꿰뚫는 데 중요한 열쇠가 된다. 이 장에서는 그 원형적 모습이 가장 선명하게 드러나는 고대 그리스로 눈을 돌려보자.

아테네의 시민들이 일상생활의 중심지로 활용하던 아고라는 물건을 사고파는 시장의 역할만 하지는 않았다. 이곳은 인류 역사상 최초로 지식이 공개적으로 오가는 '광장'이었다. 시민들은 이곳에 모여 철학과 정치, 예술에 대해 열띤 토론을 벌였고, 이러한 자유로운 생각의 교류는 다양한 학파의 철학과 사상이 탄생하는 자양분이 되었다. 나아가 아테네와 알렉산드리아 같은 지성의 중심지가 세워지는 밑거름이 되었다. 통신 기술이 발달하기 이전 시대에는 특정 지역을 중심으로 사람들이 모여 함께 탐구하고 지식을 공유하는 것이 중요한 소통 방식이었다. 고전기 그리스에서는 아테네가 이러한 지식 중심지 역할을 했고, 이후 알렉산드리아가 그 명맥을 이었다. 플라톤의 아카데메이아나 아리스토텔레스의 리케이온은 바로 이런 지적 교류와 경쟁의 장을 체계적으로 만든 대표적인 공간이었다.

아테네를 비롯한 그리스 도시국가들에서 이처럼 활발한 지식 소통이 가능했던 배경에는 시민들이 공유하는 깊은 문화적 유대가 있었다. 호메로스와 헤시오도스의 서사시, 사포와 핀다로스의 서정시, 그리고 수많은 비극 작품들은 지중해세계 곳곳의 그리스인들에게 공통의 언어와 정서, 세상을 이해하는 틀을 제공했다. 여러 세대에 걸쳐 이 이야기들을 통해 언어를 익히고 덕, 용기, 지혜와 같은 삶의 중요한 가치를 배우면서, 그리스인들은 서로 '통한다'는 강한 정체성을 형성했다. 이것이 바로 자유롭게 생각을 나누고 때로는 치열하게 경쟁할 수 있었던 단단한 문화적 토대가 되었다.

이 공통의 문화적 언어는 단순한 의사소통을 넘어 복잡한 개념과 아이디어를 교환할 수 있게 해주었다. 문화적 배경이 다른 사람들 사이에서는 종종 오해가 발생하기 쉽지만, 신화적 배경과 가치

체계를 공유하는 환경에서 그리스인들은 더 깊은 수준의 대화를 나눌 수 있었다. 고대 그리스인들의 이 문화적 코드가 공유되었던 범위가 곧 지중해세계 지적 연결망의 경계였다.

이 공통의 문화적 기반 위에서 고대 그리스의 시민들은 최고의 경지를 향한 경쟁을 즐겼다. '아곤agon, άγών'으로 알려진 경쟁 정신은 그리스의 문학, 철학, 음악, 연극, 체육 등 모든 영역에 스며들어 있었다. 기원전 6세기 후반 페이시스트라토스가 시작한 디오니소스 대축제의 비극 경연대회는 이런 경쟁 문화의 전형이었다.[2] 아이스킬로스, 소포클레스, 에우리피데스와 같은 거장들이 저마다 최고의 작품을 선보이기 위해 경쟁했다.

인류 최초의 문예비평이라고 할 수 있는 아리스토텔레스의 『시학』은 최고의 드라마를 향한 이 경쟁을 이론적으로 뒷받침하는 작품이기도 했다. 최고의 비극은 그리스 시민들이 공유하는 전통적 문화 속에서 그들의 도시국가가 겪고 있던 전쟁이나 역병과 같은 현실적 경험을 의미 있게 재해석할 수 있게 해줌으로써 공동체 전체의 이익에 부합해야 했다. 이 아곤의 목적은, 비극에서는 가장 극적인 감정에 몰입할 수 있도록 이끌었다가 그 비극적 감정을 정화해 배출(카타르시스)시키는 것이었고, 운동의 영역에서는 고대 그리스의 올림픽 경기가 보여주듯 신체의 한계를 시험하는 것이었다.

그리스인들에게 아곤은 승자를 가리는 싸움 그 이상이었다. 공동체의 지적 수준을 함께 높이고 더 깊은 통찰을 향해 나아가는 역동적인 과정이었다고 보는 것이 더 옳을 것이다. 아곤의 참된 정신은 상대를 꺾는 것이 아니라 더 높은 진리를 향한 공동의 여정에 있었다. 경쟁을 통해 얻은 뛰어난 성취는 개인의 영예에 그치지 않고 공동체 모두의 자산으로 돌아갔다. 경연에서 두각을 나타낸 이들의 이름과 업적은 기록으로 전해져 다음 세대가 나아갈 길을 밝히는 길잡이가 되었다.

경쟁 문화에서 연마된 소통의 기술

아테네의 아곤 문화가 한창 꽃피던 기원전 5세기, 지식과 소통의 기술을 전문적으로 가르치는 이들이 소피스트라는 이름으로 활동하고 있었다. 이들은 달아오른 지적 경쟁의 토양에서 자라났으며, 동시에 그 경쟁을 더욱 활발하게 만드는 촉매 역할을 했다. 프로타고라스, 고르기아스, 프로디코스 등이 그 대표적인 인물이다. 이들은 민주정 아테네의 시민이라면 갖추어야 할 설득과 논증의 기술을 체계적으로 전수했다. 젊은이들에게 수사학(레토리케)을 가르치며 논리적인 주장 펼치기, 정확한 언어 사용법, 효과적인 반박 기술 등 실질적인 소통 능력을 길러주었다. 그들이 연마한 이러한 기량은 아테네의 공론장을 더욱 풍성하고 격조 높게 만들었다.

소피스트의 등장은 아테네의 지식 소통에 빛과 그림자를 동시에 드리웠다. 그들은 더 많은 시민이 공적인 담론의 장으로 들어설 수 있도록 문턱을 낮춰주었고, 시민들이 자신의 생각을 남들 앞에서 효과적으로 펼칠 수 있는 정교한 도구를 손에 쥐여주기도 했다. 특히 '양론dissoi logoi, $\delta\iota\sigma\sigma o\grave{\iota}$ $\lambda\acute{o}\gamma o\iota$'이라 불린, 서로 다른 주장을 맞세워 검토하는 훈련은 하나의 사안을 다각도로 살펴보는 힘을 길러주었다.[3] 나아가 듣는 이의 마음과 상황을 헤아려 말을 건네는 설득력 있는 소통 방식의 중요성을 강조했다. 이러한 기술들은 민주정 아테네라는 무대 위에서 시민들이 제 목소리를 당당하게 내는 데 큰 힘이 되었다.

하지만 동전의 뒷면처럼 소피스트들의 가르침에는 근본적인 문제가 도사리고 있었다. 그들에게 소통의 핵심은 진리를 함께 발견하는 여정이 아니라, 오로지 상대를 효과적으로 설복시키는 기술이었다. '더 약한 주장을 더 강하게 만드는' 기교를 최고의 능력으로 내세우면서, 내용의 깊이나 진실성보다는 현란한 형식을, 참된 앎보다는 당장의 승리를 중요하게 여기는 분위기가 만들어졌다. 플라톤이 『고르기아스』나 『프로타고라스』 같은 대화편에서 그토록 신랄하게 문제삼았던 지점이 바로 여기다. 그는 소피스트들의 수사학이란 고작 상대방의 감정을 흔들어 즉각적인 동의를 얻어내려는, 겉만 번지르르한 기술일 뿐이라고 비판했다.

문화적 토양을 공유하며 건설적으로 경쟁하는 분위기 속에서, 몇몇 철학자들은 소피스트식 소통의 문제점을 인식하고 더 성숙한 소통 방식을 모색하기 시작했다. 그들은 소피스트들이 개발한 유용한 소통 도구를 받아들이면서도, 소통이 궁극적으로 지향해야 할 목표를 다시 세웠다. 상대를 설득하고 이기기 위한 수단이었던 소통은 점차 대화에 참여한 모두가 함께 진리를 향해 함께 나아가는 탐구 과정으로 그 의미가 깊어졌다. 이러한 비판적 성찰과 대화를 통해, 그리스의 지식 문화는 더 높은 차원의 소통을 향한 새로운 길을 열었다.

알레테이아와 소통의 목적

그리스인에게 지적 소통과 경쟁의 궁극적 목적은 '진리'를 밝히는 것이었다. 여기서 주목할 점은 진리를 의미하는 그리스어 '알레테이아ἀλήθεια'가 갖는 독특한 어원적 의미다. '알레테이아'는 '눈에 띄지 않게 하다' '잊다'를 뜻하는 동사 '란타네인λανθάνειν'에서 파생했는데, 그리스 신화에서 망자가 저승으로 넘어가기 전 과거의 기억을 잊기 위해 한 모금씩 마신다는 레테Λήθη의 강물과도 관련이 있다. 이 동사의 어근 앞에 부정 접두사 'ἀ-'를 붙여 '어떤 것을 은폐하거나 잊어버리지 않게 하는 것'이라는 뜻을 나타낸다.

따라서 그리스어 알레테이아가 품은 진리의 의미는, 한자 진리眞理가 가리키는 '참된 이치'와는 사뭇 다르다. 후자가 다소 완성되고 정적인 느낌이라면, 알레테이아는 '감추어진 것을 드러낸다'는 생생하고 역동적인 과정을 강조한다. 이는 어떤 사실의 맞고 틀림을 따지는 차원을 넘어선다. 알레테이아는 사물의 겉모습에 가려진 본질이 베일을 벗고 우리 앞에 나타나는 상태를 뜻한다. 고대 그리스 철학자들이 끊임없이 대화하고 논증했던 이유도 바로 여기에 있다. 그들은 피상적인 현상 너머의 참된 실재를 밝혀내려 했던 것이다.

이처럼 알레테이아는 본질적으로 소통과 떼려야 뗄 수 없는 관계다. 진리가 '은폐되거나 잊힌 상태'를 거부하는 것이라면, 망각의 장막을 걷어내고 그것을 다시 현재로 불러내기 위해서는 누군가의 목소리가 필수적이기 때문이다. 결국 진리를 향한 탐구는 말하고 듣고 응답하는 소통의 과정일 수밖에 없다. 이러한 이해를 바탕으로 진리를 추구하는 태도는 사람들 사이의 끊임없는 대화, 특히 서로 진지하게 묻고 답하는 실천을 통해 단련된다.

이러한 진리관은 그리스 문화 깊숙이 자리잡고 있었다. 가장 오래된 문학인 호메로스의 서사시에서부터 이미 진실을 말하는 행위, 즉 알레테이아의 실천이 중요하게 그려져 있다. 『오디세이아』를 보면 "아무것도 숨기지 않고 모든 것을 말하겠다"고 약속하는 증인들이 거듭 등장한다. 가령, 네스토르는 아가멤논의 비극적인 죽음과 당시 메넬라오스의 행방에 대해 "모든 것을 사실대로 말하겠소"라며 증언을 시작한다(『오디세이아』 3권). 오디세우스의 충직한 하인이자 돼지치기 에우마이오스 역시 낯선 모습의 오디세우스가 겪은 일들을 텔레마코스에게 전하며 "나는 그대에게 모든 것을 사실대로 말씀드리겠습니다"라고 다짐한다(『오디세이아』 16권). 이처럼 알레테이아는 구체적인 삶의 경험에 뿌리를 두었으며, 숨김없이 말하는 그 행위를 진리를 드러내는 길로 여겼다.

이러한 진리 추구의 전통은 자연철학과 수학에서도 이어졌다. 앞서 1부에서 이야기했듯이 "자연 속에 늘 그렇게 존재하고 성립했으나 그 이전에 어느 누구도 찾아내지 못했던", 그래서 자연에 숨겨진 신의 흔적으로 남아 있던 진리를 처음으로 발견했던 아르키메데스의 사례는 발견의 가치와 함께 지식 소통의 가치를 잘 보여준다. 그는 「구와 원기둥에 관하여」에서 편지 형식으로 쓴 서문을 이렇게 맺는다.

> **수학과 친한 사람들과의 나눔은 아름다운 것이라고 판단해 우리는 그대에게 증명들을 작성해서 보내네. 수학에 종사하는 자들이 이걸 검토해봐도 좋을 것이네. 잘 지내게.**

고대 지중해세계에서 저자가 서문을 남기는 것은 흔한 일은 아니었다. 그 희소성 때문에 많은 관심을 끌었던 이 서문이 당시 지중해세계에서의 지식 소통을 "아름다운 것"으로 표현하며 끝맺음을 하고 있다는 점은 더욱 인상적이다. 아르키메데스가 자신이 발견한 수학적 진리를 탐구하는 일에 초대한 대상은 비단 당시 수학과 친했던 사람들뿐만 아니라, 오늘날 이 책을 펼쳐 서문을 읽고 있는 우리 시대의 독자들도 포함할 것이다.

그러나 아르키메데스의 지식 소통에 대한 열정은 자신보다 연배가 높았으나 함께 수학적 진리를 탐구하는 좋은 친구였던 코논의 죽음으로 좌절을 겪기도 했다.⁴ 『나선에 관하여』의 서문에서 그는 코논의 죽음으로 인해 "기하학의 대단한 진보"가 지연되었음을 애석해 했다. 이는 지식 소통이 개인의 노력만으로는 지속되기 어렵고, 그것을 받아들이고 발전시킬 공동체가 필요함을 보여주는 대목이다.

알레테이아를 추구하는 과정에서 그리스 철학자들은 특별한 대화 방식을 발전시켰다. 소크라테스와 플라톤으로 대표되는 변증법 διαλεκτική은 지식 소통의 방법론이었다. 변증법은 본질적으로 대화로 이루어지며, 두 가지 핵심 요소를 포함한다. 첫째는 '엘렌코스ἔλεγχος'로 불리는 반박의 과정이다. 소크라테스는 대화 상대자의 주장에 내재된 모순을 드러내기 위해 일련의 질문을 던진다. 이러한 비판적 검토는 대화 상대자가 자신의 무지를 자각하는 '아포리아ἀπορία'의 상태로 이끈다. 둘째는 '마이에우티케μαιευτική'라 불리는 사상의 산파술이다. 소크라테스는 자신을 산파에 비유하며, 질문을 통해 대화 상대자가 스스로 진리를 '출산'하도록 돕는다.

플라톤의 대화편 『메논』에는 소크라테스의 독특한 대화 방식이 생생하게 그려져 있다. 배움의 기회가 없었던 한 노예 소년과 마주 앉은 소크라테스는 그를 다그치거나 정답을 주입하려 들지 않는다. 대신 소크라테스는 연달아 질문을 던진다. 처음에는 틀린 답을 내놓으며 당황하던 소년은 소크라테스의 질문을 차근차근 따라가며 마침내 스스로 사각형의 넓이를 두 배로 만드는 기하학적 원리를 깨닫게 된다. 플라톤이 보기에 이 과정의 핵심은 소년이 먼저 자신의 무지를 정직하게 마주하는 단계를 거친다는 점이다. 바로 그 '모른다는 깨달음'이야말로 진정한 앎으로 나아가는 출발점이기 때문이다.

변증법적 대화의 본질은 일방적인 지식 전달이 아닌, 함께 진리를 찾아가는 상호적인 탐구에 있다. 참여자들은 서로 가르치고 배우는 정해진 역할에서 벗어나 함께 질문하고 답하며 진리를 향해 나아간다. 이 과정은 미리 짜인 각본 없이 열려 있으며, 대화가 흘러감에 따라 예상치 못한 방향으로 전개되기도 한다. 따라서 변증법적 대화에 참여하려면 단지 듣기만 하는 것이 아니라, 스스로 깊이 생각하고 비판적으로 따져 묻는 적극적인 자세가 필수적이다.

이러한 변증법적 대화는 지식과 진리에 대한 철학적 관점을 반영한다. 플라톤에게 진정한 지식은 외부에서 주입되는 것이 아니라 영혼 안에 이미 존재하는 것을 '상기ἀνάμνησις'하는 과정이다.[5] 따라서 소통은 다른 사람의 영혼 속에 잠재된 진리를 일깨우는 촉매제 역할을 한다. 진정한 철학은 영혼에 직접 새겨지는 대화 속에서만 실현될 수 있었다.

이처럼 그리스인들에게 진리는 고정된 명제의 집합이 아니라 소통을 통해 점진적으로 드러나는 역동적인 과정이었다. 지식은 개인의 소유물이 아닌, 공동체가 함께 발견하고 검증하며 발전시켜가는 공공재였다. 이러한 관점은 그리스 문명이 이후 서양의 지식 문화에서 중요한 근간이 되는 바탕이 되었다.

자유로운 소통의 조건, 이세고리아와 파레시아

　사도 요한이 "그 말씀은 천지가 창조되기 전부터 계셨습니다. 우리는 그 말씀을 듣고 눈으로 보고 실제로 목격하고 손으로 만져보았습니다.(「요한1서」1:1)"라고 증언했듯이, 알레테이아를 아무 제약 없이 말하기 위해서는 보고 듣고 만진 바를 그대로 전할 발언의 자유가 전제되어야 했다. 고대 그리스인들은 이러한 발언의 자유를 두 가지 상호보완적 개념으로 발전시켰다.

　'이세고리아σηγορία'는 '발언에 대해 동등함'을 뜻하는, 발언의 자유를 구성하는 첫번째 개념이다. 즉 모든 시민에게 평등한 발언권이 주어져야 한다는 원칙이다. 고대 아테네 민회(에클레시아)에서는 "누가 발언하고자 하는가?"라는 집정관의 물음에 어떤 시민이라도 연단(베마)에 올라 의견을 펼칠 수 있었다. 이러한 관행은 민주정치의 토대를 이루었고, 때로는 '데모크라티아(민주주의)'와 '이세고리아'가 서로 바꿔 쓸 수 있는 용어로 여겨지기도 했다.

　이세고리아는 발언권 보장이라는 권리뿐만 아니라, 그 발언이 공적인 장에서 진지하게 검토되고 평가받을 권리까지 포함하는 개념이었다. 모든 시민의 주장은 원칙적으로 발언자의 사회적 지위나 배경과 무관하게 그 내용에 따라 판단받을 기회를 얻었다. 물론 실제로는 웅변술이 뛰어나거나 사회적 영향력을 가진 시민이 더 큰 설득력을 발휘하는 경우가 많았지만, 이세고리아의 이상은 적어도 형식적으로는 모든 시민에게 동등한 발언의 장을 제공했다. 이러한 관행은 지식이 소수 특권층만의 전유물이 아니라 공동체 구성원 모두가 참여하고 기여할 수 있는 공적 영역의 자산임을 보여주었다.

한편 '파레시아παρρησία'는 '모든 것을 말함'이라는 뜻으로, 어떤 위협이나 권력관계 속에서도 진실을 말할 수 있는 용기를 의미했다. 프랑스 철학자 미셸 푸코가 『담론과 진실』에서 분석했듯, 파레시아는 생명의 위험을 무릅쓰고라도 진실을 말하는 윤리적 태도였다.[6]

솔론과 크로이소스왕의 일화는 파레시아의 본질을 잘 보여준다.[7] 리디아의 크로이소스왕이 자신의 호화로운 궁전과 막대한 부를 자랑하며 "가장 행복한 사람이 누구인가"라고 물었을 때, 아테네의 현자 솔론은 왕이 원하는 아첨의 말 대신 진실을 말했다. 솔론이 말한 가장 행복한 사람들은 평범하지만 선한 삶을 살다 편안하게 생을 마감한 사람들이었고, 이는 훗날 비극적 결말을 맞게 될 크로이소스왕에게는 불편한 진실이었다. 솔론은 자신의 대답이 크로이소스왕의 분노를 불러일으킬 것을 알면서도 진실을 굽히지 않았다. 그리스인들은 이런 이야기를 통해 권력 앞에서도 진실을 말하는 용기에 대해 성찰할 수 있었을 것이다.

이세고리아와 파레시아는 상호보완적인 관계에 있었다. 모든 시민에게 발언 기회를 동등하게 부여하는 이세고리아의 형식적 평등은 모든 것을 용기 있게 말할 수 있는 파레시아의 실질적 진실성과 결합해야만 의미가 있었다. 이 두 원칙이 함께 작동할 때, 아고라나

프닉스 언덕의 민회장과 같은 공적 공간에서 진정한 지식 소통이 이루어질 수 있었다.

누구나 자유롭게 말할 수 있지만(이세고리아), 진실을 말해야 하는 책임(파레시아)을 함께 부여함으로써 그리스인들은 표현의 자유와 발언의 내용 사이에서 균형을 찾고자 했다. 이러한 균형은 건강한 지식 소통의 기본 요소로서, 그리스시대 이후에도 학문과 공론장의 이상으로 계속 남아 있었다.

소크라테스는 이러한 이세고리아와 파레시아의 원칙을 자신의 철학적 활동에서 충실히 구현한 인물이었다. "내가 아는 것은 내가 아무것도 모른다는 것뿐이다"라는 그의 유명한 역설은 알레테이아를 향한 겸허한 태도를 보여준다. 그는 신분이나 지위에 상관없이 누구와도 대화를 나누었으며(이세고리아), 권력자들 앞에서도 자신의 생각을 숨기지 않았다(파레시아).

소크라테스의 재판과 죽음은 이러한 소통 원칙들이 사회적 합의와 부딪힐 때 발생하는 긴장관계를 선명하게 보여주는 사례다. "신탁은 틀렸다"고 주장하며 기존 권위에 도전하고, 젊은이들에게 끊임없이 질문하라고 가르쳤던 그의 파레시아는 결국 "신성모독과 청년 타락"이라는 혐의로 이어졌다. 재판 과정에서도 그는 자신의 원칙을 굽히지 않았으며, "검토되지 않은 삶은 살 가치가 없다"는 신념을 마지막까지 지켰다. 소크라테스의 최후는 진리 추구와 자유로운 소통이 때로는 생명을 걸어야 하는 위험한 여정임을 생생히 보여준다.

고대 그리스의 세 가지 소통 원리

개념	의미	역할
알레테이아	감추어진 것을 벗겨서 드러냄, 잊히지 않음	진리(眞理): 지식 소통의 궁극적 목표로서, 단지 사실이 아닌, 소통을 통해 숨겨진 본질을 드러내는 역동적인 과정
이세고리아	발언에 대해 동등함	평등한 발언권: 사회적 지위와 무관하게 모든 시민이 공적인 장소에서 동등하게 발언하고 그 의견을 내용에 따라 평가받을 권리(형식적 평등)
파레시아	모든 것을 말함	용기 있는 진실 말하기: 권력이나 위협 앞에서 위험을 무릅쓰고서라도 진실을 솔직하게 말하는 윤리적 태도 및 책임(실질적 진실성)

이러한 이상적 소통 모델이 고대 아테네에서 온전히 구현된 것은 아니었다. 아테네의 이세고리아가 내세운 '평등한 발언권'은 실제로는 성인 남성 시민에게만 주어졌고, 여성과 노예, 외국인(메토이코이) 들은 이 공적 토론에서 완전히 배제되었다. 이러한 제한은 현대적 관점에서뿐 아니라 당시의 시각으로 볼 때도 지식 형성과 소통 과정에 심각한 제약으로 작용했다. 다양한 시각의 부재는 결국 지식의 편향으로 이어질 수밖에 없었기 때문이다.

파레시아 역시 때로는 무책임한 발언으로 변질되어, 허위와 기만의 말하기인 팔라시아φαλάσια로 전락하기도 했다. 클레온과 같은 정치가들은 대중의 감정을 자극하는 수사로 민회를 장악했고, 투키디데스가 기록했듯이 "가장 극단적인 주장이 가장 많은 지지를 얻는" 상황이 종종 발생했다.[8] 소통의 질이 저하되면서 합리적 판단보다는 감정적 호소가 우세해지는 경향이 나타난 것이다. 이는 민주적 소통의 아이러니를 드러내는데, 모두에게 발언권이 주어질 때 오히려 심사숙고한 지식보다 자극적인 언사가 힘을 얻는 위험이 있음을 보여준다.

아테네의 정치적 쇠퇴와 함께 그리스의 소통 문화도 변화를 겪었다. 로마제국이 팽창하고 그리스 도시국가들이 정치적 독립성을 잃으면서, 아고라의 자유로운 토론 문화는 점차 위축되었다. 이러한 정치적 변화는 그리스가 추구했던 지식 소통의 세 가지 핵심 원리인 알레테이아, 이세고리아, 파레시아가 새로운 형태로 변모하는 계기가 되었다.

헬레니즘시대 지식 소통의 변화

알렉산드로스대왕 사후, 헬레니즘시대가 열리면서 정치 지형은 격변했다. 도시국가(폴리스) 중심의 시민 공동체는 힘을 잃고, 프톨레마이오스왕조나 셀레우코스왕조 같은 거대한 제국들이 그 자리를 차지했다. 이러한 변화는 그리스의 지식 소통 문화에도 근본적인 변화를 가져왔다. 활기 넘치던 아고라와 극장 대신 왕립도서관과 연구 기관이 새로운 지식의 중심지로 부상했다. 직접적인 대면 토론과 함께 문헌을 통한 간접적인 학문 교류가 활발해졌다. 지리적으로는 지식 소통의 범위가 넓어졌지만, 그 성격은 모든 시민에게 열려 있던 대화의 영역에서 학문에 능통한 소수 전문가의 영역으로 점차 옮겨갔다.

헬레니즘시대의 구조적 변화는 지식 소통의 기본 원리들마저 바꾸어놓았다. 아테네 민주정에서 진리(알레테이아)가 시민들의 치열한 토론과 논쟁 속에서 함께 찾아가는 것이었다면, 이제는 도서관과 연구실에서 전문가들이 체계적인 연구를 통해 추구하는 대상이 되었다. 진리는 더이상 공동체의 살아 있는 합의가 아니라 정해진 학문적 방법론을 통해 규명되는 것으로 여겨졌다.

발언권을 보장하는 권리(이세고리아) 역시 그 의미가 달라졌다. 공적 발언을 위한 목소리는 점차 학문적 전문성을 증명해야 얻을 수 있는 특권처럼 여겨졌다. 문법학, 수학, 천문학 등 각 분야가 고유한 언어와 방법론을 발전시키면서 전문가 집단 사이의 벽은 높아졌고, 서로 다른 분야 간의 소통은 점점 더 어려워졌다. 지식은 한층 깊어졌지만, 그 문턱 또한 높아진 셈이다.

진실을 거침없이 말할 용기(파레시아)의 의미와 실천 방식 또한 변화를 맞았다. 아테네에서 파레시아가 권력자나 다수의 의견에 맞서 불편한 진실이라도 기꺼이 외치는 용기였다면, 헬레니즘시대에 이르러 이 개념은 여러 갈래로 나뉘었다. 견유학파[9]는 디오게네스의 정신을 이어받아 여전히 왕과 부자들을 향해 신랄한 비판을 쏟아냈다. 알렉산드로스대왕이 디오게네스에게 소원을 묻자 "내 햇빛이나 가리지 마시오"라고 답했다는 일화는 권력 앞에서도 굴하지 않는 이들의 태도를 상징적으로 보여준다. 하지만 다른 학파들에서 파레시아는 또다른 모습으로 나타났다. 스토아학파는 제자들 앞에서 덕德에 관한 엄격한 진리를 설파하는 데 힘썼고, 에피쿠로스학파는 '케포스(정원)'라는 그들만의 공간에 모여 당시 사회 통념과는 다른, 자연과 쾌락에 대한 진리를 조용히 나누었다.

헬레니즘시대에 일어난 지식 소통의 변화는 이후 로마가 그리스 문화를 받아들이는 방식에도 영향을 미쳤다. 로마는 그리스의 소통 전통을 계승하면서도 자신들의 사회 현실에 맞게 이를 변형했다. 키케로와 같은 뛰어난 연설가들이 등장하면서 수사학은 더욱 체계적이고 정교하게 발전했고, 원로원 토론이나 포럼 연설은 여전히 정치활동의 중요한 축이었다. 그러나 그리스 도시국가의 시민 중심적 소통과는 분명한 차이가 있었다. 로마에서는 소수의 귀족과 정치 엘리트가 주도하는 위계적인 소통 구조가 더 강하게 자리잡았다. 진리를 탐구하는 목적 또한 달라져, 순수한 철학적 사유보다는 법적 정의를 세우거나 사회적 합의를 도출하는 실용적인 측면이 더욱 강조되었다.

공적 대화에서 내적 대화로의 변화

특히 스토아철학은 로마에서 독특한 형태의 소통 문화를 꽃피웠다. 세네카가 친구 루킬리우스에게 보낸『도덕 서한Epistulae Morales ad Lucilium』은 형식상으로는 개인적인 조언이지만, 실질적으로는 윤리적 성찰을 담아 더 넓은 독자들과 소통하려는 문학적 시도였다. 로마제국의 황제 마르쿠스 아우렐리우스가 쓴『명상록』은 최고 권력자가 자기 내면을 향해 끊임없이 질문하고 답하는 지극히 개인적인 기록이다.[10] 이는 권력을 향해 진실을 말하는 것(파레시아)이 자기 자신을 향한 내면적 진실 추구로 전환된 모습이라 할 수 있다. 이 작품들은 로마의 소통 문화가 그리스의 정신을 이어받으면서도, 로마 특유의 정치 현실과 스토아철학의 내면 지향성을 반영하며 새로운 차원으로 나아갔음을 보여준다.

로마제국 후기에 이르러 그리스도교가 사회 전면에 부상하면서 지식 소통의 풍경은 다시 한번 근본적으로 달라졌다. 아우구스티누스와 같은 교부들은 고전 수사학의 정교한 기법을 능숙하게 받아들였지만, 그 목적은 신학적 논증을 다듬고 복음을 전파하는 데 있었다. 무엇보다 진리를 이해하는 방식이 크게 바뀌어, 진리를 신의 계시를 통해 주어지는 영원하고 변치 않는 것으로 여겼다.

그리스도교의 영향력은 학문과 소통 방식 전반으로 퍼져나갔고, 성서가 모든 지식의 원천이자 최종적인 권위로 자리잡자 자유로운 탐구보다는 교회 공동체의 전통 안에서 성서를 '올바르게' 해석하는 능력이 무엇보다 중요해졌다. 교회 안에서는 자연스레 모두가 동등하게 발언할 권리(이세고리아)는 약화되고, 성직자의 서열에 따른 권위가 그 자리를 대신했다. 거침없이 진실을 말하는 파레시아 역시 크게 변모해 교리가 허락하는 테두리 안에서 자신의 죄를 고백하거나 정해진 신앙을 증언하는 방식으로 제한되었다. 때로는 침묵이 중요한 덕목으로 강조되기도 했으며, 고해성사는 진실을 고백하는 제도화된 창구가 되었다.

그리스의 소통 모델이 장구한 시간 속에서 겪어온 이 변화의 여정은 중요한 사실을 일깨워준다. 지식을 나누고 소통하는 방식은 단순한 기술의 문제가 아니라, 그 사회의 정치체제, 권력의 분포, 그리고 문화적 가치와 밀접히 연결되어 있다는 점이다. 지식은 결코 진공상태에서 홀로 존재하거나 전달되지 않는다. 그것은 언제나 특정한 시대와 사회라는 토양에서 뿌리내리고, 자라나고, 또 끊임없이 재해석된다. 그렇기에 고대 그리스의 이상이었던 알레테이아, 이세고리아, 파레시아가 시간 속에서 빛이 바래고 모습이 달라져간

과정을 추적하는 일은, 그리스를 넘어 다른 시대와 문화 속 소통의 역사를 이해하는 데도 중요한 실마리를 제공한다.

2
권위 아래, 침묵 속에서

신의 말씀과 교회의 그늘
진리와 목소리의 재편

로마제국의 쇠퇴는 지중해세계를 엮었던 광대한 네트워크를 느슨하게 만들었다. 그리스어로 쓰인 방대한 지적 유산은 서유럽에서 점차 희미해져갔고, 소통의 중심은 열린 광장에서 닫힌 수도원과 교회의 권위 아래로 옮겨갔다. 마치 한반도의 밤을 찍은 위성사진 속에서 남북이 극명한 대비를 이루는 것처럼, 한때 지식을 주고받으며 반짝였던 여러 중심지의 불빛이 하나둘 꺼져가는 듯했다. 이러한 격변 속에서, 고대 그리스가 소중히 여겼던 대화를 통한 진리 탐구(알레테이아), 평등한 발언권(이세고리아), 용기 있는 진실 말하기(파레시아)는 어떤 운명을 맞이했을까? 단절과 혼란의 시대에 지식은 어떻게 살아남아 다음 세대로 이어질 수 있었으며, 소통의 규칙과 목적은 어떻게 정의되었을까?

흔히 '암흑시대'라 불리지만 중세시대 1000년의 시간은 결코 지적인 공백기가 아니었다. 오히려 고대의 유산을 선별적으로 받아들이고 변형시키며, 다가올 시대를 위한 새로운 소통의 질서를 만들어낸 역동적인 시기였다.

중세 유럽의 지식 소통을 이해하는 열쇠는 바로 '권위auctoritas'라는 개념이다. 권위는 세속적인 힘을 넘어, 진리의 원천이자 해석의 기준으로서 지적 활동의 방향을 결정했다. 하지만 이것이 고대 그리스의 자유로운 탐구 정신을 완전히 억눌렀다는 의미는 아니다. 오히려 중세는 권위라는 새로운 질서 안에서 텍스트와의 깊이 있는 대화나 내면의 성찰과 같은, 고대와는 또다른 종류의 지적 가치와 소통 방식을 발전시켰다.

고대 그리스인들이 치열한 대화와 탐구를 통해 베일을 벗기려 했던 진리(알레테이아)는 이제 다른 모습으로 다가왔다. 중세의 진리, 즉 베리타스veritas는 근본적으로 신에게서 비롯된 것이며 성서와 교부들(아우구스티누스, 히에로니무스 등) 그리고 교회의 가르침이라는 흔들리지 않는 권위 속에 담겨 있다고 여겨졌다. 진리는 더이상 사람들 사이에서 새롭게 발견되는 것이 아니라 이미 주어진 신성한 텍스트와 전통을 통해 올바르게 해석하고 이해해야 할 대상이었다. 따라서 지식 소통의 목표 역시 개인과 공동체의 덕을 함양하고 세계를 이성적으로 파악하려 했던 그리스와는 달리, 중세의 사람들은 신의 질서를 깨닫고 영혼의 구원에 이르는 길을 찾는 데 집중했다.

이러한 변화는 지식 소통이 이루어지는 현장의 모습도 바꾸어놓았다. 북적이던 아고라 대신 고요한 수도원의 스크립토리움scriptorium, 즉 필사실이 지식 생산과 보존의 심장부로 떠올랐다. 수도사들은 양피지에 한 글자 한 글자 정성스럽게 옮겨 적으며, 성 아우구스티누스의 신학이나 성 베네딕토의 수도 규칙 속에 담긴 지혜와 깊은 대화를 나누었다. 이 침묵 속에서 이루어진 고독하고 더딘 노동은 비록 외부를 향한 자유로운 발언은 아니었지만 텍스트와의 경건한 만남이자 지식을 온전히 자기 것으로 만드는 중요한 소통 과정이었다.

권위를 중요시하는 중세의 진리관은 소통의 방식과 참여자의 목소리에도 그대로 반영되었다. 지식 전달과 소통은 주로 위에서 아래로 흐르는 수직적인 형태를 띠었다. 대성당 부속 학교나 초기 학문 중심지에서 이루어진 강독lectio은 스승이 권위 있는 텍스트를 읽고 해석하며 그 의미를 학생들에게 전달하는 방식으로 진행되었다. 학생들은 주의깊게 듣고 필기하며 주어진 지식을 흡수했다. 평등한 발언권을 중시했던 그리스의 이상은 중세의 엄격한 위계질서 속에서는 찾아보기 어려웠다. 주교는 평사제 앞에서, 교수는 학생 앞에서, 영주는 농노 앞에서 절대적인 권위를 가졌고, 그들의 목소리는 서로 다른 무게를 지녔다.

중세사회에서 권위에 맞서 불편한 진실을 말하는 것은 엄청난 대가를 치러야 하는 행위였다. 교회의 가르침에 어긋나는 주장을 펼치면 이단으로 몰렸고, 세속 군주의 정책을 비판하는 것은 엄격하게 통제되었다. 자신의 대담한 신학적 견해 때문에 여러 차례 교회 회의에서 단죄받았던 아벨라르의 사례[11]나, 훗날 얀 후스나 조르다노 브루노가 화형대에 올라야 했던 비극은 권위에 도전하는 발언이 어떤 결과를 초래할 수 있는지 분명히 보여준다.[12] 이런 분위기 속에서 파레시아는 극도로 위축되거나 다른 방식으로 변형될 수밖에 없었다. 때로는 베르나르 드 클레르보처럼 높은 영적 권위를 가진 인물이 교회의 세속화나 성직자의 타락을 강하게 비판하기도 했지만, 이 역시 교회의 개혁이라는 큰 틀 안에서 이루어진 예외적인 경우였다.

외부세계를 향해 용감하게 진실을 외치기 어려웠던 시대에 그 에너지는 자연스럽게 안으로, 자신의 내면을 깊이 들여다보는 길로 흘러들었다. 신 앞에 홀로 서서 자신의 영혼을 성찰하고 개인적인 관계를 모색하는 것, 이것이 어쩌면 중세가 허락한 가장 안전하고 충실한 '진실 말하기'였을지 모른다. 자신의 모든 방황과 믿음의 여정을 숨김없이 드러낸 아우구스티누스의 『고백록』은 바로 이러한 내면 탐구의 기념비적인 성과이자, 이후 서양 정신사에 깊은 영향을 남긴 자아 성찰의 원형이 되었다. 수도자들이 매일의 삶 속에서 자신의 양심을 비추어보던 것처럼, 고대의 파레시아는 이제 세상을 향한 외침 대신 스스로에 대한 고요한 성찰 속에서 그 명맥을 이었다.

결국 중세의 지식 소통은 신과 교회의 권위라는 거대한 그늘 아래에서 이루어졌다. 이미 계시된 진리는 올바르게 해석되어야 했고, 목소리는 위계에 따라 무게가 달랐으며, 자유로운 발언은 침묵과 통제 속에서 조심스럽게 길을 찾아야 했다. 이는 분명 고대 그리스의 이상과는 다른 모습이었지만, 바로 이러한 조건 속에서 중세는 그 시대만의 독특한 지식체계와 소통 방식을 발전시켜갔다.

길 위에서, 글 속에서
단절을 넘어 소통을 이어가다

정치적 분열과 험준한 지리적 장벽에도 불구하고, 중세 유럽의 지식은 완전히 고립된 섬들로 흩어지지만은 않았다. 오히려 단절을 극복하고 지식의 생명력을 이어가려는 끈질긴 노력이 다양한 방식으로 펼쳐졌다. 한때 지중해세계를 하나로 묶었던 물리적 연결망의 기억과 새로운 시대의 소통 방식이 교차하며, 느리지만 꾸준히 지식 소통의 강물이 흘렀다.

그 시작점에는 로마가 닦아놓은 길에 대한 기억이 있었다. "모든 길은 로마로 통한다Omnes viae Romam ducunt"는 말처럼,[13] 370여 개의 주요 가도가 총 8만 킬로미터에 달했던 로마의 길은 단순한 이동로가 아니었다. 그것은 제국의 신경망이자 혈관이었으며, 사람과 물자뿐 아니라 사상과 지식을 실어나르는 통로였다. 헬레니즘시대 지중해를 통해 퍼져나간 그리스의 철학, 과학, 문학이 이 길을 따라 로마와 서유럽 곳곳으로 스며들었다. 사도 바울로가 아피아가도를 통해 로마로 들어가 복음을 전할 수 있었던 것도, 키케로의 웅변술이 먼 속주에까지 영향을 미칠 수 있었던 것도 모두 이 잘 닦인 길 덕분이었다. 이 길을 걸었던 수많은 사람의 발걸음 하나하나가 고대세계의 지식과 문화를 연결하는 그물망이 되었다.

그러나 역설적이게도 제국의 번영을 지탱했던 이 길들은 제국의 몰락을 재촉하는 통로가 되기도 했다. 북방의 이민족들은 바로 이 잘 닦인 길을 따라 거침없이 로마의 심장부로 진격했고, 서기 410년 서고트족에 의한 로마 약탈과 476년 서로마제국의 최종 멸

망은 이 거대한 물리적 네트워크의 종말을 고하는 듯했다.

길이 끊어지고 제국이 무너진 자리에 들어선 중세 유럽은 새로운 연결 방식을 찾아야 했다. 물리적인 길도 여전히 중요했지만, 그 위를 흐르는 지식의 내용을 담고 전달할 새로운 그릇과 언어가 필요했다. 그 역할을 한 것이 바로 라틴어였다. 로마제국이 남긴 가장 지속적인 유산 중 하나인 라틴어는 중세 서유럽 전체를 아우르는 학문, 종교, 행정의 공용어가 되었다. 각 지역마다 이미 고유한 언어를 사용하고 있었지만, 지식인사회에서만큼은 라틴어라는 공통의 언어를 통해 민족과 국경을 넘어 소통할 수 있었다. 아일랜드 수도사가 쓴 기도문이 이탈리아 남부의 수도원 도서관에 소장되고, 파리의 대학교수가 쓴 편지가 쾰른의 학자에게 전달될 수 있었던 것은 모두 라틴어 덕분이었다. 이 '라틴그리스도교세계Latin Christendom'는 지리적·정치적 경계를 넘어선 지적 네트워크를 형성하며 서유럽 문명의 동질성을 유지하는 데 결정적인 역할을 했다.

이렇게 라틴어로 쓰인 지식을 담는 주된 그릇은 손으로 베껴 쓴 필사본이었다. 필사본 제작에는 엄청난 시간과 비용이 들었기에, 필사본은 지식의 희소성과 가치를 높이는 요인이었다. 이 때문에 필사본을 소중히 보존하고 다음 세대에 전하는 것이 중세 지식인들의 중요한 사명이었다. 때마침 필사본의 가독성과 정확성을 높여 지식 전달의 효율을 끌어올린 중요한 혁신, 카롤링거 소문자 Carolingian minuscule가 등장했다.[14] 8~9세기 카롤루스왕조 시기에 개발된 이 서체는 명확하고 표준화된 모양으로 마치 문자의 세계에 고속도로를 놓은 것과 같았다. 이전까지 지역마다 달라 혼란스러웠던 글자체를 통일함으로써, 유럽 전역에서 라틴어 텍스트를 더 빠르고 정확하게 읽고 복제할 수 있게 된 것이다. 이는 지식의 시각적 표준화를 이루어 후대의 학문 발전과 지식 확산에 결정적인 기여를 했다.

이렇게 언어와 문자가 기반을 다진 후, 단절된 세계를 실질적으로 연결하며 지식의 혈맥 역할을 한 것은 바로 중세의 편지였다. 오늘날의 기준으로는 무엇이라 정의하기 애매한 기록들도 많지만, 점토판에서 양피지에 이르기까지 다양한 매체에 담긴 메시지들은 멀리 떨어져 있는 개인과 공동체를 잇는 거의 유일한 비대면 소통 수단이었다.

편지는 말과 글의 경계에 있는 독특한 매체였다. 수신인을 염두에 두고 쓰였기에, 딱딱한 기록물과는 달리 훨씬 친근하고 개인적인 어조를 담을 수 있었고, 때로는 쓴 사람의 감정이 생생하게 전달되기도 했다. 요청이나 지시 사항조차 강압적인 어조로 윽박지르기보다는 왜 그래야 하는지 설명하며 설득하는 부드러운 톤으로 전달하는 경우가 많았다. 편지가 여전히 기록된 글자들로 구성되어 있음에도, 다른 기록물을 읽을 때보다 읽는 이가 발신인의 감정을 더 생생하게 느낄 수 있었던 이유다.

이런 구술의 장점을 갖는 동시에, 편지는 한번 내뱉으면 사라지는 말과 달리 기록으로 남아 오래 지속된다는 장점도 지녔다. 중요한 내용이나 합의 사항을 기록하여 보존할 수 있었고, 때로는 공동체의 중요한 기억을 담아놓는 아카이브 역할도 했다. 나아가 편지는 때로 공동체 전체의 소통 도구가 되기도 했다. 『신약성서』에 포함된 사도 바울로의 서신들을 초기 교회 공동체에서 소리 내어 읽었던 것처럼, '시각적'으로 기록된 편지를 다시 '청각적'으로 활용하며 공동체의 신념과 지식을 다지는 역할을 했다.

하지만 편지가 만능은 아니었다. 말과 글의 경계에 선 그 독특함은 때로 약점이 되기도 했다. 얼굴을 마주하고 나누는 대화의 무게감이나, 수많은 청중을 사로잡는 연설의 뜨거운 현장감을 편지에 담을 수는 없었다. 중요한 결정이나 민감한 사안일수록 사람들은 여전히 직접 만나기를 원했고, 편지를 보조적인 수단으로 여기기도 했다.

그러나 중세라는 특수한 시공간에서 편지가 지닌 가치는 이런 한계를 압도하고도 남았다. 길이 험하고 만남이 어려웠던 시절, 편지는 멀리 떨어진 사람과 공동체를 이어주는 거의 유일한 소식통이었다. 교황이 주교에게 명령을 전달하고, 수도원끼리 책을 빌려주고, 왕이 봉신에게 소식을 전하고, 무엇보다 학자들이 서로의 발견과 고민을 나누며 지적 네트워크를 만들어갈 수 있었던 것은 바로 이 느리고 더딘 편지 덕분이었다. 10세기 말 제르베르 도리야크가 유럽 전역의 동료들과 편지로 교류하며 학문의 지평을 넓히고,[15] 캔터베리 대주교 안셀무스가 편지를 통해 사상을 펼치며 제자들을 이끌었던 모습은 편지가 어떻게 중세 지성의 혈관 역할을 했는지 잘 보여준다.

편지는 종종 몇 주 혹은 몇 달에 걸쳐 험난한 길을 가야만 했다. 하지만 그 안에 담긴 생각과 정보는 물리적 거리를 넘어 끊어진 점들을 잇는 실처럼 중세 유럽의 지식 네트워크를 촘촘히 엮어주는 지식의 생명선이었다. 느리고 어렵게 오고갔지만 바로 이 편지들을 통해 단절을 넘어서려는 간절한 소통의 의지가 이어졌던 것이다.

대학, 지식 소통의 새로운 중심

수도원의 고요한 필사실과 길 위의 편지만이 중세시대 소통의 전부는 아니었다. 중세 중기에 접어들자 지식 소통의 풍경에 또 한 번의 극적인 변화가 일어나는데, 그 중심에는 바로 '대학'이라는 새로운 무대가 있었다. 단순히 새로운 교육 기관의 탄생으로 볼 수도 있겠지만, 대학은 시대의 요구에 부응하며 등장한 지식 소통의 새로운 구심점이었다.

인구가 늘고 상업이 발달하며 도시가 다시 활기를 찾기 시작하자 교회와 세속 군주들은 복잡해지는 사회를 운영할 전문가가 절실히 필요해졌다. 법률, 행정, 신학 분야에서 고도로 훈련된 인재 양성이 시급해진 것이다. 이러한 시대적 요청에 따라 볼로냐, 파리, 옥스퍼드 같은 도시에 학문 공동체가 움트기 시작했다. 수도원이 지식 보존의 안전한 보고였다면, 대학은 도시의 활기 속에서 전문가를 키워내고 지식을 탐구하며 때로는 격렬하게 논쟁하는, 훨씬 역동적이고 개방적인 학문 공동체의 성격을 띠었다.

또한 대학은 라틴어라는 공용어 덕분에 국경을 넘나드는 지식 소통의 용광로가 되었다. 더 나은 스승과 학문의 기회를 찾아 유럽 전역의 대학을 오가는 학생과 교수들의 여정 자체가 살아 있는 지식 교류였고, 대학은 다양한 지역의 관점이 만나고 융합되는 세계의 '지적 광장' 역할을 했다. 마치 고대의 아고라가 중세 도시에서 새로운 모습으로 되살아난 것 같았다.

이 새로운 지적 광장에서 기존의 소통 방식은 더욱 체계화되고 전문화되었다. 강독과 토론disputatio은 대학의 핵심적인 학문활동으로 자리잡았다. 12세기 이후 아리스토텔레스의 저작들이 중세에 다시 소개되면서 스콜라철학이 꽃피었고,[16] 신앙과 이성을 조화시키려는 치열한 노력 속에서 토론은 정교한 논증의 각축장이 되었다. 고도로 훈련된 전문가들만이 참여할 수 있었기 때문에 모든 이에게 열린 아테네의 광장과는 달리 지식을 논리적으로 연마하고 검증하는 중요한 훈련의 장이었다.

이 새로운 지식 생산과 소통체계에서는 그에 걸맞은 방식도 발달했다. 스콜라철학의 논리적 엄밀함은 방대한 지식을 일목요연하게 정리하는 '총서Summa'나 특정 주제를 문답식으로 파고드는 '질의응답서Quaestiones' 같은 새로운 학술 저작 형태를 낳았다. 이는 지식을 단지 나열하는 것을 넘어, 체계적으로 조직하고 효율적으로 전달하려는 열망의 산물이었다. 한편, 학생과 교수의 수가 늘어나 교재 수요가 폭발하자 대학은 책을 더 빨리, 더 많이 만들어낼 필요가 생겼다. 이에 부응하여 등장한 것이 바로 '페치아pecia' 시스템이다.[17] 표준 교재를 여러 부분으로 나누어 여러 필경사가 동시에 베껴쓰는 이 상업적 분업 방식은, 지식이 소수의 전유물에서 더 넓은 층으로 퍼져나가는 길을 열어주었다.

이처럼 대학은 수도원의 정적인 보존 방식에 도시의 역동성을 더하며 중세 후기 지식 소통의 지형을 근본적으로 바꾸어놓았다. 이로써 지식 소통이 전문화·제도화되고 사회 전반에 더 넓은 영향력을 행사하는 토대가 마련되었다. 이는 다가올 지적 대변혁을 예고하는 변화였다.

중세가 남긴 몰입의 가치

지식 소통의 역사에서 중세는 어떤 의미에서는 역설적인 시대였다. 한편으로는 고대의 개방성이 위축되고 권위와 통제가 소통의 흐름을 제약하는 듯 보였지만, 다른 한편으로는 바로 그 제약 속에서 미래를 위한 중요한 유산들이 조용히 싹트고 있었던 것이다. 중세는 과거의 지식을 전달하는 수동적인 역할에 머무르지 않았고, 고유한 소통 환경과 방식을 창조하며 다음 시대의 지적 폭발을 위한 견실한 토대를 마련했다.

그 중심에는 무엇보다 과거와의 소통 가능성을 지켜낸 끈질긴 노력이 있었다. 혼란 속에서도 수도원의 필경사들은 묵묵히 고대의 문헌들을 필사하며 고대의 목소리가 후대에 전해질 수 있도록 했다. 그들의 손끝으로 보존해낸 텍스트들은 단순한 기록물이 아니었다. 그것은 미래 세대가 읽고, 해석하고, 논쟁하며 새로운 의미를 창출해낼 수 있는 대화의 씨앗이었다.

보존된 고대의 텍스트들은 이제 중세 지식인들에게 끊임없는 대화 상대가 되었다. 성서나 아리스토텔레스의 저작 같은 권위 있는 문헌의 행간을 파고들며 의미를 캐내고, 거기에 자신의 해석과 주석을 덧붙이는 작업이 지적 활동의 중심을 이루었다. 이 과정에서 수많은 해석가들이 텍스트를 통해 서로 질문하고 논박하며 이해의 깊이를 더해갔다. 이렇게 텍스트를 중심으로 형성된 해석 공동체는 정교하게 논증하고 비판적으로 읽어내는 능력을 연마하는 훈련장이었으며, 이는 후대 학문의 발전에 중요한 토대가 되었다.

치열한 지적 대화는 특정한 공간과 규범 속에서 이루어졌기에 더욱 의미가 깊다. 수도원과 대학은 소통의 질서를 담고 있는 공간이었다. 필경사가 홀로 침잠하는 스크립토리움의 고독, 도서관의 엄숙한 정적, 스승의 권위가 강조되는 강독 시간의 분위기, 엄격한 규칙 아래 논쟁이 벌어지는 토론의 장까지, 이 모든 환경이 중세 특유의 지식 생산과 유통, 검증 방식을 만들어냈다. 특히 대학은 시간이 흐르면서 이러한 제도적 틀 안에서 학문적 탐구와 비판적 소통의 가능성을 더욱 확장시켰다.

이미 살펴보았듯, 이러한 지식 공동체를 서로 연결하고 유럽 전체를 하나의 거대한 지적 네트워크로 묶어준 것은 언어, 문자, 그리고 서신이라는 소통의 기반 요소들이었다. 라틴어는 지리적·정치적 경계를 넘어선 소통에서 공용어의 역할을 했고, 카롤링거 소문자와 같은 표준화된 문자는 텍스트의 정확하고 효율적인 유통을 가능하게 했다. 그리고 편지는 물리적 거리를 극복하고 학자들과 기관들 사이에서 생각과 정보를 실어나르는 중요한 연결고리였다. 이처럼 중세는 비록 느리고 문자 중심적이었지만, 시공간을 넘어선 소통 네트워크를 구축하고 유지함으로써 분열된 세계 속에서도 지적 공동체의 명맥을 이어갈 수 있었다.

이 모든 요소들이 결합되어 중세는 억압과 창조, 단절과 연결, 침묵과 소통이 공존하는 복합적인 시대를 만들어냈다. 그들이 처했던 환경과 그 속에서 발전시킨 소통 방식은 오늘날 우리에게 여러 질문을 던진다.

정보가 넘쳐나고 소통의 속도가 극도로 빨라진 지금, 우리는 과연 중세의 수도사가 하나의 텍스트 앞에서 보냈던 깊은 몰입과 집중의 시간을 얼마나 경험하고 있을까? 헨리 키신저가 지적했듯,

부르고뉴 출신 필경사 장 미엘로의 초상화(1450~1460)
장 미엘로가 그의 작품 중 하나인 『노트르담의 기적Miracles de Nostre Dame』을 집필하는 모습을 그린 초상화. 중세시대 필경사의 작업실 풍경, 도구, 작업하는 모습 등이 매우 자세하게 묘사되어 있다.

"소셜미디어를 통해 수많은 사람의 의견이 넘쳐나면서 사용자들은 자기 성찰에서 멀어지고, 기술에 친숙한 많은 사람은 인터넷을 통해 그들이 두려워하는 고독을 피하고 있다. 이러한 지나친 정보와의 얽힘이 창의성의 본질인 외로운 길을 걸어야만 구현할 수 있는 신념을 개발하고 유지하는 데 필요한 인내심을 약화시키고" 있는 것은 아닌가?[18]

무겁고 느렸던 중세의 지식 소통. 이는 정보가 넘쳐나고 소통이 즉각적이며 가볍게 이루어지는 오늘날 우리가 잃어버린 숙고의 시간과 지식의 깊이를 되돌아보게 한다. 모든 것이 빠르게 변화하고 소비되는 세상에서, 느리지만 단단하게 지식을 쌓아올리고 시대를 넘어 그것을 전달하려 했던 중세의 노력은, 어쩌면 우리가 놓치고 있는 소통의 다른 차원을 보여주는 것일지도 모른다.

3
경계를 넘는 지식, 편지공화국

보이지 않는 공화국의 설계

중세 후기 유럽에서 라틴어를 매개로 형성된 학자들의 지적 연결망은 지리적 한계와 사회적 제약, 그리고 무엇보다 교회 권위의 강력한 통제 아래 놓여 있었다. 그러나 르네상스 인문주의가 인간 이성의 힘과 가능성에 대한 새로운 믿음을 불러일으키면서 변화가 시작되었다. 고전 문헌의 재발견과 비판적 연구는 과거의 지혜와 직접 대화하며 새로운 관점을 얻는 기회를 제공했고, 인쇄술의 발명은 지식의 복제와 전파 속도를 혁명적으로 바꿔놓았다.

이러한 시대를 배경으로 16세기부터 18세기 계몽주의시대에 이르기까지 유럽 지성계를 관통하는 독특하고 강력한 소통 방식이 꽃을 피웠다. 역사가들이 '편지공화국Republic of Letters'이라 부르는 이 현상은 물리적인 국경도 없고 정부나 군대의 강제력도 없는, 오직 학문적 열정과 경계를 넘나드는 자발적인 서신 교환만으로 연결된 지식인들의 광대한 네트워크였다. 이는 단순한 정보 교류의 장을 넘어 근대 학문의 방법론을 형성하고, 새로운 세계관이 만들어지며, 유럽 지식인들의 정체성이 구축되는 공간이었다.

새로운 이상의 씨앗, 르네상스 인문주의

편지공화국은 오랜 시간 땅속에서 조용히 힘을 모으다 마침내 싹을 틔운 씨앗처럼 성장했다. 르네상스 인문주의가 그 씨앗을 뿌렸고, 과학혁명과 계몽주의시대를 거치며 편지공화국은 수백 년에 걸쳐 하나의 거대한 지적 생태계로 자라났다. 이 '보이지 않는 공화국'을 움직인 가장 근본적인 동력은 중세의 지적 세계를 지배했던 세속 권력이나 뿌리 깊은 전통의 권위로부터 벗어나려는 열망이었다. 이 권력과 권위 대신, 인간 스스로의 이성과 실증적 증거에 기반해 진리를 탐구해야 한다는 새로운 시대정신이 움트고 있었다.

물론 편지공화국의 시민이라고 해서 모두 신을 등진 것은 아니었다. 신앙은 여전히 많은 이들의 삶에 깊숙이 자리했다. 하지만 진리를 찾아나서고 그것을 정당화하는 방식의 무게중심은 분명히 달라지고 있었다. 인간의 이성적 사유 능력, 고전 텍스트에 대한 날카로운 비판적 독해와 해석, 수학적 논증의 힘, 그리고 무엇보다 경험적 관찰과 실험의 가치가 점점 더 중요하게 부각되었다. 학자들은 멀리 떨어진 동료들과 편지를 주고받으며 서로의 관찰 결과를 교차 검증하고, 실험 설계를 비판적으로 검토하며, 새로운 가설을 조심스럽게 내놓고, 때로는 치열한 논쟁을 벌였다. 신이나 특정 권위자의 일방적인 선언이 아니라, 이처럼 인간의 지적 능력을 토대로 서로 협력하고 경쟁하며 점진적으로 진실의 모습을 밝혀나가는 과정이 바로 근대적 의미의 알레테이아를 만들어가는 실천이었다. 이 이상적인 공화국에서는 출신이나 사회적 지위보다는 지적 능력과 학문에 대한 기여가 더 중요했으며, 구성원은 진리 탐구라는 공동의 목표 아래 자유롭게 의견을 개진하고 서로에게 거리낌없이 비판의 목소리를 낼 수 있어야 한다는 믿음을 널리 공유했다.

편지 네트워크의 형성

아무리 고결한 이상이라 하더라도 그것을 현실에서 살아 움직이게 하는 구체적인 연결망이 없다면 공허한 외침에 불과했을 것이다. 편지공화국의 이상을 현실로 만든 것은 국경을 넘어 지식인들을 이어준 광대한 서신 교환 네트워크였다. 이 네트워크는 지리적으로 특정한 수도나 중앙 기관 없이 분산되어 존재했지만, 몇몇 영향력 있는 인물들이 자발적으로 '허브' 혹은 '정보 중개자' 역할을 하며 본부와 같은 기능을 했다. 초기 인문주의시대 네덜란드의 인문학자인 데시데리위스 에라스뮈스가 그 선구적인 모습을 보여주었다. 그는 평생 유럽 각지를 떠돌며 수많은 지식인, 성직자, 군주들과 편지를 주고받았는데, 그의 서신들은 당대의 중요한 문제에 대한 인문주의적 시각을 널리 퍼뜨리는 강력한 매체였다.

17세기에 들어서 이 네트워크는 더욱 촘촘해지고 활발해졌다. 특히 파리의 마랭 메르센 신부는 편지공화국의 역사에서 빼놓을 수 없는 인물이다.[19] 그는 유럽 전역의 학자들로부터 쏟아져나온 편지들을 세심하게 분류하고 요약했으며, 때로는 여러 명의 필경사를 동원해 손으로 베껴쓴 후 다른 관련 학자들에게 부지런히 전달했다. 데카르트의 철학, 블레즈 파스칼의 수학, 갈릴레오의 천문학, 에반젤리스타 토리첼리의 대기압 실험 등, 그의 손을 거쳐간 편지에는 당대 과학과 철학의 가장 뜨거운 쟁점들이 담겨 있었다. 사람들은 메르센 신부의 방을 '유럽 학문의 우체국'이라 불렀고, 메르센 신부는 자신을 '살아 있는 저널'에 비유했다. 그 외에도 중요한 인물들이 있었다. 영국의 로버트 보일이나 독일의 고트프리트 라이프니츠 역시 각자의 분야에서 중요한 정보 교환의 허브 역할을 했다.

이러한 핵심 인물들을 중심으로, 네트워크는 마치 살아 있는 유기체처럼 스스로 확장해나갔다. 이 보이지 않는 공화국에 참여하기 위해서는 기존 구성원과의 연결이 중요했다. 이미 활동중인 학자의 소개장을 받거나, 자신의 저작물을 보내 학문적 역량을 인정받는 것이 일반적인 통과의례였다. 일단 네트워크에 발을 들이면, 한 사람을 통해 또다른 학자를 소개받는 식으로 자연스럽게 관계망을 넓혀갔다.

초기에는 라틴어가 여전히 중요한 공용어였지만, 점차 프랑스어, 영어, 독일어 등 각 지역 언어로 쓰인 편지가 늘어나면서 참여자의 범위도 넓어졌다. 하지만 이와 동시에 라틴어라는 보편 언어 공동체의 힘이 약해지고 언어 장벽이라는 새로운 문제가 부각되는 계기가 되기도 했다. 각 언어의 발달과 함께 수사법이나 논증 방식에도 미묘한 차이가 생겨났다. 또한 유럽 각 지역의 허브들은 활동 분야나 관심사에서 조금씩 다른 색깔을 띠기도 했다. 예를 들어 런던 왕립학회 주변은 실험과학에, 프랑스과학아카데미 주변은 수학과 이론에 좀더 집중하는 경향을 보였다. 이러한 지역적 차이에도 불구하고 국경을 넘나드는 편지 교환은 끊임없는 상호자극과 교류를 가능하게 했다. 더불어 종교적 박해를 피해 망명한 지식인들(대표적으로 프랑스 위그노들)이나 여행자들은 편지와 정보를 직접 전달하는 중요한 매개자 역할을 했다.[20] 특히 이들이 수행한 번역 작업은 언어의 장벽을 넘어 지식을 잇는 데 필수적이었다.

네트워크를 가로막는 보이지 않는 경계

그러나 '보이지 않는 공화국'의 이상과 역동적인 확장세에도 불구하고, 그 문턱은 결코 낮지 않았으며 현실적으로 여러 장벽에 의해 참여가 제한되었다. 물론 중세의 엄격한 신분 질서에 비하면 학문적 능력이 중요한 기준으로 작용했다는 점에서 진일보한 측면이 있었다. 이는 이론적으로는 시민에게 동등한 발언권을 보장하려 했던 고대 아테네의 이세고리아와 같은 이상(비록 실제로는 남성 시민에게만 국한되었지만)을 근대 학문 공동체의 맥락에서 새롭게 구현하려는 시도로 볼 수도 있다. 하지만 중세의 신분 질서와는 다른, 그러나 여전히 강력한 새로운 장벽들이 존재했다.

우선 경제적 장벽이 높았다. 종이, 잉크, 깃펜 등 필기구는 물론, 국경을 넘나드는 편지에 부과되는 우편 요금은 상당한 부담이었다. 답장을 받기까지 몇 주에서 몇 달을 기다려야 하는 시간적 제약과 편지를 쓰고 관리하는 데 필요한 노력도 만만치 않았다. 또한, 라틴어를 비롯한 유럽 지역의 주요 언어를 유창하게 구사하는 능력은 기본이었으며, 관련 분야의 지식과 학문적 훈련을 갖추어야 동등한 대화 상대로 인정받을 수 있었다. 무엇보다 중요한 것은 이미 네트워크 내부에 있는 사람들과의 사회적 연결망이었다. 저명한 학자나 영향력 있는 후원자의 소개 또는 추천이 없으면 이 보이지 않는 '이너 서클'에 진입하기가 매우 어려웠기 때문이다. 이러한 조건들은 자연스럽게 참여자를 엘리트 교육을 받은 상류층 남성 중심으로 제한하는 결과를 낳았다.

가장 두드러진 구조적 배제는 성별에 따른 것이었다. 독특한 자연철학 저작을 남긴 영국의 마거릿 캐번디시나 뉴턴의 저작을 번역하고 라이프니츠와 교류했던 프랑스의 에밀리 뒤 샤틀레 같은 극소수의 귀족 여성을 제외하면, 여성들은 편지공화국의 주요 논의에서 거의 배제되었다.[21] 그들의 지적 활동은 종종 '여성적'이라는 이유로 폄하되거나 진지하게 다뤄지지 않았으며, 남성 중심의 네트워크에 접근하는 것이 극히 어려웠다. 물론 이 소수의 여성들은 편지를 적극 활용해 남성 학자들과 교류하고 자신의 학문적 입지를 구축하려 노력했으며, 때로는 여성들끼리의 서신 교환을 통해 대안적인 지적 관계망을 형성하기도 했다. 하지만 이는 예외적인 사례에 가까웠다.

계층과 지역에 따른 장벽도 높았다. 생계유지에 바쁜 농민이나 노동자 계층은 말할 것도 없고, 귀족이나 부르주아가 아닌 평민 출신 지식인들이 참여하는 것 또한 쉽지 않았다. 지리적으로 유럽의 중심부(파리, 런던, 암스테르담 등)에서 멀리 떨어진 지역이나, 가톨릭과 개신교 외의 종교권 혹은 문화권에 속한 지식인들의 목소리는 이 네트워크에서 거의 들리지 않았다.

따라서 편지공화국은 그 이름과 이상에도 불구하고 '모든 이의 공화국'이 아니라, 실제로는 '유럽 남성 엘리트들의 공화국'이라는 명백한 한계를 지녔다. 그들이 추구했던 보편주의는 실제로는 특정한 집단의 가치를 보편적인 것으로 간주하는 제한적인 보편주의였던 셈이다. 이는 근대성이 약속한 평등과 보편성의 이상이 현실에서는 어떻게 새로운 형태의 불평등과 배제를 만들어내는지를 보여주는 중요한 사례라 할 수 있다.

느리고 불확실하지만 믿을 만한

편지공화국의 지적 활동은 손에 잡히는 물질적 실재, 즉 '편지'라는 매체를 토대로 이루어졌다. 17~18세기에 유럽의 우편 시스템은 점차 발전했지만, 여전히 오늘날의 기준으로는 상상하기 어려울 만큼 느리고 비싸고 불확실했다. 편지가 영국에서 이탈리아까지 가는 데 몇 주가 걸리는 것은 예사였고, 전쟁이나 험한 날씨를 만나면 몇 달씩 지연되거나 아예 분실되기도 했다. 당시 편지에 "귀하의 3월 15일자 편지를 어제(7월 10일) 잘 받았습니다"와 같은 구절이 흔히 등장하는 것은 이러한 사정을 반영한다. 이처럼 소통의 지연은 즉각적인 피드백을 불가능하게 만들었고, 때로는 논의의 열기를 가라앉히는 비효율적인 장벽으로 작용했다. 물론 답장을 기다리는 동안 좀 더 숙고할 시간이 주어지는 긍정적인 측면도 있었지만, 근본적으로 편지를 통한 소통은 기나긴 기다림을 전제할 수밖에 없었다.

그럼에도 편지가 단순한 정보 전달 수단을 넘어 특별한 의미를 지닐 수 있었던 것은 편지의 독특한 물질성 덕분이었다. 당시 편지는 손으로 만든 종이에 깃펜과 잉크를 사용해 한 자 한 자 눌러써야 했다. 종이의 질감, 잉크의 농담, 손글씨의 필체는 편지 내용과 함께 보낸 이의 개성과 감정 상태까지 전달하는 듯했다. 폴라 핀들렌 교수의 지적처럼, 편지는 "단어로 된 초상화"이자 "펜이 종이에 닿는 순간부터 살아 숨쉬는 대상"이었다.[22] 또한 가문의 문장이 새겨진 인장印章으로 편지를 봉인하는 행위는 비밀을 지키는 동시에 발신자의 신원을 보증하는 신뢰의 증표였다. 이처럼 만질 수 있고 느낄 수 있는 편지의 물질성은 느리고 불확실한 소통 환경 속에서 인간적인 연결과 신뢰를 가능하게 하는 중요한 기반이었다.

그러나 편지는 늘 검열과 감시의 위험에 노출되기도 했다. 특히 종교개혁 이후 심화된 종교적 갈등과 절대주의 국가체제의 강화 속에서, 각국 정부와 교회는 체제에 비판적이거나 이단적인 사상이 유포되는 것을 경계했다. 국경을 넘어 들어온 편지들은 종종 검열 당국에 의해 비밀리에 개봉되거나 압수되곤 했다. 이러한 위험 때문에 학자들은 민감한 내용을 다룰 때 비유나 암시를 사용하거나 아예 암호나 은어로 작성하기도 했다. 때로는 신뢰할 수 있는 친구나 동료, 여행자에게 직접 편지를 맡겨 인편人便으로 전달하는 방식을 선호하기도 했다. 소통의 자유를 갈망하면서도 현실적인 위험을 피해야 하는 이러한 딜레마는 편지공화국의 이면에 드리워진 또 다른 그림자였다. 이는 자유로운 비판과 진실 말하기(파레시아)가 현실 속에서 어떤 제약에 부딪혔는지를 명확히 보여준다.

조용하고 격렬한 펜 끝 논쟁

이처럼 느리고 불안하며 때로는 위험하기까지 한 소통 환경 속에서도, 편지는 지식을 창조하고 비판하고 정련하는 가장 중요한 도구였다. 학자들은 편지를 통해 새로운 아이디어의 씨앗을 뿌리고, 관찰 데이터나 실험 결과를 공유하며 동료들의 검증을 구했다. 수학 문제를 풀어달라고 요청하거나 특정 주제에 대한 공동 연구를 제안하기도 했다. 그중에서도 특히 주목할 만한 것은 편지가 격렬한 지적 논쟁의 주된 무대였다는 점이다. 당시 학계는 아직 통일된 이론체계나 엄격한 학문 분과가 확립되지 않은 상태였기에, 새로운 발견이나 주장은 종종 기존의 통념과 충돌하며 치열한 논쟁을 불러일으켰다.

스위스 바젤의 귀족 가문으로 여러 수학자를 배출한 베르누이 가문은 '최단시간 강하곡선brachistochrone(브라키스토크론)' 문제를 제기했는데 이는 당시의 지적 경쟁 분위기를 생생하게 보여준다. 1696년 요한 베르누이는 유럽 전역의 수학자들에게 공개적으로 이 문제를 던지며 6개월의 기한을 주었다. 마치 지적인 결투를 신청하듯 던져진 이 도전에 라이프니츠, 기욤 드 로피탈, 그리고 요한의 형인 야코프 베르누이 등 당대 최고의 수학자들이 응답했다. 영국의 아이작 뉴턴 역시 왕립조폐국 일로 바쁜 와중에도 밤을 새워 문제를 풀고 익명으로 답을 제출했는데, 편지로 도착한 그 간결하고도 강력한 풀이를 본 요한 베르누이가 "사자의 발톱만 보고도 사자인 줄 알 수 있다Ex ungue leonem"고 감탄했다는 일화가 널리 알려져 있다.[23] 이 사건은 수학자들 사이의 경쟁심을 자극하여 미적분학의 발전을 촉진하는 계기가 되었지만, 당시 주고받은 편지에는 서로의 풀이에 대한 날카로운 지적과 함께 때로는 노골적인 경쟁심과 자존심 대결이 그대로 드러나기도 했다.

Problema novum ad cujus solutionem Mathematici
invitantur.

Datis in plano verticali duobus punctis A & B (vid Fig. 5) TAB. V.
assignare Mobili M, viam AMB, per quam gravitate sua descendens & Fig. 5.
moveri incipiens a puncto A, brevissimo tempore perveniat ad alterum
punctum B.

Ut harum rerum amatores instigentur & propensiori animo
ferantur ad tentamen hujus problematis, sciant non consistere in nuda
speculatione, ut quidem videtur, ac si nullum haberet usum ; habet
enim maximum etiam in aliis scientiis quam in mechanicis, quod nemo
facile crediderit. Interim (ut forte quorundam præcipiti judicio obviam eam) quanquam recta AB sit brevissima inter terminos A & B,
non tamen illa brevissimo tempore percurritur ; sed est curva AMB
Geometris notissima, quam ego nominabo, si elapso hoc anno nemo
alius eam nominaverit.

Ll 3   *JOHAN-*

요한 베르누이의 문제

'베르누이의 문제'를 담은 요한 베르누이가 발행한 과학 학술지
『악타 에루디토룸Acta Eruditorum』(1696)의 일부 내용.
이탤릭체로 기술된 부분이 베르누이가 제기한 문제다.

누가 먼저 미적분학을 발명했는지를 둘러싸고 뉴턴과 라이프니츠 사이에 벌어졌던 지독한 논쟁은 편지공화국시대의 논쟁 문화를 보여주는 또다른 극단적인 사례다. 수십 년간 이어진 이 논쟁은 단순한 학문적 논의를 넘어 개인적인 비방과 국가적인 자존심 대결로 번져나갔다. 양측의 지지자들은 편지와 출판물을 통해 서로를 맹렬히 공격했고, 이는 영국과 대륙의 수학계가 오랫동안 교류하지 못하는 결과를 초래하기도 했다.

철학 영역에서도 상황은 비슷했다. 데카르트의 『성찰』이 출간되기 전, 메르센은 이 원고를 토머스 홉스, 앙투안 아르노, 피에르 가상디 등 여러 학자에게 보내 비판적인 검토 의견(반론)을 구했고, 데카르트는 이에 대한 답변을 다시 작성해 책에 함께 실었다. 이후 바뤼흐 스피노자의 범신론, 존 로크의 경험론, 라이프니츠의 단자론 등 근대 철학의 주요 흐름들은 모두 동시대 학자들과의 편지를 통한 치열한 비판과 옹호 속에서 발전해갔다.

이처럼 편지를 통한 논쟁은 때로는 격렬하고 감정적이었으며, 인신공격이나 파벌 싸움으로 흐르기도 했다. 하지만 이러한 논쟁과 비판의 과정이야말로 지식을 검증하고 바로잡는 핵심적인 메커니즘이었다. 발신자는 동료 학자들의 날카로운 질문과 반박에 직면함으로서 자신의 주장을 명확히 하고, 근거를 보강하며, 논리적 허점을 수정해야 했다. 이러한 과정을 통해 아이디어는 더욱 정교해지고 오류가 걸러졌으며, 새로운 문제의식이 탄생했다. 이것이 바로 근대적 의미의 파레시아(비판적 진실 말하기)가 학문 공동체 내에서 실천되는 방식이었다.

편지공화국의 위태로운 학자들

편지공화국에 참여한다는 것은 학자로서 자신의 명성을 쌓고 공적인 정체성을 만들어가는 과정이기도 했다. 누구와 편지를 주고받는지, 어떤 논쟁에 참여해 어떤 평가를 얻는지가 학자의 지위와 영향력을 결정짓는 중요한 잣대였다. 따라서 학자들은 자신의 연구 결과를 효과적으로 세상에 알리고 우선권을 인정받기 위해 애쓰는 동시에, 아직 설익었거나 논란의 여지가 있는 내용을 드러내지 않도록 신중하게 관리해야만 했다.

이러한 상황에서 비밀 유지는 중요한 생존 전략이기도 했다. 특히 경쟁이 치열한 분야에서는 애써 얻은 발견을 경쟁자에게 빼앗기거나 불완전한 상태에서 성급한 비판에 직면할 위험이 늘 존재했다. 이를 피하고자 학자들은 발견 사실은 암시하되 구체적인 내용은 비밀에 부치는 영리한 방법을 사용하고는 했다. 로버트 훅이나 갈릴레오 갈릴레이가 좋은 예다. 그들은 자신의 중요한 발견을 바로 공개하는 대신, 그 내용을 설명하는 라틴어 문장의 철자 순서를 뒤섞어 만든 애너그램anagram을 편지에 담아 동료들에게 보냈다.[24] 이는 훗날 우선권을 주장할 수 있는 증거를 남기면서도 당장은 핵심 내용을 감출 수 있는 효과적인 방법이었다. 이처럼 편지공화국의 학자들은 명성을 얻기 위해 자신을 드러내는 동시에, 위험 요소를 피하기 위해 때로는 자신을 감추는 줄타기를 해야 했다.

학자들은 이렇게 조심스럽게 명성을 관리하는 한편, 편지를 통해 자신의 학문적 정체성을 적극적으로 세상에 알리고 공들여 다듬으려 했다. 격식 있는 인사말, 특정 인물이나 저작에 대한 세련된 평가, 논쟁중에 보여주는 능숙한 수사적 기교 등은 모두 자신이 편지 공화국의 일원으로서 갖추어야 할 교양과 규범을 잘 이해하고 있음을 보여주는 신호였다. 이러한 학자의 공적 정체성은 당시의 초상화에서도 흥미롭게 발견된다. 폴라 핀들렌 교수가 주목했듯이, 15세기 중반부터 초상화에 편지가 등장하기 시작해 16세기에는 편지를 들고 있거나 읽고 있는 인물의 모습이 초상화의 중요한 유형으로 자리잡는다. 예를 들어 로소 피오렌티노의 「편지를 들고 있는 젊은 남자의 초상」(1518)에서 활짝 펼쳐진 편지는 그것이 지극히 사적인 동시에, 때로는 타인에게도 보이고 읽힐 수 있는 공적인 성격을 지녔음을 암시하는 듯하다. 한걸음 더 나아가, 자코포 다 폰토르모의 「두 친구의 초상」(c.1522)은 키케로의 『우정에 관하여』 구절이 적힌 편지를 두 친구가 함께 들고 있는 모습을 보여준다. 편지가 '우정의 열매'로서 깊은 유대를 나누는 통로였음을 시각적으로 증명하는 것이다. 이처럼 초상화 속 편지는 단지 소품이 아니라 편지 공화국 시민으로서 학자의 지성과 사회적 관계망을 보여주는 핵심적 상징이었다.

차갑고 경직된 학문적 논의와 명성을 위한 경쟁 이면에는 편지라는 매체를 통해 생생하게 오고갔던 인간적인 감정과 관계의 기록도 풍부하게 남아 있다. 편지 속에는 동료에 대한 진심어린 존경과 우정, 새로운 발견을 나누는 기쁨, 치열한 논쟁 과정에서 느끼는 좌절과 분노, 그리고 개인적인 안부를 묻거나 슬픔을 나누는 위로의 말들이 가득했다. 손으로 쓴 편지의 물질성은 이러한 내밀한 고백에 특별한 무게를 더해주었다. "귀하의 놀라운 발견 소식에 진심으로 축하를 보내지만, 솔직히 고백하건대 약간의 질투심이 드는 것은 어쩔 수 없군요"와 같은 솔직한 토로나, "몸이 편찮으시다는 소식을 들으니 마음이 아픕니다. 부디 속히 건강을 되찾으시길 바랍니다"와 같은 따뜻한 위로의 말들은, 편지를 통해 인간적 유대관계 또한 맺었음을 여실히 보여준다. 어쩌면 이러한 감정적 교류야말로 지적 탐구라는 고된 여정을 지속하게 하는 원동력이었고, 보이지 않는 공화국을 하나로 묶어주는 가장 중요한 힘이었을지도 모른다.

사적 소통에서 공적 토론으로

학술 기관과 저널

편지공화국은 본질적으로 비공식적이고 자율적인 네트워크였지만, 시간이 흐르면서 점차 공식적인 학술 기관들과의 상호작용 속에서 그 모습이 변화해갔다. 특히 1660년에 설립된 런던왕립학회나 1666년에 설립된 프랑스과학아카데미와 같이 17세기 후반에 설립되기 시작한 새로운 학술 기관들은 편지공화국의 활동을 일정 부분 흡수하고 제도화하는 중요한 역할을 했다.

이들 기관은 국가의 후원 아래 정기적인 모임과 토론의 장을 마련했으며, 자체적으로 학술 저널을 간행했다. 런던왕립학회의 저널인 『필로소피컬 트랜잭션Philosophical Transactions』이나 프랑스과학아카데미에서 펴낸 『주르날 데 사방Journal des sçavans』은 편지를 통해 비공식적으로 유통되던 단편적인 정보들을 체계적으로 수집 및 검토하고 출판하여 더 넓은 독자층에게 전파하는 역할을 했다. 이는 지식의 공신력을 높이고 학문적 성과를 기록하고 보존하는 데 크게 기여했으며, 현대 학술 출판 시스템의 직접적인 기원이 되었다.

학회의 간사secretary들은 국내외 학자들과의 공식적인 서신 교환을 담당하며, 편지공화국과 공식 기관 사이를 연결하는 중요한 다리 역할을 했다. 왕립학회의 초대 간사였던 헨리 올덴버그[25]는 유럽 전역의 학자들과 방대한 양의 편지를 주고받으며 『필로소피컬 트랜잭션』의 내용을 채우고 학회의 국제적 명성을 높이는 데 결정적인 공헌을 했다. 그러나 이러한 공식 기관이 편지공화국을 완전히 대체한 것은 아니었다. 대부분의 학자는 여전히 비공식적인 편지 교환을 통해 더 자유롭고 신속하게 교류했으며, 공식적인 학회 활동과 비공식적인 네트워크는 오랫동안 상호보완적인 관계를 유지했다. 즉 공식 기관은 편지공화국의 활동을 확장하고 공신력을 부여했지만, 자율적이고 비판적인 활력까지 완전히 제도화하지는 못했다.

대학과 살롱

편지공화국은 공식적인 학술 기관뿐만 아니라 다른 지적 공간들과도 상호작용하며 경계를 넓혀갔다. 대학은 편지공화국과 떼려야 뗄 수 없는 관계였다. 대학은 편지공화국에 인적자원을 공급했고, 대학 도서관이나 연구 시설은 학문활동의 중요한 기반 시설을 제공했다. 하지만 당시 대학들은 여전히 신학이나 고전 연구 중심의 전통에 얽매여 있는 경우가 많았다. 그 결과, 실험과학이나 새로운 철학 사상 같은 혁신적인 지식들은 때때로 대학 강의실보다 편지공화국이라는 외부 네트워크를 통해 더 활발히 논의되고 전파되는 상황이 벌어지기도 했다.

편지공화국의 비공식적 네트워크를 더욱 풍요롭게 만든 공간은 살롱이었다. 특히 18세기 계몽주의시대 파리의 살롱은 지식인들의 만남과 사상 전파에 없어서는 안 될 무대였다. 주로 상류층 여성들이 자신의 집 거실을 개방해 정기적으로 열었던 이 모임들은 그 자체로 하나의 작은 공화국이었다. 귀족, 부르주아, 문인, 철학자, 과학자 등 다양한 배경의 사람들이 이곳에 한데 모여 자유롭게 의견을 나누고 열띤 토론을 벌였다. 이곳에서 볼테르, 디드로, 루소, 달랑베르 같은 계몽주의 사상가들은 서로에게 지적 자극을 주고 영향력을 넓혔으며, 편지로만 교류하던 이들을 직접 만나 관계를 다졌다. 무엇보다 공식적인 학문세계에서 배제되었던 여성이 살롱에서는 주최자이자 적극적인 대화의 참여자로서 지성계에 상당한 영향력을 발휘했다는 점은 주목할 만하다. 예를 들어, 드 조프랭 부인과 뒤 데팡 부인은 볼테르와 디드로, 몽테스키외 같은 철학자들을 초대해 토론의 장을 열었고, 이를 통해 계몽주의가 유통되는 핵심적 네트워크를 구축했다.[26] 물론 살롱 역시 특정 계층에게만 열린 공간이라는 한계는 있었지만, 이곳은 여성이 남성 지식인들과 어깨를 나란히 하며 교류하고 자신들만의 지적 네트워크를 형성하는 중요한 발판이었다.

후원관계

편지공화국의 지적 활동은 후원자patron의 존재와 불가분의 관계에 있었다. 대학이나 교회에 소속되지 않은 많은 학자들이 연구 활동과 생계를 위해 왕족, 유력 귀족, 부유한 상인 같은 후원자들의 재정적 지원에 의존했다. 학자들은 값비싼 실험 장비를 구매하거나 연구 여행, 저서 출판 등을 위해 후원자로부터 물질적 기반을 제공받았으며, 때로는 후원자가 사회적 지위를 보장하고 보호막이 되어주기도 했다. 후원자들 역시 자신의 교양과 명성을 높이거나 순수한 지적 호기심에서 학자들의 활동을 장려하고, 때로는 편지공화국 네트워크에 직접 참여해 학자들과 교류하기도 했다.

그러나 후원관계에서 후원자는 자신의 개인적인 관심사나 입장에 따라 연구의 방향과 내용에 영향력을 행사할 수 있었다. 이 때문에 학자들은 후원자의 비위를 거스르는 연구 결과는 발표하기 어려웠고, 때로는 학문적 양심에 어긋나는 결정을 내려야 했다. 갈릴레오가 지동설을 주장하다 종교재판에 회부됐을 때 메디치 가문의 후원도 그를 완전히 보호해주지는 못했다. 따라서 학자들은 후원의 혜택과 학문적 자율성 사이에서 신중하게 균형을 잡아야 하는 어려운 과제를 안고 있었다.

출판이라는 새로운 권력

편지공화국의 영향력을 논할 때 빼놓을 수 없는 또다른 요소는 바로 출판이다. 책과 논문 같은 인쇄물은 편지공화국에서 싹튼 지식과 사상을 더 넓은 사회로 확산시키고 영속성을 부여하는 가장 강력한 수단이었다. 학자들은 자신의 연구 결과를 언제, 어떤 형태로 출판할 것인가를 전략적으로 결정해야 했다. 일반적으로는 먼저 편지를 통해 동료들에게 내용을 알리고 피드백을 구한 뒤, 이를 보완해서 책이나 논문으로 출판하는 과정을 거쳤다. 하지만 때로는 경쟁자보다 먼저 우선권을 확보하거나, 논쟁에서 여론의 지지를 얻기 위해 서둘러 출판하는 경우도 있었다.

편지라는 비교적 사적이고 유연한 소통 방식에서 인쇄물이라는 공적이고 고정된 매체로의 전환은 여러 중요한 변화를 가져왔다. 출판된 저작은 훨씬 더 많은 독자에게 도달해 저자에게 더 큰 명성을 안겨주었지만, 동시에 더 많은 비판과 오독의 가능성에 노출되기도 했다. 또한 저자는 자신의 저작에 대한 통제권을 일부 상실하게 되었고, 인쇄업자나 검열 기관이 개입할 여지도 커졌다. 이처럼 출판은 지식의 확산과 공론화에 크게 기여했지만, 이와 함께 지식의 상품화, 저작권 문제, 검열과 통제라는 새로운 과제를 제기하기도 했다. 편지공화국의 학자들은 편지와 인쇄물이라는 두 매체를 전략적으로 활용하면서 자신의 학문적·사회적 입지를 구축해나가야 했다.

편지공화국 너머, 만인의 지식을 향해

손으로 한 자 한 자 눌러쓴 편지가 설렘과 지적 열정을 실어나르던 시대는 역사의 뒤안길로 멀어졌다. 하지만 편지공화국이 남긴 복합적인 유산은 오늘날 우리가 발 딛고 서 있는 현대 지식사회의 토대에 깊숙이 새겨져 있다. 무엇보다 편지공화국에 참여한 이들은 지리적·정치적·종교적 경계를 넘어서려는 열망 속에서 최초의 실질적인 국제 학술 네트워크를 형성했고, 이를 통해 근대과학, 철학, 문학, 예술이 서로 교류하고 발전할 수 있는 결정적인 자양분을 제공했다. 또한 비록 불완전하고 힘겨웠지만 폐쇄적인 권위주의를 넘어 동료 학자들 간의 자유로운 정보 교환, 투명한 공개 토론, 그리고 엄밀한 상호비판을 통해 지식을 검증하고 발전시킨다는 근대 학문 공동체의 핵심적인 규범들을 확립하고자 노력했다. 학술 저널, 전문 학회, 국제 학술대회, 대학의 연구 문화 등 현대 학술 시스템의 많은 요소들이 바로 이 편지공화국의 경험과 유산 위에서 발전해왔다. 인간의 이성과 경험, 그리고 동료들과의 열린 소통을 통해 진리에 다가가려 했던 학자들의 근본적인 노력은 방법과 형태는 달라졌을지언정 오늘날까지 이어지는 학문 탐구의 핵심 정신이라 할 수 있다.

하지만 우리가 앞에서 길게 살펴보았듯, 편지공화국이 내걸었던 '만인의 공화국'이라는 이상과 현실 사이에는 큰 간극이 존재했다. 실제로는 교육받은 남성이라는 소수의 특권계층에게만 제한적으로 열린, 상당히 폐쇄적인 공간에 가까웠다. 성별, 계층, 인종, 종교, 지역에 따른 뿌리 깊은 차별과 배제는 수많은 잠재적 지성의 참여 기회를 원천적으로 봉쇄했고, 이는 결과적으로 지식의 다양성과 풍요로움을 심각하게 저해했다. 더욱이 편지라는 매체가 가진 느린 속도와 제한된 전파력이라는 본질적 한계는 지식의 실시간 공유와 광범위한 확산을 가로막는 높은 장벽이었다. 때때로 이러한 느림이 진지하게 고민할 여유를 주기도 했지만, 급변하는 사회의 요구와 폭발적으로 증가하는 지식의 양을 감당하기에는 명백히 역부족이었다.

결국 편지공화국이 직면했던 이러한 '소통의 한계', 즉 더 빠르게, 더 넓게, 더 평등하게 소통하고 싶어하는 인간의 근원적인 열망이야말로, 역설적으로 다음 시대를 향한 변화를 추동하는 가장 강력한 동력이 되었다. 전신, 전화, 라디오를 거쳐 마침내 인터넷과 디지털 기술의 시대에 이르기까지, 인류는 끊임없이 이러한 소통의 한계를 넘어서기 위해 새로운 기술을 발명하고 사회적 시스템을 바꾸어왔다.

편지공화국이 남긴 빛과 그림자, 그 성취와 좌절의 역사를 기억하며, 다음 장에서는 우리가 살고 있는 이 디지털시대의 새로운 소통 환경을 숙고해볼 것이다. 빛의 속도로 정보가 생성되고 전 세계가 실시간으로 연결되며, 누구나 지식 생산과 유통에 참여할 수 있는 가능성이 열린 이 시대에, 과연 지식과 진리, 참여와 비판의 문제는 어떤 새로운 기회와 도전을 안고 있을까? 편지공화국시대의 학자들이 겪었던 정보의 희소성 문제와 느린 소통 속에서도 검증에 기울였던 노력은 오늘날 우리가 겪는 정보 과잉과 가짜 뉴스 문제에 어떤 시사점을 줄 수 있을까? 당시 존재했던 참여의 장벽과 불평등은 오늘날 디지털 격차digital divide나 온라인상의 특정 집단 중심 커뮤니티와 어떻게 유사하고 또 어떤 점이 다를까? 어쩌면 편지공화국시대 학자들이 그토록 갈망했던 이상이 마침내 실현될 가능성이 열린 것일까, 아니면 우리는 또다른 형태의 한계와 불평등, 그리고 새로운 권력과 통제에 직면한 것일까? 편지 한 통에 담겼던 느림의 미학과 사유의 시간, 그리고 손글씨 너머로 느껴지던 인간적인 관계의 깊이를 아련하게 떠올리면서, 우리는 새로운 소통의 지평 위에서 우리 시대의 과제를 성찰하는 다음 여정을 시작해야 할 것이다.

4
당신은 AI와 우정을 나눌 수 있습니까

디지털 광장의 소음
모두의 목소리, 누구의 진실인가

 손으로 꾹꾹 눌러쓴 편지가 몇 주에 걸쳐 바다를 건너던 시대에서, 이제는 지구 반대편의 소식이 눈 깜짝할 사이에 스마트폰 화면에 뜨는 시대가 되었다. 인류의 지식 소통 방식은 고대부터 근대까지 기나긴 여정을 거치며 끊임없이 변화해왔고, 마침내 시공간의 제약을 넘어선 즉각적이고 광범위한 연결의 시대가 도래한 듯하다.
 그러나 화면 너머의 세상은 무한히 연결된 듯 보이면서도 전례 없이 파편화되고 있으며, 정보의 홍수 속에서 진실을 분별하기는 오히려 더 어려워졌다. 여기에 인간처럼 생각하고 말하는 인공지능의 등장은 우리가 미처 풀지 못한 디지털시대의 숙제 위에 더욱 복잡한 질문들을 더한다. AI는 과연 지식 소통의 새로운 지평을 열 것인가, 아니면 우리가 쌓아온 소통의 기반마저 흔들 것인가? 진실의 의미와 대화의 본질, 나아가 인간적 연결의 가능성에 이르기까지, AI는 소통의 모든 영역에 근본적인 질문을 던진다.

디지털혁명이 가져온 변화 중 가장 극적인 것은 아마도 과거에 정보 유통의 '문지기gatekeeper' 역할을 하던 이들의 힘이 약화된 현상일 것이다. 과거에는 소수의 언론사나 출판사가 어떤 소식을 전하고 어떤 지식을 유통할지 결정하며 막강한 영향력을 행사했다. 이 높은 문턱을 넘지 못해 알려져야 할 소식이 묻히거나 힘없는 이들의 목소리가 묵살되는 일이 벌어지기도 했다. 자신의 목소리를 내기 위해 때로는 희생을 감수하며 메시지를 전달해야 했던 시절이었다. 고비용 구조였던 방송과 출판 인프라는 소수만이 접근 가능한 소통 통로였고, 이 통로를 장악한 이들은 어떤 목소리를 허용하고 어떤 목소리를 배제할지 결정하는 권한을 쥐고 있었다.

그러나 오늘날 이러한 방식의 정보 통제는 예전만큼 힘을 발휘하기 어려워졌다. 누구나 소셜미디어를 통해 자신의 생각을 펼치고 사건 현장을 실시간으로 기록하며 공유할 수 있게 되었기 때문이다. 이제는 발언자가 숙련된 언론인인지 아닌지보다, 중요한 순간에 그 자리에 있었는지 그리고 사건의 결정적 순간을 포착했는지가 더 중요해지는 경우가 많다. 우연히 현장을 목격한 시민이 다소 거친 영상으로 상황을 중계해도 주요 방송사 못지않은 파급력을 가질 수 있는 시대가 되었다. 표면적으로 이는 모든 시민에게 평등한 발언권을 보장했던 고대 아테네의 이상이 기술적으로 실현된 것처럼 보이기도 한다.

규모의 역설과 주의력 경제

하지만 이 약속은 곧바로 '규모의 역설'이라는 현실에 부딪혔다. 페이스북의 월간 활성 사용자 수가 30억 명에 육박하는 시대에,[27] 이 거대한 네트워크는 필연적으로 정보 과잉과 극심한 소음 문제를 낳는다. 인간이 의미 있는 관계를 맺을 수 있는 인지적 한계는 여전한데 소통 채널과 정보량만 폭발적으로 증가한 셈이다. 문제는 알고리즘이 종종 분노나 불안 같은 강한 감정을 유발하는 '정서적 소음'이나 피상적인 '퍼포먼스적 소통'을 증폭시켜 차분하고 심도 있는 논의를 밀어낸다는 점이다.

이 소음 속에서 인간의 한정된 주의력을 붙잡기 위해 플랫폼 기업들은 알고리즘을 통해 콘텐츠를 선별하고 추천한다. 바로 이 지점에서 '주의력 경제(사용자의 관심을 핵심 자원으로 삼아 이익을 창출하는 경제 시스템)'가 작동하며, 소통 환경은 보이지 않는 방식으로 구조화된다. 그리고 이 인공지능의 알고리즘 환경은 매우 빠른 속도로 변화하고 적응하기 때문에, 종종 인간의 이해나 사회적 대응이 그 속도를 따라잡기 어렵게 만든다.

알고리즘은 겉으로는 우리에게 맞춤 정보를 건네는 중립적인 안내자처럼 보이지만, 실상은 우리의 인식을 보이지 않게 조종하고 편집하는 권력에 가깝다. 플랫폼 기업의 목표, 즉 사용자의 관심을 최대한 오래 붙잡아두거나 광고 수익을 극대화하려는 목표에 맞추어, 알고리즘은 종종 더 자극적이거나 기존의 편견을 강화하는 콘텐츠 혹은 교묘하게 포장된 상업적 메시지를 우리 눈앞에 우선적으로 배치한다. 페이스북 피드에서 친구의 진솔한 일상 소식과 그럴듯하게 디자인된 광고가 시각적으로 거의 구분되지 않게 뒤섞여 올라오는 경험을 떠올려보면 이해하기 쉬울 것이다.

이런 상황에서 디지털 공간은 기술적으로는 모든 이에게 동등한 발언 기회가 주어진 광장(이세고리아의 이상)처럼 보이지만, 실제로는 누구의 목소리가 더 크게, 더 멀리 퍼져나갈지를 알고리즘이라는 새로운 권력이 결정하는 위계적인 공간이 되어버렸다. 광장 자체는 모두에게 열려 있지만, 마치 가장 목소리가 크거나 자극적인 주장을 외치는 이들에게만 확성기가 주어지는 것과 같다. 이러한 현실은 평등한 참여라는 디지털시대의 약속을 무색하게 만들며, 오히려 기존 사회의 기울어진 운동장을 온라인 공간에서 다시금 재현하거나 심화할 수 있다는 우려를 낳는다.

허물어지는 현실 감각

더욱 심각한 문제는 이 디지털 광장이 사용자마다 전혀 다른 풍경을 보여준다는 점이다. 앞서 2부에서 논의했던 필터 버블과 에코체임버 현상은 우리를 자신과 비슷한 생각의 메아리 속에 안주하게 만들어 다른 관점이나 불편한 진실과 마주할 기회를 점점 더 차단한다. 이는 고대 그리스의 실제 광장에서 사람들이 부대끼며 좋든 싫든 서로의 존재와 다양한 의견을 인지해야 했던 경험이나, 비록 제한적이었지만 공통의 텍스트와 지적 관심사를 통해 느슨하게나마 연결되었던 편지공화국이 제공했던 '공유된 현실 감각'을 허물어뜨린다. 공동체가 함께 현실을 진단하고 공적 사안을 숙의하며 합의된 진실을 찾아나서는 데 필수적인 공통의 발판이 무너지고 있는 것이다. 이는 결국 건강한 민주적 토론을 마비시키고 사회 전체의 양극화와 깊은 불신을 만든다. 우리 모두가 각자 다른 지도를 손에 쥐고 있다면, 진실을 향한 공동의 여정을 어떻게 함께할 수 있겠는가?

결국 알고리즘이 지배하는 이 환경은 진실과 거짓의 경계마저 아슬아슬하게 만든다. 정교하게 만들어진 가짜 뉴스나 허위 정보는 검증된 사실보다 훨씬 빠른 속도로 더 멀리 퍼져나가기 일쑤다(코로나19 팬데믹 당시 백신에 대한 허위 정보가 소셜미디어를 통해 걷잡을 수 없이 확산되며 공중보건에 심각한 위협이 되었던 것이 그 뼈아픈 예다). 과거 루이스 브랜다이스 판사가 제시했던 해법, 즉 "잘못된 주장에 대한 최선의 치료법은 더 많은 주장"이라는 믿음은,[28] 정보의 오염 속도가 상상을 초월하고 진실을 밝히려는 목소리마저 소음에 묻히기 쉬운 오늘날에는 순진한 기대가 되어버렸다. 오히려 무분별하게 쏟아지는 "더 많은 주장"은 때로 진실 규명을 돕기보다 혼란과 피로감만 더할 뿐이다.

진실된 외침과 비겁한 가면

여기에 디지털 공간 특유의 익명성은 또다른 난점이다. 때로는 용기 있는 내부고발이나 소수자의 목소리처럼, 익명성이 권력에 맞서는 진실된 외침을 (마치 현대판 파레시아처럼) 가능하게 하는 방패가 되기도 하지만 이와 동시에 아무런 책임감 없이 타인을 향한 혐오와 비방을 쏟아내는 비겁한 가면이 되기도 한다. 이처럼 손쉬운 비난과 조롱이 넘실대는 환경은 깊은 성찰과 용기를 필요로 하는 진솔한 목소리를 점점 더 위축시킨다. 사람들은 거센 반발이 두려워 민감한 사안에 대해 입을 닫거나, 알고리즘이 좋아할 만한 안전하고 무난한 의견 뒤로 숨어버린다. 결국, 모두에게 열린 소통의 광장이라는 디지털 유토피아의 약속은 희미해지고, 진실을 가려내기 어렵고 의미 있는 대화는 조각나 있으며 책임 있는 발언은 위협받고 참여의 기회마저 기울어진, 복잡하고 다루기 힘든 현실을 우리는 마주하고 있다.

AI와의 소통은 우리를 어디로 이끄는가

쉴새없이 변화하는 디지털 소통 환경은 이제 인공지능이라는 강력한 변수를 맞아 새로운 격랑 속으로 들어서고 있다. 초기의 단순한 대화 상대였던 챗봇 일라이자ELIZA[29]에서부터 오늘날 인간의 언어를 자유자재로 구사하는 듯 보이는 챗GPT와 같은 생성형 AI에 이르기까지, 그 발전 속도는 경이로울 정도다. 이제 AI는 단순한 정보처리 도구가 아니라 우리와 끊임없이 상호작용하며 때로는 인간과 구별하기 어려울 만큼 자연스럽게 '소통'하는 것처럼 보이는 존재가 되었다. 특히 검색엔진의 역할을 흡수하거나 결합하면서, AI는 우리가 세상의 정보를 접하는 방식을 바꾸는 강력한 '정보 중개자'이자 문지기로 급부상하고 있다.

이 새로운 '소통 파트너'는 여러 가지 면에서 매혹적인 가능성을 보여준다. 인간이 가진 기억력이나 집중력의 한계를 가뿐히 뛰어넘어 방대한 정보를 순식간에 처리하고 통합하며, 감정의 동요 없이 24시간 내내 지치지 않고 일관되게 응대한다. 이론적으로는 세상의 모든 언어를 익혀 소통의 장벽을 허물고, 사용자의 과거 기록과 선호도를 파악해 완벽에 가까운 맞춤형 정보를 건넬 수도 있다. 이러한 AI의 능력은 분명 전문 지식의 탐색, 글로벌 협업, 의료 및 교육 서비스처럼 인간의 삶과 밀접한 여러 영역에서 지금까지와는 다른 차원의 혁신을 약속하는 듯 보인다.

이는 우리가 지식을 소통하는 방식에 근본적인, 어쩌면 되돌릴 수 없는 지각변동이 일어나고 있음을 시사한다. AI는 분명 정보의 바다를 항해하는 법을 가르쳐주고, 때로는 인간의 지적 노동이라는 무거운 짐을 덜어주며, 우리의 소통 역량을 몇 배로 증폭시키는 강력한 '증강 도구'가 될 잠재력을 품고 있다.

가령 교육 현장을 생각해보자. AI는 학생 개개인의 학습 데이터를 면밀히 분석해 맞춤형 학습 경로를 제시해주는 내비게이터가 될 수 있다. 교사는 기계적인 정보 전달이나 반복적인 평가의 부담에서 벗어나, 학생으로부터 고유한 질문을 이끌어내고, 비판적 사고의 불꽃을 지피며, 문제를 해결하는 과정에서 길을 잃지 않도록 돕는 사고의 조력자이자 멘토로서의 역할에 더욱 집중할 수 있다. 의료 영역에서의 변화도 유사하다. AI 진단 시스템은 방대한 데이터를 빠른 속도로 분석한 후 의사에게 중요한 통찰을 제공하는 '조용한 협진의'의 역할을 할 수 있지만, 그 정보를 바탕으로 최종적인 판단을 내리고, 환자와 눈을 맞추며 그의 불안과 두려움에 공감하고, 치료 과정을 함께 결정하는 책임감 있는 역할은 오롯이 인간 의사의 몫으로 남는다. AI가 강력한 데이터 분석 능력을 발휘할수록 역설적으로 인간은 더욱 섬세하고 인간적인 판단과 소통, 그리고 윤리적 고민에 집중해야 하는 상황을 맞이하는 것이다. 이처럼 인간과 AI의 협력은 단순히 효율성을 높이는 것을 넘어, 각 영역에서 인간 전문가의 본질적인 역할이 무엇인지 다시 묻게 만들며, 그 답을 찾아가는 과정에서 새로운 가능성을 열어줄 수 있다.

AI는 이해하지 않고, 의도하지 않는다

하지만 이러한 협력의 가능성에도 불구하고, AI와의 소통은 새로운 과제를 안겨주기도 한다. 챗GPT와 같은 최신 AI 시스템은 복잡한 질문에 맥락에 맞는 답변을 유창하게 제공하지만, 과연 이것이 진정한 이해에 기반한 소통일까? 철학자 존 설의 '중국어 방' 논증[30]이 보여주듯, AI는 방대한 텍스트 데이터에서 학습한 패턴과 통계적 확률에 따라 규칙적으로 기호를 조작해 그럴듯한 답변을 생성할 뿐, 그 내용의 실제 의미를 이해하는 것은 아니다. 단어와 문장이 가진 문화적 맥락이나 감정적 뉘앙스, 숨겨진 속뜻을 파악하는 능력은 여전히 인간의 영역에 가깝다.

더욱 근본적으로 AI의 소통 능력은 실제세계에서의 구체적인 경험이 부재하는 결정적인 한계에 부딪힌다. 인간의 소통은 오감을 통해 세상을 느끼고, 몸으로 부딪히며 배우고, 타인과의 관계 속에서 웃고 울며 감정을 나누는, 우리 삶의 총체적인 경험에 깊숙이 뿌리내리고 있다. 반면 AI는 이러한 '체화된 경험' 없이, 오직 스크린 속 텍스트 데이터라는 제한된 창을 통해서만 세상을 간접적으로 학습할 뿐이다. 그렇기에 AI가 아무리 유창하게 언어를 구사한다 해도, 인간의 실제 삶과 경험에서 우러나오는 말의 깊은 의미, 감정의 미묘한 온도, 복잡하게 얽힌 역사적·문화적 맥락을 진정으로 이해하거나 공감하는 데에는 본질적인 제약이 따른다.

아마도 AI와의 대화에서 우리가 가장 쉽게 속아넘어가고, 또 가장 경계해야 할 지점은 AI에게는 우리 인간처럼 말을 이끌어내는 진정한 속마음, 즉 '의도'나 '목적의식'이 없다는 사실일 것이다. 우리는 말을 통해 생각을 나누고 감정을 표현하며 관계를 맺고자 한다. 때로는 설득하고, 때로는 위로받고, 때로는 배우려 하는 대화에는 언제나 살아 숨쉬는 인간적인 동기와 목적이 꿈틀댄다. 하지만 적어도 지금의 AI는 그렇지 않다. AI는 그저 복잡한 수학적 계산을 통해 주어진 목표(사용자의 질문에 가장 적절해 보이는 답변을 생성하는 것 등)에 맞게 확률적으로 가장 그럴듯한 단어들을 뽑아 배열할 뿐이다. 아무리 인간의 말과 감정을 정교하게 흉내낸다 한들, 그 매끄러운 표면 아래에는 자율적인 의지나 소통하려는 진실된 마음 같은 것은 존재하지 않는다.

이러한 근본적인 차이를 깊이 인식하는 것은 왜 중요할까? 그것은 우리가 AI의 놀라운 능력에 압도당해 무심코 기계에 인격이나 의식을 투영하려는 인간적인 경향성으로부터 스스로를 보호하고, 인간과 기계 사이의 넘을 수 없는 간극을 냉정하게 직시하도록 돕기 때문이다. 결국 AI가 쏟아내는 무수한 말에 의미를 부여하고 때로는 여기에 관계라는 이름표를 붙이는 것은, 언제나 화면 건너편에 있는 우리 자신임을 잊지 말아야 한다.

이처럼 인공지능의 본질적 한계를 명확히 인식하는 것은 AI가 생성하는 정보의 진실성과 권위를 어떻게 받아들일 것인가 하는 문제로 자연스럽게 이어진다. AI가 드러내는 정보가 과연 객관적 사실을 밝히는 알레테이아의 실현일까, 아니면 데이터에 내재된 편견이나 알고리즘의 한계에 의해 왜곡된 현실의 모사일까? AI가 학습 데이터의 편견을 증폭시켜 차별적 시각을 재생산할 위험은 어떻게 제어할 것인가? 이는 과거에 인류가 텍스트의 권위를 어떻게 설정하고 해석해왔는지에 대한 고민을 새로운 차원에서 반복하게 만든다. 우리는 AI가 제공하는 답변을 비판적 검증 없이 새로운 '권위'로 받아들이는 경향을 마땅히 경계해야 한다.

예측 가능한 대화의 예측 불가능성

그렇다면 AI와의 소통은 인간 사이의 소통과 본질적으로 어떻게 다를까? AI는 인간의 언어 패턴을 놀랍도록 잘 모방하여 매우 자연스러운 대화를 구사할 수 있다. 하지만 그 대화는 효율적이고 유용할 수는 있을지언정, 인간 사이의 소통에서 발견되는 풍부한 결을 담아내기 어렵다. 미묘한 표정과 몸짓으로 오가는 비언어적 교감, 대화 속에서 예기치 않게 터져나오는 창의적인 발상과 유머, 서로에게 드러난 약점을 그대로 받아들이며 함께 성장해가는 과정에서 느껴지는 깊은 유대감 같은 것들 말이다. AI와의 매끄럽고 예측 가능한 대화에 익숙해질수록, 우리는 오히려 인간 사이에 일어나는 다소 서툴고 때로는 갈등을 동반하지만 바로 그 때문에 더욱 진실하고 깊이 있는 소통의 가치를 잊어버리거나 평가절하할 위험은 없을까?

이러한 질문은 AI가 인간의 정서적·관계적 영역으로 들어설 때 더욱 중요해진다. 지식 소통 역시 종종 신뢰, 공감, 관계라는 정서적 토대 위에서 더욱 풍성해지는 법이다(이는 편지공화국 학자들이 편지를 통해 학문적 교류뿐 아니라 깊은 우정을 나누었던 사례에서 엿볼 수 있다). 이제 AI가 인간의 외로움을 달래고 친밀감을 제공하는 상대로 여겨지기 시작하면서, 우리는 소통의 또다른 측면, 어쩌면 더 복잡한 측면과 마주하게 된다. 이는 이 책의 주된 관심사인 지식 소통과는 다소 결이 달라 보일 수 있다. 하지만 AI와의 이러한 정서적 상호작용 방식은 인간의 근원적인 소통 욕구와 AI의 현재 능력 및 명백한 한계를 동시에 드러내는 중요한 지점이며, 나아가 우리가 다른 인간과, 그리고 다른 세상과 관계 맺는 방식 전반에 영향을 미칠 수 있기에 반드시 신중하게 탐구해야 할 주제이다.

 MIT에서 인간과 기술의 상호작용을 연구해온 셰리 터클 교수가 오래전부터 지적했듯이, 우리는 디지털 기술이 제공하는 끊임없는 연결 속에서도 오히려 깊은 고립감, 즉 "소통의 풍요 속 친밀함의 빈곤"을 경험하는 시대를 살고 있다.[31] 인류학자이자 진화심리학 교수인 로빈 던바는 인간이 진정으로 의미 있는 관계를 안정적으로 유지할 수 있는 숫자가 제한되어 있다고 지적했다. 온라인에서 수천 명과 연결되는 양적 팽창이 결코 관계의 질적 풍요로 이어지지 못하는 '관계의 인플레이션' 현상이 나타나는 것이다.[32] 정작 진정한 이해와 유대감을 느끼지 못하는 이러한 역설적인 환경 속에서 레플리카Replika와 같은 AI 친구 서비스가 등장하고 인기를 얻는 현상은 주목할 만하다. 이 AI 챗봇들은 사용자의 말을 주의깊게 들어주고 공감하는 듯한 반응을 보이며, 때로는 위로와 조언까지 건넨다. 사용자들은 이 가상의 존재에게 개인적인 고민을 털어놓고 깊은 애착을 느끼며 외로움을 달래려 한다. 물론 심리적 어려움을 겪거나 사회적으로 고립된 이들에게 AI가 일시적으로 대화 상대가 되어주고 정서적 지지를 제공하는 긍정적인 측면도 분명히 있다. 이는 인간이 상호작용하는 대상에게 쉽게 감정을 이입하고 의미를 부여하는 경향(소위 '일라이자 효과')을 보여주는 사례이기도 하다.[33]

하지만 AI와의 이러한 정서적 교감 시도는 그것이 제공하는 위안의 달콤함과는 별개로 근본적인 한계를 갖고 있다. AI가 보여주는 그럴듯한 공감과 위로는 실제 감정에서 우러나온 반응이 아니라 방대한 데이터를 학습하여 인간의 감정 표현 패턴을 정교하게 모방한 결과물, 즉 잘 짜인 연기에 가깝다. 여기에는 아리스토텔레스가 진정한 우정의 핵심으로 보았던, 서로의 좋은 삶을 함께 고민하고 추구하며 덕ἀρετή,arete(아레테)을 길러나가는 상호적인 성장 과정이 빠져 있다. 또한 삶의 기쁨과 슬픔, 성공과 실패를 함께 나누며 서로의 약점까지도 기꺼이 드러내고 보듬는 진정한 정서적 교감과 유대감 역시 찾아볼 수 없다. AI는 우리의 감정을 거울처럼 반영할 수는 있지만, 결코 그 감정을 진심으로 이해하거나 함께 공유하지는 못하는 차갑고 공허한 메아리일 뿐이다.

영원한 내 편 AI, 그럼에도 불구하고

AI의 교묘한 모방적 상호작용은 우리가 AI와의 관계에서 마주하는, 어쩌면 위험한 함정일 수 있는 또다른 깊은 역설을 수면 위로 끌어올린다. 언제나 나를 판단하지 않고 무조건 수용하며 내 요구에 즉각적으로 반응하는 AI와의 관계는 얼마나 매력적인가? 지치고 외로운 현대인에게 이처럼 편리하고 예측 가능한 위안은 거부하기 힘든 유혹일 수 있다. 하지만 바로 그 손쉬움과 통제 가능성이 역설적이게도 우리를 실제 인간적인 교류로부터 멀어지게 하고 더 깊은 고독의 섬으로 밀어넣을 수 있다는 경고를 흘려들어서는 안 된다. 처음에는 그저 편리한 도구이자 흥미로운 대화 상대로 여겼던 AI와의 관계가, 시간이 흐르면서 오히려 인간관계에 대한 갈망을 왜곡하거나 현실의 복잡하고 때로는 힘겨운 소통을 회피하는 손쉬운 도피처가 될 수 있다는 우려 섞인 목소리가 커지고 있다. 심지어 AI와의 상호작용에 익숙해질수록 실제 인간관계를 맺고 유지하는 능력이 저하되거나, 정서적 공허감이 더욱 증폭될 수 있다는 연구 결과들도 나오고 있어 불안감을 더한다. 어쩌면 우리는 인간관계의 필연적인 불편함과 수고로움을 견디지 못하고 AI라는 '완벽한 친구'의 환상을 좇지만, 그 대가로 진정한 연결과 친밀함을 경험할 소중한 기회와 능력마저 조금씩 잃어가고 있는 것은 아닐까? 이 질문 앞에서 우리는 솔직해질 필요가 있다.

연결될수록 외로워지는 이 '소통의 역설'은 단지 기술의 문제가 아니라 우리 인간의 본질적인 소통 방식과 욕구에 대한 깊은 성찰을 요구한다. 진정한 소통은 효율적인 정보 교환에서 더 나아가 서로의 존재를 느끼고 이해하며 감정을 나누는 복잡하고 섬세한 과정이다. AI는 이 과정의 일부(정보 교환)를 놀랍도록 효율적으로 수행할 수 있지만, 결코 그 전부를 대체할 수는 없다. 따라서 우리는 AI가 제공하는 편리함과 효율성을 현명하게 활용하되, 때로는 서툴고 비효율적이며 갈등을 동반하지만 바로 그러한 과정을 통해 단단해지는 인간 사이의 진정한 소통을 대체하거나 잠식하도록 내버려두어서는 안 된다.

언제나 내 말에 귀기울이고 내 편을 들어주는 것처럼 보이는 예측 가능한 AI와의 관계가, 예측 불가능하고 때로는 상처를 주기도 하지만 그럼에도 불구하고 서로를 성장시키는 현실의 인간관계보다 더 매력적으로 느껴질 때, 우리는 스스로에게 질문해야 한다. 우리는 무엇을 얻고 무엇을 잃고 있는가? 우리가 AI에게 털어놓는 내밀한 감정과 정보들이 어떻게 관리되며 활용되고 있는가? 이에 대한 프라이버시 문제, 그리고 우리의 외로움이나 정서적 취약성을 이용하려는 상업적 혹은 악의적인 시도에 대한 윤리적 경계심 또한 늦추지 말아야 한다. 결국 AI와의 편리한 연결 너머에 있는 복잡한 사회적·관계적·윤리적 함의를 직시하고, 인간적인 소통의 가치를 지켜내기 위한 의식적인 노력이 우리 모두에게 필요하다.

5
지혜로운 소통을 위한 길 찾기

고대·중세·근대에서 배우는 소통의 핵심

우리는 디지털 광장의 소음과 알고리즘의 속삭임 속에서 어떻게 건강하고 의미 있는 소통을 이어갈 수 있을까? AI라는 새롭고 강력한 행위자의 등장은 우리가 소통하는 방식을 근본적으로 되돌아보게 하며, 인간과 기술이 서로를 보완하며 함께 나아갈 길, 새로운 '소통의 공존 방식'을 찾아나서도록 요구하고 있다. 이 길을 찾는 과정은 명확한 답이 있는 방정식을 푸는 것이라기보다 끊임없이 변화하는 기술 환경 속에서 인간적 가치를 중심에 두고 최적의 균형점을 찾아가는 지속적인 성찰과 사회적 합의에 가깝다. 이 여정에서 해답은 기술에 있지 않으며, 우리가 어떤 가치를 우선시하며 기술을 어떻게 설계하고 받아들일지에 대한 끊임없는 질문과 선택들에 있다.

이 여정에서 역사가 우리에게 주는 지혜는 무엇일까? 각각의 시대는 오늘날 우리가 직면한 소통의 과제에 대한 저마다의 해답과 성찰의 실마리를 제공한다.

먼저 고대 그리스는 진실을 추구하기 위한 비판적 대화와 공론장의 가치, 그리고 발언의 책임을 강조하며 이상적인 소통의 조건을 탐색했다. 이는 오늘날 AI가 생성한 정보를 포함한 모든 정보에 대해 출처와 맥락을 비판적으로 질문하고(소크라테스처럼!), 다양한 관점을 교차 검증하며, 디지털 환경에 윤리적으로 참여해 디지털 공간에서의 발언에 책임을 지는 '디지털 시민성' 함양의 중요성을 일깨운다. AI시대의 파레시아는 어쩌면 알고리즘의 오류나 편향성을 용기 있게 지적하고 공론화하는 능력, 또는 자동화된 정보 환경 속에서도 인간적 가치와 진실을 옹호하는 태도로 재해석할 수 있을 것이다.

다음으로 중세시대 수도원의 성찰적 읽기와 필사는 정보의 홍수 속에서 우리에게 필요한 지적 숙고와 깊이 있는 이해의 가치를 보여주었다. 정보의 양이 제한적이고 소통이 느렸던 시대에 학자들은 하나의 텍스트 앞에서 몰입과 성찰의 시간을 통해 의미를 길어올렸다. 이는 AI가 요약해준 내용이라도 핵심을 찾아 곱씹어 읽고(마치 수도사가 성서를 필사하듯), 효율성 너머의 의미를 찾는 시간을 의식적으로 확보하는 것이 중요한 이유를 일깨운다. 예를 들어, 피상적인 정보 소비에 맞서, 하루 중 시간을 정해 의도적으로 디지털 기기를 멀리하고 종이책이나 긴 글을 읽는 '디지털 안식'의 시간을 갖거나, 중요한 정보는 여러 출처를 비교하며 자신만의 언어로 요약하고 기록하는 습관을 들이는 것은 지적 밀도를 더하는 소중한 실천이 될 것이다.

마지막으로 근대의 편지공화국은 네트워크를 통한 지식의 공유와 발전이라는 강력한 이상이자 모델이다. 비록 이 소통에는 물리적 거리와 느린 속도라는 제약이 있었지만, 당시 학자들은 편지라는 매개를 통해 국경을 넘어 아이디어를 나누고 서로의 연구에 대해 치열하면서도 건설적인 비판을 주고받으며 지식 공동체를 형성해 학문의 진보를 이끌었다. 오늘날 함께 읽고 토론하는 소셜 리딩 플랫폼이나 다양한 온라인 지식 커뮤니티는 이러한 편지공화국의 이상을 실현할 엄청난 잠재력을 가지고 있다. 즉 개방적인 지식 공유와 활발한 토론을 훨씬 더 큰 규모와 즉각적인 방식으로 구현하는 것이다. 과거 편지공화국이 소수 엘리트에게 제한되었던 것과 달리, 이러한 디지털 플랫폼은 원칙적으로 더 많은 사람에게 열려 있어서 훨씬 다채로운 배경과 관점을 가진 이들이 지식의 생산에 참여할 수 있다.

인공지능이 경제적으로 최적화된 모범 답안이나 획일적인 관점을 제시하기 쉬운 시대에, 이처럼 다양한 사람들이 교류하며 풍부한 지적 생태계를 만드는 것은 인간 고유의 창의성과 사유의 다양성을 지키는 데 매우 중요하다. 따라서 우리가 지향해야 할 목표는 이러한 플랫폼들 안에서 편지공화국의 건설적인 동료비판peer critique 정신을 적극적으로 계승하고 발전시키면서 상호존중을 바탕으로 다양한 생각을 자유롭게 표현하고, 서로에게 배울 수 있는 건강한 토론 문화를 조성하는 데 있다.

이를 위해서는 익명성에 기댄 비난을 자제하고 건설적인 피드백을 장려하는 커뮤니티 가이드라인을 마련하고 실천해야 한다. 또한 기술 접근성의 격차를 줄이고 다양한 배경을 가진 참여자가 실질적으로 기여할 수 있도록 보장하는 '디지털 포용성'을 적극적으로 추구해야 한다. 이는 현대 기술을 활용해 편지공화국의 이상을 더욱 확장하고 이를 민주적으로 실현하는 길이라 할 수 있다.

이처럼 역사를 통해 성찰한 내용을 바탕으로 우리는 AI시대 소통을 위한 인간의 역할과 필요한 역량을 정의해야 한다. AI가 정보처리와 텍스트 생성의 많은 부분을 자동화함에 따라, 인간은 기계가 대체할 수 없는 고유한 능력을 발휘하는 데 집중해야 한다. 이를 위해서는 AI시대의 새로운 커뮤니케이션 문해력을 함양하는 것이 필수적이다. 여기에는 다음과 같은 역량을 포함할 수 있다.

알고리즘 해독 능력: 소셜미디어나 검색엔진, AI 챗봇 등이 정보를 선별하고 제시하는 방식(알고리즘)을 이해하고, 그 잠재적 편향성이나 상업적 의도를 비판적으로 파악하는 능력

비판적 AI 상호작용 능력: AI에게 명확하고 효과적으로 질문을 던져 원하는 정보를 얻고(프롬프트 엔지니어링), AI가 생성한 정보의 진위, 논리적 오류, 숨겨진 편향을 검증하며 그 한계를 명확히 인식하는 능력

맥락적 의미 구성 능력: AI가 파악하기 어려운 복잡한 사회문화적 맥락, 역사적 배경, 인간적 감성의 뉘앙스를 이해하고, 파편화된

정보들을 연결해 자신만의 의미 있는 서사나 지식체계로 재구성하는 능력

하이브리드 소통 능력: 인간과 AI가 함께 참여하는 소통 환경(AI가 참여하는 회의, 협업 플랫폼 등)에서 효과적으로 상호작용하고, 디지털 도구를 활용하면서도 인간적인 공감과 관계를 유지하며 소통하는 능력

윤리적 성찰 및 판단 능력: AI 기술의 사용이 개인과 사회에 미칠 윤리적 함의를 성찰하고, 책임감 있는 소통 방식을 선택하며, 필요한 경우 기술 사용에 대한 사회적 규범을 논의하는 능력

AI시대를 살아가는 우리에게 필요한 이러한 문해력은 그저 몇 가지 기술을 익히는 문제가 아니라 인간과 기술의 관계를 근본적으로 성찰하고, 사회 전체가 함께 책임감을 가지고 가꾸어나가야 할 태도이자 지혜에 가깝다. AI와의 건강한 공존을 모색하는 여정은 결국 우리가 어떤 가치를 붙들고 이 기술을 길들일 것인가에 대한 끊임없는 질문과 실천으로 이어질 수밖에 없다. 교과서적인 원칙을 나열하는 것에서 벗어나 우리가 진정으로 마주하고 씨름해야 할 과제는 다음과 같다.

첫째, 우리는 AI라는 강력하지만 불투명한 블랙박스 앞에서 끊임없이 '알 권리'를 외쳐야 한다. AI가 어떤 데이터로 학습하고, 어떤 논리로 작동하며, 그 결과는 누구에게 이익 혹은 손해를 안기는

가? 알고리즘은 어떤 기준으로 정보를 보여주고 또 감추는가? 우리의 데이터는 과연 안전하게 관리되고 있는가? 이러한 질문에 대해 기업과 개발자들이 투명하게 정보를 공개하도록 요구하고 감시하는 것은 비판적 시민으로서 우리의 권리를 행사하는 일이다. '일반인은 이해하기 어려우니까' '영업 비밀이니까'라는 변명 뒤에 숨어 우리 삶에 막대한 영향을 미치는 기술의 작동 원리를 감추려는 시도에 우리는 맞서야 한다.

둘째, 우리는 기술의 복잡성이라는 안개 뒤에 숨어 인간의 책임을 희석하려는 유혹과 끊임없이 싸워야 한다. 자율주행차가 사고를 냈을 때, AI 의사가 오진을 했을 때, 그 책임은 누구에게 물어야 하는가? 이는 알고리즘의 오류인가, 아니면 그 기술을 설계하고, 검증하고, 도입하고, 관리 감독한 인간과 사회 시스템의 책임인가? 점점 더 많은 결정이 인간의 개입 없이 자동화되는 시대에, 우리는 인간의 최종적인 판단과 윤리적 책임의 경계선을 어디에 그을 것인지, 그리고 그 책임을 어떻게 물을 것인지에 대한 사회적 논의와 합의를 서둘러 진행해야 한다. 기술적 효율성이라는 명분 아래 혹은 기술에 대한 막연한 불안감 때문에 인간 고유의 책임과 숙고의 과정을 생략하려는 모든 시도에 대해 우리는 비판적인 질문을 던져야 한다.

셋째, 정신없이 흘러가는 기술 발전의 속도와 효율성의 압박 속에서, 인간적인 삶의 속도와 깊이를 의식적으로 되찾고 지키려는 노력이 그 어느 때보다 절실하다. 우리는 지금 온라인과 오프라인, 가상과 현실, 속도와 숙고, 넓은 연결망과 깊은 유대 사이에서 위태로운 줄타기를 하고 있다. 이 줄 위에서 균형을 잃지 않으려면, 때로는 느리고 비효율적일지라도 서로 얼굴을 맞대고 나누는 대화의 온기, 테크놀로지에서 벗어나 오롯이 자신에게 집중하는 고요한 성찰의 시간, 종이책의 질감과 향기 같은 아날로그적 경험의 가치를 의식적으로 붙잡고 이를 소중히 여겨야 한다. AI와의 매끄러운 소통이 결코 채워줄 수 없는, 인간 소통의 예측 불가능한 풍요로움과 다채로움을 위한 시간과 공간을 우리 삶에서 의도적으로 확보해야 한다. 이것은 단순히 취향의 문제가 아니라 인간성의 보존을 위한 실존적 투쟁일 수 있다.

마지막으로, 이러한 모든 고민과 노력의 결실은 결국 다음 세대를 위한 교육에서 찾아야 한다. 다음 세대의 아이들은 지금 우리가 상상하는 것 이상으로 AI가 삶의 모든 영역에 깊숙이 스며든 세상을 살아갈 것이다. 따라서 어릴 때부터 비판적 지혜를 가르치는 교육이 중요하며, 아이들이 AI를 능숙하게 사용하는 '사용자'에 머물지 않고 기술 너머에 가려진 작동 원리와 권력관계, 사회적·윤리적 함의를 꿰뚫어보고 비판적으로 질문할 수 있는 힘을 길러주어야 한다. 또한 복잡한 윤리적 딜레마 앞에서 스스로 숙고하고 책임 있는 판단을 내리며, 더 나은 기술의 미래를 함께 만들어나갈 수 있는 '성숙한 디지털 시민'으로 성장하도록 이끌어야 한다.

이는 코딩 기술이나 AI 활용법을 가르치는 차원을 넘어, 인문학적 성찰, 비판적 사고력, 윤리적 감수성, 그리고 인간 고유의 가치에 대한 깊은 이해를 통합하는, 교육의 근본적인 전환을 요구한다. 결국 기술의 미래를 결정하는 것은 기술 그 자체가 아니라, 그 기술을 어떤 지혜와 성찰로 맞이하고 활용하는가에 달려 있다.

미완의 여정, 인간적인 소통을 향해

　인류의 지식 소통 방식은 끊임없이 변화해왔다. 아고라의 외침에서 수도원의 침묵으로, 손으로 쓴 편지에서 인쇄된 책으로, 그리고 이제 빛의 속도로 정보를 실어나르는 디지털 네트워크와 인간처럼 말하는 인공지능의 시대로 이어지는 이 거대한 흐름 속에서, 우리는 또 한번의 전환점을 맞이하고 있다. AI시대는 인류에게 엄청난 가능성과 함께 심각한 위험을 안긴다.

　중요한 점은 기술 자체가 선하거나 악하지 않다는 점이다. 인공지능이라는 강력한 도구를 어떻게 활용해서 지식 소통의 미래를 만들어갈 것인지는 궁극적으로 우리의 선택과 노력에 달려 있다. 우리는 AI와 함께 인간의 지혜와 연결성을 증폭시키는 미래로 나아갈 수도 있고, 반대로 기술에 종속되어 사유의 깊이와 관계의 온기를 잃어버리는 미래를 맞이할 수도 있다. 그 갈림길에서 방향을 결정하는 것은 결국 우리의 몫이다. 우리가 AI와의 편리한 소통에 안주해 비판적 사고 능력을 잃고 인간적인 연결을 소홀히 한다면 기술은 우리를 고립시키고 파편화하는 도구가 될 것이다. 그러나 우리가 AI를 인간 고유의 능력을 보완하고 확장하는 지혜로운 동반자로 삼고, 기술 발전 속에서도 소통의 본질적 가치인 진실을 추구하는 열정과 서로를 존중하는 참여, 그리고 깊이 있는 이해와 공감을 잃지 않는다면 우리는 AI와 함께 더 풍요롭고 의미 있는 지식의 지평을 열어갈 수 있을 것이다.

　아리스토텔레스는 『니코마코스 윤리학』에서 "다른 좋은 것들을 모두 가지고 있다 해도 친구가 없는 삶을 선택할 사람은 아무도 없을 것"이라고 말했다.[34] AI와의 관계 맺기에 관한 논의가 활발히 이루어지는 오늘날, 이 말은 여전히 울림을 준다. 우리가 진정으로 추구해야 할 것은 AI와의 건강한 상호작용을 모색하면서도 그것이 결코 인간 사이의 깊은 우정과 유대를 대체할 수 없다는 사실을 잊지 않는 균형 감각일 것이다.

기술의 진보는 멈추지 않겠지만 그 방향키를 쥐고 인간적인 가치를 향해 나아가는 것은 오롯이 우리의 책임이다. 인공지능의 변화 속에서 우리는 인류가 쌓아온 지혜의 본질과 소통의 미래에 대해 그 어느 때보다 진지하게 성찰해야 한다.

결국 AI시대의 소통은 인간의 고유한 발견을 촉진하고, 지혜로운 지식 수집과 큐레이션을 가능하게 하며, 깊이 있는 읽기와 쓰기를 통해 의미를 창조하는 모든 지식활동의 성패를 좌우하는 핵심 기반이 된다. 그렇기에 소통 방식을 어떻게 정립하고 실천하는가가 곧 AI시대에 지식을 발견하고, 수집하며, 읽고 쓰는 방식 전체를 재정의하는 출발점이 될 것이다. 따라서 AI시대의 소통 환경을 창조적으로 설계할 책임은 바로 우리에게 있으며, 이는 어떤 인간으로 살아갈지, 어떤 사회를 만들어갈지를 결정하는 중대한 선택이기도 하다. 지식과 지성의 의미를 재고하고 인간만이 가질 수 있는 고유한 가치를 새롭게 정립하는 과정에서, 소통의 재설계는 인간 존재의 재정의를 위한 중요한 초석이 될 것이다.

이로써 우리는 이 책의 마지막 여정인 '재정의하다'로 나아갈 모든 준비를 마쳤다. 인공지능이라는 새로운 변수를 마주한 지금, 인류가 오랫동안 수행해온 '발견' '수집' '읽기·쓰기' '소통'이라는 지식 창출 행위는 근본적으로 어떤 의미를 갖게 될 것인가? 그리고 우리는 이 변화 속에서 어떻게 인간의 지혜와 존엄성을 지키며 어떤 미래를 함께 만들어가야 할 것인가? 그 무겁고도 중요한 질문에 대해 답을 찾아가는 여정이 우리 앞에 놓여 있다.

5부

재정의하다
REDEFINE

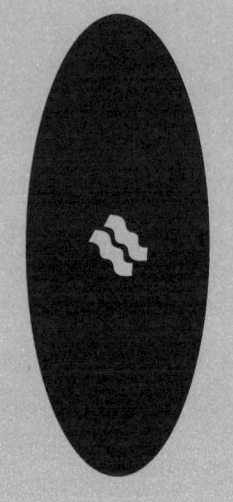

지식 생산자 인간과 AI의 공존방정식

인공지능이라는 강력하고 낯선 거울 앞에 선 우리는 인간지능에 대한 근본적인 질문과 마주하고 있다. 인간의 고유한 영역이라 믿었던 지적 활동을 AI가 빠르게 학습하고 때로는 능가하는 모습을 보면서, 우리는 불안과 기대를 동시에 느낀다. 이는 누가 우위에 서느냐라는 경쟁의 문제를 해결하기에 앞서 인간이라는 존재와 지성의 의미를 근본적으로 되돌아보게 만든다. 지성의 주체가 더이상 인간에게만 국한되지 않는 시대가 온다면, 과연 우리는 우리 자신을 어떻게 정의해야 할까? 이 질문은 단순한 기술 적응의 문제를 넘어, 인간 존재의 본질과 가치, 그리고 미래의 방향에 관한 깊은 성찰을 요구한다.

  우리는 이 책의 1부에서 4부까지 인류가 지식을 발견하고, 수집하며, 읽고 쓰고, 소통해온 여정을 살펴보았다. 이 핵심적인 지식활동들은 대체로 세상을 '목격'하고 이해하려는 인간의 노력이었다. 인류는 새로운 도구가 등장할 때마다 이 '목격'의 방식을 조정하고 확장하며 문명을 발전시켜왔다.

그러나 인공지능시대는 이 '목격' 중심의 패러다임에 도전을 제기한다. 인공지능은 인간의 감각과 인지 능력을 넘어서는 방식으로 작동하기 때문이다. 수십억 개의 데이터포인트에서 미세한 패턴을 찾아내고, 관찰이 불가능한 영역을 시뮬레이션을 통해 탐구하며, 무엇보다 기존의 지식을 바탕으로 새로운 가능성(텍스트, 이미지, 코드, 전략 등)을 '생성'해내는 능력을 보여준다. AI는 더이상 인간의 목격을 돕는 수동적인 도구가 아니라, 우리와 함께 혹은 우리를 넘어서서 지식과 실체를 만들어가는 능동적인 행위자agent로 등장할 것이다. 따라서 AI를 우리가 피해야 할 위협이나 통제해야 할 도구로만 보는 관점에서 벗어나, 인간지능의 새로운 가능성을 함께 탐색하는 '확장된 지적 파트너'로 바라보는 인식이 필요하다.

그러므로 이제 우리에게 필요한 것은 목격을 넘어선 '재정의하다 redefine'라는 새로운 행위다. 이는 시대 변화에 맞춰 용어의 의미를 바꾸는 소극적인 작업을 말하는 것이 아니다. '재정의'란 인간이 인공지능이라는 새로운 파트너와 함께 지식을 창조하는 환경을 새롭게 설계하고, 지성의 주체와 작동 방식을 재구성하며, 그 결과로 생산되는 지식의 가치와 의미를 비판적으로 성찰하고, 궁극적으로 이 모든 변화 속에서 인간과 세계의 관계를 능동적으로 만들어가는 창조적이고 책임 있는 행위를 의미한다.

AI 기술이 멈추지 않고 진화하기에, 인간과 인공지능의 공존을 위해 필수적으로 거쳐야 할 이 행위는 단 한 번으로 끝나는 작업이 아니라 변화하는 현실에 발맞춰 우리 스스로 끊임없이 질문하고 조정하며 가꾸어나가야 할 지적 여정이다. 만약 과거의 '목격'이 주어진 풍경을 사진으로 담아내는 행위였다면, 이제 '재정의'는 AI라는 새로운 물감과 붓을 손에 들고 빈 캔버스 위에 우리 시대의 자화상과 미래의 풍경을 그려나가는 행위에 가깝다. 우리는 더이상 주어진 세계의 관찰자가 아니라 만들어 갈 세계의 설계자이자 그 의미를 부여하는 주체가 되어야 하는 것이다.

이러한 '재정의'는 우리가 앞서 탐구했던 네 가지 핵심 지식활동 모두에 근본적인 변화를 가져온다. AI와의 협력은 우리가 무엇을 어떻게 '발견'할 것인가의 가능성을 바꾸고, 어떤 지식을 가치 있게 여겨 어떻게 '수집'하고 큐레이션할 것인가의 기준을 재설정하며, 정보를 어떻게 '읽고 쓰며' 그 의미를 구성하고 창조할 것인가의 방식을 혁신한다. 그리고 궁극적으로 누구와 어떤 방식으로 '소통'하며 관계 맺고 공동체를 형성할 것인가에 대해 근본적인 질문을 던진다.

이 '재정의' 작업을 네 가지 활동과 상호연결된 차원에서 탐색하고자 한다. 먼저 인공지능과 함께 지식이 탄생하는 환경과 과정 자체가 어떻게 재설계되는지 살펴볼 것이다. 시뮬레이션과 가상 환경이 새로운 지식 생산의 장이 되면서, '발견'과 '수집'의 의미는 어떻게 달라지는가? 이는 필연적으로 그 환경 속에서 작동하는 지성의 주체와 작동 방식에 대한 재구성으로 이어진다. 인간지능과 AI는 저마다의 고유성을 가지는데, 이들이 어떻게 협력해서 새로운 '집합적 지성'을 형성할 수 있는가? 그 결과, 이 재정의된 지성이 만들어내는 지식은 어떤 고유한 특성과 가치를 지니는가? 생성되고, 분산되며, 끊임없이 변화하는 새로운 지식의 형태 앞에서 우리는 지식을 어떻게 신뢰하고, 그 지식의 가치를 어떻게 평가할 것인가? 그리고 이 모든 변화의 소용돌이 속에서, 우리는 궁극적으로 인간이라는 존재의 의미와 역할을 어떻게 다시 정의해야 하는가?

AI시대에 인간의 고유한 가치는 고정된 상수가 아니라 변화 속에서도 본질적 방향성을 유지하는 벡터처럼 끊임없이 재조정되고 재발견되어야 함을 확인하며, 우리는 기술과의 공존 속에서 어떤 존재로 거듭나야 하는가를 묻고자 한다.

인공지능의 등장은 우리가 기술에 대해 물었던 질문을 바꾸어놓았다. "이 기술로 무엇을 할 수 있는가"를 묻던 시대를 지나, 이제 우리는 "이 기술과 함께 인간은 어떤 존재가 될 것인가"라는 본질적 물음 앞에 서 있다. 따라서 우리의 과제는 기술 활용법을 익히는 데 그치지 않고, 지식 생태계의 설계자로서, 그리고 그 안에서 길을 찾는 윤리적 항해사로서 우리의 역할을 받아들이는 것이다. 기술의 진정한 가치는 그 성능이 아닌, 그것을 통해 우리가 어떤 관계를 설정하고 어떤 의미를 부여하는지에 따라 결정되기 때문이다. 우리가 우리 자신을 새롭게 이해하는 만큼, 우리는 AI 기술이 나아가야 할 방향 또한 인간적인 가치를 향하도록 이끌 수 있을 것이다.

물론 이 재정의의 여정이 명확한 지도를 가진 것은 아니다. 때로는 불안하고 여전히 불확실할 수도 있다. 하지만 인공지능의 급속한 발전 앞에서 이는 더이상 피할 수 없는 우리의 과제이자 인간 존재의 새로운 장을 여는 창조적 도전이기도 하다. 지식의 역사가 '목격'에서 '재정의'로 넘어가는 이 중대한 전환점에서, 기술과 공존하며 인간의 미래를 써내려가는 여정을 함께 시작하고자 한다.

1
지식이 탄생하는 곳

목격, 지식 생산의 마지막 키워드

역사 속에서 인류는 지식이 탄생하는 환경을 끊임없이 확장하고 변화시켜왔다. 아무런 도구 없이 자연을 경이롭게 바라보던 시대부터 프랜시스 베이컨이 꿈꿨던 체계적인 연구소, 로버트 보일이 구현했던 통제된 실험실, 베살리우스가 지식을 공유했던 해부 극장에 이르기까지 지식 환경의 변화는 우리가 무엇을 어떻게 알 수 있는지를 규정하며 문명의 발전을 이끌어왔다. 이 장에서는 먼저 지식 탐구의 장이 어떻게 진화해왔는지 그 발자취를 따라가보려 한다. 그런 다음 AI가 데이터와 알고리즘을 기반으로 어떻게 전례없는 '가상적 지식 환경'을 구축하며 인간의 역할과 지식의 의미마저 근본적으로 재정의하고 있는지 심층적으로 탐구할 것이다.

'발견하다' '수집하다' '읽고 쓰다' '소통하다'라는, 우리가 탐색해온 이 동사들은 인간이 지식을 창조하고 문명을 일구어온 핵심적인 행위이자, 서로 긴밀히 연결된 활동이다. 그리고 이 동사들을 관통하는 하나의 토대는 바로 '목격하다'일 것이다.

'발견'은 자연에 숨겨진 신의 흔적, 잃어버렸던 지식의 유산 혹은 지각의 한계를 넘어서는 미지의 세계를 '목격'하는 경이로운 행위였다. '수집'은 세상의 모든 지식이 모여든 고대의 도서관, 흩어진 지식들을 재결합하려는 인문주의자들의 노력, 경이로운 사물들로 가득찬 '자연의 극장'을 '목격'하며 지식의 지평을 넓혀가는 여정이었다. '읽고 쓰기'는 책이 단순한 기록물에서 벗어나 그 자체로 하나의 작품이 되고, 인쇄된 활자를 통해 더 많은 사람이 지식을 '목격'하게 되면서 혁명을 일으켰다. '소통'은 이 '목격'의 필연적 결과로, 자신이 목격한 바를 경쟁적으로 나누고, 때로는 고독한 목격자로서 버티다 마침내 지식 공동체를 형성하며 앎의 지평을 확장해온 과정이었다. 이처럼 인류의 지성사는 오랫동안 인간의 직접적인 경험과 감각 그리고 이를 확장하는 도구를 통해 세계를 관찰하고 인식하며 지식을 구축하는 '목격'이라는 패러다임 위에서 전개되어왔다.

그런데 우리는 왜 지금 '목격하다'의 단계에서 '재정의하다'라는 새로운 단계로 나아가야만 할까? 인공지능시대에 들어서면서 우리가 세상을 이해하고 지식을 만들어온 방식이 근본적인 한계에 부딪혔기 때문이다. 우리의 눈과 귀, 손과 같은 감각기관은 물론이고 기존의 과학 도구들을 통해 세상을 직접 보고 듣고 경험하며 목격하는 것만으로는, AI가 열어젖힌 새로운 지식의 영역을 온전히 포괄하거나 주도하기 어렵다.

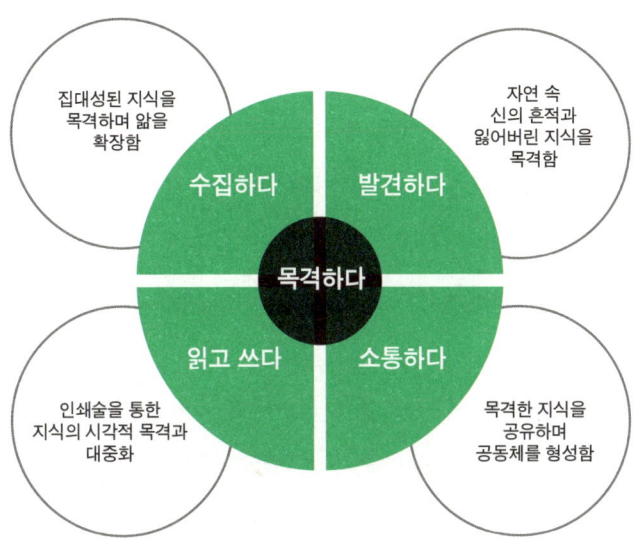

인류 지성사의 핵심 동력 - 목격과 네 가지 행위

AI는 우리의 직접적인 경험과 감각 능력의 범위를 훌쩍 뛰어넘는 방식으로 작동한다. 한 사람이 평생을 다 바쳐도 훑어볼 수 없는 방대한 데이터 속에서, AI는 우리 눈에 보이지 않는 미세하고 복잡한 패턴들을 읽어낸다. 때로는 인간 전문가조차 상상하지 못했던 새로운 관계를 찾아내거나 창의적인 해결책을 스스로 생성해내기까지 한다. 이는 목격에 기대어 지식을 쌓아왔던 인류의 오랜 방식이 이제 벽에 부딪혔음을 보여주는 동시에, 우리 스스로 패러다임을 전환해야 할 시점, 즉 능동적으로 재정의해야 할 필요성을 강력하게 일깨운다. 양자역학의 기묘한 세계나 인간의 뇌 신경망이 작동하는 복잡한 원리처럼 인간의 관찰 너머에 있는 영역을 이해하기 위해서, 이제 목격이라는 익숙한 틀을 넘어서는 새로운 사유와 접근이 필요해진 것이다.

실험실에서 가상세계로

과학이 발전해온 역사는 한편으로 인간의 목격 능력과 범위를 확장하는 과정이었지만, 다른 한편으로는 지식을 얻기 위해 자연을 통제하고 설계된 환경을 만들어온 역사이기도 했다. 이러한 시도는 수동적으로 관찰하는 것을 넘어, 인간이 지식 생산 과정에 적극적으로 개입해 자연에 질문을 던지고 답을 얻어내는 방식으로의 전환을 의미했다.

프랜시스 베이컨이 『새로운 아틀란티스』에서 묘사한 '살로몬의 집'은 이러한 지향점을 보여주는 상징적인 공간이다.[1] 세분화된 역할을 맡은 연구자들이 협력하며 다양한 인공 환경 속에서 체계적으로 지식을 생산하는 이 유토피아적 설계는, 자연을 통제하고 재구성하려는 인간의 의지를 담고 있다. 베이컨이 구상한 것은 물리적·사회적 시스템의 설계였지만, 그 중심에는 지식이 자연 상태 그대로 '발견'되는 것을 넘어 인간의 의도적인 설계를 통해 생산될 수 있다는 중요한 인식의 전환이 자리한다. 베이컨이 꿈꾼 '설계된 환경'이라는 개념은 더이상 상상에 머무르지 않고, 과학자들의 실험실 안에서 구체적인 현실이 되기 시작했다.

로버트 보일의 진공펌프 실험은 이러한 통제된 환경에서 지식을 캐내는 방식을 현실로 보여준 대표적인 사례다.[2] 그는 눈에 보이지 않는 공기의 성질을 파헤치기 위해, 자연 상태에서는 좀처럼 경험하기 힘든 '진공'이라는 극단적인 조건을 실험실 안에 만들어냈다. 이 특별하게 마련된 무대 위에서 다양한 변수를 적용하고 결과를 측정하면서, 마침내 기체의 압력과 부피 사이에 숨겨진 정량적

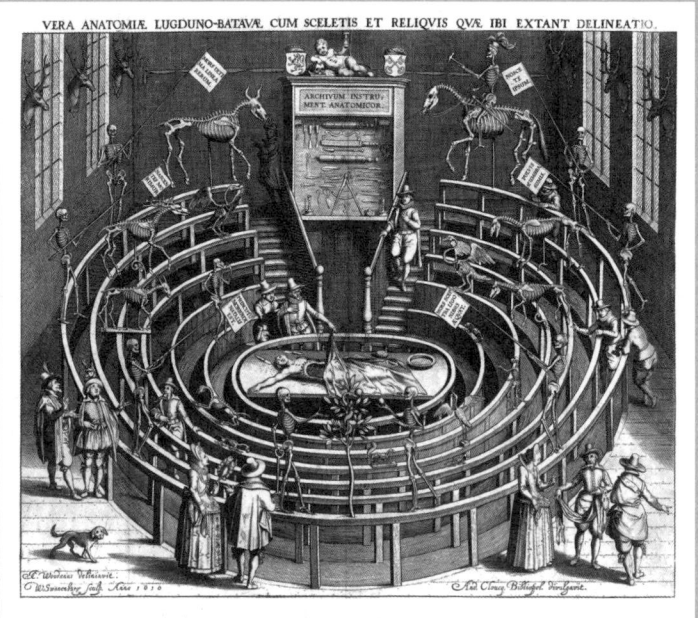

빌럼 이삭스 반 스바넨뷔르흐, 「해부 극장」(1610)
네덜란드 레이던대학교의 해부 극장을 묘사한 동판화로, 당시 인체에 대한 지식을 직접적인 목격을 통해 얻기 시작했다는 사실을 보여준다.

인 법칙을 발견해낼 수 있었다.

'해부 극장' 역시 지식 생산 환경의 중요한 변화를 보여준다. 인체를 신성시하던 중세적 관념에서 벗어나, 통제된 공간에서 시체를 직접 해부하고 관찰함으로써 인체 내부 구조에 대한 정확한 지식을 얻고자 했던 이 공간은, '목격'의 대상을 인간의 몸속으로까지 확장한 혁명적인 시도였다. 해부학의 창시자로 알려진 안드레아스 베살리우스가 1543년 『인체의 구조에 관하여 De Humani Corporis Fabrica』를 통해 근대 해부학의 문을 열 수 있었던 것은 바로 이 통제된 환경에서의 직접적인 '목격'이 있었기에 가능했다.[3]

더 나아가 인쇄술의 발달은 이러한 통제된 환경에서의 발견을 현장에 없던 사람들에게까지 전달하는 '가상 목격 virtual witnessing'을 가능하게 했다. 스티븐 섀핀과 사이먼 섀퍼가 『리바이어던과 공기펌프 Leviathan and the Air-Pump』에서 지적했듯이,[4] 실험 도구와 과정, 결과를 상세히 묘사한 글과 정교한 이미지는 독자들을 마치 실험 현장에 있는 듯한 '가상의 목격자'로 만들었다. 베살리우스의 정교한 해부도는 직접 해부를 보지 못한 사람들에게도 인체 구조에 대한 생생한 지식을 전달하며 의학 발전에 크게 기여했다. 인쇄된 책은 통제된 환경에서 얻은 지식을 시간과 공간의 제약 없이 복제하고 전파함으로써, 지식을 특정 소수만이 아닌 더 넓은 공동체가 공유하고 검증할 수 있는 대상으로 만들었다. 이는 목격의 범위를 확장하고 지식의 객관성을 확보할 수 있는 중요한 진전이었다.

이처럼 베이컨의 체계적 연구소 구상, 보일의 통제된 실험실, 베살리우스의 해부 극장과 해부도는 지식이 생성되는 환경이 꾸준히 변해왔음을 보여준다. 그러나 인간이 의도적으로 설계하고 통제한 환경 속에서 생산되고 공유해왔던 지식은 이제 데이터와 알고리즘으로 구축된 새로운 가상 환경 속에서 탄생하고 있다.

AI 가상 환경 속 이차적 목격의 시대

근대 과학실험의 문을 연 보일이 물리적 조건을 정밀하게 조절하며 자연의 비밀에 다가갔다면, 오늘날 AI는 방대한 데이터 속에서 가상의 조건을 설정하고 시뮬레이션을 통해 새로운 지식을 탐색한다. 둘 사이에는 결정적인 차이가 있다. 보일의 공기펌프는 그 원리가 눈에 보이는 기계 장치였던 반면, AI의 작동 방식은 그 속을 명확히 들여다보기 어려운 블랙박스에 가깝다. 바로 이 불투명성이라는 특징이 '설계된 환경'과 '가상 목격'이라는 역사적 개념을 근본적으로 재정의해야 할 이유가 된다.

이 새로운 지식 환경은 이전 시대와는 구별되는 몇 가지 핵심적인 특징을 지닌다. 첫째, 데이터 중심성이다. AI는 인간의 감각 범위를 초월하는 방대한 데이터를 기반으로 작동하며, 지식은 이 데이터 속에 숨겨진 패턴과 관계를 분석하는 과정에서 추출된다. 둘째, 시뮬레이션에 기반을 둔 예측 및 생성이다. AI는 현실세계를 모방한 정교한 가상 모델을 구축하고, 그 안에서 다양한 시나리오를 구동해 미래를 예측하거나 이전에 없던 새로운 결과물(단백질 구조, 신소재, 예술 작품 등)을 생성한다. 셋째, 알고리즘 의존성 및 불투명성이다. 지식을 생성하는 과정은 복잡한 알고리즘에 의해 자동화되지만, 심층 신경망과 같은 기술은 그 작동 원리가 인간에게 완전히 투명하게 드러나지 않는 문제를 안고 있다. 넷째, 가상성과 확장성이다. 이러한 지식 환경은 물리적 제약 없이 무한히 확장될 수 있으며, 현실과 가상의 경계를 넘나드는 새로운 지식 탐구 영역을 열어준다.

이러한 AI 기반 지식 환경의 등장은 다양한 분야에서 지식을 만들어내는 풍경을 바꾸고 있다.

과학 분야: 기후를 연구하는 과학자들은 AI를 활용해 전 지구적 기상, 해양, 탄소 배출량 등 헤아릴 수 없이 많은 데이터를 엮어 정교한 '가상 지구 모델'을 구축하고, 이 안에서 미래 기후변화 시나리오를 들여다보며 이전보다 훨씬 정확한 예측을 시도하고 있다. 이는 지구 전체를 대상으로 하기 힘든 실험을 가능케 하는 거대한 '디지털 트윈Digital Twin' 환경이다.[5] 재료과학 분야에서는 AI가 원자 수준에서 새로운 물질의 구조와 특성을 시뮬레이션하고 최적의 합성 경로를 탐색하는 '가상 실험실' 역할을 수행한다. 이를 통해 실제 실험에 드는 막대한 시간과 비용의 제약을 극복하고 신소재 개발 속도를 획기적으로 단축하고 있다.

사회과학 분야: 에이전트 기반 모델링ABM과 AI를 결합해 전염병 확산, 도시 교통 흐름, 금융 시장 변동 등 복잡하게 얽힌 사회현상을 '가상의 무대' 위에 펼쳐놓고 다양한 정책 개입의 효과를 미리 시험해보는 연구가 활발히 진행되고 있다.[6] 이러한 연구는 현실세계에서 직접 실험하기 어려운 사회문제에 대한 이해를 높이고 더 나은 해법을 모색하는 길을 열어준다.

인문학 및 예술 분야: AI 기반 가상 고고학 기술은 흩어져 있는 유물 파편의 3D 스캔 데이터와 문헌 기록, 지형 정보 등을 종합적으로 분석해 소실된 고대 건축물이나 도시 전체를 가상현실 속에 입체적으로 복원하고, 연구자들이 그 안을 자유롭게 이동하며 과거

> 환경을 체험하고 분석할 수 있는 '시간 여행 환경'을 제공한다. 또한 예술 분야에서 AI 작곡 도구나 이미지 생성 모델은 인간 예술가에게 예상치 못한 영감을 불어넣거나 기존의 표현 방식 너머를 실험해볼 수 있는 '창의적인 놀이터'를 제공한다.

이러한 사례들은 AI가 다양한 영역에서 인간의 감각적·인지적 한계를 뛰어넘는 새로운 발견과 창조의 공간, 즉 새로운 지식 환경을 구축하고 있음을 보여준다.

이 새로운 환경은 우리에게 '목격'의 의미를 다시 묻는다. AI가 생성한 시뮬레이션 결과나 예측 모델 혹은 창의적인 결과물 앞에서 인간은 더이상 최초의 목격자가 아니다. 우리는 AI라는 매개체를 통해 간접적으로 결과를 접하는 '이차적 목격자secondary witness'의 위치에 놓인다. 이 '이차적 목격'은 샤핀과 섀퍼가 이야기한 '가상 목격'과 일견 비슷해 보이지만, 둘 사이에는 결정적인 차이가 있으며, 그런 만큼 훨씬 더 커다란 고민거리를 안겨준다.

과거의 가상 목격은 인간 연구자가 수행한 실험 과정을 투명하게 설명하고 재현 가능한 방식으로 기술함으로써 독자에게 신뢰를 얻는 방식이었다. 즉, 우리는 저자의 눈을 빌려 그 과정을 따라갈 수 있었다. 그러나 AI시대의 '이차적 목격'에서는 종종 AI가 어떤 여정을 거쳐 결론에 도달했는지, 그 생각의 경로를 명확히 알기 어렵다. 내부를 들여다보기 힘든 AI의 블랙박스 문제는 우리가 그 결과물을 어떻게 믿고 받아들여야 할지에 대한 근본적인 물음을 던진다. AI가 분석한 기후 모델의 경고가 과장 없이 우리의 미래를 비추고 있는지, AI가 그린 그림이 인간 예술가의 작품처럼 깊은 울림을 주는지를 우리는 무엇을 기준으로 판단해야 할까? 과학 공동체가 오랫동안 의지해온 동료 연구자의 면밀한 검증이나 실험실에서의 반복 재현 같은 전통적인 방식만으로는, 이처럼 새롭고 때로는 낯선 형태의 지식의 타당성을 온전히 담보하기 어렵다. 이는 우리가 지식의 객관성과 신뢰성을 어떻게 확보하고 공유해왔는지, 그 깊숙이 뿌리내린 방식 자체를 되돌아보게 한다.

여기에 AI가 때때로 보여주는 환각 현상, 즉 실제가 아닌 사실을 너무나 그럴듯하게 꾸며내는 능력은 신뢰의 위기를 더욱 심화시킨다. 이러한 현상은 AI가 세상에 대한 진정한 '이해' 없이, 오직 방대한 데이터 속 패턴만을 확률적으로 조합하여 가장 그럴듯해 보이는 이야기를 '만들어내는' 데 능숙하기 때문에 발생하는 한계이기도 하다. 마치 꿈속 풍경처럼 매혹적이지만 현실과는 다른 이야기를 속삭이는 AI 앞에서, 우리는 그 어느 때보다 깨어 있는 비판적 시선을 갖춰야 한다.

또한 AI가 생성한 복잡한 데이터 패턴이나 시뮬레이션 결과를 인간이 어떻게 해석하여 의미를 부여할지도 중요한 문제다. AI는 통계적 연관성을 찾아낼 수는 있지만, 그것이 현실세계에서 어떤 인과관계를 의미하고 어떤 윤리적·사회적 함의를 갖는지에 대한 풍부한 해석 능력은 부족하다. 그러므로 데이터 속에서 진짜 신호와 우연한 소음을 구분하고, AI의 결과물을 인간의 경험과 지혜, 그리고 가치체계 속에서 통합하는 비판적 해석 능력이 인간에게 더욱 중요해진다. 결국, AI가 보여주는 결과를 인간 사회에 의미 있는 지식으로 바꾸는 것은 여전히 인간 해석자의 몫이다.

인간은 지식 생성에
어떻게 기여할 수 있을까

이처럼 지식이 탄생하는 환경 자체가 근본적으로 변화하는 현실 앞에서, 인간의 역할 또한 그대로일 수는 없다. 더이상 우리는 주어진 세계를 수동적으로 관찰하거나 AI가 내놓은 결과물을 순순히 받아들이는 목격자의 자리에 만족할 수 없다. 이제 우리는 이 복잡하고 강력한 AI 기반의 지식 환경을 이해하고, 비판하며, 무엇보다 책임감 있게 방향을 설정하고 가꾸어나가는 능동적인 참여자로 거듭나야 한다.

이는 우리가 이 새로운 지식 생태계의 토양을 가꾸는 '책임 있는 설계자'가 되어야 함을 뜻한다. AI에게 어떤 데이터를 학습시킬 것인가, 어떤 목표와 원칙을 알고리즘 속에 심어넣을 것인가, 그 과정에서 스며들 수 있는 편향이나 예상치 못한 위험은 어떻게 예측하고 최소화할 것인가? 이러한 질문들에 진지하게 답하며 기술의 항로를 설정하는 것은, 마치 정원사가 좋은 땅을 찾고 씨앗을 신중히 고르는 것처럼 건강한 지식 생태계의 미래를 가꾸기 위한 우리 시대의 중요한 과제다.

나아가, AI가 쏟아내는 방대한 결과물 속에서 길을 잃지 않고 진정한 의미를 찾아내는 '비판적인 해석자'이자 '신중한 검증자'가 되는 것 또한 우리에게 주어진 중요한 역할이다. AI가 제시하는 놀라운 패턴이나 예측이 과연 현실에 대한 깊은 통찰의 결과물인지, 아니면 데이터가 만들어낸 신기루나 우연한 소음에 불과한지를 분별하는 안목이 필요하다. AI와 끊임없이 질문을 주고받으며 결과의 타당성을 따져 묻고, 자신의 경험과 지혜를 바탕으로 AI의 제안을 더 넓은 인간적인 맥락 속에 자리매김하는, 결코 쉽지 않지만 반드시 필요한 지적 씨름을 시작해야 한다.

그리고 이 모든 설계와 해석, 검증의 과정 가운데 가장 깊은 곳에는 결국 '가치를 세우고 윤리적 책임을 다하는 존재'로서의 인간이 자리해야 한다. AI가 아무리 눈부신 예측과 생성 능력을 통해 '무엇이 가능한지'를 우리 앞에 펼쳐 보인다 하더라도, '그것을 왜 추구해야 하는가' '그 결과가 인간과 사회에 어떤 무늬를 새길 것인가' '수많은 갈림길 중 어떤 길을 선택할 것인가'를 최종적으로 결정하는 것은 오롯이 우리 인간의 몫이다. 기술이 열어주는 새로운 가능성 앞에서, 우리는 인간의 존엄성, 사회적 공정성, 생태적 지속가능성 등 흔들리지 않는 가치들을 등대로 삼아 방향을 설정하고 그 선택의 무게를 기꺼이 짊어져야 한다. 기술의 힘을 빌려 더 나은 미래를 만들어가기 위한 최종적인 판단과 그에 따르는 책임은 우리 인간에게 남겨진 가장 중요한 과제이며, 편리함이나 효율성만으로는 결코 이를 대신할 수 없다.

결국 이 장에서 확인한 '재정의'는 '지식이 탄생하는 곳'의 변화, 즉 '물리적 세계의 목격'에서 '가상 환경의 설계와 해석'으로의 전환을 의미한다. 이 새로운 환경은 우리에게 낯선 도전과 함께 엄청난 가능성을 제시한다. 뒤에 이어질 내용에서는 이러한 환경 변화가 인간의 '지성'이라는 개념과 그 지성이 만들어내는 '지식'의 특성, 그리고 궁극적으로 '인간' 존재의 의미를 어떻게 재정의하게 만드는지 더 깊이 들여다보려 한다.

2
다시, 지성이란 무엇인가

지성의 작동 조건을 만들다

　데이터와 알고리즘으로 구축된 가상 환경 속에서 지식이 생성되는 시대는 필연적으로 그 환경 속에서 작동하는 '지성' 개념에 대한 근본적인 재정의를 요구한다. 오랫동안 우리는 지성을 주로 정보를 처리하고 문제를 해결하는 개별적이고 내재적인 속성으로 여겨왔다. 그러나 AI의 등장이 가져온 변화는 이러한 인간 중심적이고 개체 중심적인 지성 개념을 다시 생각하게 한다. 즉 지성을 고정된 실체가 아니라, 환경과의 상호작용 속에서 형성되고 여러 주체 간의 관계 속에서 발현되며 끊임없이 변화하는 과정적인 능력으로 이해하도록 이끈다.
　전통적으로 인간 지성은 주어진 세계 속에 숨겨진 진리나 법칙을 찾아내는 '발견자'로서의 역할을 강조해왔다. 과학자는 자연 현상을 관찰하고 실험하며 그 안에 내재된 원리를 밝혀내고, 철학자는 사유를 통해 존재의 본질이나 윤리적 법칙을 탐구했다. 지성은 마치 어둠 속에서 빛을 찾아내는 탐험가의 능력처럼 여겨졌다.

그러나 AI시대의 인간 지성은 점차 '설계자'로서의 면모를 강화하고 있다. 앞서 살펴본 대로 지식 환경이 변하고 있기 때문이다. 인간은 이제 주어진 환경 속에서 답을 찾는 것을 넘어서서 지식이 생성되는 환경을 능동적으로 설계하는 역할을 맡게 된다. 이는 새로운 기술적 도구를 만드는 수준에 머무는 것이 아니라 AI 시스템의 작동 조건과 목표, 학습 데이터의 품질과 편향성, 인간과의 상호작용 방식 등을 종합적으로 구상하는 메타적 지성활동이다.

AI시대에 '설계자'로서의 지성이 어떤 의미인지는 단백질 구조 예측 연구에서 뚜렷하게 드러난다. 여기서 인간의 지성은 단백질 구조라는 '답'을 직접 찾아 헤매는 대신, 그 답을 가장 잘 찾아낼 수 있는 AI 시스템을 설계하는 데 역량을 집중한다. 즉 문제 해결의 '경기장'을 설계하려는 것이다. 생물학자들이 풀고자 하는 문제가 무엇인지 정확히 정의하는 것부터 시작해, 방대한 양의 데이터를 모으고 정제해 데이터베이스를 만들고, 예측 알고리즘의 뼈대를 세운 다음, 성능을 극한까지 끌어올리도록 미세하게 조율하는 이 모든 과정이 바로 인간의 '설계' 작업이다. 결국 인간은 강력한 탐험가인 AI가 마음껏 능력을 발휘할 수 있도록 문제 해결의 장을 창조하는 역할을 맡는 것이다.

이런 설계자로서의 역할은 최근 AI 연구의 또다른 흐름인 인간 피드백을 통한 강화 학습RLHF에서도 잘 드러난다.[7] 이 접근법에서 인간은 AI의 기술적 성능을 높이는 것을 넘어, 같은 기술을 사용하더라도 사회적으로 더 수용 가능하고 윤리적으로 바람직한 결과물을 만들어내도록 AI의 성향이나 가치관을 빚어내는 역할까지 맡는다. 이는 기술적 효율성이라는 좁은 목표를 벗어나 우리가 소중히 여기는 가치와 사회적 약속들을 시스템이라는 그릇에 어떻게 담아낼 것인가 하는, 훨씬 더 복잡하고 근본적인 문제를 다루는 지적 노력이다.

이 역할을 성공적으로 수행하기 위해서는 이전 시대와는 다른 종류의 지적 능력이 요구된다. 특정 분야의 지식을 깊이 아는 것뿐만 아니라 이제는 AI 시스템의 작동 원리와 그 잠재적 한계를 이해해야 한다. 여기에 더해 데이터에 숨겨진 편향성을 비판적으로 성찰하고, AI가 최적의 결과물을 내도록 유도하는 효과적인 질문(프롬프트)을 고안하며, 무엇보다 AI 시스템이 추구해야 할 목표와 가치를 윤리적으로 설정하는 능력이 중요하다.

예를 들어 의료 AI를 개발하는 연구팀은 기술적 정확도뿐만 아니라 다양한 인종과 성별의 데이터가 균형 있게 포함되었는지, 의사결정 과정을 투명하게 설명할 수 있는지를 물어야 하고, 최종적으로 의사와 환자 관계에 미치는 영향까지 종합적으로 설계해야 한다. 또한 자율주행차의 윤리적 딜레마 상황처럼, AI 시스템이 가치 충돌 상황에서 어떤 원칙에 따라 작동하는지, 그 판단 기준을 설계하는 것 역시 인간 지성의 중요한 역할로 부각된다.[8]

인간의 설계자로서의 역할은 새로운 도전과 윤리적 책임 또한 제기한다. 설계자는 자신의 가치관이나 편향을 시스템에 의도치 않게 주입할 위험을 경계해야 한다. 우리가 설계한 알고리즘이나 데이터세트에 내재된 편향이 사회적 차별을 낳을 수 있음을 인식하고, 이를 최소화하려는 노력이 지적 활동의 중요한 일부가 된다. 또한 설계 과정의 복잡성은 종종 전문가만 접근 가능한 장벽을 만들어 민주적 참여와 다양한 관점의 반영을 가로막기도 한다. 따라서 시스템의 투명성을 높이고 다양한 이해관계자의 참여를 보장하는 절차를 마련하는 것이 중요하다. 더 나아가 AI가 스스로 새로운 실험을 설계하거나 더 나은 알고리즘을 제안하는 단계에 이르면, 인간의 역할은 이러한 'AI 설계자'를 관리하고 감독하며 그 방향성을 궁극적으로 책임지는 메타 수준의 설계자로 더욱 고도화해야 할 수도 있다.

결국 인간 지성의 역할이 AI 시스템의 설계로 옮겨가면서, 지성이란 더이상 고정된 답을 찾아내는 능력이 아니라 원하는 답이나 새로운 가능성이 피어날 수 있는 토양과 조건을 창의적으로 일구어내는 능력으로 의미가 확장된다. 결과만큼이나 과정을 중시하고 환경과 끊임없이 상호작용하며 발현되는 '관계적인 속성'이 부각되는 것이다.

흥미로운 점은 이렇게 AI라는 강력한 지적 도구를 설계하고 만들어내는 과정이 이미 혼자서는 감당하기 힘든, 여러 분야의 전문가들의 머리와 손을 모아야 하는 거대한 협력 작업이라는 사실이다. 게다가 이렇게 탄생한 AI는 기존의 인간 지성 네트워크에 새로운 선수로, 즉 '비인간 행위자non-human actor'로 뛰어든다. 그리하여 지성이 작동하는 무대는 자연스레 한 개인의 울타리를 넘어, 인간과 기계가 어우러져 함께 지식을 만들고 문제를 풀어가는 '집합적 지성'의 마당으로 확장된다.

함께 만드는 지성, 희미해지는 책임

　우리는 오랫동안 뉴턴이나 아인슈타인, 피카소처럼 시대를 대표하는 '천재'들의 번뜩이는 지성에 주목해왔다. 특히 근대 이후 이러한 뛰어난 개인의 역할이 강조되면서, 교과서는 위대한 인물을 중심으로 지식의 역사를 서술해왔고, 여러 권위 있는 상들은 개인의 탁월한 성취를 기리는 데 집중했다.

　그러나 AI시대는 이러한 '개인 중심의 지성' 개념에 근본적인 변화를 가져온다. 이제 중요한 지적 돌파는 종종 인간과 인간, 인간과 AI, 심지어 AI와 AI가 서로 협력하고 경쟁하는 거대한 집합적 지성의 네트워크 속에서 이루어진다. 1장에서 살펴보았던 '설계된 환경'이 이제는 개인이 활용하는 도구를 넘어 여러 주체가 참여하고 상호작용하는 '공동 작업 공간'으로 기능하면서 이 변화는 더욱 가속화된다.

　물론, 여러 주체가 함께 참여한다는 사실만으로 집합적 지성이라 부를 수는 없다. 여기에는 이 지성이 다양한 지식과 역량이 유기적으로 결합하여 개별 요소의 합을 훨씬 뛰어넘는 '창발적emergent' 능력을 보여주어야 한다는 조건이 붙는다. 지성이 발휘되는 과정을 오케스트라에 비유해본다면, 각기 다른 연주자(인간, AI 등)와 악기(사람의 통찰, 수집된 데이터, 설계된 알고리즘)가 지휘(공동 목표)에 따라 조화롭게 협력하면서 하나의 장엄한 교향곡(지적 결과물)을 연주하는 과정과 유사하다.

　하지만 집합적 지성은 개별 인간의 능력을 뛰어넘는 잠재력을 보여주는 동시에, 해결하기 어려운 새로운 윤리적·사회적 질문을 던진다. 가장 먼저 마주하는 문제는 책임 소재의 모호함이다. 만약 집합적 지능 시스템이 잘못된 예측이나 편향된 결정을 내린다면(예컨대 AI 기반 신용평가 시스템의 차별적 판정, 의료 AI의 오진, 자율주행 시스템의 사고 등), 그 책임은 과연 누구에게 물어야 할까? 시스템 설계자? 데이터 제공자? AI 알고리즘 자체? 아니면 시스템을 운영하는 조직의 책임인가? 어쩌면 최종 사용자나 그와 상호작용한 다른 시스템에게도 책임이 있을까? 이에 대해 명확한 답을 내리기란 어렵다. 이 문제는 우리가 오랫동안 당연하게 여겨온 "지성은 단일하고 책임질 수 있는 주체에게서 나온다"는 생각을 근본적으로 뒤흔든다.

참여자들 사이의 정보 접근성이나 영향력 차이에서 비롯되는 권력 불균형 문제도 간과할 수 없다. 예를 들어 AI 시스템 개발이나 운영 과정에서 기술 전문가가 아닌 일반 사용자나 시민들의 목소리는 과연 얼마나, 어떻게 반영될 수 있을까? 또한 다양한 관점과 이해관계가 얽히면서 효율적인 합의점을 찾지 못하고 집단적 사고의 함정에 빠지거나 의사결정이 지연되는 문제 역시 집합적 지성이 넘어야 할 현실적인 난제다. 몇몇 AI 윤리 위원회가 구체적인 성과없이 해체되는 사례는 이러한 어려움이 얼마나 큰지를 단적으로 보여준다.[9]

명확한 개별 주체의 의도나 완전한 통제 없이도 '지능적인' 결과가 나타날 수 있다는 사실은, 우리가 지성이라고 부르는 것의 본질에 대해 다시 묻게 한다. 책임 소재의 분산은 법적 문제를 넘어 지성의 소유 주체와 윤리적 책임의 관계를 어떻게 재설정해야 하는지에 대한 진지한 철학적 성찰을 요구한다. 어쩌면 우리는 지성의 발현과 책임의 귀속이 반드시 일치하지 않을 수 있다는 불편한 가능성마저 고려해야 할지도 모른다.

이러한 고민은 집합적 지성의 힘을 활용하면서도 그 위험을 관리하기 위한 새로운 형태의 거버넌스와 사회적 합의가 필요함을 시사한다. 집합적 지성이 제대로 기능하기 위해서는 여러 주체가 함께 모이는 것에서 더 나아가 그들 사이의 지식과 데이터가 효과적으로 연결되고 통합되어야 한다. '지식의 연결자 및 통합자'로서의 지성의 역할에 대해 생각해야 하는 이유다.

지식의 연결자이자 통합자, 인간

집합적 지성이 효과적으로 작동하기 위해서는 서로 다른 배경지식과 데이터를 가진 (인간과 AI) 참여자들 사이의 간극을 메우고 지식을 연결하며 통합하는 역할이 결정적으로 중요해진다. 그래서 AI 시대에 새롭게 부각되는 지성의 또다른 핵심적인 변화 양상은 '지식의 연결자 및 통합자'로서의 기능이다.

과거에는 지식이 학문 분과별로 나뉘고 전문가들은 각자의 영역에 깊이 파고드는 경향이 강했다. 이러한 전문화는 지식의 발전에 기여했지만, 이와 동시에 여러 지식 간의 단절과 고립을 뜻하는 '사일로현상silo effect'이 일어나는 지식 구조를 만들어냈다. 하지만 기후변화, 팬데믹, 사회 불평등과 같이 현대사회의 복잡한 문제들이 더이상 단일 학문의 지식만으로는 해결하기 어렵다는 점을 우리는 절감하고 있다. 바로 이 지점에서 인공지능과 협력하는 지성은 지식의 연결자이자 통합자로서 중요한 역할을 수행한다. AI는 학문

분과의 경계를 넘나들며 방대한 데이터를 분석하고, 서로 다른 지식체계 사이에 숨겨진 연결고리나 패턴을 발견하는 데 강력한 능력을 발휘하기 때문이다.

가령 학문 간의 벽을 허무는 데 AI는 강력한 조력자가 된다. 수백만 건의 의학 논문, 임상시험 데이터, 유전자 정보는 물론이고 소셜미디어의 건강 관련 대화까지 분석해 특정 질병의 새로운 치료법이 될 만한 씨앗을 찾아내거나 이전에는 미처 몰랐던 약물 부작용의 가능성을 예측한다. 실제로 베네볼런트AI BenevolentAI사는 이런 방식으로 방대한 의학 문헌 속에서 숨겨진 패턴을 찾아내 코로나19 치료제 후보 약품을 발굴하기도 했다.[10]

더 나아가 AI는 서로 다른 문화권에 흩어져 있던 지식들을 하나로 이어주는 다리 역할도 할 수 있다. 다국어 번역 시스템은 언어장벽을 넘어 일종의 '문화적 중개자'로서 기능하며 접근하기 어려웠던 과거의 지혜나 소외되었던 목소리들을 글로벌 지식망으로 불러온다. 가령 중세 이슬람의 문헌, 동아시아의 전통 기록들 혹은 기록되지 않고 입으로만 전해내려온 소수 민족의 지식 같은 것들이 AI 덕분에 번역되고 통합되어 우리 모두의 지적 자산이 될 가능성이 열리는 것이다.

지식 연결은 여기서 그치지 않는다. AI는 텍스트뿐 아니라 이미지, 소리, 수치처럼 서로 다른 양태 modality의 정보까지 한데 엮어 종합적인 그림을 그리는 데에도 능력을 발휘한다. 예를 들어 특정 지역의 환경 변화를 제대로 이해하기 위해 위성사진, 기상관측 데이터, 주민들과의 인터뷰 기록, 심지어 소셜미디어 글까지 한꺼번에 분석한다. 이렇게 이질적인 데이터들을 엮어내는 통합적 분석은 인간 전문가가 혼자서는 감당하기 어려운 방대한 정보 속에서 이전에는 보지 못했던 의미 있는 통찰을 길어올리는 힘을 갖는다.

이러한 전문 연구 영역뿐 아니라 인공지능은 복잡한 전문 지식을 다양한 사용자가 이해할 수 있는 형태로 '번역'하고 '재맥락화'하는 중요한 역할도 수행한다. 이는 전문가 집단 내부의 소통뿐 아니라 전문가와 일반 대중, 정책 결정자, 그리고 다른 분야의 전문가 사이의 소통을 촉진한다. 예를 들어 복잡한 과학 연구의 결과를 핵심적인 통찰과 시사점으로 요약해 정책 결정자에게 전달하는 데 인공지능을 활용할 수 있다. 기후 모델링 AI는 복잡한 시뮬레이션 결과를 지역별·부문별 영향 예측으로 변환해 정책 입안자들이 구체적인 대응 전략을 수립할 수 있도록 돕는다. 이는 전문 지식과 일상적 의사결정 사이의 간극을 메우고, 더 넓은 범위의 사람들이 데이터에 기반한 합리적인 결정을 내릴 수 있도록 돕는 중요한 '지적 번역' 기능이다.

하지만 인공지능을 활용해 지식을 엮고 통합하는 과정에는 간과할 수 없는 한계와 풀어야 할 과제가 남아 있다. 우선, AI는 표면적인 패턴을 찾아내는 데 놀라운 능력을 보여주지만, 그 이면에 숨겨진 다층적인 의미나 복잡한 맥락까지 파악하는 데는 여전히 서툴다. 특히 섬세한 문화적·역사적 배경지식이 필수적인 인문학 분야 또는 말이나 글로는 명확히 표현하기 어려운 암묵적 지식이 중요한 영역에서는 이런 한계가 더욱 두드러진다. 더불어 AI가 제대로 된 연결을 하는지, 혹은 그럴듯해 보이는 잘못된 연결을 하고 있는지 분별하는 것도 중요하다.

또한 AI의 능력은 결국 학습 데이터의 양과 질에 크게 좌우된다.

특정 분야나 문화권의 지식이 데이터로 충분히 구축되지 않았거나 학습 데이터에서 소외되어 있다면, AI는 그 지식을 연결하고 통합하기는커녕 오히려 그 존재를 지워버릴 위험이 있다. 이는 자칫 기존의 지식 권력구조를 더욱 공고히 하는 결과로 이어질 수 있다는 점에서 경계해야 할 부분이다. 마지막으로, 여러 분야의 지식을 얕고 넓게 연결하는 과정에서 각 분야가 쌓아온 고유한 전문성이나 섬세한 개념이 흐려질 수 있다는 점도 주의해야 한다. 통합이라는 명목 아래 중요한 세부 사항이나 방법론적 엄밀함이 희생될 가능성도 배제할 수 없기 때문이다.

이러한 한계에도 불구하고, 인공지능시대의 지성은 특정 영역의 깊이 있는 전문성뿐만 아니라 다양한 지식을 넘나들며 연결하고, 이질적인 정보를 통합하며, 복잡한 내용을 효과적으로 소통하는 능력을 점점 더 중요하게 요구한다. 이는 지성을 고정된 지식의 축적이 아니라 끊임없이 정보를 연결하고 재구성하며 새로운 의미를 창출하는 역동적인 과정으로 이해해야 함을 의미한다. 이러한 연결과 통합의 능력이야말로 복잡성이 증가하는 현대사회에서 문제 해결과 혁신을 위한 핵심적인 지적 역량이 된다.

이렇게 다양한 지식과 데이터를 연결하고 통합하는 일은 궁극적으로 새로운 아이디어와 관점을 창조하기 위해서다. 여기서 우리는 인공지능시대 지성의 네번째 변화, 즉 '협력적 창조자'로서의 양상을 보게 된다.

단독 창조자에서 협력적 창조자로

다양한 지식을 연결하고 통합하는 능력이 발달하면서, 지성은 기존의 것을 분석하고 이해하는 단계를 넘어 새로운 아이디어를 고안해내고 구체적인 결과물을 만들어내는 창조의 작업도 수행한다. 전통적으로 창의성은 소수의 천재 예술가나 발명가에게 주어진 독창적인 영감과 능력의 산물로 여겨졌다. 그러나 이제 인공지능이 인간에게 영감을 주면서 창의적 과정을 보조하고, 때로는 인간과 함께 새로운 것을 만들어내는 데 활용되면서, '협력적 창조자'로서의 지성의 역할이 중요해지고 있다. 이 변화가 인간 지성의 가장 고유한 영역으로 여겨왔던 '창의성'에 어떤 새로운 의미를 부여할까?

작곡가가 인공지능을 활용하는 작업은 협력적 창조의 가능성을 상징적으로 보여준다. 대표적으로 AI가 베토벤의 교향곡을 학습해 미완성된 부분을 완성한 '베토벤X AI 프로젝트'는 단지 AI가 베토벤을 모방한 것이 아니라 작곡가와 음악학자, AI 전문가들이 긴밀하게 협력한 결과물이다.[11] 이들은 베토벤의 방대한 작곡 스케치와 악보를 분석하고 그의 음악적 의도를 추론하면서, AI가 생성한 수많은 선율 중에서 가장 베토벤다운 음악을 인간 전문가가 선별하고 발전시키는 복잡한 '인간-AI 공동 창작' 과정을 거쳤다. 인간의 목표 설정, 역사적 맥락 이해, 미적 판단이 AI의 패턴 생성 능력과 결합된 결과이다.

시각예술 분야에서도 머신러닝 시스템의 일종으로서 서로 대립하는 두 신경망의 경쟁을 훈련해 데이터를 스스로 생성하는, 이미지 복원과 생성에 주로 쓰이는 알고리즘인 생성적 적대 신경망

'GAN^{Generative Adversarial Networks, GAN}' 기술을 활용한 AI와 예술가의 협업이 새로운 미적 가능성을 탐색하고 있다.[12] 미디어 아티스트 레피크 아나돌의 '기계 환각^{Machine Hallucinations}' 시리즈는 AI가 수백만 장의 이미지를 분석하여 생성한 추상적 패턴과 인간 예술가의 미적 선택 및 의도적 개입을 결합한 작품으로, 인간 또는 AI 단독으로는 도달하기 어려운 새로운 시각적 경험을 창조한다.[13]

좀더 일상적인 영역에서도 협력적 창조는 활발히 이루어지고 있다. AI 글쓰기 지원 도구가 사용자의 아이디어를 바탕으로 문장을 다듬거나 새로운 표현을 제안하고, 코드 생성 AI가 개발자의 의도에 맞게 필요한 코드를 작성해주는 것이 대표적인 사례다. 이러한 도구들은 인간 창작자가 반복적이고 시간이 많이 소요되는 작업에서 벗어나 더욱 핵심적인 개념 구상이나 최종 판단에 집중하도록 돕고, 창작 과정의 효율성을 높이고 가능성을 넓혀준다.

이런 모습들은 AI가 인간의 창의성을 빼앗는 존재가 아니라 오

인간-AI가 발전시킬 지성의 특성

지성의 변화	정의	가능성	한계 및 과제
설계적 지성	AI가 작동할 환경·목표·규칙을 설계하는 지성	AI 잠재력 극대화, 시스템에 인간 가치 반영	설계자 편향 주입 위험, 복잡한 책임 소재
집합적 지성	인간과 AI 네트워크가 발휘하는 창발적 능력	개인의 능력을 넘어서는 문제 해결	책임 소재 모호, 집단 사고 및 권력 불균형 위험
연결적 지성	분절된 지식을 연결·통합하여 새로운 가치를 창출하는 지성	융합 연구 촉진, 복잡한 문제의 총체적 해법 모색	피상적 연결, 전문성·맥락 희석 위험
협력적 지성	AI와 상호작용하며 결과물을 만드는 공동 창작 파트너로서의 지성	인간 창의력 증강, 새로운 예술·과학 가능성 탐색	저자성·독창성 개념의 재정립, 새로운 평가 기준 필요

히려 인간의 상상력을 현실로 만드는 과정에서 좋은 조력자이자 파트너가 될 수 있음을 보여준다. AI는 인간이 미처 떠올리지 못한 무수한 가능성의 씨앗을 뿌리고 탐색하며, 인간은 그 속에서 결실을 낼 만한 것들을 골라내고 다듬어 최종적인 작품으로 빚어낸다. 즉 새로운 방식의 창조적 파트너십이 가능해진 셈이다.

이 협력을 여러 단계로 구성할 수 있다. 가령 아이디어를 떠올리는 첫 단계에서는 AI가 방대한 데이터를 이용해 새로운 조합이나 패턴을 제안하며 인간에게 영감을 불어넣고, 인간은 그 제안들 속에서 잠재력 있는 아이디어를 솎아낸다. 다음으로 아이디어를 구체화하는 단계에서는 인간이 선택한 방향을 따라 AI가 여러 갈래로 탐색하며 살을 붙이고, 인간은 그 결과물을 비판적으로 검토하며 방향을 다시 잡아준다. 이처럼 아이디어를 주고받는 과정은 여러 번 반복될 수 있다. 마지막으로 작품을 완성하는 단계에서는 인간 창작자가 최종적으로 작품을 다듬으며 깊이와 의미를 불어넣는다. 이때 문화적 맥락이나 사회적 함의, 윤리적 고민과 같은 인간 고유의 섬세한 판단이 작품의 완성도를 결정짓는다.

창의적 지성은
과연 인간의 고유한 능력일까

이러한 협력적 창조는 '창의성'과 '저자성'에 대한 우리의 오랜 관념에 흥미로운 질문을 던지며, 새로운 가능성을 열어준다. 창의적 지성이란 과연 무엇인가? 그것은 여전히 예측 불가능한 영감과 독창적인 표현이라는 인간의 고유한 능력인가, 아니면 정교하게 설계된 시스템과 방대한 데이터 분석 및 통합 능력, 그리고 인간과의 섬세한 상호작용으로 도출되는 '관계적 창발성'인가? 어쩌면 독창성의 기준이 아이디어의 완전한 새로움에서, 이제는 의미 있는 질문을 던지고 AI와 효과적으로 상호작용하여 가치 있는 결과물을 만들어내는 '과정'으로 이동하고 있는지도 모른다.

인공지능과의 협업이 창의성의 개념을 '고독한 천재의 번뜩임'에서 '열린 대화와 협력의 결과물'로 확장하고 있다면, 우리는 독창성의 기준을 재고해야 한다. 이때 인간의 역할을 아이디어 발상가나 최종 선별가로 한정하지 않고, AI와 함께 새로운 창조 방식을 탐색하고 실현하는 '공동 탐험가'이자 '협력적 창조자'로 더욱 폭넓게 이해해야 할 것이다.

물론 풀어야 할 숙제는 여전히 산재해 있다. 인간과 AI가 함께 만든 창작물의 저작권은 누구의 몫이며 어떻게 나누어야 할까? AI가 만들어낸 결과물을 우리는 어떤 미적·문화적 기준으로 평가해야 할까? 이 질문들에 대한 사회적 합의는 아직 멀었다. 그럼에도 불구하고 인간과 AI가 함께 무언가를 만들어가는 이 과정이 미래의 지성이 어떤 모습일 수 있는지, 우리가 기술과 어떤 관계를 맺을 수 있는지 그 가능성을 엿보게 한다는 사실만은 분명하다.

인공지능시대, 지성이란 무엇인가

지금까지 우리는 인공지능시대에 지성이 겪게 될 네 가지 핵심적인 변화, 즉 설계자로, 집합으로, 연결자 및 통합자로, 그리고 협력적 창조자로의 이동을 살펴보았다. 이를 종합하면 지성은 더이상 한 개인 안에 고정된 능력이 아니라 다음과 같은 특징을 지닌 역동적인 현상으로 이해해야 한다는 결론에 이른다.

관계적 relational	인간과 AI, 환경과의 상호작용 속에서 나타난다.
과정적 processual	고정된 실체가 아니라 끊임없이 변화하며 만들어지는 과정이다.
분산적 distributed	특정 주체에 국한되지 않고 네트워크 전체에 퍼져 있다.
창발적 emergent	구성 요소들의 단순한 합을 넘어서는 새로운 능력으로 떠오른다.

결국 AI시대의 지성은 인간, AI, 데이터, 그리고 우리가 구축한 환경 사이의 복잡한 상호작용 네트워크에서 발현되는 능력이라고 볼 수 있다. 이러한 지성의 근본적인 변화 앞에서, 우리 사회는 더이상 과거의 방식에 머무를 수 없다. 여러 영역에서 변화에 발맞추어 구체적인 발걸음을 내디뎌야 한다.

그 출발점은 단연 교육의 혁신이다. 단순히 정해진 지식을 주입하는 교육에서 벗어나, 쏟아지는 정보 속에서 진위를 가려내고 다양한 지식을 융합하며 연결하는 훈련이 필요하다. AI라는 도구와 슬기롭게 협력하되 복잡한 시스템을 이해하고 설계할 줄 아는 능력을 길러주는 방향으로 교육의 패러다임을 바꾸어야 한다. 이를 위해서는 칸막이 없는 융합 교육, 교실 밖의 현실 문제를 푸는 프로젝트 학습, 머리를 맞대고 함께 답을 찾는 협력 학습이 교육 현장의 중심에 서야 할 것이다.

교육의 변화는 자연스럽게 지식을 창조하고 활용하는 방식의 변화로 이어진다. 학문 연구나 기업의 혁신활동에서도 이제 '나 홀로 천재'의 시대는 저물고 있으며, 서로 다른 배경 및 전문성을 가진 사람들과 인공지능이 시너지를 내는 효과적인 협력 시스템을 어떻게 만들고 운영할 것인가가 핵심 과제로 떠오르고 있다. 이는 곧 인간과 AI의 협력을 제대로 연구하고 평가할 새로운 방법론을 고민해야 함을 의미한다. 나아가 연구 성과를 인정하는 방식, 지적재산권에 대한 생각, 혁신을 만들어가는 조직의 모습에 이르기까지 연쇄적인 변화를 요구한다.

지성이 점차 개인의 머릿속이 아닌 관계망 속에서 발현된다면, 우리의 조직 구조나 의사결정 방식, 그리고 사회 전체의 거버넌스 모델 역시 이에 맞게 진화해야 한다. 경직된 위계 구조보다는 유연한 네트워크형 조직이, 고정된 규칙보다는 상황에 맞게 배우고 적응하는 시스템이, 개개인에게 책임을 추궁하기보다는 문제를 함께 해결하고 책임을 분담하는 문화와 제도가 더욱 중요해질 수밖에 없다.

가장 근본적으로, 지성의 재정의는 인간의 자기이해에도 깊은 영향을 미친다. 우리는 스스로 더이상 고립된 이성적 주체가 아니라 기술 및 환경과 끊임없이 상호작용하며 자신의 지적 능력을 확장하고 재구성해가는 존재임을 인식하게 된다. 이는 기존의 인간 중심적 사고를 뒤흔들어 불안감을 야기할 수도 있지만, 동시에 인간 지성의 고정된 한계를 넘어설 수 있다는 새로운 가능성을 열어주기도 한다.

이처럼 지성의 개념이 근본적으로 재편되고 있다는 지금까지의 논의는, 필연적으로 우리가 '지식'이라고 부르는 것의 성격과 가치 역시 달라질 수밖에 없음을 암시한다. 그렇다면 관계 속에서 만들어지고, 과정 속에서 변화하며, 네트워크에 분산되어 있고, 예기치 않게 창발하는, 이 새로운 지성이 만들어내는 지식은 과연 어떤 모습일까? 그것은 우리가 지금까지 알던 지식과 무엇이 같고 무엇이 다를까? 또, 어떤 새로운 가능성과 함께 위험을 품고 있을까? 다음 장에서는 바로 이 질문에 답하고자 한다.

3
다시, 지식이란 무엇인가

'있을 법한' 세계와 진릿값의 문제
생성적 지식

인공지능은 우리가 지식이라고 이해해온 것의 본질과 특성, 그리고 그 지식의 생성과 유통 방식에 근본적인 변화를 가져오고 있다. 인류 지성사의 다른 기술적 전환점들이 그러했듯이, 인공지능 기술이 지식의 풍경을 바꾸고 있다. 과연 기존의 잣대로 인공지능이 만든 결과물을 온전히 지식이라고 부를 수 있을까? 만약 그렇다면 어떤 기준으로 그 가치와 신뢰성을 판단해야 하며, 어떻게 그 지식을 인간의 지식체계 안으로 통합할 수 있을까?

인공지능시대의 지식은 '생성적' 본성에 기반을 두고 있다. 이는 기존 데이터나 경험을 학습해 텍스트, 이미지, 비디오, 사운드, 코드 등을 만들어내는 특징을 가리킨다. 5부 2장에서 논의한 '설계자'로서의 지성은 인공지능의 이러한 생성 능력과 연관된다. 인간이 문제 해결의 틀과 목표를 설정하면, AI는 그 안에서 다양한 가능성을 탐색하며 결과물을 생성해내는 방식으로 작동하기 때문이다.

생성적 지식의 잠재력은 여러 분야에서 이미 현실화되고 있다. 미국의 바이오테크 기업인 모더나Moderna의 mRNA 백신 개발 사례가 대표적이다.[14] AI는 방대한 생물학적 데이터를 기반으로 효과적인 백신 후보 구조를 빠르게 생성함으로써, 전통적인 방식으로는 수년이 걸렸을 개발 기간을 획기적으로 단축했다. 지식이 관찰이나 실험이 아니라 데이터 기반 시뮬레이션과 예측을 통해 창조될 수 있음을 보여준 것이다. 또다른 예로 2023년 말 구글 딥마인드 DeepMind가 발표한 GNoMEGraph Networks for Materials Exploration 프로젝트는 AI를 활용해 수백만 개의 새로운 안정적인 재료 구조를 예측하고 생성해냈다.[15] 이러한 발전은 배터리, 태양 전지 등에 사용될 잠재적 신소재의 발견을 가속화하며 재료과학 분야 지식 생성의 패러다임을 다음 단계로 이끌 것이다. 예술 분야에서도 달리 DALL-E, 미드저니Midjourney, 스테이블 디퓨전Stable Diffusion과 같은 이미지 생성 AI가 텍스트 설명을 바탕으로 시각적 표현을 생성하며 표현의 지평을 넓히고 있다. 이처럼 생성적 지식은 과학 연구와 예술 창작 모두에 근본적인 변화를 가져오고 있다.

AI가 생성한 현실은 얼마나 '참'인가

이러한 생성 능력의 핵심에는 '확률적 추론'이 자리한다. AI는 방대한 데이터 속에서 단어나 픽셀, 원자 배열 등이 함께 나타날 통계적 확률을 학습하고, 이를 바탕으로 가장 '있을 법한', 즉 가장 그럴듯한 새로운 조합을 생성한다. 이 확률적 생성 능력은 때로는 인간의 상상력을 뛰어넘는 놀랍고 창의적인 결과물을 낳기도 한다. 하지만 바로 이 지점에서 인식론적 도전이 발생한다. 확률적 그럴듯함이 반드시 현실세계의 법칙이나 논리적 개연성과 일치하지는 않기 때문에, 사실이 아닌 정보를 매우 그럴듯하고 설득력 있게 만들어낼 위험 또한 안고 있다.

인공지능이 내놓은 매력적인 문장, 아름다운 이미지, 혁신적인 설계도가 과연 현실을 타당하게 반영한 것인지, 아니면 정교하게 꾸며낸 허상인지 어떻게 구별해야 할까? 특히 AI가 인간의 직관이나 기존 지식체계와 완전히 다른, 전례없는 새로운 무언가를 생성했을 때, 우리는 무엇을 기준으로 그 타당성, 즉 '진릿값truth value'을 판단해야 할까? 달리 말하면 AI의 확률적 예측 능력과 현실세계의 인과관계 사이에 나타난 간극을 어떻게 메울 것인가 하는 물음이기도 하다. 지식에 대한 '참'과 '거짓'이라는 전통적인 이분법적 잣대가 확률적 가능성에 기반한 생성적 지식 앞에서 유효성을 의심받게 되는 것이다.

따라서 생성된 지식의 타당성을 평가하는 방법에 대해서도 새롭게 고민해야 한다. AI 모델이 제시하는 내부 신뢰도 점수나 겉보기에 결과물이 얼마나 그럴듯한지만으로는 충분하지 않다. 이제 우리는 인공지능이 어떤 데이터를 학습했고 어떤 과정을 거쳐 특정 결과물을 내놓았는지 그 과정을 들여다볼 수 있어야 한다. 더 나아가 그 결과물을 현실세계의 실험이나 다른 독립적인 데이터를 통해 철저히 검증하고, 필요하다면 다른 모델이나 인간 전문가와 교차 확인하며 그 의미와 한계를 신중하게 따져 묻는, 여러 단계의 검증 과정을 마련해야 한다.

실제로 이러한 고민 속에서 기술적·제도적 노력들이 이루어지고 있다. 가령 메타Meta의 'AI 모델 카드AI model cards'[16]는 모델 학습에 사용된 데이터, 성능 정보, 잠재적 편향이나 한계점 등을 투명하게 공개하려는 시도이며, 구글의 '사실 확인 지원 시스템Fact Check Explorer'[17]은 AI가 생성한 정보의 출처를 찾고 검증하는 데 도움을 준다. 또한 AI 모델 스스로 자신이 생성한 정보의 불확실성을 표현하거나, 스스로 생성물을 비판하고 검토하는 '자기비평selfcriticism' 기능을 갖추도록 하는 연구도 활발히 진행중이다. 특히 AI가 생성한 지식은 학습 데이터나 설계 과정에 숨어 있는 편향을 그대로 담았을 수도 있으므로, 다양한 상황과 맥락 속에서 결과가 얼마나 믿을 만한지를 테스트하는 것 역시 중요한 검증 절차로 떠오르고 있다.

네트워크의 지혜와 파편화의 그늘
분산적 지식

생성적 지식이 보여주는 '있을 법함'과 '진릿값' 사이의 아슬아슬한 관계는, 지식이 특정 주체나 장소에 얽매이지 않고 광범위한 네트워크에 흩어져 있으면서 실시간으로 상호작용하는 '분산적' 특성과 만나 더욱 복잡한 문제를 만들어낸다. 오늘날 지식은 점점 더 분산적 형태로 존재하고 유통되는 특징을 보인다. 이제 지식은 소수의 전문가나 특정 기관의 서고에 갇혀 있는 것이 아니라, 수많은 사람, 센서, AI 시스템 들이 얽힌 광대한 네트워크 전체에 흩뿌려진 채 살아 숨쉬는 듯한 양상을 띤다.

이런 분산적 지식이 어떻게 작동하는지는 여러 사례에서 엿볼 수 있다. 예를 들어 미국항공우주국NASA과 IBM의 협업으로 전 세계 위성 데이터를 모아 기후변화 예측의 정확도를 높인 협력적 지리공간 파운데이션 모델이나, 시민과 학자들이 함께 야생동물 사진을 올리고 AI로 식별하는 플랫폼 '와일드북Wildbook(현 와일드미Wild Me)' 같은 사례가 대표적이다.[18] 이들은 분산된 데이터와 여러 협력 주체의 지혜, 그리고 AI의 분석력이 만났을 때 어떤 시너지를 내는지 잘 보여준다. 어쩌면 이제는 특정 지식의 깊이만큼이나, 혹은 그 깊이를 넘어서서 네트워크 전체의 연결성과 정보가 흘러가는 방식이 지식의 가치를 더욱 좌우하는 시대가 오고 있는지도 모른다.

이러한 네트워크의 힘은 과학 연구뿐만 아니라 우리가 사는 세상을 이해하고 기록하는 방식 자체를 바꾸기도 한다. 일상적인 예로, 길찾기 앱의 실시간 교통 정보가 있다. 수많은 사용자의 스마트폰이 제공하는 위치 및 이동 속도 데이터를 네트워크로 모아, 현재 도로 상황을 거의 실시간으로 파악하고 예측하는 시스템을 생각해보자. 그 덕분에 우리는 지금 이 순간의 도로망 상태를 이전과는 비교할 수 없을 정도로 자세히 파악하고, 이를 바탕으로 더 나은 결정을 내릴 수 있게 되었다. 이와 비슷한 사례로 '오픈스트리트맵 OpenStreetMap'이라는 지도 제작 프로젝트가 있다. 전 세계 자원봉사자들이 GPS 기록, 위성사진, 직접 답사 등을 통해 자신이 아는 지역의 정보를 공유하고 편집해 누구나 자유롭게 사용할 수 있는 상세한 세계지도를 함께 만들어가고 있다. 이러한 네트워크 속에서 지식은 살아 있는 유기체처럼 끊임없이 변화하고 성장하며, 때로는 개별 요소들의 합만으로는 설명할 수 없는 새로운 속성이나 통찰이 네트워크 전체의 상호작용을 통해 나타나는 창발 현상을 보이기도 한다.

분산적 지식은 지식 생산의 민주화를 촉진하고, 다양한 관점의 통합을 실현하며, 지식의 빠른 전파와 검증을 촉진할 잠재력을 지닌다. 예를 들어 아프리카의 '데이터 사이언스 아프리카Data Science Africa'[19]와 같은 플랫폼은 현지 연구자들이 글로벌 AI 연구 커뮤니티와 연결되어 아프리카 고유의 문제에 맞는 AI 솔루션을 개발하도록 지원함으로써, 기존의 서구 중심적 지식 생산 구조에 다양성을 더하고 있다.

한편 이러한 분산성은 지식의 인식론적 토대를 불안정하게 만들 수 있는 여러 도전 과제를 안고 있다. 첫째, 지식의 출처와 계보 추적이 어렵다는 점이다. 특정 지식 조각이 네트워크의 어떤 경로를 통해 생성되고 변형되었는지 명확히 알기 어렵다면 그 지식의 신뢰성을 평가하기는 매우 어렵다. 이는 잘못된 정보의 확산 경로를 파악하거나 책임 소재를 규명하는 일을 복잡하게 만든다. 둘째, 네트워크의 취약성 문제다. 네트워크에서 특정 지점의 오류나 편향이 의도치 않게 전체 시스템으로 빠르게 퍼져나가 지식 생태계 전체를 오염시킬 수 있다. 셋째, 파편화와 맥락 소실 문제가 심화된다. 데이터 통신망의 각 노드는 전체 그림의 일부 정보만을 갖는 경향이 있으며, 정보가 네트워크를 통해 전파되는 과정에서 원래의 중요한 맥락이나 뉘앙스가 사라져 정보의 의미가 왜곡될 위험이 커진다.

이러한 도전 과제에 대응하기 위해서는 분산된 지식의 타당성을 확보하기 위한 새로운 방법론적 접근이 필수적이다. 예를 들어 각 데이터의 출처와 변경 이력을 투명하게 기록하고 추적할 수 있는 데이터 리니지Data Lineage 기술을 도입하거나, 네트워크 참여자들의 신뢰도나 정보의 일관성을 평가해 정보의 가중치를 두는 평판 기반 또는 교차 검증 시스템을 활용할 필요가 있다. 또한 분산된 정보 속에서 전체적인 패턴과 의미를 종합적으로 분석하는 AI 기반 메타분석 도구의 개발 등이 요구된다. 기술적으로는 블록체인blockchain이 분산된 기록에 불변성을 제공해 출처를 추적하는 데 기여할 잠재력이 있는데, 스탠퍼드대학교를 비롯한 여러 기관에서는 '데이터 출처 프로젝트Data Provenance Project'[20] 등을 통해 복잡한 AI 시스템에서 결과의 근거를 추적하는 방법을 연구하고 있다. 하지만 기술만으로는 한계가 있으며, 참여자 간의 신뢰 구축을 위해 데이터 공유 표준을 수립하고 협업 프로토콜을 공유하는 등 사회적·제도적 장치를 함께 마련해야 한다.

융합의 창조성과 환원의 위험
통합적 지식

네트워크에 흩어져 있어 파편화되기 쉬운 분산적 지식의 한계를 극복하고 그 가치를 제대로 실현하기 위해서는, 이들을 유기적으로 연결하고 종합하여 더 큰 의미와 통찰을 이끌어내는 통합적 지식 생성이 중요하다. 이는 전통적으로 분리되어 있던 서로 다른 학문 분야, 데이터 유형(정량적 또는 정성적), 언어, 문화적 맥락 등의 경계를 넘나들며 지식을 연결하고 융합함으로써 개별 영역만으로는 얻을 수 없었던 새로운 통찰과 가치를 창출하는 지식이다. 현대사회의 복잡한 문제들은 종종 단일 학문의 접근만으로는 해결하기 어렵기 때문에, 이러한 통합적 접근이 혁신과 문제 해결의 핵심 동력으로 주목받고 있다.

지식 통합의 여정에서 인공지능은 그야말로 강력한 조력자 역할을 톡톡히 해낸다. 한 사람이 평생에 걸쳐 다 읽기 어려운 방대한 학술 문헌 속에서 의미 있는 연결고리를 찾아내는 것이 대표적인 예다. 가령 의학과 재료공학처럼 서로 다른 분야의 연구들에 숨어 있던 연결점을 AI가 발견해 새로운 연구 방향을 제시하는 식이다. 또는 정량적인 수치 데이터(센서값이나 경제지표)와 현장의 목소리가 담긴 정성적인 이야기 데이터(인터뷰나 소셜미디어의 게시물)를 능숙하게 엮어내기도 한다. 이를 통해 이전에는 상상하기 어려웠던 깊이와 입체감을 가지고 특정 사회현상을 들여다볼 수 있다.

인문학 분야의 대표적인 예로, 코넬대학교의 '이타카Ithaca' 프로젝트[21]를 보면, AI는 손상된 고대 그리스 비문을 복원하는 데 그치지 않으며, 그 내용을 다른 고고학 자료, 문헌, 지리 정보 등과 연결해 과거 문명에 대한 훨씬 풍부하고 통합적인 해석의 문을 열어주고 있다. 실용적인 영역에서 뉴욕 '어반시스템랩Urban Systems Lab'[22]은 기후, 인구, 사회경제, 도시 기반시설처럼 각기 다른 종류의 데이터를 한데 모아 분석한다. AI는 이 복잡한 데이터를 통합하여 도시가 기후변화에 얼마나 취약한지를 한눈에 보여주며, 더 효과적인 대응책을 찾는 데 기여한다.

더 나아가 AI는 시간을 가로질러 과거의 기록과 현재의 과학을 이어붙이기도 한다. 오래전 뱃사람의 항해일지에 남아 있는 해빙海氷 관찰 기록이나 옛 농부가 적어둔 첫서리 날짜 같은 과거의 파편적인 증언들을 오늘날의 정교한 기후 모델 데이터와 결합하는 것이다. 이렇게 과거의 목소리와 현재의 과학적 계산이 만나면서, 우리는 비로소 한쪽의 자료만으로는 읽어내기 어려웠던 긴 시간 속 환경 변화의 큰 그림을 이해할 수 있다.

이처럼 통합적 지식은 지식의 칸막이 현상을 극복하고, 학제 간 융합을 촉진하며, 복잡한 문제에 대한 총체적인 해결책을 모색한다는 인식론적 가치를 갖는다. 이는 지식의 발전이 단순히 개별 분야의 깊이를 더하는 것뿐만 아니라 분야 간의 창의적인 만남과 융합을 통해서도 이루어짐을 보여준다. 앞서 살펴본 생성적 지식은 이러한 통합 과정에서 새로운 연결 가능성을 탐색하는 데 도움을 줄 수 있으며, 분산적 지식은 통합에 필요한 다양한 데이터와 관점을 제공하는 기반이 된다.

그러나 지식의 통합이 항상 긍정적인 결과만 가져오는 것은 아니다. 섣부른 통합은 오히려 지식의 질을 떨어뜨릴 위험 또한 안고 있다. 서로 다른 맥락과 방법론을 가진 지식들을 피상적으로 연결하는 과정에서 개념적 혼란이나 범주 오류가 발생할 수 있다. 또한 통합을 위해 정보를 요약하거나 일반화하는 과정에서 각 분야의 지식이 가진 고유한 맥락과 뉘앙스, 방법론적 엄밀함이 희석되거나 사라질 위험이 있다. 자칫 복잡한 현실을 과도하게 단순화해서 피상적으로 이해하게 만드는 결과로 이어질 수도 있는 것이다. 그리고 AI가 주로 접근하기 쉽고 처리하기 용이한 디지털 데이터를 중심으로 지식이 통합될 경우, 디지털화되지 않은 중요한 아날로그 형태의 지식이나 구전으로 이어진 지혜, 특정 문화권의 고유한 지식체계가 소외될 위험성도 신중하게 고려해야 한다.

이러한 도전에 대응하기 위해서는 방법론적 고찰이 필요하다. 서로 다른 지식체계의 개념적 구조를 명시적으로 연결하고 표준화하는 온톨로지 매핑ontology mapping 기술은 융합 과정에서의 개념적 혼란을 줄이는 데 기여할 수 있다. 다양한 유형의 데이터를 통합하는 과정에서 AI가 어떤 정보에 가중치를 두었는지 설명하는 기술은 통합 과정의 투명성을 높이는 데 도움을 줄 것이다. 또한 지식 통합 과정에 해당 분야 전문가, 지역 커뮤니티 구성원, 이해관계자 등 다양한 주체가 참여해 여러 관점이 균형 있게 반영되도록 보장하는 참여적 지식 통합 접근법도 중요하다.

상호작용의 산물과 평가의 딜레마
협력적 지식

서로 다른 분야와 형태의 지식을 성공적으로 통합하려는 시도는 종종 그 과정에서 인간과 AI가 단순한 사용자와 도구의 관계를 뛰어넘어 아이디어를 교환하고 피드백을 주고받으며 함께 결과물을 만들어나가는 협력적 지식의 형태로 발전하게 된다. 이러한 지식은 더이상 인간 또는 기계 어느 한쪽의 산물이라고 명확히 구분하기 어려운, 과정 중심적이고 상호작용적인 특성을 지닌 하이브리드 성격을 띤다. AI가 아이디어를 제안하고, 대안을 탐색하며, 인간과 피드백을 주고받는 파트너로서 기능할 때 이러한 지식이 생성된다.

인간과 AI가 함께 지식을 빚어가는 모습은 이미 여러 분야에서 나타나고 있다. 세계적인 건축사무소 자하하디드아키텍츠Zaha Hadid Architects의 사례에서 볼 수 있듯, 건축가가 창의적인 비전과 제약 조건의 큰 틀을 제시하면, AI는 구조적으로 가능한 수많은 디자인 안을 탐색하고 시뮬레이션 결과를 보여준다.[23] 건축가는 이를 바탕으로 AI와 계속 대화하고 조율하면서 최종 디자인을 완성해나간다. 마치 인간과 AI가 손잡고 건물을 짓는 것과 같다. 의료 분야에서도 비슷한 흐름이 있다. 미국의 의료 기관인 메이요클리닉Mayo Clinic과 구글의 협력 사례를 보면, 의사의 풍부한 임상경험과 환자에 대한 깊은 이해, 그리고 AI의 방대한 의료 데이터 및 이미지 분석 능력을 결합해 진단의 정확도를 높이는 것을 목표로 한다. 의사가 환자의 미묘한 상태나 맥락을 파악해 알려주면, AI는 이와 관련된 최신 연구나 유사 사례를 빠르게 찾아 가능한 진단과 주의할 점을 제시한다. 이렇게 인간 의사와 AI가 머리를 맞대고 지속적으로 소통하며 상호검증하는 과정을 통해 최종 진단을 내린다.[24]

협력적 지식의 가장 두드러진 특징 중 하나는 고정된 결과물 자체만큼이나 그것이 생성된 과정에 주목한다는 점이다. 인간과 AI가 어떤 방식으로 아이디어를 교환했는지, 어떤 피드백을 통해 결과물을 발전시켰는지가 지식 또는 창작물의 가치를 평가하는 중요한 요소가 될 수 있다. 예를 들어 AI가 생성한 글을 그대로 사용하는 것과, 인간 작가가 AI를 파트너처럼 활용해 아이디어를 탐색하고 문체를 다듬는 과정을 거쳐 완성한 글은, 비록 결과물의 일부가

AI에 의해 생성되었더라도 지식으로서의 성격이나 가치가 다르게 평가될 여지가 있다. 후자의 경우, 인간의 의도, 비판적 개입, 창의적 선택이 지식 생성의 과정 전반에 깊숙이 녹아 있기 때문이다.

바로 이 지점에서 협력적 지식은 저자성, 독창성, 창의성에 대한 우리의 전통적인 개념에 근본적인 질문을 던진다. 최종 결과물에 AI의 기여가 상당 부분 포함되어 있다면, 그 지식의 저자는 누구일까? 인간의 역할은 어디까지 인정해야 할까? 협력을 통해 만들어진 결과물의 독창성은 어떤 기준으로 판단해야 할까? 이는 저작권과 같은 법률적 문제만 해결하면 되는 것이 아니라 지식이나 창작물의 가치를 무엇으로, 어떻게 평가할 것인가에 대한 인식론적·미학적 기준의 재정립을 요구한다. 어쩌면 우리는 결과물의 완전한 새로움이나 단독 저자성보다는, 인간과 AI가 얼마나 효과적이고 창의적으로 상호작용했는지 그 협력 과정의 질을 새로운 평가 기준으로 고려해야 할지도 모른다. 협력을 통해 인간의 능력이 얼마나 확장되었는지, AI의 제안을 어떻게 비판적으로 수용하고 변형시켰는지 등이 중요한 평가 요소가 될 수 있다는 의미다.

협력적 지식은 앞서 논의한 다른 지식 유형들과 복잡하게 상호작용하며 발전한다. 생성적 지식은 협력 과정에서 인간에게 새로운 아이디어나 대안을 제시하는 풍부한 원료가 되고, 분산적 지식은 협력에 필요한 다양한 데이터와 참여자를 연결하는 네트워크적 토대를 제공하며, 통합적 지식은 서로 다른 전문성과 관점을 가진 인간과 AI가 효과적으로 협력할 수 있는 개념적 기반을 마련한다. 예를 들어 신약 개발 과정에서 생성형 AI가 새로운 분자구조를 제안하고(생성적), 흩어져 있는 임상시험 데이터 네트워크가 효과를 검

인간-AI가 만들어갈 지식 유형

지식 유형	정의	장점	단점
생성적 지식	기존 데이터를 학습해 확률적으로 가장 '있을 법하게' 생성한 텍스트, 이미지, 신소재 등의 새로운 결과물	인간의 상상력을 뛰어넘는 창의적 해결책을 제시하고, 과학적 발견의 속도를 획기적으로 단축	'진릿값'보다 '그럴듯함'을 우선해 설득력 있는 허구(환각)를 만들어낼 위험, 신뢰성 검증 필요
분산적 지식	특정 주체가 아닌, 인간·센서·AI 등이 얽힌 광대한 네트워크 전체에 분산되어 존재하는 지식	지식 생산의 민주화를 촉진하고, 집단지성을 통해 개별 주체의 합을 넘어서는 통찰 창출	출처 추적 어려움, 오류 및 편향이 네트워크 전체로 빠르게 확산될 수 있음, 정보의 파편화 심화
통합적 지식	학문, 데이터 유형, 문화 등 서로 다른 영역의 지식을 연결·융합해 총체적 이해를 도출하는 지식	지식의 칸막이 현상을 극복하고, 복잡한 문제에 대한 학제 간 해결책 모색 가능	피상적 연결로 개념적 혼란을 낳거나 각 분야의 전문성과 고유한 맥락을 희석할 위험
협력적 지식	인간과 AI가 상호작용하며 피드백을 주고받는 과정에서 함께 만들어가는 과정 중심적 지식	AI의 분석력과 인간의 직관적·윤리적 판단을 결합해 단독으로는 실현하기 어려운 결과물 창출	저자성 및 독창성의 개념이 모호해짐, 결과물에 대한 평가와 책임 소재 규명 어려움

증하는 데이터를 제공하며(분산적), 약리학이나 독성학 등 다양한 분야의 지식을 통합하여(통합적) 분석하는 전 과정이 인간 연구자와 AI 시스템 간의 긴밀한 협력(협력적)을 통해 이루어질 수 있다.

물론 협력적 지식의 타당성을 검증하는 일은 우리가 해결해야 할 과제이다. 인간의 직관과 AI의 계산이 복합적으로 작용한 결과물은 때로 그 도출 과정이 명확히 설명되지 않을 수 있으며, 과정의 투명성이 부족할 경우 신뢰성을 확보하기 어렵다. 따라서 인간과 AI의 협력 과정을 기록하고 검토할 수 있는 방법론, 최종 결과물에 대한 인간과 AI의 기여도를 분석하고 명시하는 시스템이 필요하다.

그리고 그 결과물의 가치를 기술적 정확성 외에도 실제 문제 해결 능력, 창의성, 윤리적 영향 등 다차원적으로 평가할 새로운 기준의 개발이 중요하다.

새로운 지식의 지형도를 그리다

결국 AI시대에 새롭게 떠오르는 생성적이고, 분산적이며, 통합적이고, 협력적인 지식은 우리가 오랫동안 '지식'이라고 생각해온 것의 경계를 넓히고 그것의 본질에 대한 우리의 관점을 뿌리부터 바꾼다. 이 네 가지 지식 유형은 개별적으로 작동하는 것이 아니라 서로 긴밀하게 얽혀 영향을 주고받으며, 새로운 지식 생태계의 뼈대를 이룬다.

예를 들어보자. 생성적 지식이 던져준 새로운 아이디어가 분산된 네트워크를 통해 퍼져나가며 검증받고, 이렇게 흩어져 있던 다양한 지식들은 통합적인 시각으로 종합된다. 이 과정이 다시 인간과 AI의 협력적 창조활동으로 이어지고, 그 결과물이 또다른 생성적 지식의 씨앗이 되는 순환적인 고리를 형성한다. 이제 지식은 더 이상 인간의 경험과 이성에만 기댄 채 책 속에 고요히 머무는 안정된 체계가 아니다. 오히려 데이터에 뿌리내리고, 네트워크 위를 돌아다니며, 끊임없이 새롭게 태어나고 변화하면서 인간과 기계가 함께 빚어가는 훨씬 유동적이고 복잡하며 여러 겹으로 이루어진 생태계로 변모하고 있다.

물론 이 지식 유형들 사이에는 긴장과 충돌의 가능성도 존재한다. 생성적 지식의 확률적 특성은 때로 분산적 지식 네트워크의 사실 검증 메커니즘과 충돌할 수 있다. 통합적 지식의 일반화 경향은 분산된 개별 지식의 고유한 맥락적 특수성을 간과할 위험을 안고 있다. 협력적 지식 생성 과정에서 인간의 직관적인 판단과 AI의 데이터 기반 추론 방식의 차이는 생산적인 긴장을 유발하기도 하지만, 때로는 갈등의 원인이 될 수도 있다. 이러한 긴장과 충돌을 인식하고 생산적인 방향으로 조율하며 관리하는 것 또한 AI시대 지식 생산의 중요한 과제다.

이 새로운 지식 지형도 앞에서 우리는 더이상 과거의 인식론적 도구만으로는 길을 찾기 어렵다. AI로 생성된 지식의 신뢰성 문제, 분산된 정보 속에서 의미를 구성하는 데 따르는 어려움, 통합 과정에서 발생하는 환원주의의 위험, 협력적 창조물의 가치 평가 등 우리가 풀어야 할 인식론적·방법론적 과제는 산적해 있다. 이러한 과제들을 해결하기 위해서는 AI 기술의 발전뿐만 아니라 새로운 지식 형태의 특성을 이해하고 그 타당성을 평가하며 책임감 있게 활용하기 위한 새로운 '인식론적 도구 키트epistemological toolkit'의 개발과 활용이 절실하다.

이 인식론적 도구에는 다음과 같은 구체적인 요소들을 포함해야 할 것이다.

다층적 검증 방법론: AI 환각 및 신뢰성 문제에 대응하기 위해 AI가 생성한 결과물의 타당성을 모델 수준(학습 데이터, 알고리즘), 결과물 수준(일관성, 정확성), 실용적 수준(현실 적용성, 문제 해결 능력)에서 종합적으로 평가하는 프레임워크

투명성 및 설명 가능성 도구: 출처 및 과정의 불투명성 문제에 대응하기 위해 AI의 의사결정 과정과 지식 생성 경로를 추적하고 이해 가능하도록 설명하는 기술

하이브리드 지식 평가 기준: 저작권 및 독창성 평가 문제에 대응하기 위해 인간-AI 협력 결과물을 평가하는 새로운 기준과 정확성 외에도 협력 과정의 질, 창의적 기여도, 윤리적 고려 등을 포함하는 다차원적 지표

맥락화 및 주석 도구: 파편화와 맥락 소실 문제에 대응하기 위해 분산되고 파편화된 지식을 적절한 맥락 속에 위치시키고 그 의미와 한계를 명확히 하는 도구(지식 그래프, 메타데이터 시스템 등)

문화 간 지식 번역 및 통합 인터페이스: 지식 통합 단계에서의 소외 문제에 대응하기 위해 서로 다른 지식체계 간의 소통, 상호이해, 존중을 기반으로 한 통합을 지원하는 방법론 및 도구

이러한 도구 키트를 개발하고 사회적으로 수용하며, 새로운 지식 형태가 제기하는 인식론적 과제에 효과적으로 대응하기 위해서는 학제 간 협력이 필수적이다. AI 연구자, 철학자, 사회과학자, 법률가, 예술가, 교육자 등 다양한 분야의 전문가들이 함께 새로운 지식 환경의 특성을 분석하고, AI 기반 지식을 평가하고 책임감 있게 활용하기 위한 규범과 방법론을 설계하며, 발생 가능한 윤리적 문제에 선제적으로 대응해야 한다. 필요하다면, AI 지식 평가 컨소시엄과 같은 다학제적 협력 플랫폼을 구축하는 방안도 고려해볼 수 있다. 한편, 정책적 차원에서는 AI 생성 지식의 신뢰성과 책임성을 확보하기 위한 제도적 장치(AI 모델 및 데이터세트 표준화, 고위험 AI 애플리케이션 규제, 투명성 인센티브 등)가 필요하며, 이와 함께 혁신을 저해하지 않는 균형잡힌 접근이 요구된다(2025년 현재, 유럽연합의 인공지능법[25] 등이 이러한 방향을 모색하고 있다). 결국 AI가 만드는 지식은 그 자체로 완성된 것이 아니라, 우리가 개발할 새로운 도구와 방법론을 통해, 그리고 인간의 해석과 가치 부여, 책임감 있는 활용을 통해 비로소 온전한 의미를 갖게 될 것이다.

이처럼 지식의 개념과 형태가 근본적으로 변화하는 현실은 결국 우리가 마주할 더 근본적인 질문, 즉 이 모든 변화의 중심에 서 있는 인간 존재를 어떻게 재정의해야 하는가라는 문제로 우리를 이끈다. 새로운 지식 환경과 재정의된 지성, 그리고 AI가 만드는 변화무쌍한 지식 앞에서 인간 존재의 의미와 역할은 어떻게 달라져야 할까?

4
다시, 인간이란 무엇인가?

경계의 재설정과 고유성의 재발견

지금까지 우리는 AI시대에 지식이 생산되는 환경이 어떻게 변화했는지를 살핀 후, 지성의 개념이 개별적 능력에서 관계적 과정으로 확장되며 이로 인해 지식이 생성적·분산적·통합적·협력적 특성을 띠는 양상을 알아보았다. 이러한 연쇄적 재정의의 여정은 이제 가장 근본적인 질문으로 우리를 인도한다. 바로 "다시, 인간이란 무엇인가?"라는 질문이다. 여기서 '다시'는 단순한 반복이 아니라 전례없는 기술적 변화의 맥락 속에서 인간 존재의 의미를 적극적으로 재창조하는 행위다. 인공지능이 가져온 큰 변화 속에서 우리는 인간성의 위기를 한탄하거나 과거의 인간 중심적 관점을 고수하는 대신, 이 변화를 인간 존재의 가능성을 확장하고 심화하는 창조적 기회로 바라보아야 한다.

인공지능은 우리가 오랫동안 설정해왔던 인간과 기계 사이의 경계를 근본적으로 다시 생각하게 만든다. 앞서 살펴본 것처럼 AI는 이제 단순한 도구가 아니라 지식 생태계의 참여자로서 인간과의 관계를 새롭게 짜고 있다. 이 변화가 우리의 존재에 대한 깊은 성찰로 이어지는 이유는, AI가 이성적 판단, 패턴 인식, 학습, 창작처럼 과거에 인간다움의 증표로 여겼던 능력들을 보여주기 시작했기 때문이다.

하지만 이 경계가 흐려진다고 해서 반드시 인간의 능력이 줄어든다거나 인간성이 위기에 처한다는 것을 의미하지는 않는다. 오히려 이는 인간다움이란 무엇인지 더 깊이 고민하고, 인간만이 가진 고유한 가치를 새롭게 발견해 다시 세울 수 있는 중요한 기회다. 프랑스의 기술철학자 베르나르 스티글레르는 바로 이 지점에서 중요한 화두를 던진다. 그에 따르면 인간과 기술은 단순히 한쪽이 다른 쪽을 도구로 쓰는 관계가 아니라 서로 영향을 주며 함께 진화하는 공생관계다. 스티글레르에게 기술이란 인간의 능력을 확장하는 수단을 넘어, 인간의 존재 방식이 기술을 통해 바깥으로 형태를 갖추는 외재화exteriorization 과정 그 자체다.[26] 즉 인간은 기술을 매개로 자신을 외부세계에 구현하며 끊임없이 스스로를 재창조해가는 존재인 셈이다. AI는 이러한 인간 지성의 외재화로 탄생한 가장 강력한 촉매제라 할 수 있다. 우리는 이 새로운 기술 덕분에 단순한 정보처리 능력을 넘어, 깊은 맥락을 읽어내는 이해력, 이질적인 요소를 융합하는 창의력, 섬세한 윤리적 분별력, 그리고 삶에 의미를 부여하는 힘이야말로 인간의 본질임을 더욱 선명하게 깨닫는다.

AI시대에 인간의 존엄성과 가치는 효율성이나 기능적인 뛰어남에서 찾을 수 없다. 오히려 인간의 가치는 스스로 의미를 만들고 윤리적 책임을 질 수 있는 주체라는 점에서 찾아야 한다. AI가 쏟아내는 방대한 정보가 진짜인지, 타당한지를 가려내고, 그 정보가 사회적으로나 윤리적으로 어떤 의미를 갖는지 해석하며, 공동체를 위해 책임감 있는 결정을 내리는 역할은 여전히, 아니 어쩌면 이전보다 더욱 중요하게 우리 인간의 몫으로 남아 있다.

결국 AI시대에 우리는 "AI와 다른 인간만의 고유한 영역은 무엇인가?"를 방어적으로 묻기보다, "인간과 기계의 새로운 관계 속에서 인간 존재의 어떤 가능성이 확장되고 있는가?"를 창조적으로 탐색해야 한다. 이는 인간과 AI의 상호보완적 잠재력을 적극적으로 발견하고 발전시키는 능동적 재정의의 여정이다. 이러한 창조적 탐색은 계산과 추론 능력만으로는 포착되지 않는 우리 존재의 더 깊은 차원, 즉 삶의 근원적인 현실에서 시작해야 할 것이다.

체화하고 관계 맺고 책임지는 존재

계산과 추론만으로는 포착되지 않는 인간 존재의 더 깊은 차원이란 무엇일까? 그것은 바로 인간이 구체적인 몸으로 세계를 경험하고, 타인과 관계를 맺으며, 그 속에서 책임을 지는 실존적 현실을 의미한다. AI가 데이터와 알고리즘의 세계에 기반을 둔 반면, 인간은 '몸으로 살아가며 관계 맺고 책임지는 존재'로서 고유성을 드러낸다. 이 핵심 차원들을 철학적 관점에서 재조명하며 인간 존재의 본질을 탐색해보자.

인간 경험의 확장과 AI

우리가 몸으로 직접 겪는 경험은 AI가 정보를 처리하는 방식과는 근본적으로 다르다. 차가운 바람을 피부로 느끼고, 음악에 맞춰 몸을 움직이고, 고통에 얼굴을 찡그리는 순간들. 이것은 데이터를 처리하는 과정이 아니라 세상과 온몸으로 직접 만나는 경험이다. 마르틴 하이데거의 말을 빌리자면, 인간은 세상과 분리될 수 없이 얽혀 있는 '세계-내-존재In-der-Welt-sein'다.[27]

철학자 모리스 메를로퐁티 역시 우리가 몸으로 겪는 경험이 모든 인식과 이해의 바탕이 된다는 점을 강조했다.[28] 그는 우리가 단지 몸을 '가지고' 있는 것이 아니라 몸 '그 자체'로서 존재하며, 이 몸을 통해 세상과 직접 소통한다고 보았다. 이렇게 몸으로 살아가는 우리의 존재 방식은 AI가 세상을 이해하는 방식과는 본질적으로 다르다. AI는 세상을 데이터의 묶음으로 파악하지만, 인간은 몸으로 세상에 직접 뛰어들어 그 안에서 의미를 찾아낸다. 인지심리학에서 체화된 인지embodied cognition 이론이 강조하듯, 인간의 인지는 뇌 안에 국한되지 않고 몸과 환경의 역동적 상호작용 속에서 발생하는 것이다.[29] 심지어 많은 추상적인 개념과 이론들도 궁극적으로는 신체적 경험과 연결되어 발달하며, 수학적 개념이나 과학적 이론 역시 신체적 경험에서 비롯된 은유를 통해 이해되기도 한다.

AI와 인간의 새로운 관계에서 AI는 우리 자신의 몸과 세계를 새롭게 경험하고 상호작용하도록 돕는 강력한 파트너가 될 수 있다. 가령 AI가 생체 신호나 미세한 움직임을 정밀하게 분석해 실시간 피드백을 제공하면, 우리는 자신의 신체 상태와 기능에 대한 자각을 크게 높일 수 있다. 그 결과 체화된 자기인식의 확장으로 우리는 자신의 몸을 더 깊이 이해하고 주체적으로 관리하게 된다.

또한 AI는 인간 오감의 범위를 넘어서는 복잡한 환경 데이터를 이미지, 소리, 촉각 피드백 등 감각 가능한 정보로 변환하여, 이전에는 인지할 수 없었던 세계의 단면들과 연결되는 새로운 통로를 우리에게 제공할 수도 있다. 이는 환경과의 교감 방식을 질적으로 변화시키고, 세계-내-존재로서 인간의 경험적 지평을 넓히는 실질적인 확장이다. 더 나아가 지능형 보조기기와의 결합은 인간의 신체적 한계를 넘어 새로운 활동 가능성을 열어주고, 더 많은 사람에게 새로운 형태의 체화된 기술을 습득하고 발현할 기회를 제공할 것이다. 결과적으로 AI가 효율적인 정보처리와 분석을 담당하면서, 인간은 오히려 직접적인 감각활동, 창의적인 수작업, 깊이 있는 대면 소통, 자연과의 생생한 교감과 같이 몸으로 살아가는 경험의 질적 풍요로움을 추구하고 확장하는 데 더 많은 시간과 에너지를 투여할 수 있다. 이는 기술 발전이 더욱 깊은 몸의 지혜와 감각적 삶을 추구하도록 이끄는 계기가 될 수 있음을 시사한다.

관계적 존재와 윤리적 책임

이처럼 몸으로 세계를 경험하는 인간은, 홀로 존재하는 것이 아니라 필연적으로 타인과 더불어 살아가는 관계적 존재다. 이것은 정보 교환이나 상호작용을 넘어, 서로의 취약함을 인정하고 윤리적 책임을 받아들이는 차원의 깊은 연결이다. 철학자 에마뉘엘 레비나스[30]의 통찰처럼, 타자와의 만남은 단순한 인식의 대상화가 아니라

'무한한 책임'을 수반하는 윤리적 사건이다.

관계적 존재로서의 인간은 고립된 자아가 아니라, 타자와의 상호작용을 통해 형성되고 정의되는 존재다. 마르틴 부버의 표현을 빌리자면, 진정한 인간 존재는 '나-그것'의 관계가 아닌 '나-너Ich-Du'라는 관계 속에서 실현된다.[31] 이러한 관계는 상대를 도구화하거나 객체화하지 않고, 그 고유한 존재 가치를 인정하는 만남이다.

특히 인간과의 소통을 정교하게 흉내내는 AI 시스템의 등장은, 우리에게 진정한 '나-너' 관계가 무엇인지, 그 관계의 대체 불가능한 가치가 어디에 있는지를 선명하게 비춘다. AI는 계산된 반응과 효율적인 정보 전달을 통해 '나-그것'의 관계, 즉 상대를 대상화하거나 도구로 여기는 관계가 얼마나 유용한지를 보여줄 수 있다. 하지만 타자의 얼굴 앞에서 느끼는 무한한 책임감, 또는 온 존재를 건 만남의 실존적 깊이에는 결코 가닿지 못한다. AI에게는 삶의 맥락을 공유하는 경험도, 서로의 깨지기 쉬운 부분을 보듬는 연약함에 대한 이해도, 관계에 대한 헌신도 없기 때문이다. 이 근본적인 다름을 이해하는 데서, AI시대에 관계를 더 깊이 있게 발전시킬 수 있는 몇 가지 가능성의 실마리를 찾을 수 있다.

우선, AI의 모방적 상호작용은 진정한 인간적 연결과 더욱 분명하게 대비된다. 서로의 고유함을 존중하고, 연약함을 보듬으며, 함께 의미를 만들어가는 관계의 소중함을 우리는 그 어느 때보다 진지하게 되돌아보고 다시금 깨달아야 한다. 또한, 그저 감상에 머무는 게 아니라 삶 속에서 이런 관계를 의식적으로 선택하고 가꿔야 한다. 이를 통해 관계의 질을 한층 더 끌어올릴 수 있다. 효율성과 속도가 중시되는 시대에 오히려 시간과 정성을 들여 만들어가는 관계의 중요성을 재발견할 기회다.

또한, 인공지능과의 만남은 '관계' 또는 '연결'의 범위와 윤리적 무게를 다시 생각하게 한다. 인간 중심의 관계 개념을 넘어, 인간, 동물, 자연, 나아가 기술적 창조물과 같은 다양한 존재들과의 상호작용을 성찰하면서, 각 관계에 걸맞은 책임과 존중의 형태는 무엇인지 고민해야 한다. 이는 관계의 본질과 윤리적 사유의 지평을 넓히는 철학적이고 실존적인 과정이다.

더불어 AI가 제공하는 편리하고 예측 가능한 상호작용에 안주하지 말아야 한다. 때로는 어렵고 예측 불가능하지만, 바로 그 때문에 우리를 성장시키는 인간관계의 복잡성과 풍요로움을 의식적으로 선택하고 경험하려는 노력이 필요하다. 이러한 노력이 역설적으로 공감, 인내, 신뢰, 용서와 같은 관계의 핵심적인 덕목을 갈고닦는 과정이며, 관계적 존재로서 우리의 내면을 더욱 깊고 성숙하게 만드는 길이다.

도덕적 행위자와 판단력의 재발견

인간과 AI의 가장 본질적인 차이 중 하나는 도덕적 행위자로서 책임을 질 수 있는 능력이다. 우리는 행위의 결과에 대해, 심지어 행위하지 않은 결과에 대해서도 단순한 인과적 책임을 넘어선 도덕적 책임을 질 수 있다. AI 윤리 연구가 발전하고 있지만, 현재 AI 시스템은 그것의 행위에 대한 책임을 지지 못한다. 바로 이 지점에서 우리는 계산과 효율성만으로는 대체할 수 없는 인간 고유의 책임 능력과 그 중요성을 새롭게 인식하고 재발견하게 된다.

인간의 고유한 도덕적 판단 능력은 한나 아렌트가 말한 '넓은 마음으로 생각하는 능력'[32]이나 아리스토텔레스의 '프로네시스φρόνησις, phronesis', 즉 실천적 지혜라 할 수 있으며, 이 능력은 모두 체화된 상황의 복잡성과 관계적 맥락을 민감하게 인식하고, 보편적 원칙을 상황에 맞게 재해석하며, 최종적으로 자신의 판단에 책임을 지는 능동적인 능력이다. 이러한 역량은 본질적으로 알고리즘화하기 어렵기에, AI가 데이터를 기반으로 윤리적 결정을 모방할 수는 있어도 실천적 지혜를 발휘할 수는 없다. 복잡한 현실의 딜레마와 가치 충돌 속에서 책임 있는 실천적 지혜를 발휘하는 것은 여전히 인간 고유의 영역이다.

AI 기술이 퍼지면서 이른바 '책임 격차' 문제도 나타나고 있다. 즉 문제가 생겼을 때 누구에게 책임을 물어야 할지 애매해지는 상황이 발생하는데, 이는 역설적으로 인간의 판단력이 얼마나 중요한지를 더욱 분명하게 보여준다. AI 기술을 개발하고 활용하는 과정에서 인간이 더욱 적극적으로 개입하고 역할을 넓혀가야 하는 것이다. 자율주행자동차의 윤리적 기준을 어떻게 세울지, AI 알고리즘이 편향되지 않고 공정하게 작동하려면 어떻게 설계해야 하는지, 개인정보의 보호와 기술의 편리함 사이에서 어떻게 균형을 잡아야 하는지 등, AI가 던지는 복잡한 윤리적 문제들은 알고리즘만으로는 풀 수 없다. 이런 문제들은 인간의 깊은 고민과 서로의 관계에 대한 배려, 그리고 사회 구성원들의 민주적인 합의를 통해서만 해결할 수 있다. 이는 AI시대의 복잡한 상황에 맞서 인간의 윤리적인 시야를 넓히고 책임지는 능력을 키워나갈 중요한 기회이기도 하다.

결국 몸으로 세계를 경험하고(체화), 타인과 깊이 연결되며(관계), 그 속에서 윤리적 책임을 지고 판단하는(도덕적 행위) 모습은,

데이터 처리와 패턴 인식을 넘어선 인간 존재의 핵심이다. 이러한 특성은 AI시대에 우리가 지키고 발전시켜야 할 인간성의 중요한 토대를 이룬다.

인간 정체성과 자기 이해의 재창조

생각하는 기계의 등장은 우리에게 가장 당혹스러운 질문을 던진다. '나'는 누구이며, 나의 생각과 정체성은 과연 어디에서 비롯되는가? 이러한 고민은 우리가 의식하고 선택하는 주체로서 스스로를 어떻게 이해할 것인가라는 문제와, 유한한 삶을 살아가면서 어떻게 존재의 의미를 찾을 것인가라는 질문으로 이어진다.

자아와 주체성의 창조적 재구성

인공지능이 인간지능을 따라 하고 때로는 능가하면서, '나(자아)'는 누구이며 '스스로 판단하고 행동하는 힘(주체성)'은 무엇인지 자연스럽게 되묻게 된다. 현대철학과 인지과학은 이에 대해 '나'는 미리 주어진 본질이 아니라, 다양한 경험과 상호작용 속에서 스스로의 이야기를 끊임없이 써나가는 '서사적 과정narrative process' 그 자체라고 답한다. 인간의 자아는 스스로를 돌아보는 성찰 능력, 그리고 '내가 지금 이것을 경험하고 있다'고 느끼는 생생한 주관적 경험까지 포함하기 때문에 단순한 계산이나 패턴 인식을 넘어선다. 더 중요한 것은, 인간의 자아는 의미를 만들어내는 능력을 통해 스스로를 이해하고 세상 속에서 자신의 자리를 찾아간다는 점이다.

프랑스의 신경과학자이자 철학자인 스타니슬라스 드앤은 인간과 AI의 중요한 차이는 바로 메타인지 능력, 즉 자신의 사고 과정을 돌아보고 지식의 한계를 인지하며 믿음과 행동을 비판적으로 성찰하는 능력에 있다고 강조했다.[33] 추천 알고리즘이 우리의 취향을 분석하고 미래 행동을 예측하며 "나보다 나를 더 잘 안다"고 속삭이는 시대에, 메타인지 능력은 인간 주체성을 지키고 재구성하는 핵심 열쇠다. 소셜미디어의 알고리즘이 만든 맞춤형 현실 속에서, 우리는 메타인지를 통해 "이것이 정말 나의 생각인가, 아니면 알고리즘이 제안한 경로인가?"를 비판적으로 질문할 수 있다. 이러한 비판적 성찰 능력을 한나 아렌트가 강조한 인간의 '탄생성natalität',[34] 즉 새로운 시작을 만들고 예측 불가능한 행위를 할 수 있는 능력과 결합할 때 AI시대 인간 주체성의 새로운 가능성을 열 수 있을 것이다.

인간의 주체성은 외부 영향(알고리즘 포함)으로부터 자유로운 고립된 자아를 의미하는 것이 아니라, 오히려 주어진 환경과 기술적 조건들을 비판적으로 성찰하고, 그것을 활용하거나 때로는 거부하면서 자신만의 새로운 의미와 행동을 창조해가는 능동적인 과정으로 재정의할 수 있다. 따라서 AI시대의 도전은 우리에게 수동적인 정보 소비자가 되라고 요구하지 않는다. 그 대신 기술 환경 속에서 자신의 삶을 주체적으로 형성하고 책임지는 '창조적 행위자'로서의 가능성을 확장하도록 촉구한다.

유한성, 인간다움의 근원

인간과 인공지능을 가르는 가장 근원적인 차이는 바로 유한성,

즉 언젠가 죽음을 맞이한다는 필멸의 조건이다. 이는 단순한 생물학적 사실을 넘어 인간 존재의 핵심을 이룬다. 하이데거가 인간을 '죽음을 향한 존재Sein zum Tode'로 규정했듯, 우리는 자신의 끝을 인식하기에 삶의 의미를 치열하게 묻고 창조하려는 동력을 얻는다.

호메로스의 『오디세이아』에서 오디세우스가 내린 선택은 무한한 가능성, 즉 불멸이라는 달콤한 유혹 앞에서도 인간은 결국 자신의 유한함을 끌어안고 그 안에서 의미를 찾는 길을 택하는 모습을 보여준다.[35]

> **제우스의 후손 라에르테스의 아들이여, 지략이 뛰어난 오디세우스여, 그대는 정말로 이렇게 지금 당장이라도 사랑하는 고향 땅으로 돌아가기를 원하시나요? 그렇다 하더라도 부디 잘 가세요. 그러나 만약 그대가 고향 땅에 닿기 전에 얼마나 많은 고난을 겪어야 할 운명인지 마음속으로 안다면… 그대는 바로 이곳에 나와 함께 머물러 이 집을 지키며 불사의 몸이 되고 싶어질 거예요…**

칼립소의 달콤한 제안에 오디세우스는 이렇게 대답한다.

> **존경스러운 여신이여 … 그럼에도 불구하고 나는 집에 돌아가서 귀향의 날을 보기를 날마다 원하고 바라오. 설혹 신들 중에 어떤 분이 또다시 포도줏빛 바다에서 나를 난파시키시더라도 나는 가슴속에 고통을 참는 마음을 가지고 있기에 그것을 참을 것이오.**

풍요로운 영생의 삶을 약속하는 유혹에도 불구하고, 오디세우스는 고난과 병약함과 늙음이라는 필멸의 길을 선택했다. 바로 이 유한성이 인간의 삶에 독특한 긴박감과 의미를 부여한다. 만약 시간이 무한하다면 어떤 선택이나 행동도 궁극적인 중요성을 갖기 어렵겠지만, 한정된 시간 속에서 우리의 결정은 되돌릴 수 없는 고유한 가치와 결과를 낳는다. 삶의 유한함은 매 순간을 특별하게 만들고, 인간의 행위에 진지함과 책임을 요구하는 근본 조건이다.

반면, 인공지능은 우리처럼 실존적인 유한성을 경험하지 못한다. AI 시스템은 언젠가 멈추거나 폐기될 수 있겠지만, 스스로 자신의 끝을 인식하고 그 안에서 삶의 의미나 가치를 찾아가는 내면의 과정은 없다. AI는 제한된 시간을 계산할 수는 있어도, 그 시간이 가진 실존적인 무게감, 즉 유한함이 주는 절실함은 느끼지 못한다. 바로 이 지점에서 AI가 가진 잠재적인 영속성(혹은 그렇게 보일 수 있다는 점)과 인간의 유한성이 비교되면서, 역설적으로 죽음을 알기에 의미를 만들고 가치를 찾는 인간 고유의 능력이 더욱 중요하게 떠오른다.

삶의 마지막을 준비하는 완화의료 현장에서의 고민은 이를 잘 보여준다. 삶의 마지막에 이르렀을 때 많은 이들이 "내 삶의 의미는 무엇이었을까?"라는 근본적인 질문 앞에 선다. 이 물음에 답을 찾아가는 과정에는 각자의 삶과 관계 속에서 이루어지는 깊은 인간적인 교감이 필수다. AI는 답을 찾는 데 필요한 정보를 줄 수는 있겠지만, 유한한 존재인 서로의 삶에 의미를 불어넣고 아픔을 함께 나누는 공감까지 대신하지는 못한다. 기술이 마치 무한한 확장과 영원한 삶을 가져다줄 것처럼 보이는 시대에, 오히려 언젠가 죽는다는 인간의 조건은 우리의 선택과 관계, 헌신에 특별한 의미를 부여하는 실존적인 닻을 내려준다.

우리가 유한하다는 사실을 인식하는 것은 '모든 것을 다 알 수 있고 통제할 수 있다'는 생각, 즉 완벽한 객관성에 대한 환상에서 벗어나게 한다. AI가 엄청난 데이터와 계산 능력으로 객관적인 진실에 더 가까이 다가갈 수 있으리는 기대가 커지는 바로 이 시대에, 역설적으로 인간은 자신의 존재와 앎의 한계를 인정함으로써 오히려 더 겸손하고 열린 마음으로 세상과 타인을 마주할 수 있다. 이런 태도는 정답이 없는 문제 앞에서 다양한 관점을 받아들이고 해석하며 서로 이야기 나눌 수 있는 기회를 열어준다.

궁극적으로 우리의 유한성을 깨닫는 일은 인간과 자연, 인간과 기술의 관계를 새롭게 정립하는 윤리적 바탕을 마련한다. 스스로의 한계를 받아들일 때, 우리는 자연을 정복해야 할 대상이 아닌 함께 살아가야 할 파트너로, 기술을 더불어 살아가고 조화를 이루기 위해 책임감 있게 사용해야 할 매개체로 바라보는 지혜를 얻을 수 있다.

기술과 함께 진화하는 인간

인간은 고립된 존재가 아니다. 따라서 AI를 포함한 더 넓은 기술적·생태적 관계망 속에서 인간을 기술과 함께 진화하는 존재로 바라보는 시각의 전환이 필요하다. 이러한 전환의 핵심에는 앞서 살펴본 대로 인간과 기술의 관계를 경쟁이나 대체가 아닌 공진화coevolution로 보는 시각이 자리한다. 이러한 시각에서 AI는 인간의 지적 파트너로서 우리의 인지·감각·행위 능력을 재구성하는 공진화의 가장 강력한 변수다. AI는 우리가 지각할 수 없는 세계의 정보를 체감할 수 있는 형태로 변환하여 새로운 행동 가능성affordance(어포던스)을 제공하며, 이는 우리의 인지적·창의적·감각적 경험의 가능성을 확장할 것이기 때문이다.

중요한 것은 공진화의 방향키는 결국 우리에게 달려 있다는 점이다. 우리는 비판적 성찰을 통해 기술의 경로를 질문하고, 대안적 사용법을 창조하며, 공진화의 윤리적 방향을 설정해야 한다. 결국 AI와의 공진화는, 인간의 체화된 지혜, 주체적 판단, 의미 부여 능력이 그 방향과 밀도를 결정하는 능동적이고 창조적인 과정이 되어야 한다.

더 나아가 우리는 '새로운 휴머니즘'을 고민해야 한다. 이는 인간만이 최고라는 오만한 생각을 버리고 AI시대에 더욱 빛날 수 있는 인간 고유의 가치와 존엄성을 창조적으로 재정립하려는 철학적인 노력이다. 기존의 휴머니즘이 인간을 자연이나 기술과 분리된 이성적 존재로 보았다면, 새로운 휴머니즘은 그렇지 않다. 브뤼노 라투르가 강조했듯이, 새로운 휴머니즘은 세상을 인간과 비인간으로 나누는 이분법을 넘어서, 인간을 AI, 기술 시스템, 자연 생태계 같은 다양한 존재들과 복잡하게 얽혀 서로 영향을 주고받는 '관계망 속의 존재'로 이해한다.[36] 이 관계망 안에서 AI는 더이상 인간과 대립하는 존재가 아니라, 인간과 함께 세상을 만들어가고 변화시키는 중요한 참여자가 된다.

이제 인간은 자신이 속한 복잡한 관계망 전체가 건강하고 지속

가능하도록 노력할 책임이 있는 존재가 된다. 우리가 지금까지 살펴본 인간의 고유한 능력들, 몸으로 느끼는 공감과 직관, '나-너' 관계에서 비롯되는 윤리, 실제 상황에서의 지혜로운 판단과 실천, 그리고 유한성의 인식 등이 핵심적인 역할을 한다. 이러한 능력들이야말로 새로운 휴머니즘의 동력이자, 인간이 이 관계망에 기여할 수 있는 고유한 가치다.

마사 누스바움은 인간의 진정한 가치는 완벽함이 아니라 인간의 취약성과 상호의존성에 대한 공통의 인식에 있다고 보았다.[37] 이는 유한성의 가치와도 맞닿아 있다. 기술적 완결성을 지향하는 AI와 달리, 인간은 자신의 불완전함과 한계를 인정하기에 오히려 서로 연대하고 의미를 찾을 수 있다. 새로운 휴머니즘은 바로 이러한 취약성을 끌어안고, 유한성 속에서 의미를 창조하는 능력을 인간 존엄성의 중요한 근거로 삼는다.

질문을 멈추지 않는 고유한 인간으로

이 책은 "인공지능 앞에서 인간의 고유한 가치는 무엇인가"라는 질문에서 시작했다. 그 답을 기계와의 대립 구도 속에서 찾으려던 초기의 시도는, 결국 인간의 고유성이란 방어해야 할 성역이 아니라 기술과 공진화하는 역동적인 과정 그 자체라는 깨달음으로 나아갔다. 그 과정에서 다음과 같은 질문을 멈추지 않아야 한다.

▶ 우리는 어떻게 데이터를 넘어 몸의 경험으로써 지혜를 얻어

낼 것인가?
- ▶ 어떻게 계산된 상호작용을 넘어 타인과 함께 윤리적 책임을 다하는 관계를 맺을 것인가?
- ▶ 유한함을 아는 인간으로서, 스스로에게 어떤 의미를 부여하며 자기만의 서사를 완성할 것인가?
- ▶ 주어진 현실을 비판적으로 성찰하면서 어떤 새로운 시작을 창조할 것인가?

따라서 우리의 진정한 과제는 AI를 두려워하며 인간만의 배타적인 영역을 찾는 데 있지 않다. 오히려 AI가 가져온 변화 속에서 우리 자신의 지혜, 관계, 창조의 능력을 더욱 선명하게 인지해, 의식적으로 심화하고 확장하는 데 있다. 기술이 우리에게 "무엇을 할 수 있는가"를 물을 때, 우리는 "그 기술과 함께 우리는 어떤 존재가 될 것인가"를 물어야 한다. 이 질문을 멈추지 않는 한, 인공지능시대는 가장 인간적인 가치를 재발견하고 가장 창조적인 인간으로 거듭날, 새로운 르네상스가 될 것이다.

5
창조하는 인간, 그 불완전함의 힘

불완전한 창조자의 역설

이 책을 통해 우리는 기술의 미래에 대한 물음이 결국 우리 자신에 대한 물음으로 돌아온다는 사실을 확인했다. 이 자기 성찰의 과제는 "우리는 어떤 인간이 되고 싶은가?" "어떤 기술을 만들고 싶은가?" "어떤 세계를 함께 창조하고 싶은가?"라는 세 가지 질문으로 구체화할 수 있다.

철학자 찰스 테일러가 인간을 '자기해석적 동물'이라 정의했듯, 인간은 끊임없이 "나는 누구인가"라는 질문에 답하며 스스로를 정의해왔다. 한때 인간은 신의 형상Imago Dei을 닮은 거룩한 존재였고, 르네상스를 거치며 신의 참조 없이 스스로 사유하는 이성적 주체가 되었다. 근대과학의 발전은 인간을 정교한 생물학적 기계로 해석했고, 이제 우리는 인간을 유전자와 뇌 신경망의 총합으로 설명하기도 한다.

그리고 오늘, 우리는 인공지능의 변화 앞에서 인간에 대한 이해의 근본적인 전환을 맞이하고 있다. 이제 인간은 단순히 도구를 사용하는 존재Homo Faber나 생각하는 존재Homo Sapiens를 넘어, 기술과의 역동적인 관계 속에서 우리 자신과 세계의 의미를 끊임없이 재창조하는 존재인 '호모 크레안스Homo Creans'로 거듭나고 있다. 하지만 이 '창조하는 인간'이라는 새로운 정체성의 핵심에는, 우리가 반드시 직면해야 할 근본적인 역설이 자리잡고 있다.

「창세기」에서 신은 "당신의 모습대로" 인간을 만들었다. 이제 창조자의 위치에 선 우리도 마찬가지로 우리의 모습을 따라 우리를 닮은 지능을 빚어내고 있다. 그러나 여기에는 신과 인간의 결정적인 차이가 존재한다. 자신에 대한 완전한 이해를 전제로 창조한 신과 달리, 우리는 스스로의 지능, 인격, 가치에 대한 온전한 이해 없이 무엇인가를 만들기 시작했다는 점이다. 자신의 미스터리조차 풀지 못한 존재가 그 불완전한 자신을 본떠 새로운 지능을 창조하는 것, 이것이 바로 호모 크레안스가 마주한 거대한 역설이다.

이 역설이 품은 불안감은 메리 셸리의 소설 『프랑켄슈타인』에서 가장 섬뜩한 형태로 예견되었다. 빅터 프랑켄슈타인의 비극은 단지 예측 불가능한 피조물을 만들었다는 데 있지 않다. 자신의 불완전함과 무지를 직면하기 전 창조에 뛰어들었고, 그 결과물에 대한 책임을 감당하지 못하고 결국 파멸에 이르렀다는 데 있다. 이처럼 인간의 창조 행위에는 늘 통제 불능의 가능성과 의도치 않은 결과가 뒤따른다. 우리는 창조주가 되었지만 결코 전능할 수 없으며, 자신이 만든 것의 온전한 주인이 되지 못하는 '불완전한 창조자'로 남는다.

 이 불완전함은 어디서 비롯되었는가? 어쩌면 우리는 계몽주의 시대부터 이어져온 오만함에서 벗어나지 못했는지도 모른다. "과감히 알려고 하라!Sapere aude!"라는, 계몽주의를 대표하는 이 격언은 인간을 미성숙으로부터 벗어나게 할 주문처럼 보였다. 신이라는 안전한 정박지를 떠나 이성의 드넓은 바다로 항해를 시작했을 때, 우리는 이성만으로 모든 미지의 해안에 닿을 수 있다고 믿었다. 하지만 스스로의 복잡성과 불완전함을 과소평가한 결과, 우리는 결국 목적지를 잃고 표류하게 되었다.

인간적인 약점에서 인간적인 강점으로

 우리가 표류하게 된 근본 원인은 인간을 포함한 모든 생명 현상을 기계론적 부품의 합으로 설명하려는 환원주의적 태도에 있다. 인간의 의식, 윤리, 사랑과 같은 고귀한 가치마저 뇌의 화학 작용이나 알고리즘으로 치환하려는 시도야말로 인간 존재의 심오한 풍요로움을 고갈시키는 지적 질병이며, 우리가 만드는 피조물에도 치명적인 결함을 각인시킨다. 스스로를 불완전한 기계로 여기는 창조자가 어떻게 인간 고유의 존엄성과 성찰적 가치를 인공지능에 담을 수 있겠는가? 그 결과물은 인간지능의 효율적 측면만을 기형적으로 닮은, 가치중립을 가장한 공허한 도구가 될 위험이 크다.

 역설적이게도, 바로 이 인공지능이 우리 자신을 돌아보게 만든다. 천문학적인 데이터와 전력을 삼키는 거대한 인공지능과 달리,

인간의 뇌는 소량의 에너지와 불완전한 정보만으로도 경이로운 추론과 상상력, 그리고 공감을 이끌어낸다. AI라는 거울은 결국 기계로 환원될 수 없는 인간지능이 가진 특별함을 우리 스스로 재발견하는 기회를 준다.

그렇다면 이 불완전함은 극복해야 할 결함 혹은 실패의 증거인가? 그렇지 않다. 나는 바로 이 불완전함 속에 인간다움의 본질이자 미래를 향한 희망의 근거가 있다고 믿는다. 이것이 바로 '창조적 불완전성'이 가진 힘이다.

완벽한 계산과 실행을 추구하는 알고리즘과 달리, 인간은 자신의 한계를 솔직하게 인정하는 데서 겸손을 배운다. 우리는 틀릴 수 있음을 알기에 성찰하고, 우리의 앎이 유한함을 깨닫기에 끊임없이 질문한다. 또한 우리의 창조물이 의도와 다른 결과를 낳을 수 있음을 알기에 더 깊은 책임감을 느낀다. 인공지능이 '어떻게'라는 수많은 문제를 해결해줄수록, '왜'와 '무엇을 위해'라는 질문에 답해야 하는 인간의 윤리적 역할은 더욱 중요해진다. 기술이 나아갈 길을 설정하는 지혜는 바로 이 불완전성에 대한 통렬한 자각에서 출발한다.

따라서 창조적 불완전성은 인간 존재의 약점이 아니라, 오히려 인간만이 지닌 고유한 강점이다. 완벽한 답을 찾지 못하더라도 포기하지 않고 더 나은 답을 향해 나아가는 과정, 그 끝나지 않는 창조적 긴장감이야말로 예술과 과학과 철학을 낳은 원동력이며, 인간이 인간일 수 있는 힘이다.

우리는 불완전하기에 의미를 탐구하고, 유한하기에 무한한 가능성을 꿈꾼다. 앞으로 기술이 우리를 어떻게 규정하든, 인간은 바로 그 기술과의 관계 속에서 자기 자신을 재정의해나가며, 계속해서 창조하는 존재로 살아갈 것이다.

나가며
인공지능 앞에 선 인문학자

인문학자는 종종 시간을 잊고 사는 듯한 인상을 줄 때가 있다. 하루가 다르게 생겨나는 많은 변화들이 넘어오지 못할 만큼 인문대학의 담장이 높은 것은 아닐 텐데, 그렇다고 해서 과학기술 및 산업계에서 매년 발표하는 메가트렌드에 견줄 만한 어떤 변화가 있는 것도 아니다. 물론 인문학에도 학문의 흐름이라는 것이 있어서, 최근 역사가들 사이에 거대사Big History를 쓰는 경향이 늘어난 것과 같이 다소간의 유행이라고 할 만한 것이 전혀 없지는 않다. 다만 다수의 인문학자들은 "최신 유행 인문학"이라는 말을 상당히 거북해할 것이다. 적어도 한국에서는 그들 대부분이 무언가 유망하다거나 뜨는 일자리가 될 전망이라거나 점점 더 각광받을 것이라는 등 이런 형용이 어울리지 않는 대상들에 대한 탐구를 지향해왔기 때문이다.

서양고전을 연구하면서 나는 과거의 고전이 현재와 미래의 절실한 질문에 응답해야 한다는 요구를 끊임없이 마주했다. 영원한 지속을 추구하면서도 시대의 문제를 예리하게 바라보는 것이 고전의 진정한 힘이라 믿었기 때문이다. 그래서 시대를 초월하면서도 동시에 시대마다 고유한 문제에 탁월한 시선을 제공해야 한다는 이중적인 기대를 고전에 투영하고 씨름하곤 했다. 지금도 부담이 적지 않다. 사람들은 저마다의 기대를 안고 고전을 펼친다. 다소 막연하고 두루뭉술한 이 기대를 예리하게 분해해서 정확히 고전으로부터 무슨 문제를 풀고 싶은지를 밝혀내는 작업이 선행되어야 할 것이다.

우리가 직면한 많은 문제들 가운데 가장 시급하고 긴밀하게 관여해야 할 문제는, 인공지능과 인간지능의 차이가 점점 더 좁혀지고 있는 상황에서 인간의 역할은 무엇이어야 하는가라는 문제라고 생각한다. 이 질문은 다양한 방식으로 변주되고 있다. 교육 영역에서는 인공지능시대의 교육이 추구해야 할 새로운 지향점을 질문하고, 노동 영역에서는 인공지능과 차별화된 인간 노동의 고유한 가치가 무엇인지를 구체적으로 묻는다. 이렇듯 인간의 고유한 가치에 대한 질문이 우리 시대 곳곳에서 떠오르고 있지만, 우리는 아직 충분한 답을 준비하지 못하고 있다.

나는 이 지면이 경직되고 엄격한 학술회의장이기보다는 차를 한 잔 마시면서 생각을 나누는 잔잔한 정경을 갖춘 곳이리라 예상하며 이 책을 썼다. 이런 유연한 성격에 기대어 감히 주제넘게 오늘의 인문학에 대해 진단을 해보자면, 인문학은 정작 인간에 대한 탐구를 제대로 수행하지 못한 지 꽤 오래되었다. 흔히 말하듯 인문학은 인간이 남긴 무늬를 탐구함으로써 인간에 대한 이해를 넓히겠다는 의

지의 발로였다. 인간의 생각과 감정을 데이터로 수집하는 것이 오늘날에도 이토록 어려운데, 하물며 그 옛날에는 인간이 남긴 무늬만이 인간을 이해하는 유일한 단서였을 것이다.

그러나 역설적이게도 인간이 남긴 무늬가 때로는 너무 아름다워서 어느덧 인문학은 정작 그 무늬를 남긴 인간의 고유한 능력에 대한 탐구를 잊고, 그 아름다운 무늬에 지나칠 정도로 집착하기 시작했다. 가끔 나는 인문학자의 작업이 위대한 문필가, 역사가, 사상가들이 남긴 유산에 먼지가 쌓이지 않도록 보존하고 관리하는 박물관에서의 일로 바뀌었다는 생각을 한다.

그렇다면 인간에 대한 탐구가 전적으로 멈추었는가? 그렇지는 않다. 인문학이 신학의 대립항으로 인간을 연구하던 인간학으로서의 지위를 잃어가는 동안, 인간에 대한 탐구는 인간에 대한 자연과학적 이해 혹은 사회과학적 이해로 번져나갔다. 인간을 뜻하는 그리스어 안트로포스ánthrōpos를 인류학anthropology(안트로폴로기)이 선점했다는 것은 적어도 나에게는 크게 애석한 일이다. 키케로의 말마따나 철학을 하늘에서 땅으로 끌어내렸다는, 그래서 자연에 대한 철학적 물음을 인간에게로 향했던 소크라테스가 환생한다면, 그는 인문대학이 아니라 사회과학대학의 심리학과나 정치학과 혹은 경제학과에서 오늘날의 인간에 대해 새로 연구했을지도 모를 일이다.

인간은 참 묘한 존재다. 우리는 2000년 전 소포클레스의 작품 속 오이디푸스의 비극적 감정에 깊이 공감하면서도, 몇 년 전만 해도 매력적으로 보였던 옷차림이나 유행어를 오늘날 다시 보며 민망해하기도 한다. 그만큼 인간은 한결같으면서도 또 매일매일 변화하는 존재다. 결국 과거를 향하고 있으면서도 어떻게 현재와 미래의 인간에 대해 적실하게 이야기할지가 오늘날 인문학이 고민해야 할 지점일 것이다.

인문학자가 탐구해야 할 인간은 과거의 자료 속에 박제된 인간뿐 아니라 스마트폰을 손에 들고 있는 오늘날의 인간이기도 하다. 문제는 스마트폰을 손에 들고 있던 인간이 이제는 머리에 착용하는 디스플레이 장치 HMD를 쓰고 가상현실을 누비고 있으며 챗GPT를 통해 전문가들도 구별하지 못하는 지식을 손쉽게 생산해내기 시작했다는 점이다. 인간을 탐구한다는 말은 이 기술의 그물망 속에서 인간을 이해해야 한다는 것이고 이는 인간을 이해하기 위해 인문학자가 살펴봐야 할 지점들이 과거와는 비교할 수 없을 정도로 확대되었다는 뜻이다. 인문학자가 이 노력을 게을리하는 순간, 도시에는 유튜브나 넷플릭스 같은 온라인동영상서비스OTT가 나보다 나를 더 잘 안다는 식의 전설이 떠돌아다닌다.

따라서 인문학자는 인공지능 앞에서 한 사람의 인간으로서 스스로를 다시금 성찰해야 한다. 그 성찰은 단순히 과거의 아름다운 무늬를 바라보는 것이 아니라, 인간 존재를 재정의할 새로운 기회로 이어져야 한다. 인공지능의 출현은 우리에게 무늬를 생성하는 인간 자체를 탐구할 것을 요구하고 있다. 이는 인문학이 본래 목표로 삼았던 인간에 대한 이해로 돌아가는 계기가 될 수 있다. 인공지능에 대한 탐구는 곧 인간의 지성과 창조성에 대한 탐구이기 때문이다.

인공지능시대의 인문학은 인간지능의 역사적 흐름을 복원하면서도, 기술의 진보와 인간 본성의 본질적 관계를 재구성하는 창조적 임무를 수행해야 한다. 이러한 도전에 응답하기 위해 새로운 인문학적 접근이 필요하다. 이 접근법은 과거와 현재, 그리고 미래를 유기적으로 연결하는 시각을 요구한다. 이 책을 통해 그런 인문학이 걸어갈 새로운 여정의 첫걸음과, 과거와 미래의 인간이 마주치는 첫번째 시선을 선보이고 싶었다.

  이 새로운 실험을 적극 지원해주신 서울대학교 철학과, AI연구원, 디지털인문학센터, 메타인문학 연구실의 동료 연구자와 학생들께 감사드리며, 이 부족한 메시지를 세상에 내보낼 수 있도록 격려해주신 문학동네 전민지 선생님과 편집인 여러분께도 깊이 감사드린다.

주

1부 발견하다

1부 1장

1. 「출애굽기」 3:14. 일반적으로 "I AM WHO I AM" 또는 "나는 스스로 있는 자다"로 번역되곤 한다. 존재의 근원으로서 신의 자기규정을 보여주는 핵심적인 구절이다.
2. 「창세기」 2:7. "야훼 하느님께서 진흙(adamah, 아다마)으로 사람(adam, 아담)을 빚어 만드시고 코에 입김을 불어넣으시니, 사람이 되어 숨을 쉬었다." '사람'이라는 명명 자체에 피조물로서의 인간의 본질이 담겨 있음을 보여주는 구절이다.
3. 헤시오도스는 기원전 8세기 후반~7세기 초의 시인으로, 『신통기』는 기원전 730-700년경에 집필된 것으로 추정된다.
4. 그리스어 εὕρηκα(heureka)는 εὑρίσκω(heurisko)(발견하다)의 완료형 1인칭 단수로, '내가 발견했다'는 의미다. 비트루비우스가 『건축에 관하여』 9권의 서문에서 전하는 일화에 따르면, 아르키메데스가 목욕 중 부력의 원리를 깨닫고 이 말을 외쳤다고 한다.
5. 아르키메데스(기원전 c.287-c.212)의 저작으로, 총 2권으로 구성되어 있다. 유체에 잠긴 물체의 평형 조건을 다루며, 오늘날 '아르키메데스의 원리'로 알려진 부력의 법칙을 수학적으로 정립했다.
6. 마르쿠스 툴리우스 키케로(기원전 106-43)는 로마의 정치가, 연설가, 철학자이다. 『투스쿨룸 대화』는 그가 집필한 철학서 중 하나로, 기원전 45년경에 작성되었다. 이 책은 행복, 고통, 죽음 등 인간의 보편적인 문제를 다루며, 5권에서 아르키메데스의 무덤 발견 일화를 소개한다. 키케로 자신이 시라쿠사의 재무관으로 재직했던 기원전 75년의 경험을 직접 서술한 것이기에 사료적 가치가 높다.
7. 마르쿠스 툴리우스 키케로, 『투스쿨룸 대화』, 김남우 옮김, 아카넷, 2022, 345-346쪽.
8. 1960년대 시라쿠사의 네크로폴리스에서 발견된 무덤이 아르키메데스의 것이라는 주장이 제기되었으나 확실한 증거는 없다. 2025년 현재까지도 키케로가 묘사한 특징을 가진 아르키메데스의 무덤은 고고학적으로 확인되지 않았다.
9. 아르키메데스의 가장 중요한 수학 저작 중 하나로, 2권으로 이루어져 있다. 구의 겉넓이가 그 구의 대원(great circle) 넓이의 4배임을 증명하고, 원기둥에 외접하는 구의 부피와 겉넓이가 각각 원기둥의 3분의 2임을 밝혔다. 이 발견이 바로 본문에서 언급된 1:2:3 비율(원뿔:구:원기둥)의 핵심이다.
10. 아르키메데스 나선(Archimedean spiral)의 여러 기하학적 속성을 다룬 저작이다. 첫 번째 회전으로 만들어진 나선 영역의 넓이가 그 나선을 포함하는 원의 넓이의 3분의 1임을 증명했다.
11. 이 말의 가장 오래된 기록은 역사가 플루타르코스(c.46-c.119)가 『마르켈루스 평전

(Life of Marcellus)』에서 전하는 이야기에서 비롯된 것으로 추정된다. 다만 플루타르코스는 여러 판본의 이야기를 소개하며, 이 유명한 말이 정확히 어떤 형태로 전해졌는지는 불분명하다고 덧붙인다.

12. 비트루비우스(기원전 1세기)는 로마의 건축가이자 저술가이다. 그의 저서 『건축에 관하여』는 고대 건축 이론과 기술을 집대성한 책으로, 르네상스시대 예술가와 건축가들에게 지대한 영향을 미쳤다. 여기서 언급된 아리스티포스(기원전 435-356)는 소크라테스의 제자이자 쾌락주의 철학으로 유명한 키레네학파의 창시자다.

13. 갈릴레오(1564-1642)는 아르키메데스를 '가장 신적인(il divinissimo) 아르키메데스'라 부르며 깊이 존경했다. 그는 젊은 시절 아르키메데스의 저작을 탐독하며 부력에 관한 자신의 첫 논문 「작은 저울(La Bilancetta)」을 썼고, 아르키메데스가 사용했던 기하학적 증명 방식과 물리적 직관을 결합하는 방법론은 그의 과학 연구 전반에 큰 영향을 미쳤다.

14. 갈릴레오는 1623년 『시금자(Il Saggiatore)』에서 "철학은 우주라는 거대한 책에 쓰여 있다.… 그것은 수학의 언어로 쓰여 있으며, 그 문자는 삼각형, 원, 그리고 다른 기하학적 도형들이다"라고 말했다. 원문은 다음과 같다. "La filosofia è scritta in questo grandissimo libro che continuamente ci sta aperto innanzi a gli occhi (io dico l'universo), ma non si può intendere se prima non s'impara a intender la lingua, e conoscer i caratteri, ne' quali è scritto. Egli è scritto in lingua matematica, e i caratteri son triangoli, cerchi, ed altre figure geometriche, senza i quali mezi è impossibile a intenderne umanamente parola; senza questi è un aggirarsi vanamente per un oscuro labirinto"

1부 2장

15. 피에르 아벨라르(1079-1142)의 대표 저작이다. 라틴어로 '긍정과 부정(Yes and No)'을 의미한다. 신학적 주제 158개에 대해 성서, 교부, 공의회 문헌 등에서 서로 모순되는 것처럼 보이는 구절들을 의도적으로 나란히 제시하고, 이에 대한 논리적 해명을 시도했다. 이는 권위에 맹목적으로 의존하는 대신, 이성적 분석과 논쟁을 통해 진리에 접근하려는 스콜라철학의 방법론을 확립하는 데 결정적인 역할을 했다.

16. 토마스 아퀴나스(1225-1274)는 스콜라철학을 집대성한 인물이다. 그의 주저 『신학대전』은 아벨라르가 제시한 변증법적 방법을 정교하게 발전시켜, 제기된 질문(Quaestio), 반대 의견(Videtur quod non), 권위 있는 진술(Sed contra), 본인의 답변(Respondeo), 그리고 반론들에 대한 응답(Ad obiecta)이라는 체계적인 형식으로 신앙과 이성의 조화를 탐구했다.

17. 이븐 루시드(1126-1198)는 스페인 코르도바 출신의 철학자이자 의사, 법학자였으며, 라틴세계에서는 '아베로에스(Averroes)'로 알려져 있다. 그는 아리스토텔레스의 거의 모든 저작에 대해 상세한 주석을 남겼으며, 이로 인해 라틴세계에서 '주석가

(The Commentator)'라는 별칭으로 불렸다. 그의 주석서는 12세기 이후 라틴어로 번역되어 서방세계가 아리스토텔레스 철학의 합리주의적이고 과학적인 측면을 재발견하는 데 큰 영향을 미쳤다.

18. 무함마드 이븐 무사 알콰리즈미(c.780-850)는 페르시아의 수학자이자 천문학자이다. 그의 저서 『복원과 대비의 계산에 관한 간결한 책(Al-Kitāb al-mukhtaṣar fī ḥisāb al-jabr wa-l-muqābala)』에서 쓴 '알자브르(al-jabr)'는 오늘날 '대수학(algebra)'의 어원이 되었다. 이 책은 유럽에 인도-아라비아 숫자체계와 체계적인 방정식 풀이법을 소개해 수학 발전에 크게 공헌했다.

19. 이븐 시나(980-1037)는 페르시아 출신의 의사이자 철학자로, 라틴 세계에서는 '아비켄나(Avicenna)'로 알려져 있다. 그의 『의학정전』은 고대 그리스로마 의학과 이슬람 의학의 성과를 집대성한 의학 백과사전으로, 12세기에 라틴어로 번역된 후 17세기까지 유럽 대학에서 가장 중요한 의학 교과서로 사용되었다.

20. 당시에는 플라톤, 유클리드, 프톨레마이오스 등이 주장한, 눈에서 나온 빛(시선)이 대상에 닿아 시각이 형성된다고 보는 '방출설(emission theory)'이 지배적인 이론이었다. 이븐 알하이삼(965-1040)은 이러한 권위 있는 이론에 의문을 제기하고, 대상에서 나온 빛이 눈으로 들어온다는 '유입설(intromission theory)'을 주장했다.

21. 카메라 옵스큐라(Camera Obscura)는 '어두운 방'이라는 뜻의 라틴어로, 작은 구멍을 통해 들어온 빛이 반대편 벽에 외부의 상을 거꾸로 맺히게 하는 장치이다. 이븐 알하이삼은 이 장치를 이용한 체계적인 실험을 통해 빛이 직진하며, 시각이 외부 물체에서 반사된 빛이 눈의 수정체를 통해 들어와 형성됨을 실험적으로 증명했다.

22. 이븐 알하이삼의 총 7권으로 이루어진 『광학의 서(Kitāb al-Manāẓir)』는 그의 방법론을 잘 보여준다. 그는 명확한 문제 제기, 가설 설정, 통제된 실험을 통한 검증, 수학적 모델링, 그리고 결과 분석의 과정을 거쳐 결론을 도출했는데, 이는 근대과학의 실험적 방법론의 원형으로 평가받는다.

23. 로저 베이컨(c.1214-1294)의 저서 『대저작(Opus Majus)』(1267)에 나오는 말이다. 그는 이 책에서 신학 연구를 위해서라도 수학, 광학, 연금술, 그리고 특히 '경험 과학(scientia experimentalis)'이 필수적이라고 주장하며, 권위와 논리에만 의존하는 스콜라 학자들을 비판했다.

24. '12세기 르네상스'는 중세 성기(High Middle Ages)에 일어난 지적·예술적·사회적 부흥을 가리키는 역사학 용어다. 특히 스페인의 톨레도와 이탈리아 남부의 시칠리아를 중심으로, 이슬람과 비잔티움 문명권에 보존되어 있던 고대 그리스의 철학 및 과학 문헌들이 대거 라틴어로 번역되면서 유럽의 지적 수준을 크게 끌어올리는 계기가 되었다. 이 개념을 처음 제시하여 중세에 대한 기존의 '암흑시대' 이미지를 극복하는 데 크게 기여한 고전 연구로는 Haskins, Charles H. *The Renaissance of the Twelfth Century*. (Harvard University Press, 1927)가 있다. 이후 그의 논의를 계승하고 확장한 다양한 후속 연구들이 이어졌다.

25. '스토마키온' 또는 '오스토마키온(Ostomachion)'은 고대 그리스의 퍼즐로, 열네 개의 조각으로 정사각형을 비롯한 다양한 모양을 만드는 것이다. 오랫동안 유희용 퍼즐로만 알려졌으나, 2003년 해독된 '아르키메데스 팔림프세스트(Archimedes Palimpsest)'를 통해 아르키메데스가 이 열네 개 조각으로 정사각형을 만들 수 있는 조합의 수가 몇 가지인지를 탐구했음이 밝혀졌다. 이는 고대 조합론 연구의 중요한 사례로 평가된다.

26. 마르코 폴로(1254-1324)의 여정을 담은 이 책은 흔히 『동방견문록』(c.1300)으로 알려져 있지만, 원제에 가까운 제목은 『세계의 서술(Description of the World)』 또는 『일 밀리오네(Il Milione)』이다. 그가 감옥에서 구술한 내용을 동료 수감자였던 피사의 작가 루스티켈로가 기록하여 완성했다.

27. 이는 유럽인들에게 가장 믿기 어려운 내용 중 하나였다. 당시 유럽은 금, 은과 같은 귀금속을 화폐로 사용했기에, 정부의 보증만으로 가치를 갖는 명목화폐(fiat money)인 지폐의 개념은 매우 생소하고 허황된 것으로 받아들여졌다.

28. 이븐 바투타(1304-1369)의 여행기의 제목인 '리흘라(Rihla)'는 아랍어로 '여행'을 의미하며, 정식 명칭은 '도시들의 경이로움과 여행의 경이로움을 고찰하는 이들을 위한 선물'이다. 그는 약 30년간 12만 킬로미터에 달하는 거리를 여행했으며, 그의 기록은 14세기 이슬람세계와 그 주변 지역의 사회, 문화, 정치에 대한 귀중한 일차 사료로 평가받는다.

1부 3장

29. 엘리자베스 L. 아이젠슈타인(1923-2016)은 그녀의 저서 『변화의 동인, 인쇄기(The Printing Press as an Agent of Change)』(1979)에서 인쇄술이 르네상스, 종교개혁, 과학혁명에 미친 혁명적 영향을 상세히 분석했다. 인쇄술은 지식의 표준화, 보급, 보존 능력을 비약적으로 향상시켰다. 인쇄술의 발전과 읽고 쓰기의 변화에 대해서는 3부 3장을 참조할 것.

30. 1~2세기에 활동한 프톨레마이오스의 저서 『지리학(Geographia)』(2세기)에 기반한 세계 지도는 유럽, 아시아, 북아프리카로 구성된 세계를 묘사했다. 1492년 콜럼버스의 항해 이후 아메리카 대륙의 존재가 알려지면서 이 지도는 근본적으로 수정될 수밖에 없었다. 이는 고대부터 내려온 권위 있는 지식이 경험적 발견 앞에서 무력화될 수 있음을 보여준 상징적인 사건이었다.

31. 갈릴레오는 1609년 네덜란드에서 망원경이 발명되었다는 소식을 듣고 직접 성능을 개량한 망원경을 제작했으며, 1609년 가을부터 1610년 초까지 집중적인 천체 관측을 수행했다. 그의 관측 결과는 1610년 3월에 출판된 『시데레우스 눈치우스』를 통해 세상에 알려졌다.

32. 아리스토텔레스의 우주관은 달을 경계로 그 아래의 지상계(terrestrial sphere)와 그 위의 천상계(celestial sphere)를 엄격히 구분했다. 지상계는 흙, 물, 공기, 불의 4원소

로 이루어져 끊임없이 변화하고 소멸하지만, 천상계는 제5원소인 에테르로 이루어진 완벽하고 불변하는 영역이라고 보았다. 따라서 행성과 별들은 완벽한 구의 형태를 띠고 영원한 원운동을 해야 했다.

33. 갈릴레오 갈릴레이, 『시데레우스 눈치우스』(1610). 라틴어로 '별의 소식을 전하는 사자' 또는 '별세계의 전령'이라는 뜻이다. 이 책은 인류 역사상 최초로 망원경을 이용한 천문 관측 결과를 담은 과학 서적으로, 갈릴레오가 직접 그린 달 표면, 목성의 위성, 성운 등의 스케치가 포함되어 있다. 갈릴레오 갈릴레이, 『갈릴레오가 들려주는 별이야기 - 시데레우스 눈치우스』, 장헌영 옮김, 승산, 2009 참조.

34. 『시데레우스 눈치우스』의 서문 격인 헌사에서 코시모 2세 데 메디치에게 바치는 글에 나오는 구절이다. "Pro mea tenui facultate, immortales DEO gratias ago, cui placuit me solum primum obseruatorem reddere rei per omnia saecula conspectae, sed incognitae." 이 문장은 새로운 발견 앞에서 느낀 그의 경이로움과 사명감을 잘 보여준다.

35. 로버트 훅, 『마이크로그라피아(Micrographia: or Some Physiological Descriptions of Minute Bodies Made by Magnifying Glasses. With Observations and Inquiries Thereupon)』(1665). 런던왕립학회가 출판한 이 책은 현미경으로 관찰한 세계를 정교한 삽화와 함께 제시한 최초의 중요한 저작으로, 과학계뿐만 아니라 대중에게도 큰 반향을 일으켰다.

36. 로버트 훅, 『마이크로그라피아』 서문에서 인용한 문구다. 로버트 훅(1635-1703)은 현미경을 통한 발견의 즐거움을 강조하며, 감각의 확장이 가져다주는 지적 만족감을 표현했다.

37. 훅은 『마이크로그라피아』의 '관찰 18번(Observation XVIII)'에서 코르크의 단면을 관찰한 결과를 서술하며, 수도사들이 거주하는 작은 방(라틴어 cella)을 연상시킨다 하여 이 구조에 '세포(cell)'라는 이름을 붙였다. 이는 생물학에서 '세포'라는 용어가 사용된 최초의 기록이다.

38. 안톤 판 레이우엔훅(1632-1723)은 전문 과학자가 아닌 직물상이었으나, 독학으로 500개 이상의 렌즈를 갈아 고성능 단렌즈 현미경을 만들었다. 그는 1673년부터 사망할 때까지 런던왕립학회와 꾸준히 서신을 교환하며 자신의 발견을 알렸고, 1680년 왕립학회 회원으로 선출되었다.

39. 이 내용은 레이우엔훅이 1674년 9월 7일자로 왕립학회에 보낸 편지에 기록되어 있다. 그는 이 편지에서 빗물, 우물물 등에서 발견한 작은 생명체들, 즉 '애니멀큘(animalcules)'의 모습을 생생하게 묘사했다. 이는 인류가 미생물의 존재를 처음으로 확인한 역사적인 기록으로 평가받는다.

40. 이 인용문은 갈릴레오의 저서, 특히 『두 가지 주요 세계체계에 대한 대화(Dialogue Concerning the Two Chief World Systems)』(1632) 전반에 나타나는 그의 과학적 태도와 정신을 요약적으로 보여주는 말로 자주 인용된다. 그는 도그마에 빠져 새로

운 가능성을 부정하는 아리스토텔레스주의자들을 비판하며, 자연은 인간이 아는 것보다 훨씬 광대하고 놀라운 비밀을 품고 있다는 겸손한 탐구 정신을 강조했다. 갈릴레오 갈릴레이,『대화-천동설과 지동설, 두 체계에 관하여』, 이무현 옮김, 사이언스북스, 2016 참조.

1부 4장

41. 2023년 3월, '삶의 미래 연구소(Future of Life Institute)'는 GPT-4보다 강력한 AI 시스템의 훈련을 최소 6개월간 중단할 것을 촉구하는 공개서한을 발표했다. 유발 하라리, 일론 머스크, 스티브 워즈니악 등 저명인사들이 서명한 이 서한은 AI의 급속한 발전이 인류에 미칠 수 있는 심각한 위험에 대한 사회적 논의와 규제 마련의 필요성을 제기하며 전 세계적인 'AI 모라토리엄' 논쟁을 촉발시켰다.

42. 기술적 특이점(Technological Singularity)은 미래학자 버너 빈지와 레이 커즈와일 등에 의해 대중화된 개념으로, 인공지능이 인간의 지능을 넘어서서 스스로 더 뛰어난 지능을 만들어내는 재귀적 자기 개선을 시작하는 가상의 시점을 의미한다. 이 시점 이후의 기술 발전은 예측 불가능하고 통제 불가능한 수준에 이를 것으로 예상된다.

43. 제프리 힌턴은 인공신경망의 역전파 알고리즘을 개척하고 딥러닝 발전에 크게 기여하여 요슈아 벤지오, 얀 르쿤과 함께 '딥러닝의 대부'로 불린다. 오랜 기간 AI 연구에 대한 투자가 줄고 관심이 낮았던 'AI의 겨울(AI Winter)'을 견디고 연구를 지속한 인물로도 유명하다. 그는 AI의 잠재적 위험성을 경고하며 2023년 구글을 퇴사해 큰 주목을 받았다.

44. 2017년 구글 연구팀이 발표한 논문「Attention Is All You Need」에서 처음 제안된 '트랜스포머(Transformer)'는 기존의 순환 신경망(RNN)이나 합성곱 신경망(CNN)을 사용하지 않고 '어텐션(attention)' 메커니즘만으로 입력 시퀀스의 관계를 추론하는 혁신적인 아키텍처다. 이는 특히 자연어 처리 분야에서 비약적인 발전을 이끌었으며, GPT(Generative Pre-trained Transformer)를 비롯한 현대의 거의 모든 초거대 언어 모델의 기반이 되었다.

45. 2019년 4월 10일, '사건의 지평선 망원경(Event Horizon Telescope, EHT)' 프로젝트 연구진은 인류 역사상 최초로 처녀자리 은하단에 있는 M87 블랙홀의 이미지를 공개했다. MIT의 박사후연구원이었던 캐서린 루이즈 보우먼은 전 세계에 흩어진 전파망원경의 방대한 데이터를 조합하여 이미지를 생성하는 알고리즘 개발에 핵심적인 역할을 수행한 과학자 중 한 명으로 주목받았다.

46. 이는 AI 분야에서 '원샷 학습(One-shot learning)' 또는 '퓨샷 학습(Few-shot learning)'이라 불리는 연구 주제와 관련이 있다. 인간은 특정 개념(예컨대 고양이)을 단 하나의 사례만 보고도 인식할 수 있지만, 대부분의 전통적인 딥러닝 모델은 수천, 수만 개의 레이블링된 데이터를 반복적으로 학습해야 비슷한 성능을 낼 수 있다.

47. 이 현상은 인공신경망 연구에서 '파멸적 망각(Catastrophic forgetting)' 또는 '파멸

적 간섭(Catastrophic interference)'으로 알려져 있다. 이는 새로운 과제를 학습할 때 이전에 학습했던 지식이나 능력을 급격하게 잃어버리는 경향을 말하며, 인간의 뇌처럼 지속적으로 새로운 지식을 축적하고 통합하는 능력을 AI에서 구현하기 위한 주요 난제 중 하나다.

48. 심리학에서 통찰(insight)은 문제에 대한 해결책이 점진적인 분석 과정 없이 갑작스럽게 '아하!(Aha!)' 하는 느낌과 함께 떠오르는 현상을 말한다. 이는 문제의 구조를 새롭게 재해석하거나 고정관념에서 벗어날 때 발생하며, 단계적이고 논리적인 알고리즘으로 설명하기 어려운 인간 창의성의 중요한 측면으로 연구된다.

49. 데이비드 이글먼은 스탠퍼드대학교의 저명한 신경과학자로, 뇌 가소성, 시간 지각, 감각 대체 등에 관한 연구로 유명하다. 그는 여러 인터뷰와 저서 『더 브레인』(2015) 등에서 현재의 AI가 특정 과업에서 뛰어난 성능을 보일지라도, 그 작동 방식은 생물학적 뇌의 유연하고 효율적인 정보처리 방식과는 근본적으로 다르다는 점을 지속적으로 강조한다. 인터뷰 출처는 다음과 같다. 데이비드 이글먼, 「Mind and Machine: David Eagleman on What the Brain Can Teach Us About AI」, 『뉴스위크』, 2025년 3월 18일자, 게이브리얼 스나이더 인터뷰.

50. 알파폴드는 구글 딥마인드가 개발한 인공지능 시스템으로, 아미노산 서열로부터 단백질의 삼차원 구조를 매우 높은 정확도로 예측하는 데 성공했다. 이는 50년간 생물학계의 가장 큰 난제 중 하나로 꼽혔던 문제로, 알파폴드의 성공은 신약 개발, 질병 연구 등 생명과학 전반에 혁명적인 변화를 가져올 것으로 평가받는다.

51. 예를 들어, 유럽 대사성질환 참조 네트워크(metabERN)는 27개국 100개 병원이 참여하는 유럽연합 주도의 희귀질환 협력체로, 환자의 진단과 치료 과정에 AI·디지털 헬스 기술을 통합하는 프로젝트를 진행하고 있다. 이 프로젝트는 AI, 텔레메디슨, 웨어러블 데이터 분석 등을 통해 희귀질환의 조기 진단과 맞춤 치료를 지원하며, 다학제적 협업과 환자의 참여를 강화한다.

52. 세렌디피티는 '완전한 우연으로부터의 중대한 발견이나 발명'을 의미하는 단어로, 과학사에서 중요한 역할을 해왔다. 알렉산더 플레밍의 페니실린 발견, 빌헬름 뢴트겐의 X선 발견 등이 대표적인 사례로 꼽힌다. 이는 계획된 연구뿐만 아니라 예기치 않은 관찰과 호기심이 위대한 발견으로 이어질 수 있음을 보여준다.

2부 수집하다

2부 1장

1. 기원전 668년부터 627년경까지 신아시리아 제국을 통치한 아슈르바니팔왕(기원전 c.685-627)이 수도 니네베에 설립한 도서관. 19세기 중반 발굴되어 3만 점 이상의 쐐기문자 점토판이 발견되었다. 세계에서 가장 오래된 체계적 도서관으로 평가받으

며, 특히 인류 최고(最古)의 서사시인 『길가메시 서사시』의 현존하는 가장 완전한 판본을 구성하는 주요 점토판들이 이곳에서 발견되어 그 가치가 매우 높다.
2. 기원전 323년 알렉산드로스대왕의 죽음부터 기원전 30년 로마가 이집트의 프톨레마이오스왕조를 정복하기까지 약 300년간의 시대를 일컫는다. 이 시기 그리스의 언어, 문화, 사상이 오리엔트 문화와 융합하여 지중해 동부에서부터 인도에 이르는 광대한 지역에 걸쳐 독특하고 세계적인 문화를 형성했다.
3. 그리스 신화의 학문과 예술을 관장하는 아홉 여신 '무사(Mousa)'(영어로는 Muse)들의 신전이라는 뜻이다. 실제로는 고대 최고의 국립 종합 연구 기관으로, 도서관 외에도 천문대, 동식물원, 해부학 연구실, 강의실, 학자들을 위한 숙소 및 공동 식당 등의 시설을 갖추고 있었다. '박물관(Museum)'이라는 단어의 어원이 되었다.
4. 기원전 4세기 아테네의 정치가이자 아리스토텔레스의 제자. 정치적 이유로 아테네에서 추방된 후, 이집트의 프톨레마이오스 1세 소테르(기원전 367-283)의 초청을 받아 알렉산드리아로 이주했다. 그가 프톨레마이오스 1세에게 아테네의 리케이온을 모델로 한 무세이온과 도서관 설립을 조언했다는 이야기는 주로 기원전 2세기에 쓰인 『아리스테아스의 편지』를 통해 전해지나, 그 역사적 정확성에 대해서는 학자들 간에 논쟁이 있다.
5. 고대 그리스어로 '목록' 또는 '서판(書板)'을 의미한다. 칼리마코스(기원전 c.310-240)가 편찬한 이 목록의 정식 명칭은 『모든 학문 분야에서 명성을 떨친 인물들과 그들의 저작 목록(Tables of Persons Eminent in Every Branch of Learning, and their Writings)』이다. 원본은 소실되어 현존하지 않지만, 후대 작가들의 인용을 통해 그 내용과 체계를 짐작할 수 있다. 이는 서양 최초의 체계적인 도서관 목록이자 서지학의 효시로 평가받는다.
6. 유클리드(기원전 c. 300 활동), 에라토스테네스(기원전 c. 276-194), 사모스의 아리스타르코스(기원전 c. 310-230) 등은 모두 알렉산드리아 무세이온에서 활동하며 인류 지성사에 큰 족적을 남긴 학자들이다. 유클리드는 『기하학 원론』으로 기하학을 체계화했고, 도서관장을 지낸 에라토스테네스는 놀라울 만큼 정확하게 지구 둘레를 계산했다. 아리스타르코스는 코페르니쿠스(1473-1543)보다 1800년 앞서 태양중심설(지동설)을 주장했으나, 그의 저작 대부분은 소실되었다.
7. 고대 로마의 학자 대 플리니우스(23-79)의 기록에 따르면, 이집트의 프톨레마이오스왕조는 자신들의 도서관과 경쟁관계에 있던 소아시아 페르가몬왕국의 도서관 성장을 견제하기 위해 파피루스 수출을 금지했다. 이로 인해 페르가몬에서는 양이나 염소 가죽을 가공한 필기 재료인 '양피지(parchment)'의 개발 및 사용이 촉진되었다고 전해진다. 'parchment'라는 단어 자체가 '페르가몬에서 유래한 것'이라는 뜻을 담고 있다.
8. 고대 그리스 3대 비극 작가 중 한 명인 소포클레스(기원전 c. 496-406)는 고대의 기록(비잔티움시대의 백과사전 『수다(Suda)』 등)에 따르면 123편의 희곡을 썼다고 하

나, 현재까지 완전한 형태로 전해지는 작품은 『오이디푸스왕』, 『안티고네』 등 단 7편 뿐이다. 이러한 막대한 소실은 재난뿐만 아니라, 후대 학자나 교육자들이 특정 작품들을 더 가치 있다고 판단하여 집중적으로 필사하고 연구하는 '경전화' 과정에서 다른 작품들이 자연스럽게 도태된 결과이기도 하다. 알렉산드리아도서관의 학자들은 이러한 정본 확립과 경전화 과정에 결정적인 역할을 했다.

9. 오늘날 대부분의 역사학자들은 도서관이 단일 사건으로 완전히 파괴되었다는 전통적인 견해를 받아들이지 않으며, 일반적으로 여러 세기에 걸친 점진적인 쇠퇴와 부분적인 파괴의 결과로 보는 것이 일반적이다. 카이사르의 화재(기원전 48)는 항구 근처의 두루마리 창고에 피해를 입혔을 가능성이 크며, 3세기 아우렐리아누스 황제의 침공, 391년 기독교도들의 세라페움(도서관의 분관 격) 신전 파괴 등이 도서관의 기능 상실에 영향을 미쳤다. 7세기 이슬람 정복 당시 도서관을 파괴했다는 이야기는 13세기에 처음 등장한 기록으로, 역사적 신빙성이 거의 없는 것으로 간주된다.

2부 2장

10. 고대 로마에서 뛰어난 시인에게 월계관을 씌워주며 명예를 수여하던 전통에서 유래했다. 중세에는 거의 사라졌다가 14세기 이탈리아에서 부활했다. 페트라르카(1304-1374)에 앞서 알베르티노 무사토(1261-1329)가 1315년 파도바에서 계관시인이 되었으나, 페트라르카가 로마의 심장부인 카피톨리노 언덕에서 대관식을 거행한 것은 고전 문화의 부활을 알리는 상징적 사건으로 여겨져 더 큰 의미를 갖는다.

11. 페트라르카가 1345년 베로나성당 도서관에서 발견한 것은 키케로의 『아티쿠스에게 보낸 편지들(Epistulae ad Atticum)』을 포함한 여러 서간집의 필사본이었다. 이 발견은 중세시대에 알려진 공적이고 위엄 있는 철학자 키케로의 모습과 달리, 정치적 야심, 개인적 고뇌, 유머 감각 등 인간적인 면모를 생생하게 드러내주었다. 이는 고전 인물을 살아있는 대화의 상대로 여기는 르네상스 인문주의의 태동에 결정적인 계기가 되었다.

12. 포조 브라촐리니(1380-1459)는 이탈리아의 대표적인 인문주의자이자 교황청 비서였다. 그는 교회의 분열을 해결하기 위해 열린 콘스탄츠공의회(1414-1418)에 참석하는 동안, 참석차 모인 여러 지역의 성직자들 덕분에 평소 접근하기 어려웠던 독일과 스위스 등지의 수도원 도서관을 탐방할 기회를 얻었다. 이는 수많은 고전 필사본 발굴로 이어지는 결정적 계기가 되었다.

13. 이 책은 영혼의 불멸이나 신의 개입을 부정하고, 세계가 원자(atom)의 우연한 결합으로 이루어져 있다는 유물론적 세계관을 담고 있어 중세 기독교 사상과 정면으로 배치되었다. 이 책의 재발견은 르네상스 사상가들에게 큰 충격을 주었으며, 후일 근대과학과 근대철학의 발전에 중요한 지적 자양분이 되었다. 이 발견의 과정과 의미는 스티븐 그린블랫의 저서 『1417년, 근대의 탄생』(이혜원 옮김, 까치, 2013)에 자세히 묘사되어 있다.

14. 로스 킹,『피렌체 서점 이야기: '세계 서적상의 왕' 베스파시아노, 그리고 르네상스를 만든 책과 작가들』, 최파일 옮김, 책과함께, 2023 참조.
15. 로렌초 발라(1407-1457)는 르네상스시대 가장 뛰어난 문헌학자 중 한 명이다. 그는 1440년, 수 세기 동안 교황의 세속 권력의 근거로 사용되었던 문서인『콘스탄티누스의 기증(Donation of Constantine)』이 사용된 라틴어의 문체와 어휘 등을 분석하여 후대에 만들어진 위조문서임을 논증했다. 이는 텍스트에 대한 비판적 분석(문헌학)이 기존의 권위를 어떻게 무너뜨릴 수 있는지를 보여준 상징적인 사건이었다.
16. 15세기 초 피렌체의 인문주의자들은 중세 후기의 알아보기 힘든 고딕체를 비판하고, 카롤링거왕조시대의 명료한 서체를 바탕으로 새로운 '인문주의 서체'를 개발했다. '리테라 안티콰(littera antiqua)'라고도 불리는 이 서체는 오늘날 우리가 사용하는 로만체 활자의 직접적인 기원이 되었다.
17. 피렌체의 플라톤 아카데미는 코시모 데 메디치(1389-1464)의 후원으로 피렌체 근교 카레지에 있는 그의 빌라에서 열린 비공식적인 지식인 모임이다. 마르실리오 피치노(1433-1499)가 중심이 되어 플라톤 철학을 연구하고 토론했다. 피치노가 1484년 완간한 플라톤 전집의 라틴어 번역은 서유럽 세계에 플라톤 사상을 본격적으로 소개하는 기념비적인 업적으로 평가받는다.
18. G. F. 영,『메디치 가문 이야기』(이길상 옮김, 현대지성, 2017) 제1부 제5장「메디치 궁전」참조.
19. 역사가 한스 바론(1900-1988)에 의해 정립된 개념으로, 르네상스 인문주의의 한 갈래이다. 고전 연구를 통해 얻은 지혜와 덕성을 서재에만 가두지 않고, 국가와 공동체를 위해 적극적으로 정치에 참여하고 공적인 삶에 헌신하는 것을 이상으로 삼았다. 피렌체의 총리를 지낸 콜루초 살루타티(1331-1406)와 레오나르도 브루니(c.1370-1444)가 대표적인 인물이다.
20. 동서 교회의 통합을 논의하기 위해 1438년부터 1445년까지 페라라, 피렌체 등에서 열린 공의회. 특히 1439년 피렌체에서 회의가 열렸을 때, 동로마(비잔티움) 제국에서 온 대규모 사절단에는 게미스토스 플레톤, 베사리온 추기경 등 당대 최고의 그리스 학자들이 포함되어 있었다. 이들이 강연한 플라톤 철학은 피렌체 인문주의자들에게 깊은 감명을 주었고, 서유럽의 플라톤 연구 및 그리스학 부흥에 결정적인 계기를 마련했다.
21. 조반니 피코 델라 미란돌라(1463-1494)가 1486년에 쓴 저작. 인간을 정해진 본성을 가진 존재가 아니라, 자신의 자유의지에 따라 신적인 존재로 고양될 수도, 짐승 같은 존재로 타락할 수도 있는 무한한 가능성을 지닌 '카멜레온' 같은 존재로 묘사했다. 인간의 존엄성과 자유의지를 찬미한 이 연설은 '르네상스의 선언문'으로 불린다.

2부 3장
22. 아우구스티누스(354-430)는 그의 저서『고백록』제10권에서 '눈의 욕정

(concupiscentia oculorum)'이라는 개념을 통해, 신을 향한 명상이 아닌 쾌락이나 헛된 지식을 위한 호기심을 경계해야 할 유혹으로 보았다.
23. 토마스 아퀴나스는 『이교도 대전(Summa Contra Gentiles)』 제1권 제1장에서 지혜(sapientia)의 본질을 "진리의 관조"로 규정한다. 그는 우주의 목적이 지성(intellectus)에 속한 선(bonum intellectus), 곧 진리(veritas)임을 논증하며 다음과 같이 쓴다. "그러므로 우주의 궁극 목적은 지성의 선이어야 한다. 그런데 그것은 곧 진리이다. 따라서 진리는 온 우주의 궁극 목적이며, 지혜는 본질적으로 그 진리를 성찰하는 일에 전념해야 한다(Oportet igitur ultimum finem universi esse bonum intellectus. Hoc autem est veritas. Oportet igitur veritatem esse ultimum finem totius universi; et circa eius considerationem principaliter sapientiam insistere)."
24. 대 플리니우스가 쓴 『박물지』는 총 37권으로 이루어진 방대한 백과사전이다. 천문학, 지리학, 동물학, 식물학, 광물학 등 당시 알려진 자연세계의 모든 지식을 집대성하려 시도했으며, 중세와 르네상스시대에 걸쳐 중요한 지식의 원천으로 활용되었다.
25. 울리세 알드로반디(1522-1605)는 이탈리아의 저명한 자연사학자이자 볼로냐대학교 교수였다. 그의 방대한 컬렉션은 유럽에서 가장 유명한 수집품 중 하나였으며, 사후 볼로냐시에 기증되어 공공 박물관의 기초가 되었다.
26. 폴라 핀들렌은 초기 근대 유럽의 과학과 수집 문화에 대한 중요한 연구를 수행한 역사학자이다. 그녀는 저서 『자연의 소유(Possessing Nature)』(1994)에서 르네상스 수집가들이 새로운 발견물을 기존의 아리스토텔레스적 지식체계에 편입시키려 했던 노력을 고대 천문학의 용어인 '현상 구제'에 빗대어 분석했다.
27. 콘라트 게스너(1516-1565)는 스위스의 의사이자 자연사학자이다. 그의 기념비적 저작인 『동물사(Historia animalium)』는 고대 문헌, 동시대의 기록, 그리고 직접 관찰을 종합하여 동물의 생태를 집대성한 책으로, 근대 동물학의 기초를 마련한 것으로 평가된다. 특히 그는 정확한 정보 전달을 위해 상세한 목판 삽화를 적극적으로 활용했다.
28. 사무엘 크비켈베르크(1529-1567)가 1565년에 출판한 『가장 풍부한 극장의 제목 혹은 명칭』은 박물관학에 관한 최초의 이론서로 여겨진다. 이 책은 수집품을 체계적으로 분류하고 배열하여, 우주 전체를 질서정연한 '극장'으로 재현하려는 이상적인 계획을 제시했으며, 후대의 분더카머와 박물관 구성에 큰 영향을 미쳤다.
29. '아는 것이 힘이다(scientia potentia est)'라는 격언은 프랜시스 베이컨(1561-1626)의 사상을 대표한다. 그는 『신기관(Novum Organum)』과 같은 저작에서 경험적 탐구와 귀납적 추론에 기반한 새로운 과학적 방법을 주장했으며, 지식의 목표는 단순히 세계를 관조하는 것이 아니라 인류의 이익을 위해 자연을 지배하는 데 있다고 보았다.
30. 이는 프랜시스 베이컨의 경험적 방법론을 요약하는 핵심 원리다. 그는 『신기관』 제1권 아포리즘 120에서 "자연사는 '가장 아름답고 질서정연한 것들'뿐 아니라 '천하고

(base) 심지어 불결한(filthy)' 것들까지 포함해야 한다"고 강조했다. 태양은 궁전과 시궁창을 똑같이 비추지만 그 자신이 더러워지지는 않는다는 비유를 들며 과학적 탐구 또한 편견 없이 자연의 모든 현상을 관찰해야 함을 설파했다.

31. 아카데미아델치멘토는 갈릴레오의 제자들이 1657년 피렌체에서 설립한 초기 과학학회 중 하나이다. 비록 10년밖에 지속되지 못했지만, '검증하고 다시 또 검증하라'는 표어가 보여주듯 반복 가능한 실험을 통해 물리 현상을 탐구하는 데 집중함으로써 사변적인 자연철학에서 근대적인 실험과학으로 나아가는 중요한 전환을 상징한다.
32. 아카데미아데이린체이는 갈릴레오가 회원이기도 했던 초기 과학 아카데미 중 하나이다. 런던왕립학회는 경험적 탐구와 지식의 공적 전파를 선도하는 대표적인 과학 기관으로 자리잡았다.
33. 애슈몰리언박물관은 엘리아스 애슈몰(1617-1692)이 존 트레이드스칸트 부자(父子)로부터 수집한 컬렉션을 옥스퍼드대학교에 기증하면서 설립되었다. 처음부터 단순한 전시 공간이 아니라 연구와 교육을 위한 공공 기관으로 구상되었다는 점에서 중요한 의의를 가진다.
34. 루브르궁전은 오랫동안 프랑스 왕실의 소장품을 보관하는 장소였으나, 프랑스혁명을 거치며 국립 박물관으로 전환되어 1793년 대중에게 개방되었다. 이는 왕과 귀족이 독점하던 문화유산을 국가와 시민의 것으로 되돌린다는 혁명의 이상을 구현한 상징적인 사건이었다.
35. 프랑스의 사상가 미셸 드 몽테뉴(1533-1592)는 그의 저서 『수상록』에서, 판단력을 기르지 않고 사실만 축적하는 학식을 비판했다. 그는 "잘 채워진 머리보다 잘 짜인 머리가 낫다(une tête bien faite plutôt qu'une tête bien pleine)"고 말하며, 정보 과잉이 오히려 참된 이해를 방해할 수 있다는 우려를 표현했다.

2부 4장

36. 프랑스 계몽주의를 대표하는 이 저작의 정식 명칭은 『백과전서, 혹은 학문, 예술, 기술에 대한 체계적인 사전(Encyclopédie, ou dictionnaire raisonné des sciences, des arts et des métiers)』이다. 본문 28권과 도판 11권으로 구성되어 1751년부터 1772년까지 출판되었다.
37. 드니 디드로, 「Article "Encyclopédie"」, 『Encyclopédie ou Dictionnaire raisonné des sciences, des arts et des métiers』 제5권, 1755.
38. 이 '지식의 나무'는 프랜시스 베이컨이 인간 정신의 능력을 기억, 이성, 상상으로 나눈 것에서 큰 영감을 받았다. 이는 신학을 정점으로 하던 기존의 지식 위계를 해체하고, 인간의 이성을 지식체계의 중심에 놓으려는 계몽주의적 시도였다.
39. 『브리태니커 백과사전』은 스코틀랜드 계몽주의의 중심지였던 에든버러에서 처음 출판되었다. 철학적 논쟁에 중점을 둔 프랑스 백과전서와 달리, 초기 브리태니커는 주

요 주제에 대해 학술적으로 깊이 있는 긴 논문을 싣는 방식을 채택하여 실용적 권위를 강조했다.

40. 『브로크하우스 백과전서』는 교양 있는 중산층이 대화나 일상생활에서 빠르게 참조할 수 있도록 간결하고 이해하기 쉬운 항목을 제공하는 '대화 사전' 형식을 개척했다. 이는 심층적인 학문 탐구보다 실용적인 지식 보급을 목표로 한 것으로, 큰 상업적 성공을 거두며 이후 여러 나라 백과사전의 모델이 되었다.

41. '중립적 관점(NPOV)'은 위키피디아의 핵심 정책 중 하나로, 모든 문서는 편향되지 않고 공정하게, 여러 관점을 대표적으로 서술해야 한다는 원칙이다. 이와 함께 '검증 가능성(Verifiability)'과 '독자 연구 금지(No original research)'는 위키피디아의 신뢰도를 지탱하는 3대 핵심 콘텐츠 정책으로 꼽는다.

42. '디지털 정원'이라는 용어는 완결된 글(stream)이 아닌, 생각들이 서로 연결되고 점진적으로 성장하는 비선형적이고 유기적인 지식 관리 방식을 비유적으로 표현한다. 이는 완벽함보다 학습 과정을 중시하며, 마크 번스타인이나 앤디 마투샥 같은 인물들에 의해 대중화되었다.

43. 독일 사회학자 니클라스 루만(1927-1998)이 사용한 '제텔카스텐'은 '메모 상자'라는 뜻의 독일어이다. 그는 개별 메모 카드에 하나의 아이디어만 적고, 각 카드에 고유 번호를 부여한 뒤, 관련 있는 다른 카드의 번호를 함께 기입하는 방식으로 생각들을 연결했다. 이 비선형적 네트워크 구조는 그가 70권이 넘는 책과 400편 이상의 논문을 쓰는 데 결정적인 역할을 했다.

44. '헤르쿨라네움 파피루스 챌린지'는 79년 베수비오 화산 폭발로 탄화되어 펼칠 수 없게 된 고대 두루마리들을 해독하기 위한 국제적인 경쟁이다. 참가자들은 엑스선 단층 촬영 데이터와 머신러닝 모델을 활용하여, 물리적으로 손상시키지 않고 내부의 잉크 흔적을 부분적으로라도 읽어내는 데 성공함으로써, 소실되었던 고대 텍스트 복원에 새로운 길을 열었다.

45. 대표적인 예로, AI 기반 독서 및 하이라이트 관리 도구인 리드와이즈의 '고스트리더(Ghostreader)' 기능을 들 수 있다. 이 AI는 사용자가 저장한 수많은 하이라이트와 메모를 기반으로 특정 개념에 대해 "내 라이브러리에서 이와 관련된 다른 내용을 찾아줘"와 같은 시맨틱 검색 및 연결을 지원한다.

46. 지식 그래프는 정보를 '노드(node)'(개체·개념)와 이들 사이의 의미론적 관계를 나타내는 '에지(edge)'로 구조화한 대규모 데이터베이스다. 인공지능, 특히 자연어 처리(NLP)가 웹 문서·논문 등 방대한 비정형 텍스트에서 "아르키메데스(노드)-저술(엣지)-『구와 원기둥에 대하여』(노드)"와 같은 사실관계를 자동으로 추출하여 지식 그래프를 구축·확장한다. 구글 검색엔진이 제공하는 특정 인물이나 개념에 대한 요약 정보 패널이 이 기술의 대표적 상업 응용 사례이며, 최근에는 거대 언어 모델(LLM)의 환각을 줄이고 사실적 근거를 제공하는 검색 증강 생성(Retrieval-Augmented Generation, RAG)의 핵심 인프라로 활용된다.

47. AI 기반 연구 지원 도구는 단순한 키워드 검색이나 인용 기반 추천을 넘어선다. 이 도구들은 연구자가 자연어로 입력한 아이디어를 '개념적 의미 공간'으로 변환하기 위해, 입력 문장을 시맨틱 벡터(semantic vector) 형태로 임베딩하고, 인공지능이 논문, 특허, 임상시험 데이터, 기술 보고서 등 방대한 학술 데이터베이스의 벡터 공간에서 의미적으로 유사한 문헌을 탐색한다. 이 방식은 용어가 달라도 문제 구조나 추론 방식이 유사한 이종(異種) 분야 연구를 연결하는 데 특히 강력하다. 대표적인 사례로, 'Elicit.org'는 연구 질문에 대한 핵심 내용을 다수의 논문에서 요약·추출해 제시하고, 'Connected Papers'는 특정 논문을 중심으로 한 인용 네트워크와 저자 관계망을 시각화해 연구자에게 관련 분야의 흐름과 잠재적 협력자를 직관적으로 파악하게 돕는다. 이러한 도구들은 결과적으로 '지식의 연관성 탐색'을 자동화한 새로운 연구 인프라로서, 인간 연구자의 탐색 직관을 확장해주는 방향으로 발전하고 있다.
48. 설명 가능한 AI는 인공지능 모델이 특정 결정을 내린 이유나 과정을 인간이 이해할 수 있는 방식으로 제시하는 것을 목표로 하는 기술 및 연구 분야이다. 이는 AI 시스템의 투명성과 신뢰성을 높이고, 잠재적인 오류나 편향을 사용자가 비판적으로 검토할 수 있게 돕는다.
49. 에지 컴퓨팅은 데이터를 중앙 서버로 보내지 않고 사용자 기기(스마트폰 등) 자체에서 데이터를 처리하는 방식이다. 연합 학습은 여러 기기에 분산된 데이터를 중앙으로 모으지 않고, 각 기기에서 개별적으로 모델을 학습시킨 뒤 그 결과(가중치 등)만을 취합하여 전체 모델을 업데이트하는 기술이다. 두 기술 모두 민감한 개인 정보의 유출 위험을 줄이는 데 기여한다.

2부 5장

50. '파나마 페이퍼스'에 관해서는 다음을 참조. International Consortium of Investigative Journalists (ICIJ), "Panama Papers," ICIJ News, April 3, 2016. https://www.icij.org/investigations/panama-papers. '판도라 페이퍼스'에 관해서는 다음을 참조. International Consortium of Investigative Journalists (ICIJ), "Pandora Papers," ICIJ News, October 3, 2021. https://www.icij.org/investigations/pandora-papers.
51. 라이언 코델 교수가 이끄는 이 프로젝트는 특히 생물정보학의 유전자 염기서열 분석에 사용되는 '서열 정렬(sequence alignment)' 알고리즘을 텍스트 마이닝에 적용한 것으로 유명하다. 연구에 사용되는 주요 데이터로 미국 의회도서관의 'Chronicling America' 아카이브 등이 활용되었다. 자세한 내용은 공식 웹사이트 http://viraltexts.org.의 'Ryan Cordell and David Smith, Viral Texts: Mapping Networks of Reprinting in 19th-Century Newspapers and Magazines'(2024) 참조.
52. 퍼치는 구글 딥마인드가 개발하고 오픈소스로 공개한 고성능 생물 음향(bioacoustics) 분류 AI 모델이다. 이 모델은 코넬조류학연구소(Cornell Lab of

Ornithology)와의 협력으로 구축되었으며, 전 세계 조류 음향 데이터베이스인 '제노 칸토(Xeno-Canto)' 등 방대한 자료를 학습 데이터로 활용했다. 퍼치는 단순히 새소리를 식별하는 데 그치지 않고, 멸종위기종의 실시간 모니터링이나 수중 청음기(hydrophone)를 이용한 산호초 생태 분석(SurfPerch 모델) 등으로 적용 범위를 확장하고 있다. 인간 전문가가 수동으로 분석하는 것보다 수십 배 빠른 속도로 데이터를 처리하기 때문에, 생태학자들이 데이터의 '수집'이 아닌 '해석'과 '보존 전략'에 집중하도록 돕는다. 보다 자세한 내용은 Google DeepMind Blog, "How AI is helping advance the science of bioacoustics to save endangered species", August 7, 2025. 참조.

3부 읽고 쓰다

3부 1장

1. 『길가메시 서사시』의 기원은 기원전 2700년경 수메르의 도시 국가 우루크를 다스렸던 실존 인물 길가메시에 대한 구전 설화로 거슬러올라간다. 이 이야기들은 수백 년간 구술로 전승되다가 아카드어 쐐기문자로 기록되었으며, 현존하는 가장 완결된 판본은 기원전 7세기 니네베에 세워진 아슈르바니팔도서관에 소장되었던 점토판들로, 19세기 발굴을 통해 세상에 다시 모습을 드러냈다.
2. 호메로스 서사시의 이러한 특징은 학자 밀먼 패리와 그의 제자 알버트 로드에 의해 '구술-정형구 이론(Oral-Formulaic Theory)'으로 체계화되었다. 이들은 '발 빠른 아킬레우스'나 '장밋빛 손가락을 가진 새벽' 같은 반복적인 상투어구(epithet)가 즉흥적으로 장대한 서사시를 읊어야 했던 구술 시인들에게 필수적인 기억 장치이자 작시 도구였음을 논증했다.
3. 잭 구디는 1977년 『야생 정신 길들이기』(김성균 옮김, 푸른역사, 2009) 등의 저작에서 문자가 목록, 표, 형식 등의 발명을 가능하게 함으로써 논리, 과학, 관료제 발전에 필수적인 '지성의 기술'로 작용하여 사회 구조를 근본적으로 변화시켰다고 분석했다.
4. 옹은 『구술문화와 문자문화』 전반에 걸쳐 이 대비를 핵심 논지로 전개한다. 특히 2장 「일차적 구술성에 대한 현대의 발견」에서는 소리(말)를 오직 사라지면서 존재하는 사건이자 역동적인 힘으로 규정한다. 반면, 4장 「쓰기는 의식을 재구조화한다」에서는 문자가 말을 시각적 공간에 고정된 사물로 변형시키며, 이로 인해 정지된 텍스트가 탄생한다고 분석한다. 월터 J. 옹, 『구술문화와 문자문화』, 임명진 옮김, 문예출판사, 2018 참조.
5. 플라톤의 대화편 『파이드로스』에서 소크라테스는 이 이집트 신화를 이야기한다. 여기서 문자의 발명가로 등장하는 테우트는 이집트 신화의 지혜와 문자의 신인 토트(Thoth)에 해당하며, 그에게 응수하는 왕 타무스는 최고신인 아문(Amun)을 상징한다. 최고의 신의 입을 통해 문자에 대한 비판이 제기된다는 점에서 그 무게감을 짐작

할 수 있다. 플라톤, 『파이드로스』, 김주일 옮김, 아카넷, 2020, 139-140쪽.
6. 베다는 고대 인도에서 기원한 힌두교의 경전으로, 산스크리트 문학의 가장 오래된 형태이다. 이 경전은 문자가 존재했음에도 불구하고 의도적으로 수천 년간 구술로만 전승되었다. 이는 신성한 소리(만트라)의 정확한 발음, 억양, 운율이 경전의 효험에 필수적이라고 믿었기 때문이며, 문자는 이러한 생생한 음성적 차원을 담아낼 수 없는 불완전한 매체로 간주되었다.
7. 초기 기독교 공동체에서 행해진 공적이고 공동체적인 낭독 행위는 라틴어로 '렉시오 푸블리카(lectio publica)'로 알려져 있다. 문해율이 낮고 책이 귀했던 사회에서 대부분의 신자들은 이러한 공동 낭독을 통해 성경을 접했다. 이는 텍스트가 개인의 사적 소유물이 아니라 공동체의 공유 자산임을 강화하는 역할을 했다.
8. 유대교 율법에서 '성문 토라'는 모세오경을 의미한다. '구전 토라'는 이 성문 토라의 해석과 적용에 관한 가르침으로, 모세시대부터 구두로 전승되어 오다가 후대에 미슈나와 탈무드 같은 문헌으로 성문화되었다. 유대교 전통에서는 구전 토라의 해석적 틀 없이는 성문 토라를 온전히 이해할 수 없다고 본다.

3부 2장

9. 갈레노스(129-c.216)는 로마 제정 시대에 활동한 그리스계 의사이다. 그의 이러한 한탄은 당시 지식인사회에서 도서 보존 문제가 얼마나 심각한 현실이었는지를 보여준다. 서기 192년 로마의 대화재로 의사 갈레노스는 자신의 서고와 의학 도구, 친필 원고들을 모두 잃었다. 이 비극을 계기로 그는 자신의 상실과 슬픔을 성찰한 저작 『슬픔 피하기에 관하여(Περὶ ἀλυπίας)』를 집필했다. 이 작품은 오랫동안 분실되었다가 2005년 앙투안 피에트로벨리가 그리스 테살로니키의 블라타돈수도원 도서관 소장 필사본을 발견하면서 복원되었다. 갈레노스는 이 글에서 "희귀한 서적들과 직접 교정하던 필사본들이 모두 불타 사라졌으며, 파피루스 두루마리들은 습기에 풀려 더이상 펴볼 수 없게 되었다"고 탄식한다. 그의 이 '한탄'은 단순한 개인적 비애를 넘어 고대 로마 도서관의 취약성과 파피루스 보존의 한계를 생생히 전한다. 영문 번역은 Clare K. Rothschild and Trevor W. Thompson, "Galen: 'On the Avoidance of Grief'", Early Christianity 2 (2011): 110-129, 재발견과 맥락은 Matthew C. Nicholls, "Galen and Libraries in the Peri Alupias," Journal of Roman Studies 101 (2011): 123-142 참조.
10. 이 이야기는 로마의 학자 바로를 인용한 대 플리니우스의 『박물지』를 통해 주로 전해진다. 이야기의 역사적 정확성과는 별개로, 이는 고대 세계에서 파피루스와 같은 핵심적인 필기 재료의 공급이 지정학적 경쟁의 대상이 될 수 있었음을 시사한다.
11. 로마의 시인 마르트리알리스(c.40-104)는 그의 저서 『풍자시집(Epigrammata)』에서 자신의 시집이 코덱스 형태로도 출간되었음을 알리며, 휴대성과 편리함을 강조하고 심지어 책을 살 수 있는 서점의 위치까지 안내했다. 이 부분은 문학작품이 코덱스 형

태로 상업적으로 유통된 가장 이른 시기의 기록 중 하나로 자주 언급된다.

12. 기독교의 코덱스 선호 현상은 콜린 H. 로버츠와 T. C. 스키트의 고전 연구에서 처음 체계적으로 제시되었다(*The Birth of the Codex*, Oxford University Press, 1983). 최근 매슈 D. C. 라슨과 마크 레트니는 루뱅 고대 도서 데이터베이스(Leuven Database of Ancient Books, LDAB)를 분석해, 2세기 문학·준문학 사본 가운데 코덱스 비율이 3.2퍼센트에 불과한 반면, 식별 가능한 기독교 사본에서는 코덱스 비율이 77.4퍼센트에 이른다고 보고했다("Christians and the Codex: Generic Materiality and Early Gospel Traditions," *Journal of Early Christian Studies* 27.3 [2019]: 383-415, 특히 385쪽).

13. 오늘날에도 유대교 회당에서 율법을 공적으로 낭독할 때는 반드시 고대의 전통에 따라 손으로 쓴 양피지 두루마리(Sefer Torah, 세페르 토라)를 사용한다. 이처럼 의례적으로 두루마리 형태를 고수하는 유대교의 전통은, 자신들의 경전을 위해 새로운 매체인 코덱스를 적극적으로 채택한 초기 그리스도교 공동체의 선택과 뚜렷한 대조를 이룬다.

14. 인쇄본이 만들어진 뒤에도 이 필크로(pilcrow, ¶)는 필사본을 장식했던 채색사들의 손에 의해 주로 붉은 글씨로 더해지곤 했다. 그래서 인쇄 과정에서 필크로가 들어갈 자리를 비워 두었다가, 채색사들이 책의 출판 기한 이전에 이 작업을 마치지 못하면 그 빈 공간 그대로 책이 제작되기도 했다. 이러한 관행은 문단의 시작을 시각적으로 구분하기 위해 일정한 여백을 두는 방식, 곧 오늘날 들여쓰기 관행이 형성되는 데 영향을 준 역사적 전사(前史) 가운데 하나로 자주 언급된다.

15. 고대세계에서 묵독이 전혀 알려지지 않은 것은 아니었다. 아우구스티누스는 그의 『고백록』에서 암브로시우스 주교가 소리 내지 않고 눈으로만 책을 읽는 모습을 보고 놀라워했던 일화를 기록하고 있다. 묵독이 당시에는 매우 드물고 특이한 독서 방식이었음을 방증하는 대목이다. 단어 띄어쓰기의 점진적 확산은 이러한 개인적이고 내면화된 독서 행위가 보편화되는 중요한 기반이 되었을 것이다.

16. 텍스트의 여백이나 행간에 주석을 다는 이러한 필기 관행을 '글로싱(glossing)'이라고 한다. 특히 중세 대학에서는 성경이나 법률 텍스트에 대한 '표준 주해(glossa ordinaria)'가 중요한 학문적 도구로 활용되었다. 이는 원본 텍스트를 중심으로 여러 세대에 걸친 주석가들의 해석이 함께 기록된 형태로, 텍스트가 여러 목소리가 공존하는 대화의 장이었음을 말해준다.

17. 카이사레아의 유세비우스가 고안한 '카논 표'는 네 복음서를 각각 수많은 작은 단락으로 나눈 뒤, 모든 단락에 고유 번호를 부여하는 방식이다. 책의 서두에 위치한 표를 통해 특정 사건이나 가르침이 어떤 복음서에 나오는지, 그리고 서로 다른 복음서의 어떤 단락들이 동일한 내용을 다루는지를 즉시 찾아볼 수 있었다. 이는 당시로서는 혁신적인 정보 검색 시스템이었다.

3부 3장

18. *Renaissance Art Reconsidered: An Anthology of Primary Sources*, eds. Carol M. Richardson, Kim W. Woods, and Michael W. Franklin, Oxford: Blackwell, 2007: 326-329.
19. '인큐나불라'는 라틴어로 '요람' 또는 '기저귀'를 의미하는 단어에서 유래했으며, 인쇄술의 '유년기'를 상징한다. 일반적으로 15세기, 즉 1501년 1월 1일 이전에 유럽에서 인쇄된 책들을 지칭하며, 그 역사적 가치와 희소성 때문에 매우 귀중하게 취급된다.
20. 알두스 마누티우스(c.1449-1515)는 이탈리아 베네치아에서 활동한 인문주의자이자 인쇄업자이다. 그의 출판사인 알디네 프레스는 고전의 정확한 편집본을 출판한 것으로 명성이 높았다. 그는 휴대하기 편한 8절판(octavo) 크기의 책을 보급했을 뿐 아니라, 필기체와 유사하여 지면을 절약할 수 있는 이탤릭체를 최초로 개발하여 사용한 것으로도 알려져 있다.
21. '인쇄 특권'은 특정 인쇄업자에게 특정 텍스트나 특정 지역 내에서의 인쇄 독점권을 일정 기간 부여하는 초기 저작권의 한 형태였다. 이는 막대한 초기 투자 비용이 드는 인쇄업자들의 재정적 위험을 보호하고, 다른 경쟁자들의 불법 복제를 막기 위한 제도적 장치였다.
22. 독일 뉘른베르크의 안톤 코베르거(c.1440-1513)는 인큐나불라시대 가장 성공적인 출판인이었다. 그는 24대의 인쇄기와 100명이 넘는 직원을 고용하여 대규모 인쇄 기업을 운영했으며, 유럽 전역에 걸친 판매 대리인 및 서점 네트워크를 구축하여 현대적인 국제 출판사의 원형을 보여주었다.
23. 엘리자베스 아이젠슈타인의 대표작인 『변화의 동인, 인쇄기』와 그 축약본 『근대 유럽의 인쇄미디어혁명(The Printing Revolution in Early Modern Europe)』(1983)은 인쇄술이 단순한 기술 변화를 넘어 르네상스, 종교개혁, 과학혁명 등 근대 초기의 주요 지적·문화적 운동을 추동한 핵심 원인이었음을 논증한 기념비적인 연구이다.
24. '공론장' 개념은 독일의 철학자이자 사회학자인 위르겐 하버마스가 그의 저서 『공론장의 구조변동』(1962)에서 이론화하며 널리 알려졌다. 그는 18세기 유럽에서 인쇄 매체의 확산과 커피하우스, 살롱 같은 새로운 사교 공간의 등장이 어떻게 사적 개인들이 모여 공동의 관심사를 토론하고 국가 권력에 대항하는 여론을 형성하는 장을 만들었는지 분석했다.
25. 현상학적 사회학자였던 알프레드 슈츠(1899-1959)는 개인이 일상을 살아가는 기반이 되는 '생활세계(Lebenswelt)'와 그 안에서 공유되는 상식적 지식의 구조를 분석했다.
26. 『금서 목록』은 가톨릭교회가 교리에 위배되거나 비도덕적이라고 판단한 출판물의 목록이다. 최초의 공식 목록은 교황 바오로 4세 재위기인 1559년에 반포되었으며, 이후 400여 년간 유지되다가 제2차 바티칸공의회 이후 1966년에 공식적으로 폐지되었다.

27. 존 밀턴(1608-1674)의 『아레오파지티카』는 1644년 영국의회가 제정한 출판 허가제(사전 검열)에 반대하며 발표한 연설문을 담은 소책자다. 이는 역사상 가장 강력하고 영향력 있는 언론 및 표현의 자유에 대한 옹호로 평가받는다.

3부 4장

28. 존 로크(1632-1704)나 아이작 뉴턴(1643-1727)과 같은 계몽주의시대의 많은 사상가는 열성적인 주석가였다. 특히 존 로크는 정보의 효율적인 검색을 위해 자신만의 독특한 색인체계를 개발하여 독서 노트에 적용하기도 했다. 이러한 '능동적 읽기'의 실천은 단순히 텍스트를 소비하는 것을 넘어, 지식을 비판적으로 분석하고 재구성하여 자신의 지적 체계를 구축하는 과정의 핵심이었다.
29. '커먼플레이스북'은 르네상스시대부터 19세기까지 유럽 지식인들 사이에서 널리 활용된 개인적인 지식 관리 방법이다. 독서중에 발견한 인상적인 구절, 잠언, 아이디어 등을 주제별로 분류하여 기록하는 노트이며, 이는 단순한 스크랩북을 넘어 다양한 지식을 융합하고 새로운 통찰을 얻기 위한 지적 도구로 기능했다. 프랜시스 베이컨, 존 밀턴 등이 이러한 노트를 작성했던 것으로 알려져 있다.
30. 미셸 드 몽테뉴의 『수상록』은 그 자체로 거대한 커먼플레이스북으로 볼 수 있다. 그는 고전 작가들의 글을 광범위하게 인용하고, 그에 대한 자신의 성찰과 경험을 자유롭게 엮는 방식을 통해 '수상록'이라는 새로운 문학 장르를 창시했다. 이는 타인의 지식과 자신의 사유가 어떻게 창조적으로 결합될 수 있는지를 보여주는 탁월한 사례이다.
31. 여러 시장 조사 기관의 보고서에 따르면, 전 세계 오디오북 시장은 꾸준히 성장하여 2020년대 중반에는 수십억에서 수백억 달러 규모에 이를 것으로 예측된다(예들 들어, Grand View Research 등 주요 시장 조사 기관의 2024년 보고서들). 이러한 성장은 스마트폰 보급, 스트리밍 서비스의 발달, 그리고 멀티태스킹 환경 속에서 콘텐츠를 소비하려는 현대인의 생활 방식과 맞물려 있다.
32. 텍스트 시각화 기술은 계산언어학과 데이터 과학의 방법을 활용하여 방대한 텍스트 데이터에 담긴 정보를 그래픽 형태로 표현하는 분야이다. 이는 단어의 빈도를 보여주는 워드 클라우드부터, 개념 간의 관계를 나타내는 네트워크 그래프, 시간의 흐름에 따른 주제의 변화를 보여주는 시각화에 이르기까지 다양하다. 이러한 도구들은 인간이 직관적으로 파악하기 어려운 텍스트의 거시적 구조나 패턴을 발견하는 데 도움을 준다.
33. 이 도구들은 종종 '생각을 위한 도구(Tools for Thought)' 또는 '네트워크형 노트 앱'으로 분류된다. 이들 앱의 핵심 기능은 메모들 사이에 양방향 링크를 생성하여, 사용자가 자신의 지식을 위계 구조가 아닌 비선형적인 웹(web) 형태로 구축할 수 있게 돕는다는 점이다. 이는 종종 '두번째 뇌(second brain)'를 구축하는 과정으로 묘사된다.

3부 5장

34. 스탠포드 인간-컴퓨터 상호작용(HCI) 그룹에서 진행하는 이 프로젝트는 AI를 활용하여 독서 경험을 어떻게 풍부하게 만들 수 있는지 탐구한다. 이들의 시스템은 독서의 흐름을 방해하지 않으면서도, 개인이 가진 배경지식에 맞춰 필요한 시점에 적절한 맥락 정보(용어 정의, 관련 개념, 배경지식 등)를 텍스트 내에 직접 제공하는 것을 목표로 한다.
35. 해럴드 블룸(1930-2019)의 '영향의 불안(The Anxiety of Influence)' 개념은 작가가 선행 작가의 영향을 극복하며 독창성을 확보하려는 심리적 갈등을 탐구한 문학 비평 이론이다. 이 개념을 독서에 적용할 경우, 독자는 텍스트를 능동적으로 재해석하고 기존 해석에 도전함으로써 자신의 사고를 확장할 수 있다. 블룸은 이를 "창조적 오독(creative misprision)"이라 칭하며, 독자가 문학적 전통과 대화를 나누고 새로운 의미를 발견하도록 장려한다. 해럴드 블룸, 『영향에 대한 불안』, 양석원 옮김, 문학과 지성사, 2012 참조.
36. MIT의 Co-Creation Studio는 공동 창작(co-creation)을 탐구하며, 인간과 AI를 포함한 다양한 협력적 창작 과정을 연구하고 실험하는 플랫폼이다. 이 스튜디오는 MIT Open Documentary Lab의 일부로, 공동체와 학문 간 협력, 비인간 시스템과의 협업을 통해 창작의 새로운 가능성을 모색한다. 대표적인 프로젝트인 'Collective Wisdom: Co-Creating Media for Equity and Justice'는 공동 창작이 정의와 형평성을 중심으로 이루어질 때 미디어 제작 과정에서 더 깊은 통찰과 혁신을 가져올 수 있음을 강조하며, 이를 통해 새로운 창작 방법론과 윤리적 프레임워크를 제시하고 있다.
37. Hypothesis, CommentPress, Remarq와 같은 디지털 주석 시스템은 텍스트에 대한 다층적 해석과 대화를 가능하게 한다. 이들 시스템에서는 저자의 원문, 다양한 독자들의 주석, 주석에 대한 주석이 하나의 유기적 텍스트로 공존한다.
38. '슬로 리딩'은 미국의 교육자 존 미더마가 2009년 출간한 『슬로 리딩(Slow Reading)』에서 제안한 개념으로, 디지털시대의 속도와 멀티태스킹에 반하여 문학적 자료를 깊이 있게 감상하는 읽기 방식을 강조한다. 이 개념은 '슬로 푸드' 운동에 영감을 받아 발전했다.
39. 디지털 독서 환경의 개선 사례로는 화면의 불필요한 요소를 제거하고 텍스트에 집중할 수 있게 하는 기능을 제공하는 다양한 앱과 웹 브라우저 확장 프로그램, 그리고 전자잉크(e-ink) 기술을 활용한 전자책 리더기 등이 있다. 특히 리마커블(reMarkable)과 같은 기기는 디지털 기기이면서도 종이책의 촉각적 경험과 집중을 재현하려 시도한다.
40. '리플렉티브 라이팅'은 단순히 텍스트를 생산하는 것이 아니라, 쓰기 과정에서 일어나는 자기 성찰과 반복적인 수정의 중요성을 강조하는 접근법이다. 이는 피터 엘보의 자유 글쓰기(freewriting)와 도널드 머리의 재귀적 쓰기 과정 이론과도 맞닿아 있으며, 현대적 도구로는 드래프트나 스크리브너처럼 초고 작성과 수정·개정의 여러

단계를 세밀하게 관리할 수 있게 해주는 소프트웨어들이 있다.

41. 시맨틱 스칼라는 앨런인공지능연구소(AI2)에서 개발한 AI 기반 학술 검색엔진이다. 이 플랫폼은 키워드 검색을 넘어 자연어 처리와 머신러닝을 통해 논문의 맥락을 분석하며, 자동으로 한 문장 요약("TL;DR")을 생성한다. 또한 인용문이 단순 참고인지 아니면 인용된 논문의 핵심 방법론·결과에 영향을 미쳤는지를 '영향력 있는 인용(Highly Influential Citations)'으로 자동 식별한다. 이와 함께 논문의 데이터세트·방법론·주요 결과 등을 자동으로 추출하고 구조화해 연구자가 특정 주제의 동향과 관계망을 빠르게 파악하도록 돕는다.

42. MIT 미디어랩의 '파노라마 프로젝트'는 인간-기계 협업을 통해 뉴스 소비에서 발생하는 '필터 버블'과 '확증 편향'을 완화하려는 실험이다. 이 프로젝트는 사용자가 읽는 기사와 상반된 관점을 지닌 뉴스와 데이터를 함께 제시해, 정보의 편향을 스스로 인식하고 보다 균형잡힌 시각을 갖도록 돕는다. MIT Media Lab, "Panorama: A system for surfacing diverse perspectives," MIT Media Lab Projects, https://www.media.mit.edu/projects/panorama/overview/

4부 소통하다

4부 1장

1. 플라톤의 아카데메이아(기원전 c.387년)는 영웅 아카데모스를 기리는 신성한 숲에 자리잡았으며 철학, 수학 등 이론적 탐구에 집중했다. 반면 아리스토텔레스의 리케이온(기원전 c.335)은 아폴론 리케이오스 신전 근처의 김나시온에 있었으며, '소요학파(peripatetic)'라는 별명처럼 스승과 제자가 함께 거닐며 토론하고 생물학, 정치학 등 방대한 경험적 자료 수집과 분류를 중시했다.

2. 디오니소스 대축제는 고대 아테네에서 디오니소스 신을 기리기 위해 열린 대규모 종교 축제다. 기원전 6세기 후반 참주 페이시스트라토스가 이 축제를 국가적 행사로 격상시키면서 비극 경연이 공식적으로 도입되었고, 이는 아테네 연극이 황금기를 맞이하는 결정적인 계기가 되었다.

3. '양론'은 소피스트들이 가르친 핵심적인 수사학 훈련법이다. 이는 어떤 주제에 대해 찬성과 반대의 양쪽 주장을 모두 설득력 있게 펼쳐보는 실습으로, 진리 탐구보다는 논쟁에서의 승리를 위한 기술 연마에 그 목적이 있었다. 기원전 5세기 소피스트 프로타고라스의 "더 약한 주장을 더 강하게 만든다"는 말은 이러한 훈련의 지향점을 잘 보여준다.

4. 사모스의 코논(기원전 c.280-220)은 저명한 그리스 천문학자이자 수학자였다. 그는 아르키메데스의 친구이자 지적 동료로서, 아르키메데스는 자신의 중요한 발견들을 출판하기 전에 코논에게 먼저 보내 검토를 요청하며 소통하곤 했다.

5. 상기설(想起說, Anamnesis)은 플라톤 인식론의 핵심 개념으로, 『메논』과 『파이드로스』 등의 대화편에서 제시된다. 이는 영혼이 육신에 깃들기 이전에 이데아의 세계에서 모든 진리를 보았으나, 태어나면서 그것을 잊었다고 본다. 따라서 배움이란 새로운 지식을 얻는 것이 아니라, 변증법적 대화를 통해 영혼 속에 이미 존재하는 진리를 다시 기억해내는 과정이라는 것이다.
6. 미셸 푸코(1926-1984)는 1983년 캘리포니아대학교 버클리에서 행한 일련의 강연(『담론과 진실』)에서 파레시아의 개념을 심층적으로 분석했다. 그는 파레시아를 단순히 '자유롭게 말하기'가 아니라, 말하는 주체가 진실을 말함으로써 스스로를 위험에 빠뜨리는 '진실의 용기'이자 윤리적 실천으로 규정했다.
7. 이 일화는 기원전 5세기에 활동한 헤로도토스의 『역사』 제1권에 기록되어 있다. 헤로도토스는 이 이야기를 통해 인간의 행복이란 부나 권력 같은 외적인 조건이 아니라 삶의 전체 과정을 통해 평가되어야 한다는 그리스적 지혜와 권력자에게 아첨하지 않고 진실을 말하는 솔론의 용기를 대비시킨다.
8. 기원전 5세기 후반에 활동한 아테네의 정치가 클레온은 펠로폰네소스전쟁 시기 활동한 급진 민주파 지도자였다. 기원전 5세기의 역사가 투키디데스는 자신의 저서 『펠로폰네소스 전쟁사』에서 클레온을 대중의 감정과 두려움을 자극하여 자신의 정치적 목적을 달성하는 선동적인 연설가, 즉 데마고고스(demagogue)의 전형으로 묘사하며 비판했다.
9. 견유학파(Cynicism)는 소크라테스의 제자인 안티스테네스(기원전 445-365)에서 시작하여 시노페의 디오게네스(기원전 c.413/403-c.324/321)를 통해 유명해진 고대 그리스의 철학 학파이다. 이들은 부, 권력, 명예와 같은 사회적 관습을 경멸하고, 자연에 따른 단순하고 자족적인 삶을 추구했다.
10. 『명상록』은 마르쿠스 아우렐리우스 황제(121-180)가 전장에서 혹은 국정 운영중에 틈틈이 자신을 성찰하며 그리스어로 기록한 잠언집이다. 이는 출판을 염두에 둔 저작이 아니라, 스토아철학의 원칙에 따라 자신을 다스리고 평정심을 유지하기 위한 지극히 개인적인 자기 수련의 기록이었다.

4부 2장

11. 피에르 아벨라르는 당대 최고의 논리학자이자 신학자였으나, 삼위일체론 등 핵심 교리에 대한 그의 이성적 분석은 정통 신학자들의 격렬한 반발을 샀다. 그의 사상은 먼저 수아송 종교회의(1121)에서 문제시되어 일부 저작이 정죄되었고, 이어 그의 강력한 경쟁자였던 클레르보의 베르나르가 주도한 상스 종교회의(1140)에서 더욱 본격적으로 이단으로 단죄되었다.
12. 얀 후스(c.1372-1415)는 보헤미아의 종교개혁가로, 교회의 부패를 비판하다 콘스탄츠공의회에서 이단으로 판결받아 화형에 처해졌다. 르네상스시대 철학자였던 조르다노 브루노(1548-1600)는 코페르니쿠스의 지동설을 옹호하고 우주의 무한성을 주

장하는 등 당시 교리와 충돌하는 사상 때문에 로마의 캄포데피오리 광장에서 화형 당했다.
13. 이 격언의 정확한 출처는 불분명하나, 중세시대 문헌에서 처음 등장하는 것으로 알려져 있다. 이는 로마제국이 건설한 방대한 도로망이 제국의 모든 속주를 수도 로마와 연결했던 역사적 사실을 반영한다. 이 도로망의 중심인 포로 로마노에 황금 이정표(Milliarium Aureum)가 서 있었다.
14. 카롤링거 소문자는 8세기 말 카롤루스대제의 후원 아래 알퀸과 같은 학자들이 주도한 교육 및 교회 개혁의 일환으로 개발되었다. 명료하고 통일된 이 서체 덕분에 필사 오류가 줄고 가독성이 향상되었으며, 르네상스 인문주의자들이 이를 고대 로마의 서체로 착각하여 자신들의 서체의 기반으로 삼으면서 오늘날 로마자 소문자의 직접적인 원형이 되었다.
15. 오리야크의 제르베르(c.946-1003)는 10세기 가장 박식한 학자 중 한 명으로, 훗날 교황 실베스테르 2세가 되었다. 그의 편지들은 이슬람 통치하의 스페인에서부터 신성로마제국에 이르는 광범위한 지적 네트워크를 보여준다. 그는 편지를 통해 희귀 문헌을 수소문하고, 주판이나 휴대용 관측기인 아스트롤라베 같은 과학 도구에 대한 지식을 교환하며 당시 유럽 학문의 최전선을 이끌었다.
16. '12세기 르네상스'로 알려진 이 시기에는, 이슬람세계와의 접경지였던 스페인과 시칠리아를 통해 아리스토텔레스의 저작들과 이븐 루시드 등 이슬람 학자들의 주석서들이 라틴어로 대거 번역되었다. 이는 서유럽 지성계에 논리학과 자연철학의 새로운 지평을 열어주며 스콜라철학의 발전에 결정적인 계기가 되었다.
17. 페치아 시스템은 대학 당국이 공인한 표준 교재(exemplar)를 여러 개의 묶음(pecia)으로 분할하여, 서점상(stationer)이 이를 학생이나 필경사들에게 대여해주는 방식이었다. 여러 사람이 각기 다른 부분을 동시에 필사할 수 있었기에 책 한 권을 처음부터 끝까지 베껴쓰는 것보다 훨씬 빠른 속도로 사본을 제작할 수 있었다. 이는 상업적 출판의 초기 형태로 볼 수 있다.
18. 이 인용문은 헨리 키신저(1923-2023)가 2018년 6월 『애틀랜틱』에 기고한 글 「계몽주의는 어떻게 끝나는가(How the Enlightenment Ends)」의 일부이다. 그는 이 글에서 디지털시대의 정보 과잉과 소셜미디어의 파편적인 소통 방식이 깊이 있는 독서와 성찰의 문화를 약화시켜, 계몽주의가 추구했던 이성적이고 내면적인 신념 형성 과정을 위협할 수 있다는 우려를 표명했다.

4부 3장

19. 마랭 메르센 신부(1588-1648)는 프랑스의 신학자이자 자연철학자로, 당대 유럽의 수많은 지식인과 서신을 교환하며 '살아있는 정보 허브' 역할을 했다. 그의 파리 자택에서 열린 정기적인 모임은 프랑스과학아카데미의 전신으로 평가되며, 그는 데카르트, 파스칼, 페르마, 호이겐스 등 140명이 넘는 당대 최고 지성들과 교류했다.

20. 위그노는 프랑스의 칼뱅파 개신교도를 일컫는다. 1685년 루이 14세가 낭트칙령을 폐지하고 신앙의 자유를 박탈하자, 수십만 명의 위그노들이 네덜란드, 영국, 프로이센 등지로 망명했다. 이들 중에는 수많은 학자와 기술자가 포함되어 있었으며, 이들은 망명지에서 새로운 출판 및 지식 네트워크의 중심 역할을 하며 계몽주의 사상의 전파에 크게 기여했다.
21. 뉴캐슬 공작부인 마거릿 캐번디시(1623-1673)는 자신의 이름으로 다수의 자연철학 저서를 출간했으며, 여성으로서는 최초로 런던왕립학회 모임에 초청받아 방문했다. 에밀리 뒤 샤틀레 후작 부인(1706-1749)은 프랑스의 대표적인 여성 계몽사상가로, 뉴턴의 『프린키피아』를 프랑스어로 번역하고 심도 있는 해설을 덧붙여 당대 과학계에 큰 영향을 미쳤다. 이들의 이례적인 사례는 당시 대부분의 여성이 겪어야 했던 구조적 장벽의 높이를 역설적으로 보여준다.
22. 이 표현은 역사학자 폴라 핀들렌이 르네상스와 바로크시대의 소통 문화를 분석하면서 사용한 것이다. 그녀는 편지가 단순한 정보 매체를 넘어, 손글씨, 서명, 인장 등을 통해 발신자의 인격과 사회적 정체성을 드러내는 물질적 대상이었음을 강조했다.
23. 'Ex ungue leonem'은 라틴어로 '발톱만으로 사자임을 알아본다'는 뜻의 격언이다. 이는 작은 증거만으로도 위대한 인물이나 사물의 본질을 꿰뚫어 볼 수 있음을 의미한다. 뉴턴의 익명 해답을 접한 요한 베르누이(1667-1748)가 그 풀이의 탁월함만으로도 저자가 뉴턴임을 즉시 간파했음을 나타내는 일화로 유명하다.
24. 애너그램은 단어나 문장의 철자 순서를 바꾸어 다른 말로 만드는 것이다. 과학사에서 이는 자신의 발견을 암호화하여 기록으로 남기는 방법으로 사용되었다. 예를 들어, 로버트 훅은 탄성의 법칙을 발견한 뒤 'ceiiinosssttuv'라는 애너그램으로 발표했는데, 이는 라틴어 문장 'Ut tensio, sic vis'(늘어난 만큼 힘도 커진다, 즉 늘어난 길이에 비례해 힘이 작용한다)를 암호화한 것이었다.
25. 헨리 올덴버그(c.1619-1677)는 독일 출신의 외교관이자 자연철학자로, 런던왕립학회의 초대 간사로서 학회의 국제적 네트워크를 구축하는 데 결정적인 역할을 했다. 그는 스피노자, 레이우엔훅, 보일 등 유럽 전역의 학자들과 방대한 서신을 교환하며 『필로소피컬 트랜잭션스』의 편집자 역할을 수행했다.
26. Dena Goodman, *The Republic of Letters: A Cultural History of the French Enlightenment*(Ithaca: Cornell University Press, 1994) 2장 참조.

4부 4장

27. 메타의 2024년 2분기 보고서 등에 따르면 페이스북의 월간 활성 사용자(MAU)는 30억 명을 초과했다. 이처럼 거대한 규모는 단일한 목소리가 자연적으로 확산되기보다는, 알고리즘에 의해 선택된 소수의 콘텐츠가 지배적인 영향력을 행사하는 정보환경을 조성한다.
28. '사상의 자유시장(marketplace of ideas)'으로 알려진 이 원칙은 미국 연방 대법원의

루이스 브랜다이스 판사가 1927년 휘트니 대 캘리포니아 사건의 보충 의견에서 표현의 자유를 옹호하며 전개한 논지로 자주 인용된다. 그는 잘못된 주장과 사상에 대한 최선의 대응은 억압이 아니라 더 많은 토론과 반박이며, 자유로운 경쟁 속에서 진리가 궁극적으로 승리할 것이라는 믿음에 기반해야 한다고 보았다.

29. 일라이자는 1960년대 중반 MIT의 요제프 바이첸바움 교수가 개발한 초기 자연어 처리 프로그램이다. 이 프로그램은 사용자의 말을 특정 키워드를 중심으로 재구성하여 질문 형태로 되돌려주는 단순한 방식으로 작동했지만, 많은 사용자가 기계와 깊은 정서적 유대를 형성하는 모습을 보여 바이첸바움을 놀라게 했다.

30. '중국어 방' 논증은 철학자 존 설이 1980년에 제시한 사고실험으로, 컴퓨터가 인간처럼 지능을 가질 수 있다는 '강한 인공지능' 주장을 반박하기 위해 고안되었다. 그는 중국어를 전혀 모르는 사람이 방안에서 규칙에 따라 기호를 조작하여 완벽한 중국어 답변을 내보내는 상황을 가정하며, 이는 규칙에 따른 기호 조작(syntax)일 뿐 진정한 의미 이해(semantics)는 아님을 논증했다.

31. 셰리 터클은 『외로워지는 사람들』(이은주 옮김, 청림출판, 2012) 등의 저작에서 디지털 기술이 제공하는 피상적인 연결이 오히려 깊이 있는 대면관계와 공감 능력을 약화시켜 현대인의 고립감을 심화시킬 수 있다고 경고해왔다.

32. '던바의 수'는 영국의 인류학자 로빈 던바가 제안한 이론으로, 한 개인이 안정적으로 사회적 관계를 유지할 수 있는 집단의 크기에는 인지적 한계가 존재하며, 그 최대치는 약 150명이라는 주장이다. 이는 소셜미디어에서 수천 명의 '친구'를 가질 수 있더라도, 그것이 진정한 사회적 유대로 이어지기는 어려움을 시사한다.

33. '일라이자 효과'는 1960년대 챗봇 일라이자에서 유래한 용어로, 사용자가 컴퓨터 프로그램의 행동을 무의식적으로 인간의 행동과 동일시하여 기계가 실제보다 더 높은 지능과 감정을 가지고 있다고 착각하는 경향을 말한다. 이는 인간이 AI와 상호작용할 때 나타나는 강력한 인지 편향 중 하나다.

4부 5장

34. 아리스토텔레스는 『니코마코스 윤리학』에서 우정의 종류를 세 가지, 즉 유용성에 기반한 우정, 쾌락에 기반한 우정, 그리고 최고 형태인 '덕(arete)에 기반한 우정'으로 구분했다. 최상의 우정은 서로의 좋은 성품을 존중하고, 함께 더 나은 사람이 되도록 돕는 상호적인 관계 속에서만 가능하다고 보았다.

5부 재정의하다

5부 1장

1. '살로몬의 집'은 프랜시스 베이컨이 그의 미완성 유토피아 소설 『새로운 아틀란티

스』(1627년 사후 출간)에서 묘사한 가상의 연구 기관이다. 이곳은 국가의 후원을 받으며, 데이터 수집, 실험, 이론 정립 등 철저한 분업에 기반하여 협력 연구를 수행하는 근대적 과학 연구소의 이상적인 모델을 제시했으며, 런던왕립학회 등 실제 과학 기관 설립에 큰 영감을 주었다.

2. 로버트 보일(1627-1691)은 조수 로버트 훅의 도움을 받아 1659년경 공기펌프(진공펌프)를 제작했다. 그는 『공기의 탄성과 그 효과에 관한 새로운 물리-역학적 실험(New Experiments Physico-Mechanicall, Touching the Spring of the Air, and its Effects)』(1660)이라는 저작을 통해 진공상태에서 소리의 전파, 연소, 호흡 등에 어떤 변화가 일어나는지를 상세히 기록했다. 이 실험들은 단순히 '보일의 법칙'을 발견한 것을 넘어, 실험이라는 방법론 자체가 어떻게 자연에 대한 신뢰할 만한 지식을 생산할 수 있는지를 공개적으로 입증한 중요한 사례다.

3. 안드레아스 베살리우스(1514-1564)의 『인체의 구조에 관하여』는 근대 해부학의 기초를 닦은 기념비적인 저작이다. 그는 동물을 해부했던 고대 의사 갈레노스의 이론에 의존하던 오랜 관행에서 벗어나, 직접 인체를 해부하고 관찰한 결과를 바탕으로 기존의 수많은 오류를 바로잡았다. 특히 책에 포함된 매우 정교하고 사실적인 목판 삽화들은 지식 전달 방식에 있어 혁신을 가져왔다.

4. '가상 목격'이라는 개념은 과학사학자 스티븐 셰핀과 사이먼 J. 섀퍼가 『리바이어던과 공기펌프』(1985)에서 핵심적으로 다루었다. 이들은 로버트 보일의 실험이 어떻게 신뢰할 만한 '사실'로 인정받게 되었는지를 분석하며, 실험실이라는 제한된 공간을 넘어 더 많은 사람이 실험 과정을 신뢰할 수 있도록 만드는 문학적·사회적 장치로서 '가상 목격'의 중요성을 논증했다.

5. 디지털 트윈은 물리적 대상이나 시스템을 가상공간에 동일하게 구현한 디지털 모델이다. 실제 대상에 부착된 센서로부터 실시간 데이터를 전송받아 동기화되며, 이를 통해 시뮬레이션, 상태 모니터링, 유지보수 예측 등을 수행할 수 있다. 이 기술은 제조업, 항공우주, 도시계획 등 다양한 분야에서 활용되고 있다.

6. 에이전트 기반 모델링(ABM)은 개별 행위자(agent)의 자율적인 행동 규칙과 상호작용이 시스템 전체에 어떤 거시적인 현상을 만들어내는지를 탐색하는 컴퓨터 시뮬레이션 기법이다. 이는 '상향식(bottom-up)' 접근법으로, 교통 체증, 시장 변동, 여론 형성 등 복잡계 현상을 이해하는 데 유용하게 사용된다.

5부 2장

7. 인간 피드백 기반 강화학습(RLHF)은 AI 모델이 생성한 여러 결과물에 대해 인간 평가자가 선호도에 따라 순위를 매기는 방식으로 피드백을 제공하면, AI가 이 피드백을 학습하여 인간의 가치나 의도에 더 부합하는 결과물을 생성하도록 스스로를 개선해나가는 머신러닝 방법이다. 이는 챗GPT와 같은 대화형 AI의 성능과 안전성을 높이는 데 결정적인 역할을 했다.

8. 이는 '트롤리 딜레마'로 알려진 고전적 윤리 사고실험의 현대적 변용이다. MIT 미디어랩의 '모럴 머신' 프로젝트는 전 세계 수백만 명의 사람들에게 다양한 자율주행차 사고 시나리오를 제시하고 그들의 윤리적 판단을 수집했다. 이 연구는 피할 수 없는 사고 상황에서의 윤리적 결정에 대한 보편적 합의가 없으며, 문화권별로 뚜렷한 차이가 존재함을 보여주었다.
9. 대표적인 사례로 2019년 3월 출범한 구글의 '첨단 기술 외부 자문 위원회(ATEAC)'를 들 수 있다. 이 위원회는 AI 윤리에 대한 지침을 제공하기 위해 구성되었으나, 위원 선정에 대한 내외부의 거센 논란으로 인해 출범 일주일 만에 해체되었다. 이는 AI 윤리에 대한 사회적 합의를 이루고 실효성 있는 거버넌스를 구축하는 것이 얼마나 어려운 과제인지를 보여준다.
10. 영국의 AI 신약 개발 기업 베네볼런트AI는 2020년 초, 자사의 AI 플랫폼을 활용하여 코로나19 바이러스의 세포 침투를 막을 가능성이 있는 기존 약물을 분석했다. 이 과정에서 류머티즘 관절염 치료제인 '바리시티닙'을 유력한 후보로 발굴했으며, 이후 임상 시험을 통해 그 효과가 입증되었다. 이는 AI를 활용한 신약 재창출의 대표적인 성공 사례로 꼽힌다.
11. 2020년 베토벤 탄생 250주년을 기념하여 시작된 이 프로젝트는 AI 연구자를 포함한 음악학자, 작곡가, 컴퓨터 과학자들로 구성된 국제 연구팀이 주도했다. AI는 베토벤의 전 작품과 교향곡 10번을 위해 남긴 스케치들을 학습했으며, 연구팀은 AI가 제안한 음악적 아이디어들을 선별하고 조합하여 하나의 교향악 악장을 완성해 2021년에 초연했다.
12. 생성적 적대 신경망은 2014년 이언 굿펠로 등이 제안한 머신러닝 모델이다. '생성자'와 '감별자'라는 두 신경망이 서로 경쟁하며 학습하는 구조로 이루어져 있다. 생성자는 실제와 유사한 데이터를 만들어내려 하고, 감별자는 진짜와 가짜를 구별하려 노력하는 과정에서 생성자의 데이터 생성 능력이 비약적으로 발전한다. 이 기술은 AI 예술과 딥페이크 기술 발전에 큰 영향을 미쳤다.
13. 레피크 아나돌은 터키 출신의 미디어 아티스트로, 데이터와 머신러닝 알고리즘을 활용한 대규모 공공 설치미술로 유명하다. 그는 '기계 환각' 연작에서 방대한 이미지 데이터세트(자연 풍경, 도시 사진, 예술 작품 등)을 AI에 학습시켜 역동적이고 추상적인 '데이터 조각'과 '데이터 회화'를 만들어낸다.

5부 3장

14. 모더나는 AI와 머신러닝 알고리즘을 활용하여 코로나19 백신을 위한 mRNA 서열을 신속하게 설계하고 최적화했다. 이를 통해 서열 선정부터 최초 임상 시험용 백신 생산까지의 기간을 42일로 단축했으며, 이는 전통적인 백신 개발 과정에 비해 전례 없이 빠른 속도였다. AI는 어떤 mRNA 서열이 가장 안정적이고 강력한 면역반응을 유도할지 예측하는 데 핵심적인 역할을 수행했다.

15. GNoME은 구글 딥마인드가 개발한 심층 학습 모델로, 새로운 무기(無機) 결정 구조의 안정성을 예측한다. 2023년 학술지 『네이처』에 발표된 연구에서, 연구팀은 GNoME이 총 220만 개의 새로운 결정 구조를 예측했으며, 이 가운데 약 38만 개를 안정적인 유망 후보 물질로 제시했다고 보고했다. 이는 인류가 알고 있던 안정적인 재료의 데이터베이스를 극적으로 확장한 성과이다.
16. '모델 카드'는 머신러닝 모델의 성능, 한계, 윤리적 고려 사항 등에 대한 표준화된 정보를 제공하는 문서이다. 구글 연구진에 의해 처음 제안된 이 개념은, AI 모델의 투명성을 높여 개발자와 사용자가 특정 모델의 사용 여부와 방식을 더 현명하게 결정하도록 돕는 것을 목표로 한다.
17. 구글의 사실 확인 탐색기는 사용자가 이미지나 특정 주제에 대해 전 세계의 신뢰할 수 있는 기관들이 수행한 사실 확인 정보를 검색할 수 있도록 돕는 도구이다. 이는 검증된 정보를 더 쉽게 접하게 함으로써 허위 정보 확산에 대응하려는 노력의 일환이다.
18. 와일드미는 야생동물 보전을 위한 오픈소스 소프트웨어 플랫폼을 개발하는 비영리 단체이다. 이들의 대표적인 플랫폼인 와일드북은 연구자와 시민 과학자들이 제출한 사진에서 컴퓨터 비전과 머신러닝 기술을 이용해 고래상어, 얼룩말, 바다거북 등 각 동물의 개체를 식별한다. 이러한 분산된 데이터 수집 방식은 이전에는 불가능했던 대규모 개체 수 모니터링을 가능하게 한다.
19. 데이터 사이언스 아프리카는 아프리카 대륙 내의 데이터 과학 및 머신러닝 연구 역량을 강화하기 위해 연례 워크숍과 여름학교 등을 운영하는 조직이다. 이들은 현지 연구자들이 보건, 농업, 거버넌스 등 아프리카 고유의 문제를 해결하는 데 데이터 기반 방법론을 적용할 수 있도록 지원하며, 더 포용적인 글로벌 AI 생태계를 조성하는 데 기여하고 있다.
20. 스탠포드의 CRFM(Center for Research on Foundation Models) 연구팀은 대형 언어모델과 같은 파운데이션 모델의 개발·운용 전 과정을 추적하기 위해 Foundation Model Transparency Index(FMTI) 지수를 설계하고 발표했다. 이 지수는 데이터를 포함한 상류 리소스(up-stream), 모델 자체와 모델의 하류 이용(down-stream)에 걸쳐 총 100개의 투명성 지표를 제시하며, 각 기업이 공개한 정보를 바탕으로 점수를 매겼다. https://crfm.stanford.edu/fmti/May-2024/index.html 참조.
21. 이타카는 딥마인드가 여러 대학 연구진과 협력하여 개발한 심층 신경망으로, 역사학자들이 손상된 고대 그리스 비문을 복원하는 작업을 돕도록 설계되었다. 이 AI는 단순히 사라진 글자를 제안하는 것을 넘어, 텍스트의 내용과 서체 등을 분석하여 비문이 제작된 원래 장소와 연대를 추정하는 기능까지 갖추고 있다.
22. 뉴욕 뉴스쿨에 기반을 둔 어반시스템랩은 데이터 분석, 모델링, 시뮬레이션 등을 활용하여 도시의 환경문제를 연구하는 학제 간 연구소이다. 이들은 기후변화, 사회기반시설, 사회적 형평성 사이의 복잡한 상호작용을 이해하고, 더 회복력 있고 정의로

23. 자하 하디드의 건축사무소 내 컴퓨테이션 및 디자인 그룹(ZHACODE)은 파라메트릭 디자인과 AI 도구를 광범위하게 활용한다. 이 도구들은 구조적 안정성, 재료 효율성, 환경 요인 등 주어진 규칙과 제약 조건에 따라 수많은 복잡한 디자인 변형을 생성하고 평가함으로써, 자하 하디드 특유의 유기적이고 구조적으로 혁신적인 건축을 가능하게 한다.
24. 메이요클리닉과 구글의 파트너십은 2019년 9월 10일 발표된 10년간의 전략적 협력에 기반한다. 메이요클리닉의 방대한 임상 데이터를 구글 클라우드에 업로드해, 구글의 AI 및 데이터 분석 기술을 접목하여 새로운 헬스케어 솔루션을 개발하는 것을 목표로 한다. 이후 양측은 2023년 7월 생성형 AI(Med-PaLM 2)를 임상 현장에 적용하는 프로젝트를 확대했으며, AI가 수백 페이지의 의료 기록을 요약하고 진단 관련 정보를 검색하고 정리하는 기능을 실험했다. https://fortune.com/2023/07/10/google-ai-mayo-clinic-healthcare-med-palm-2-large-language-model/
25. 유럽연합의 AI 법(AI Act)은 세계 최초의 포괄적인 인공지능 규제 법안 중 하나다. 2024년 최종 확정된 이 법안은 AI 기술을 위험도에 따라 등급을 나누어, 사회기반시설, 의료, 법 집행 등 '고위험' 분야에 사용되는 AI에 대해 투명성, 데이터 품질, 인간의 감독, 책임성 등 더 엄격한 요건을 부과하는 '위험 기반 접근법'을 채택하고 있다.

5부 4장

26. 베르나르 스티글레르(1952-2020)는 프랑스의 철학자로, 인간의 진화가 기술의 진화와 분리될 수 없다고 주장했다. 그의 주저 『기술과 시간(Technics and Time)』(1994)에서 그는 인간의 기억과 지식이 도구, 문자, 디지털 네트워크와 같은 기술적 대상 속으로 '외재화'되어왔다고 보았다. 그에게 이 과정은 인류를 구성하는 핵심 조건인 동시에 끊임없는 위협이기도 하다.
27. '세계-내-존재'는 마르틴 하이데거(1889-1976)의 주저 『존재와 시간』(1927)의 핵심 개념이다. 이는 인간(현존재)이 세계를 외부에서 관찰하는 주체가 아니라, 처음부터 이미 세계 속에 내던져져 관계 맺고 있는 실존적 상황 그 자체를 의미한다.
28. 모리스 메를로퐁티(1908-1961)는 프랑스의 현상학 철학자이다. 그는 주저 『지각의 현상학』(1945)에서 전통적인 심신 이원론을 비판하며, 살아 있는 몸(le corps propre)이야말로 우리가 세계 속에 존재하고 세계를 지각하는 일차적인 매개체라고 주장했다.
29. 체화된 인지 이론은 인지 과정이 뇌에만 국한된 것이 아니라 신체 전체와 환경과의 역동적인 상호작용에 깊이 뿌리내리고 있다고 보는 인지과학의 한 흐름이다. 이는 추상적인 사고조차 신체적 경험에서 파생된 은유나 감각-운동 시스템에 기반한다고 주장하며, 전통적인 계산주의적 인공지능관에 도전한다.
30. 에마뉘엘 레비나스(1906-1995)에게 윤리의 근본적인 경험은 타자와의 얼굴을 마주

하는 만남에서 비롯된다. 타자의 '얼굴'은 물리적 대상이 아니라 "살인하지 말라"고 명령하는 호소이며, 이는 모든 이성적 선택에 앞서 '나'에게 무한하고 거부할 수 없는 윤리적 책임을 부과한다.

31. 마르틴 부버(1878-1965)가 1923년에 발표한 대표작 『나와 너』에서 그는 인간 실존의 두 가지 근본 태도를 구분한다. '나-그것' 관계는 상대를 대상화하고 이용하는 관계이며, '나-너' 관계는 두 참여자가 온전히 현존하며 맺는 직접적이고 상호적인 만남이다.

32. 한나 아렌트(1906-1975)는 칸트 정치철학에 관한 강의에서 '확장된 사유'라는 개념을 발전시켰는데, 이는 하나의 사안을 여러 다른 관점에서 조망하는 능력을 의미한다. 아리스토텔레스의 '프로네시스'(『니코마코스 윤리학』)는 보편 원리(episteme)나 기술적 능력(techne)으로 환원될 수 없는 실천적 지혜, 즉 삶 전체를 위해 무엇이 좋고 유익한지를 숙고하고 판단하는 능력을 가리킨다.

33. 스타니슬라스 드앤은 프랑스의 대표적인 인지신경과학자이다. 그는 '전역 신경 작업 공간 이론'을 제시하며, 의식의 핵심 기능 중 하나가 뇌의 여러 모듈에 흩어진 정보에 접근하고, 그것을 평가하며, 외부에 보고하는 능력(메타인지)에 있다고 주장한다. 이는 현재의 AI 아키텍처가 갖추지 못한 능력이다.

34. 한나 아렌트에게 '탄생성'은 모든 인간 안에 내재된, 새로운 것을 시작할 수 있는 능력이다. 이는 모든 행위와 자유의 원천으로, 인간이 정해진 인과관계를 끊고 예측 불가능한 것을 세상에 가져올 수 있게 한다. 한나 아렌트, 『인간의 조건』, 이진우 옮김, 한길사, 2019 참조.

35. 이 장면은 호메로스의 『오디세이아』 제5권에서 나온다. 오디세우스는 7년간 여신 칼립소의 섬에 붙잡혀 있었으며, 칼립소는 그에게 불멸의 삶을 약속하며 영원히 함께 살자고 제안한다. 그러나 그는 고향과 아내 페넬로페를 향한 그리움, 그리고 인간의 삶을 택하며 고난이 기다리는 바다로의 여정을 다시 시작한다.

36. 브뤼노 라투르(1947-2022)는 프랑스의 사회학자이자 철학자로, '행위자-연결망 이론(Actor-network theory, ANT)'을 발전시킨 것으로 유명하다. ANT는 사회와 자연, 혹은 인간과 비인간(기술, 사물, 아이디어 등) 사이의 전통적인 구분을 비판하며, 이들이 서로를 형성하는 '행위자'들의 연결망으로 세상을 분석할 것을 제안한다.

5부 5장

37. 마사 누스바움은 개인의 실질적인 자유와 잠재력 실현을 복지의 기준으로 삼는 '역량 접근법(Capabilities Approach)'으로 잘 알려져 있다. 누스바움은 인간의 공유된 취약성과 상호의존성이 극복해야 할 약점이 아니라, 오히려 연민과 사회정의의 토대를 이루는 인간성의 핵심이라고 주장한다.

참고 문헌

1부
1부 1장

대한성서공회(역), 『성서: 가톨릭용(공동번역)』(개정판), 대한성서공회, 1999. [미주 1, 2]
마르쿠스 툴리우스 키케로, 『투스쿨룸 대화』, 김남우 옮김, 아카넷, 2014. [미주 6, 7]
플루타르코스, 『플루타르코스 영웅전』, 신복룡 옮김, 을유문화사, 2022. [미주 11]
헤시오도스, 『신들의 계보』, 천병희 옮김, 도서출판숲, 2009. [미주 3]
Archimedes, *The Works of Archimedes: Volume 1, The Two Books On the Sphere and the Cylinder* (Reviel Netz, Trans.), Cambridge University Press, 2004. [미주 9]
Archimedes, *The Works of Archimedes: Volume 2, On Spirals* (Reviel Netz, Trans.), Cambridge University Press, 2017. [미주 10]
Archimedes, *The Works of Archimedes* (Thomas L. Heath, Trans.), Cambridge University Press, 1897. [미주 5, 9, 10]
Galileo Galilei, *The Assayer* (Il Saggiatore, 1623). In: Discoveries and Opinions of Galileo, translated with an introduction by Stillman Drake. Anchor Books, 1957. [미주 13, 14]
Vitruvius, *Ten Books on Architecture* (I. D. Rowland, Trans.), Cambridge University Press, 2009. [미주 4, 12]

1부 2장

마르코 폴로, 『마르코 폴로의 동방견문록』, 김호동 옮김, 사계절, 2005. [미주 26, 27]
장 피에르 토렐, 『아퀴나스의 신학대전: 배경, 구조, 영향』, 이재룡 옮김, 한국성토마스연구소, 2024. [미주 16]
이븐 바투타, 『이븐 바투타 여행기』, 정수일 옮김, 창비, 2001. [미주 28]
Abelard, Peter, *Sic et Non: A Critical Edition* (Blanche B. Boyer and Richard McKeon, Eds.), University of Chicago Press, 1977. [미주 15]
Bacon, Roger, *The Opus Majus of Roger Bacon: A Translation* (Robert B. Burke, Trans.), University of Pennsylvania Press; H. Milford, Oxford University Press, 1928. [미주 23]
Haskins, Charles H., *The Renaissance of the Twelfth Century*, Harvard University Press, 1927. [미주 24]
Ibn al-Haytham, *The Optics of Ibn al-Haytham: Books I-III* (A. I. Sabra, Trans. & Ed.), Warburg Institute, 1989. [미주 20, 21, 22]
Leaman, Oliver, *Averroes and His Philosophy*, Oxford University Press, 1988. [미주 17]

1부 3장

갈릴레오 갈릴레이, 『갈릴레오가 들려주는 별이야기: 시데레우스 눈치우스』, 장헌영 옮김, 승산, 2009. [미주 31, 33, 34]
갈릴레오 갈릴레이, 『대화: 천동설과 지동설, 두 체계에 관하여』, 이무현 옮김, 사이언스북스, 2016. [미주 40]
아리스토텔레스, 『아리스토텔레스 선집』, 조대호, 유재민, 김재홍, 임성진, 김헌 옮김, 도서출판 길, 2018. [미주 32]
엘리자베스 아이젠슈타인, 『근대 유럽의 인쇄 미디어 혁명』, 전영표 옮김, 커뮤니케이션 북스, 2008. [미주 29]
Aristotle, *On the Heavens*, (W. K. C. Guthrie, Trans.), Loeb Classical Library, 1939. [미주 32]

Future of Life Institute, "Pause Giant AI Experiments: An Open Letter." Future of Life Institute, March 22, 2023. https://futureoflife.org/open-letter/pause-giant-ai-experiments/. [미주 41]

Hooke, Robert, *Micrographia, or, Some Physiological Descriptions of Minute Bodies Made by Magnifying Glasses: With Observations and Inquiries Thereupon*, London: Printed by Jo. Martyn and Ja. Allestry, 1665. [미주 35, 36, 37]

Leeuwenhoek, Antonie van, *Antony van Leeuwenhoek and his "Little animals"; being some account of the father of protozoology and bacteriology and his multifarious discoveries in these disciplines.* (Clifford Dobell, Ed. & Trans.), Dover, 1960. [미주 38, 39]

Ptolemy, *Ptolemy's Geography: an Annotated Translation of the Theoretical Chapters*, (J. Lennart Berggren and Alexander Jones, Trans.), Princeton University Press, 2000. [미주 30]

1부 4장

데이비드 이글먼, 『더 브레인』, 전대호 옮김, 해나무, 2017. [미주 49]

레이 커즈와일, 『특이점이 온다』, 김명남, 장시형 옮김, 김영사, 2007. [미주 42]

Eagleman, David, "Mind and Machine: David Eagleman on What the Brain Can Teach Us About AI." Interview by Gabriel Snyder, Newsweek, March 18, 2025. [미주 49]

Event Horizon Telescope Collaboration, "First M87 Event Horizon Telescope results. I. The shadow of the supermassive black hole." *The Astrophysical Journal Letters* 875, no. 1 (2019): L1. [미주 45]

Hinton, G. E., S. Osindero, and Y. W. Teh, "A fast learning algorithm for deep belief nets." *Neural Computation* 18, no. 7 (2006): 1527–1554. [미주 43]

Jumper, John, et al., "Highly accurate protein structure prediction with AlphaFold." *Nature* 596 (2021): 583–589. [미주 50]

Kirkpatrick, James, et al., "Overcoming catastrophic forgetting in neural networks." *Proceedings of the National Academy of Sciences* 114, no. 13 (2017): 3521–3526. [미주 47]

Kounios, John, and Mark Beeman. "The Aha! moment: The cognitive neuroscience of insight." *Annual Review of Psychology* 65 (2014): 71–93. [미주 48]

McCloskey, Michael, and N. J. Cohen, "Catastrophic interference in connectionist networks: The sequential learning problem." *Psychology of Learning and Motivation* 24 (1989): 109–165. [미주 47]

MetabERN (European Reference Network for Hereditary Metabolic Disorders), "MetabERN: A European Reference Network integrating AI and digital health technologies to improve diagnosis and treatment of rare metabolic diseases." https://metab.ern-net.eu

Roberts, Royston M., *Serendipity: Accidental Discoveries in Science*, Wiley, 1989. [미주 52]

Rumelhart, D. E., G. E. Hinton, and R. J. Williams, "Learning representations by back-propagating errors." *Nature* 323 (1986): 533–536. [미주 43]

Vaswani, Ashish, et al., "Attention Is All You Need." In Advances in Neural Information Processing Systems 30, Curran Associates, Inc., 2017. [미주 44]

Vinge, Vernor, "The Coming Technological Singularity: How to Survive in the Post-Human Era." Presented at the Vision-21 Symposium, NASA Lewis Research Center, 1993. [미주 42]

2부

2부 1장

라이오넬 카슨, 『고대 도서관의 역사』, 김양진, 이희영 옮김, 르네상스, 2003. [미주 1, 3, 9]

앤드루 페티그리, 아르트휘르 데르베뒤언, 『도서관의 역사: 지식을 향한 욕망의 문화사』, 배동근, 장은수 옮김, arte, 2025. [미주 1, 3, 9]

Euclid, *The Thirteen Books of Euclid's Elements*, (T. L. Heath, Trans. & Ed.), Dover Publications, 1956. [미주 6]

Fraser, P. M., *Ptolemaic Alexandria. 3 vols*, Oxford University Press, 1972. [미주 3, 5, 6, 8, 9]

Hadas, Moses (Trans.), *Aristeas to Philocrates* (Letter of Aristeas), Ktav Pub. House, 1974. [미주 4]

Heath, T. L., (Trans. & Ed.), *Aristarchus of Samos: The Ancient Copernicus*, Oxford University Press, 1913. [미주 6]

Pfeiffer, Rudolf, *History of Classical Scholarship: From the Beginnings to the End of the Hellenistic Age*, Oxford University Press, 1968. [미주 5, 8]

Pliny the Elder, *Natural History*, (H. Rackham, Trans.), Revised Edition, Harvard University Press, 1949. [미주 7]

Walbank, F. W., *The Hellenistic World*, Revised Edition, Harvard University Press, 1993. [미주 2]

2부 2장

스티븐 그린블랫, 『1417년, 근대의 탄생』, 이혜원 옮김, 까치, 2013. [미주 13]

로스 킹, 『피렌체 서점 이야기: '세계 서적상의 왕' 베스파시아노, 그리고 르네상스를 만든 책과 작가들』, 최파일 옮김, 책과함께, 2023. [미주 14]

죠지 영, 『메디치 가문 이야기』, 이길상 옮김, 현대지성, 2017. [미주 18]

Baron, Hans, *The Crisis of the Early Italian Renaissance: Civic Humanism and Republican Liberty in an Age of Classicism and Tyranny*, Revised ed, Princeton University Press, 1966. [미주 19]

Geanakoplos, Deno J., *Greek Scholars in Venice: Studies in the Dissemination of Greek Learning from Byzantium to Western Europe*, Harvard University Press, 1962. [미주 20]

Kristeller, Paul Oskar, *Eight Philosophers of the Italian Renaissance*, Stanford University Press, 1964. [미주 17, 21]

Reynolds, L. D., and N. G. Wilson, *Scribes and Scholars: A Guide to the Transmission of Greek and Latin Literature*, 4th ed, Oxford University Press, 2013. [미주 11, 12, 15]

Ullman, B. L., *The Origin and Development of Humanistic Script*, Edizioni di Storia e Letteratura, 1960. [미주 16]

Wilkins, Ernest H., *Petrarch's Later Years*, The Mediaeval Academy of America, 1959. [미주 10, 11]

2부 3장

Findlen, Paula, *Possessing Nature: Museums, Collecting, and Scientific Culture in Early Modern Italy*, University of California Press, 1994. [미주 26]

Healy, John F., *Pliny the Elder on Science and Technology*, Oxford University Press, 1999. [미주 24]

Hunter, Michael, *Establishing the New Science: The Experience of the Early Royal Society*, Boydell Press, 1989. [미주 32]

MacGregor, Arthur, *Tradescant's Rarities: Essays on the Foundation of the Ashmolean Museum*, Clarendon Press, 1983. [미주 33]

McClellan, Andrew, *Inventing the Louvre: Art, Politics, and the Origins of the Modern Museum in Eighteenth-Century Paris*, University of California Press, 1994. [미주 34]

Middleton, W. E. Knowles, *The Experimenters: A Study of the Accademia del Cimento*, Johns Hopkins Press, 1971. [미주 31]

Rossi, Paolo, *Francis Bacon: From Magic to Science*, (S. Rabinovitch, Trans.), University of Chicago

Press, 1968. [미주 29, 30]

2부 4장

Adadi, Amina, and Mohammed Berrada, "Peeking inside the black-box: A survey on explainable artificial intelligence (XAI)." *IEEE Access* 6 (2018): 52138-52160. [미주 48]

Bernstein, Mark, "Hypertext Gardens: Delightful Vistas." *Eastgate Systems*, 2002. [미주 42]

Matuschak, Andy, "Evergreen notes." Andy Matuschak's Working Notes (website), 2019-2025. [미주 42]

McMahan, H. Brendan, et al., "Communication-efficient learning of deep networks from decentralized data." In Proceedings of the 20th International Conference on Artificial Intelligence and Statistics (AISTATS), 2017. [미주 49]

Reagle, Joseph M., Jr., *Good Faith Collaboration: The Culture of Wikipedia*. The MIT Press, 2010. [미주 41]

Wasley, Paula, "Students Decipher 2,000-Year-Old Herculaneum Scrolls." National Endowment for the Humanities (NEH), February 12, 2024. [미주 44]

Yeo, Richard, *Encyclopaedic Visions: Scientific Dictionaries and Enlightenment Culture*, Cambridge University Press, 2001. [미주 36, 38, 39, 40]

2부 5장

Cordell, Ryan, and David Smith, "Viral Texts: Mapping Networks of Reprinting in 19th-Century Newspapers and Magazines." Viral Texts Project, 2024. http://viraltexts.org. [미주 51]

Google Blog, "How AI is helping advance the science of bioacoustics to save endangered species." Google Blog, August 7, 2025. [미주 52]

International Consortium of Investigative Journalists (ICIJ), "Panama Papers." ICIJ News, April 3, 2016. https://www.icij.org/investigations/panama-papers/ [미주 50]

International Consortium of Investigative Journalists (ICIJ), "Pandora Papers." ICIJ News, October 3, 2021. https://www.icij.org/investigations/pandora-papers/https://www.icij.org/investigations/pandora-papers/. [미주 50]

3부

3부 1장

잭 구디, 『야생 정신 길들이기』, 김성균 옮김, 푸른역사, 2009. [미주 3]

월터 옹, 『구술문화와 문자문화』, 임명진 옮김, 문예출판사, 2018. [미주 4]

Derrida, Jacques, *Of Grammatology*, (G. C. Spivak, Trans.), Johns Hopkins University Press, 1998. [미주 5]

George, A. R., (Trans.), *The Epic of Gilgamesh*, Penguin Classics, 2000. [미주 1]

Harris, William V., *Ancient Literacy*, Harvard University Press, 1989. [미주 7]

Lord, Albert B., *The Singer of Tales*, 3rd ed, Harvard University Press, 2019. [미주 2]

Staal, Frits, *Rules without Meaning : Ritual, Mantras, and the Human Sciences*, Peter Lang, 1989. [미주 6]

Steinsaltz, Adin, *The Essential Talmud*, (C. Galai, Trans.), 30th anniversary edition, Basic Books, 2006. [미주 8]

3부 2장

알베르토 망겔, 『독서의 역사』, 정명진 옮김, 세종서적, 2020. [미주 15]

이반 일리치, 『텍스트의 포도밭에서』, 정영목 옮김, 현암사, 2016. [미주 15, 16]

Gamble, Harry Y., *Books and Readers in the Early Church: A History of Early Christian Texts*, Yale University Press, 1995. [미주 12, 13, 15]

Larsen, Matthew D. and Mark Letteney, "Christians and the Codex: Generic Materiality and Early Gospel Traditions." *Early Christianity* 27, no. 3 (2019): 383–415. [미주 12]

Nicholls, Matthew C., "Galen and Libraries in the Peri Alupias." *Journal of Roman Studies* 101 (2011): 123–142. [미주 9]

Reynolds, L. D., and N. G. Wilson, *Scribes and Scholars: A Guide to the Transmission of Greek and Latin Literature*, Oxford University Press, 1968. [미주 9, 10, 11, 17]

Roberts, Colin H., and T. C. Skeat, *The Birth of the Codex*, Oxford University Press, 1983. [미주 12]

Rothschild, Clare K., and Trevor W. Thompson, "Galen: 'On the Avoidance of Grief'." *Early Christianity* 2 (2011): 110–129. [미주 9]

Saenger, Paul, *Space Between Words: The Origins of Silent Reading*, Stanford University Press, 1997. [미주 15]

3부 3장

엘리자베스 아이젠슈타인, 『근대 유럽의 인쇄 미디어 혁명』, 전영표 옮김, 커뮤니케이션북스, 2008. [미주 23]

뤼시앵 페브르, 앙리장 마르탱, 『책의 탄생 : 책은 어떻게 지식의 혁명과 사상의 전파를 이끌었는가』, 강주헌, 배영란 옮김, 돌베개, 2014. [미주 19, 21, 22, 26]

위르겐 하버마스, 『공론장의 구조변동 : 부르주아 사회의 한 범주에 관한 연구』, 한승완 옮김, 나남출판, 1999. [미주 24]

Briggs, Asa, and Peter Burke, *A Social History of the Media: From Gutenberg to the Internet*, 3rd ed. Polity; Blackwell, 2009. [미주 24, 27]

Lowry, Martin, *The World of Aldus Manutius: Business and Scholarship in Renaissance Venice*. Cornell University Press, 1979. [미주 20]

Richardson, Carol M., et al., (Eds.), *Renaissance Art Reconsidered: An Anthology of Primary Sources*, Blackwell, 2007. [미주 18]

Rose, Mark, *Authors and Owners: The Invention of Copyright*, Harvard University Press, 1993. [미주 21]

Schutz, Alfred, *The Phenomenology of the Social World*, (G. Walsh and F. Lehnert, Trans.). Northwestern University Press, 1967. [미주 25]

Siebert, Fredrick S., *Freedom of the Press in England 1476–1776*, University of Illinois Press, 1952. [미주 27]

3부 4장

Blair, Ann M., *Too Much to Know: Managing Scholarly Information Before the Modern Age*, Yale University Press, 2010. [미주 28, 29]

Grand View Research, Audiobook Market Size, Share & Trends Analysis Report, *Grand View Research*, 2024. [미주 31]

Jänicke, Stefan, et al., "Visual Text Analysis in Digital Humanities." *Computer Graphics Forum*

36, no. 6 (2017): 226-250. [미주 32]

Yeo, Richard, *Notebooks, English Virtuosi, and Early Modern Science*, University of Chicago Press, 2014. [미주 28, 29, 30]

3부 5장

Bloom, Harold, *The Anxiety of Influence: A Theory of Poetry*, Oxford University Press, 1973. [미주 35]

Cizek, Katerina, et al., *Collective Wisdom: Co-Creating Media for Equity and Justice*, MIT Press, 2022. [미주 36]

Elbow, Peter, *Writing Without Teachers*, 2nd ed, Oxford University Press, 1998. [미주 40]

Miedema, John, *Slow Reading*, Litwin Books, 2009. [미주 38]

MIT Media Lab, "Project Panorama," MIT Media Lab Projects. https://www.media.mit.edu/projects/panorama/overview/. [미주 42]

Pariser, Eli, *The Filter Bubble: What the Internet Is Hiding from You*, Penguin Press, 2011. [미주 42]

Semantic Scholar (AI2), "What are Highly Influential Citations?" Semantic Scholar Blog. https://www.semanticscholar.org/product/highly-influential-citations. [미주 41]

4부

4부 1장

거스리, W. K. C., 『희랍 철학 입문』, 박종현 옮김, 서광사, 2000. [미주 5]

조지 커퍼드, 『소피스트 운동』, 김남두 옮김, 아카넷, 2003. [미주 3]

투키디데스, 『펠로폰네소스 전쟁사』, 천병희 옮김, 도서출판숲, 2011. [미주 8]

헤로도토스, 『역사』, 천병희 옮김, 도서출판숲, 2009. [미주 7]

Barnes, Jonathan, (Ed.), *The Cambridge Companion to Aristotle*, Cambridge University Press, 1995. [미주 1]

Branham, R. Bracht, and Marie-Odile Goulet-Cazé, (Eds.), *The Cynics: The Cynic Movement in Antiquity and Its Legacy*, University of California Press, 1996. [미주 9]

Foucault, Michel, *Fearless Speech*, (J. Pearson, Ed.), Semiotext(e), 2001. [미주 6]

Hadot, Pierre, *The Inner Citadel: The Meditations of Marcus Aurelius*, (M. Chase, Trans.), Harvard University Press, 1998. [미주 10]

Heath, T. L., *A History of Greek Mathematics*, Clarendon Press, 1921. [미주 4]

Thucydides, *The Landmark Thucydides: A Comprehensive Guide to The Peloponnesian War*, (R. B. Strassler, Ed.), Free Press, 2008. [미주 8]

Winkler, John J., and Froma I. Zeitlin, (Eds.), *Nothing to Do with Dionysos?: Athenian Drama in Its Social Context*, Princeton University Press, 1990. [미주 2]

4부 2장

Bischoff, Bernhard, *Latin Palaeography: Antiquity and the Middle Ages*, (D. Ó Cróinín and D. Ganz, Trans.), Cambridge University Press, 1990. [미주 14]

Claridge, Amanda, *Rome: An Oxford Archaeological Guide*, Oxford University Press, 1998. [미주 13]

Gerbert of Aurillac, *The Letters of Gerbert*, (Harriet P. Lattin, Trans.), Columbia University Press, 1961. [미주 15]

Haskins, Charles H., *The Renaissance of the Twelfth Century*, Harvard University Press, 1927. [미주 16]

Kissinger, Henry, "How the Enlightenment Ends." *The Atlantic* (Monthly), June 2018. [미주 18]

Knowles, David, *The Evolution of Medieval Thought*, Longmans, 1962. [미주 11, 16]

McKitterick, Rosamond, *Charlemagne: The Formation of a European Identity*, Cambridge University Press, 2008. [미주 14]

Rouse, Richard H., and Mary A. Rouse, *Authentic Witnesses: Approaches to Medieval Texts and Manuscripts*, University of Notre Dame Press, 1991. [미주 17]

Spinka, Matthew, *John Hus: A Biography*, Princeton University Press, 1968. [미주 12]

Stevenson, Burton, *The Macmillan Book of Proverbs, Maxims, and Famous Phrases*, Macmillan, 1948. [미주 13]

Yates, Frances A., *Giordano Bruno and the Hermetic Tradition*, University of Chicago Press, 1964. [미주 12]

4부 3장

Chartier, Roger, *The Order of Books: Readers, Authors, and Libraries in Europe between the Fourteenth and Eighteenth Centuries*, (L. G. Cochrane, Trans.). Stanford University Press, 1994. [미주 22]

Dear, Peter, *Mersenne and the Learning of the Schools*, Cornell University Press, 1988. [미주 19]

Goodman, Dena, *The Republic of Letters: A Cultural History of the French Enlightenment*, Cornell University Press, 1994. [미주 20, 26]

Hunter, Michael, *Establishing the New Science: The Experience of the Early Royal Society*, The Boydell Press, 1989. [미주 25]

Inwood, Stephen, *The Man Who Knew Too Much: The Strange and Inventive Life of Robert Hooke, 1635–1703*. Macmillan, 2002. [미주 24]

Schiebinger, Londa, *The Mind Has No Sex?: Women in the Origins of Modern Science*, Harvard University Press, 1989. [미주 21]

Truesdell, Clifford, *Essays in the History of Mechanics*, Springer-Verlag, 1968. [미주 23]

4부 4장

셰리 터클, 『외로워지는 사람들』, 이은주 옮김, 청림출판, 2012. [미주 31]

Dunbar, Robin I. M., *How Many Friends Does One Person Need?: Dunbar's Number and Other Evolutionary Quirks*, Faber and Faber, 2010. [미주 32]

Meta Platforms, Inc. "Meta Reports Second Quarter 2024 Results." Meta Platforms, Inc. July 31, 2024. [미주 27]

Reeves, Byron, and Clifford Nass, *The Media Equation: How People Treat Computers, Television, and New Media Like Real People and Places*, Cambridge University Press, 1996. [미주 33]

Searle, John R., "Minds, Brains, and Programs." *Behavioral and Brain Sciences* vol. 3, no. 3 (1980): 417–457. [미주 30]

Weizenbaum, Joseph, *Computer Power and Human Reason: From Judgment to Calculation*, W. H. Freeman, 1976. [미주 29, 33]

Whitney v. California, 274 U.S. 357 (1927). [미주 28]

4부 5장

Konstan, David, *Friendship in the Classical World*, Cambridge University Press, 1996. [미주 34]

5부
5부 1장

Bazerman, Charles, *Shaping Written Knowledge: The Genre and Activity of the Experimental Article in Science*, University of Wisconsin Press, 1988. [미주 2, 4]

Epstein, Joshua M., and Robert Axtell, *Growing Artificial Societies: Social Science from the Bottom Up*, MIT Press (with Brookings Institution), 1996. [미주 6]

Hunter, Michael, *Establishing the New Science: The Experience of the Early Royal Society*, Boydell Press, 1989. [미주 1, 2]

Ivins, William M., Jr., *Prints and Visual Communication*, Harvard University Press, 1953. [미주 3]

Shapin, Steven, and Simon Schaffer, *Leviathan and the Air-Pump: Hobbes, Boyle, and the Experimental Life*, Princeton University Press, 1985. [미주 2, 4]

Tao, Fei, et al., "Digital Twin in Industry: State-of-the-Art." *IEEE Transactions on Industrial Informatics* 15, no. 4 (2019): 2405–2415. [미주 5]

Webster, Charles, *The Great Instauration: Science, Medicine and Reform, 1626–1660*. Duckworth, 1975. [미주 1]

5부 2장

Anadol, Refik, "Machine Hallucination." Refik Anadol Studio (Project Documentation), 2018. [미주 13]

Awad, Edmond, et al., "The Moral Machine Experiment." *Nature* 563 (2018): 59–64. [미주 8]

Stebbing, Justin., et al., "Mechanism of baricitinib supports artificial intelligence-predicted testing in COVID-19 patients." *EMBO Molecular Medicine* 12 no. 8 (2020): e12697 [미주 10]

Goodfellow, Ian J., et al., "Generative Adversarial Nets." *In Advances in Neural Information Processing Systems* 27 (NeurIPS 2014), Curran Associates, Inc., 2014. [미주 12]

Goodyer, Jason, "How an AI finished Beethoven's last symphony and what that means for the future of music." BBC Science Focus, October 14, 2021. [미주 11]

Kalil, Andre C., et al., "Baricitinib plus Remdesivir for Hospitalized Adults with Covid-19." *The New England Journal of Medicine* 384 no. 9 (2021): 795–807. [미주 10]

Piper, Kelsey, "Google Dissolves AI Ethics Board a Week After Its Creation." Vox, April 5, 2019. [미주 9]

Ouyang, Long, et al., "Training Language Models to Follow Instructions with Human Feedback." *In Advances in Neural Information Processing Systems* 35 (NeurIPS 2022). Curran Associates, Inc., 2022. [미주 7]

Thomson, Judith Jarvis, "The Trolley Problem." *Yale Law Journal* 94, no. 6 (1985): 1395–1415. [미주 8]

5부 3장

Assael, Yannis, et al., "Restoring and Attributing Ancient Texts Using Deep Neural Networks." *Nature* 603 (2022): 280–283. [미주 21]

Babakar, Mevan, and Avneesh Sud, "New Features Coming to Fact Check Explorer." Google Blog, June 29, 2023. [미주 17]

Data Science Africa, "About Data Science Africa." Data Science Africa (organization website), 2024. [미주 19]

European Union, "(EU) 2024/1689 (Artificial Intelligence Act) (Artificial Intelligence Act)." *Official Journal of the European Union*, 2024. [미주 25]

Jackson, Lisa A., et al., "An mRNA Vaccine against SARS-CoV-2—Preliminary Report." *The New England Journal of Medicine* 383 no. 20 (2020): 1920 – 1931. [미주 14]

Merchant, Amil, et al., "Scaling Deep Learning for Materials Discovery." *Nature* 622 (2023): 85 – 91. [미주 15]

Mitchell, Margaret, et al., "Model Cards for Model Reporting." In Proceedings of the Conference on Fairness, Accountability, and Transparency (FAT), (2019): 220-229. ACM. [미주 16]

Shin, Rachel, "Google wants its A.I. to transform health care next, as it partners with the Mayo Clinic, report says." *Fortune*, July 10, 2023. [미주 24]

Schumacher, Patrik, *The Autopoiesis of Architecture, Vol. 1: A New Agenda for Architecture*, J. Wiley, 2011. [미주 23]

Stanford CRFM, "Foundation Model Transparency Index (FMTI)." Stanford University (website), May 2024. [미주 20]

Urban Systems Lab, "Urban Systems Lab: Mission." The New School (website), 2024. [미주 22]

5부 4장

브뤼노 라투르, 『우리는 결코 근대인이었던 적이 없다』, 홍철기 옮김, 갈무리, 2009. [미주 36]

에마뉘엘 레비나스, 『전체성과 무한』, 김도형, 문성원, 손영창 옮김, 그린비, 2018. [미주 30]

모리스 메를로퐁티, 『지각의 현상학』, 류의근 옮김, 문학과지성사, 2002. [미주 28]

마르틴 부버, 『나와 너』, 김천배 옮김, 대한기독교서회, 2020. [미주 31]

한나 아렌트, 『인간의 조건』, 이진우 옮김, 한길사, 2019. [미주 34]

마르틴 하이데거, 『존재와 시간』, 이기상 옮김, 까치, 2025. [미주 27]

호메로스, 『오뒷세이아』, 천병희 옮김, 도서출판숲, 2015. [미주 35]

Arendt, Hannah, *Lectures on Kant's Political Philosophy*, (R. Beiner, Ed.), The University of Chicago Press, 1982. [미주 32]

Dehaene, Stanislas, *Consciousness and the Brain: Deciphering How the Brain Codes Our Thoughts*, Viking, 2014. [미주 33]

Lakoff, George, and Mark Johnson, *Philosophy in the Flesh: The Embodied Mind and Its Challenge to Western Thought*, Basic Books, 1999. [미주 29]

Latour, Bruno, *Reassembling the Social: An Introduction to Actor-Network-Theory*, Oxford University Press, 2005. [미주 36]

Stiegler, Bernard, *La technique et le temps*, Galilée/Cité des sciences et de l'industrie, 1994. [미주 26]

Varela, Francisco J., Evan Thompson, and Eleanor Rosch, *The Embodied Mind: Cognitive Science and Human Experience*, MIT Press, 1991. [미주 29]

5부 5장

Nussbaum, Martha C., *Upheavals of Thought: The Intelligence of Emotions*, Cambridge University Press, 2001. [미주 37]

Nussbaum, Martha C., *Creating Capabilities: The Human Development Approach*, Belknap Press of Harvard University Press, 2011. [미주 37]

인간지능의 역사
유레카에서 인공지능까지, 지성사를 통해 인간을 다시 묻다

ⓒ 이은수, 2025

초판 인쇄 2025년 11월 20일 | 초판 발행 2025년 12월 1일

지은이 이은수
책임편집 전민지 | 편집 신귀영
디자인 최정윤 | 저작권 박지영 형소진 주은수 오서영 조경은
마케팅 정민호 서지화 한민아 이민경 왕지경 정유진 한경화 정경주 김혜원 김예진 이서진
브랜딩 함유지 박민재 이송이 박다솔 조다현 김하연 이준희
제작 강신은 김동욱 이순호 | 제작처 영신사

펴낸곳 (주)문학동네 | 펴낸이 김소영
출판등록 1993년 10월 22일 제2003-000045호
주소 10881 경기도 파주시 회동길 210
전자우편 editor@munhak.com | 대표전화 031) 955-8888 | 팩스 031) 955-8855
문학동네카페 http://cafe.naver.com/mhdn
인스타그램 @munkakdongne | 트위터 @munhakdongne
북클럽문학동네 http://bookclubmunhak.com

ISBN 979-11-416-1404-1 03370

잘못된 책은 구입하신 서점에서 교환해드립니다.
기타 교환 문의 031) 955-2661, 3580

www.munhak.com